民国大师文库

（第十辑）

中国史（中）

王桐龄◎著

U0913273

北京联合出版公司
Beijing United Publishing Co.,Ltd.

第九章　南北朝之对峙

西晋衰微以后，汉族文化移于江南。顾江南之武力，常不及北方。又国多内乱，强臣大盗接踵而起，阋墙之祸相寻，无暇一意对外，东晋所以终不能恢复旧域者以此。而北方民族，长于战争，短于融合，更起迭仆，互相残杀，终至拓跋氏勃兴，黄河流域始统一于一主权者之下。扬子江流域亦以内乱之结果，一变而为刘宋，再变而为萧齐，三变而为萧梁，四变而为陈陈。以百余年最短时间，国姓更迭者四五次，君主更迭者二十四次，其间得保首领以没世者不及半数。臣弑君，子弑父，奸淫烝报，习为故常。朝廷之上与宫闱之间，内情多不堪闻问。汉族腐败，达于极点，国势之衰，亦日甚一日。鲜卑民族之后魏乘隙南下，当刘宋内乱时代，一举而下河南，再举而定山东。宋、齐更迭之际，略取淮北，进窥淮南。齐、梁更迭之交，又略取义阳三关，进窥汉水流域，西取汉中，进窥扬子江上流流域。梁、陈更迭之交，魏室内乱，中分为二，而武力之强，犹在南朝以上。西魏略取四川、云南、湖北，以后梁为保护国，与陈分据扬子江上流中流流域。东魏略取江北淮南，与陈分据扬子江下流流域。代表汉族之南朝，国势如鼠入牛角，日渐缩小。岂天命之有厚薄欤，抑亦人谋之未尽善也，兹述其事迹如下。

第一节 宋魏之冲突

一、刘裕之篡

先是晋安帝在位，刘裕当国，南征北伐，为晋室虎臣。顾裕之精神，不专注重对外，而常注重对内。灭燕还京以后，自加太尉、中书监，剑履上殿，入朝不趋，赞拜不名。都督二十二州军事，剪除大臣异己者，尽杀起义功臣荆州都督刘毅、兖州刺史刘藩、豫州刺史诸葛长民等。中外大臣遍树己党，剪除宗室之有才望者。宗室荆州都督司马休之及楚之等，相继出奔外国。灭秦以后，促还建康。义熙十四年（西历纪元四一八年），弑帝于东堂，奉琅琊王德文即位，是为恭帝。自为相国，封宋公，加九锡。次年（恭帝元熙元年），自进爵为王。又次年，自称皇帝，国号宋，是为武帝。废帝为零陵王而弑之，晋亡。时晋恭帝元熙二年，宋武帝永初元年，西历纪元四二〇年也。东晋凡传十一世，一百零四年而亡，其旧领土皆入于宋。

二、徐傅之废立

武帝即位，二年（四二二年）而殂，太子义符立。司空录尚书事徐羡之、尚书仆射傅亮、领军将军谢晦等，受遗诏辅政。义符居丧无礼，好与左右狎昵，游戏无度。越二年（宋文帝元嘉元年，西历纪元四二四年），羡之、亮、晦等废义符为营阳王而弑之，迎立其弟荆州刺史宜都王义隆，是为文帝。羡之、亮等专权，以晦为荆州刺史、都督荆、湘等七州军事，据上游，拥重兵，为外援。越二年（文帝元嘉三年），帝收羡之、亮诛之。晦举兵反江陵，诏将军檀道济等讨斩之，大权复归于帝室。

三、奚斤之南侵　河南之沦没

初，宋武帝之伐秦也，魏明元帝遣兵邀击于河上。武帝遣将军朱超石击其兵，大破之，是为南北朝结怨之始。武帝入洛阳，或劝明元帝发兵绝其归路。崔浩曰："今屈丐（大夏）柔然，伺我之隙。而诸将用兵，皆非裕敌。兴兵远攻，未见其利。不如静以待之。裕克秦而归，必篡其主。关中华戎杂错，风俗劲悍。裕欲以荆扬之化施之，此无异解衣包火，张网捕虎。虽留兵守之，人情未洽，趋向不同，适足资敌耳。愿且按兵息民以观其变，秦地终为国家之有。"帝然之。武帝克长安，明元帝大惧，遣使来请和，自是每岁交聘不绝。武帝殂后，明元帝乘宋有内乱，遣司空奚斤督诸将南侵。武帝永初三年（魏永常七年，西历纪元四二二年）冬，克滑台（今河北道滑县）、碻磝（故城在今济南道，即故泰安府肥城县）。次年（宋营阳王景平元年）正月，克洛阳、金墉。闰四月克虎牢。十一月克许昌汝南。尽取兖、司、豫州诸郡，于是河南皆入于魏，是为宋、魏第一次冲突。

四、到彦之北伐

是年十一月魏明元帝殂，太武帝立，年甫十七岁。次年五月，宋文帝即位，年甫十八岁。两朝皆少年英主，有两不相下之势。魏以北方有警，不暇南侵。宋以内乱初平，无暇北伐。一时各保持武装和平态度，两不动兵。元嘉六年（魏神䴥二年，西历纪元四二九年），魏太武帝自将伐柔然，大破之。乘胜穷追，至漠北，击高车东部，降之。七年（四三〇年）三月，宋文帝乘隙，遣将军到彦之等伐魏。魏以南方下湿，入夏水潦，草木蒙密，地气郁蒸，易生疾疠，不利行军，乃敛河南四镇（滑台、碻磝、虎牢、金墉）兵退屯河北。彦之取河南，分兵屯守。是年八月，魏遣将军宋颉南下，击宋师，破之，彦之走还。魏复取河南，是为宋、魏第二次冲突。

是时魏与夏构兵，相持甚急。北燕、北凉等诸小国犹未平，柔然据漠北，时常窥边。魏方致力于北，不顾分力南方。乃遣使如宋求婚，表面上实行敷衍政策，宋亦以实力未充，不愿遽行决裂，乃依违答之。一面整理内政，讲求富国强兵术，一面实行远交近攻策。通使北燕，以牵制魏之东方。结欢大夏、北凉，以牵制魏之右臂。复交通柔然，以牵制魏之后面。欲养成气力，再图大举。已而大夏、北燕、北凉相继沦亡，黄河流域皆入于魏。元嘉九年（西历纪元四三二年），宋益州人赵广作乱，陷涪城，破涪陵（今四川涪陵县）、江阳（今四川泸县）、遂宁（今四川遂宁县）诸郡，围成都。十年（西历纪元四三三年），氐王杨难当乘衅南侵，陷汉中，于是宋、魏之交涉复起。

五、仇池之役

初，仇池杨宋奴之被杀也，二子佛奴、佛狗逃奔前秦。前秦王坚以女妻佛奴子定，拜为将军。前秦衰亡，定亡奔陇右，收集旧众，据历城（今甘肃渭川道成县），置储蓄于百顷，自称龙骧将军、仇池公，复取天水、略阳等地，自称秦州刺史、陇西王。晋孝武帝太元十九年（西历纪元三九四年），与前秦主崇共攻西秦王乞伏乾归，兵败见杀。定无子。叔父佛狗之子盛先守仇池，至是自称征西将军、秦州刺史、仇池公，称臣于晋及后秦，侵扰汉中诸郡。宋武帝即位，封盛武都王。文帝元嘉二年（西历纪元四二五年），盛殂，子玄立。双受宋、魏爵命，宋以为武都王，魏以为南秦王。六年（西历纪元四二九年），玄殂，弟难当立。宋梁秦刺史甄法护刑政不修，失氐羌之和。十年（西历纪元四三三年），难当乘隙举兵袭破汉中，遣使献捷于魏，会益州参军裴方明已击灭赵广。内地无警。宋以萧思话为梁秦刺史，击难当，破走之。恢复汉中。难当还仇池，自称大秦王，置百官，皆如天子之制。夏主定之西迁也，难当乘势据上邽，魏遣兵击降之。十八年（西历纪元四四一年），难当复大举侵宋汉川，谋据蜀土，宋遣将军裴方明等击破之。十九年，乘胜取仇池，难当奔上邽，降魏。宋立难当兄子保炽为杨玄后，使守仇池。以胡崇之为北秦州刺史，镇其地。魏遣将军古弼、皮豹子等，奉保炽兄保宗击仇池，败宋兵，执崇之，保炽走。魏使河间公齐与保宗对镇雒谷。保宗弟文德说保宗，令闭险自固以叛魏。齐诱执保宗，送平城，杀之。保宗故将苻达、任朏等遂举兵，立文德为王，进围仇池。魏古弼、皮豹子来援。文德乞援于宋，宋遣将军姜道盛援之。文德据葭芦城（在今渭川道武都县，即故阶州境内），皮豹子击破之。文德走汉中。是为宋魏第三次冲突，仇池亡。时宋元嘉二十五年，魏太平真君九年，西历纪元四四八年也。仇池第二次复国，自定至难当，凡传四世，五十八年（西历纪元三八五至四四二）而亡。

六、盖吴之役

仇池之乱未平，宋、魏之交涉复起。元嘉二十二年（魏太平真君六年，西历纪元四四五年），魏卢水胡盖吴据杏城反，请降于宋。宋发雍梁兵屯境上，为吴声援。魏亦使永昌王仁等率师掠淮泗以北以报宋。二十三年，魏讨吴，斩之，宋师还。是为宋、魏第四次冲突。

七、王玄谟之北伐

是时魏已灭夏、灭北燕、灭北凉、取仇池，尽有黄河流域。太武帝屡自将伐柔然，破走之。吐谷浑、高丽及西域诸国，皆遣使入贡于魏。宋亦遣兵伐林邑（今法领越南中部小国），降之。两国各扩张势力于四方，一以孤敌国之援，一以除腹背之患。魏师之掠淮泗也，宋文帝忧之。御史中丞何承天上安边策：请务农息民，坚壁清野，以图自保。帝不能用。彭城太守王玄谟希旨数上北伐策，帝嘉纳之。元嘉二十七年（西历纪元四五〇年），魏太武帝自将南侵，围悬瓠（今汝阳道汝南县，即故汝宁府治）。宋豫州参军陈宪拒却之。是年秋，宋遣将军王玄谟等大举侵魏，取碻磝，围滑台。魏太武帝自将救之。玄谟退走。太武帝乘势大举南下，屡破宋兵，大掠淮水流域，进次瓜步（在今江苏金陵道六合县东南）。宋人戒严守江。太武帝攻盱眙，宋将军臧质拒却之；别将攻寿阳，亦不克，引还。是为宋、魏第五次冲突。魏人凡破南兖、徐、兖、豫、青、冀六州，杀掠不可胜计。丁壮者即加斩截，婴儿贯于槊上，盘舞以为戏。所过郡县赤地无余。春燕归，巢于林木。魏之士马，死伤亦过半。宋文帝每命将出师，常授以成律。交战日时，是以将帅赵趄，莫敢自决。又江南白丁，轻进易退，此其所以败也。自是邑里萧条，元嘉之政衰矣。

计宋、魏胜败之原因如下：

一、就人种上言之，南人懦弱，北人勇敢　淝水之战，晋之所以胜者，由于国家危急存亡之秋，上下皆睹生命以争一胜，与文帝之北伐意气差为不同。前秦之所以败者，由于数战则民疲，数胜则主骄，民族太混杂，内部时常自起冲突，故一败即成瓦解之势。至后魏南侵时，则民族已逐渐混合，感情已逐渐融洽，故内部无隙可乘。

二、就经验上言之，北兵屡与柔然、夏、北燕、北凉等国构兵，富于经验，南兵则缺乏经验

三、就动员上言之，北多骑兵，进行极速。南多步兵及水军，进行极迟

又魏人战胜后所以不渡江南下之原因如下：

一，舍鞍马，仗舟楫　在江上争衡，南人之所长，北人之所短。

二、柔然未平　北土时常有警，新征服之领土民心未尽服从。倘久劳于外，内顾之忧必起。

三、太武帝南下之初心，志在击退宋军，不在经略江左。

以上频年战争之结果，两国皆疲弊，而宋尤甚，财政异常紊乱，始铸四铢小钱。越二年（元嘉二十九年），魏内乱，太武帝被弑。宋文帝乘之，

复出兵北伐。攻碻磝及虎牢，皆不克，引还。是为宋、魏第六次冲突。次年，宋亦内乱，文帝被弑。于是宋、魏冲突始为一大结束，两国战争一时中止。南北之民始稍得息肩矣。

第二节　魏之内乱　宗爱之弑逆

先是元嘉二十一年（魏太平真君五年），魏太武帝使太子晃总百揆，晃为政精察。中常侍宗爱性险暴，多不法，晃恶之。给事中仇尼道盛有宠于晃，与爱不协。爱恐为所纠，构成其罪。太武帝怒，斩道盛于都街，东宫官属多坐死。二十八年六月，晃以忧卒，帝徐知其无罪，悔之。欲封其子浚为高阳王，既而以皇孙世嫡，不当为藩王，乃止。宗爱惧祸。二十九年（西历纪元四五二年）二月，弑帝。左仆射兰延、侍中和匹，以浚冲幼，欲立太武帝第三子东平王翰。侍中薛提以浚嫡皇孙，不可废，议久不决。爱素恶翰，而善太武帝第六子南安王余，乃密迎余，矫皇后令，召延等杀之，并杀翰，立余，是为南安隐王。爱自为大司马、大将军、太师，都督中外诸军事。封冯翊王，专国政。余自以违次而立，厚赐群下，欲以收众心。又好酣饮及声乐田猎，不恤政事。爱为宰相，录三省，总宿卫，坐召公卿，专恣日甚。余患之，谋夺其权。爱愤怒。是年十月，使小黄门贾周弑之。羽林郎中刘尼、殿中尚书源贺时典禁兵，与尚书陆丽，密谋迎浚。讨爱、周，诛之，奉浚即位，是为文成帝。

宋武帝魏太武帝比较表（据本国史表解卷上转载）

刘裕——宋武帝	拓拔焘——魏太武帝
一、为南朝开国之英主	一、为北朝统一之英主
二、英武善战，致胜兵兼在舟	二、鸷勇善战，制胜兵多恃骑
三、以刘穆之为谋主，战将则有檀道济、王镇恶、朱龄石等	三、以崔浩为谋主，战将则有奚斤、长孙道生、伊馛等
四、平桓玄，破孙恩，北伐而灭燕秦	四、并关西，定关东，南伐而抵瓜步
五、以布衣创宋之业，为其难	五、以帝子大魏之基，为其易
六、在帝位三年，年六十七，以寿终	六、在帝位二十五年，年四十五，被弑死

第三节　宋之内乱

一、彭城王义康之专政

宋文帝之初诛徐傅也，以王弘为司徒、扬州刺史、录尚书事，与侍中王华、王昙首（弘弟）、殷景仁、刘湛等同辅政。弘自以兄弟并处权要，深存谦抑，累表辞职。元嘉五年，左迁弘为卫将军、开府仪同三司。六年正月，以皇弟彭城王义康为司徒，与弘参录尚书事。弘既多病，且欲远权，由是义康专总内外之务。元嘉四年，华卒；八年，昙首卒；九年，弘卒。诏以义康领扬州刺史，殷景仁为尚书仆射，刘湛为领军将军以佐之。湛以景仁位遇素不逾己，而一旦居前，意甚愤愤。又以景仁专管内任，谓为间己，猜隙渐生。时义康专秉朝政，湛常为其上佐，遂委心自结，欲因其力以倾景仁。十二年，诏加景仁中书令、中护军。湛愈愤怒，使义康毁景仁，复阴遣客刺之。景仁累表辞职。帝知其谋，迁护军府于西掖门外，由是湛谋不行。

司空江州刺史永修公檀道济，立功前朝，威名甚重。讨谢晦之役，到彦之北伐之役，皆有大功。左右腹心并经百战，诸子又有才气，朝廷疑畏之。会帝久疾不愈。十三年三月，刘湛说义康，召道济入朝杀之，并其诸子，及参军薛彤、高进之。以故宋师不竞于魏。

帝羸疾累年，屡至危殆。义康尽心营奉，药石非亲尝不进，或连夕不寐，性好吏职，纠剔精尽。凡所陈奏，入无不可，方伯以下，并令选用，生杀大事，或以录命断之。势倾远近。朝野辐辏，义康倾身引接，未尝懈倦。士之干练者，多被意遇。然素无学术，不识大体，朝士有才用者，皆引入己府。府僚无施及忤旨者，乃斥为台官。自谓兄弟至亲，不复存君臣形迹。刘湛欲因义康以倾殷景仁，推崇义康，无复人臣之礼。司徒长史刘斌、从事中郎王履、主簿刘敬文、祭酒孔胤秀等，皆以倾谄有宠于义康。与湛密谋，俟宫车晏驾后，奉戴义康为主。邀结朋党，伺察禁省，有不与己同者，必百方构陷之。由是君相之间渐生嫌隙。十七年（西历纪元四四〇年）十月，诏收湛及斌等，诛之。义康上表逊位，诏以为江州刺史，出镇豫章。以江夏王义恭为司徒、录尚书事。皇子始兴王浚为扬州刺史，时浚尚幼，州事悉委长史范晔，以晔及沈演之为左右卫将军，对掌禁旅，与吏部郎庾炳之同参机密。鲁国孔熙先博学文史，兼通术数，有纵横才志，为员外散骑侍郎，愤愤不得志。其父曾受义康恩，熙先密怀报效，且以为天文图谶，文帝必以非道晏驾，祸由骨肉，而江州应出天子，乃密谋拥戴义康。以范晔方握政柄，欲引与同谋，厚结晔甥太子中舍人谢综以说晔，晔不听，言于帝，请诛义康以塞乱源，帝不能从。二十二年（西历纪元四四五年），熙先与丹阳尹徐湛之密谋大逆，湛之恐事不成自首，并诬晔为主谋。仆射何尚之与沈演之、庾炳之素嫉晔宠，至是乘机陷害，遂捕晔及熙先、综等下狱，皆杀之。废义康为庶人，徙安成郡（故城在今江西庐陵道安福县境)，湛之以自首免罪（参《观陈澧东塾集》申范篇）。二十四年（西历纪元四四七年)，故将军胡藩之子诞世据豫章反，欲奉义康为主。前交州刺史檀和之讨平之。二十八年（西历纪元四五一年)，魏太武帝南侵，至瓜步。上虑不逞之人复奉义康为乱，乃遣使就杀之。

二、太子劭之弑逆

初，宋文帝纳潘淑妃，生始兴王浚。淑妃有宠，元皇后恚恨而殂。淑妃专总内政，由是太子劭深恶淑妃及浚。浚惧，曲意事劭。劭更与之善。劭、浚多过失，数为帝所谴责，劭、浚惧，使吴兴巫严道育为巫蛊，咒诅上。元嘉二十九年，事泄。帝与仆射徐湛之、尚书江湛、侍中王僧绰谋废劭，赐浚死。皇子南平王铄、建平王宏，有宠于上。铄妃，江湛之妹。随王诞妃，徐湛之之女也。湛劝立铄，而湛之欲立诞，议久不决。潘淑妃知其谋，阴以告浚，浚驰报劭，劭乃谋以东宫兵作乱。左卫率袁淑不从，杀之。三十年（西历纪元四五三年）二月，以兵夜入宫，弑帝，并杀湛之、湛、僧绰而自立。时将军沈庆之奉诏讨西阳蛮。劭密与庆之手书，令杀江州刺史武陵王骏，庆之不从。是年四月，奉骏举兵寻阳，移檄州郡讨劭。荆州刺史南谯王义宣、雍州刺史臧质、司州刺史鲁爽等皆起兵应之。将军柳元景领前锋，大破劭兵于新亭（在今江苏江宁县城南)，遂克台城（在江宁县城东北隅)。诛劭及浚，诸将奉骏即位，是为孝武帝。

三、孝武帝之骄暴

帝为人机警勇决，记问博洽，文章华敏，又善骑射，而奢欲无度。自晋室渡江以来，宫室草创。至是始大修宫室，坏高祖所居阴室（江左诸帝既崩以其所居殿为阴室藏诸御服)，于其处起玉烛殿。侍中袁颛盛称高祖俭德，帝曰："田舍翁得此已为过矣。"帝荒淫纵恣，闺门无礼，不择亲疏尊卑，又残忍暴虐。皇弟南平王铄、武昌王浑、中书令王僧达、东扬州刺史颜竣、庐陵内史周朗、广陵太守沈怀文，皆以微嫌被杀。皇族之中，人人自危，反者屡起。皇叔父荆湘刺史南郡王义宣、皇弟南兖州刺史竟陵王诞、雍州刺史海陵王休茂，皆以谋叛伏诛。

又好狎侮群臣，尝呼金紫光禄大夫王玄谟为老伧，仆射刘秀之为老悭，颜师伯为齴，其余长短肥瘦皆有称目。又宠一昆仑奴，令以杖击群臣。帝不任大臣，寄耳目于群小。戴法兴、戴明宝、巢尚之皆以中书舍人参预大政。招权纳贿，家累千金。晚年尤贪财利，刺史二千石罢还，必限使献奉。又以蒱戏取之，罄尽乃止。终日酣饮，尝凭几昏睡。在位十一年，以大明八年殂。太子子业立，是为前废帝。

四、子业之昏暴　晋安王子勋之举兵　淮北四州之沦没

子业幼而狷暴，即位之初，犹难太后王氏及戴法兴等。已而太后殂，子业欲有所为，法兴辄抑制之，子业怒，赐法兴死。尚书令柳元景、仆射颜师伯密谋废子业，立太宰江夏王义恭。谋泄，子业皆杀之，并其子弟。

新安王子鸾有宠于孝武帝，子业恶而杀之，并其母弟南海王子师，发其母殷淑仪墓。又欲掘景宁陵（孝武帝陵），太史以为不利于子业，乃止。宁朔将军何迈尚子业姑新蔡长公主。子业纳公主于后宫，迈怒，谋废子业，事泄，见杀。太尉沈庆之，先朝旧臣，数尽言规谏。子业不悦，庆之惧祸，杜门谢客。尚书蔡兴宗、青州刺史沈文秀（庆之弟子）、皆劝庆之行废立，庆之不从。子业嫉庆之，赐死。子业畏忌诸父，恐其在外为患，皆拘于殿内，殴捶陵曳，无复人理。湘东王彧、建安王休仁、山阳王休佑年长，尤恶之。以彧尤肥，谓之猪王；谓休仁为杀王；休佑为贼王；东海王祎性凡劣，谓之驴王。以木槽盛食，裸彧，纳泥水中，使就槽食。前后欲杀以十数。休仁多智数，每以谈笑佞谀悦之，故得推迁。复召诸妃主列于

前，强左右使辱之。叔父南平王铄妃江氏不从，子业怒，裸挞妃，杀其三子。姊山阴公主有宠，子业出，每与同辇。主尤淫恣，子业为置面首左右三十人。吏部郎褚渊貌美，公主请以自侍，备见逼迫，渊以死自誓，乃得免。又令太庙别画祖考之像，入庙，指高祖像曰："渠大英雄，生擒数天子。"指太祖像曰："渠亦不恶，但末年不免为儿斫去头。"指世祖像曰："渠大齄鼻，如何不齄。"立召画工令齄之。

又忌其弟江州刺史晋安王子勋。泰始元年（西历纪元四六五年），遣使赐死。长史邓琬不奉诏，是年十一月，奉子勋举兵寻阳，讨子业。荆湘徐豫等十三州及会稽三吴等郡皆应之，兵势大振。子业左右寿寂之、王敬则等弑子业，迎立湘东王彧，是为明帝。诏子勋罢兵，不听，自立为帝，改元义嘉。次年正月，明帝遣司徒建安王休仁攻江州，以将军沈攸之领前锋。是年八月，克寻阳，杀子勋，戡定其他州郡。徐州刺史薛安都、兖州刺史毕众敬、汝南太守常珍奇等以先附子勋惧诛，皆叛降于魏。魏乘隙遣兵南下，侵略淮水流域，击败宋兵，遂取宋淮北四州（徐、兖、青、冀）及豫州淮西地，于是淮北皆入于魏。

五、明帝之骄暴

明帝无子，尝以宫人陈氏赐嬖人李道儿，已复迎还，生昱，立为太子。又密取诸王姬有孕者，纳之宫中，生男则杀其母，而使宠姬母之。帝少时宽和，有令誉，即位之初，义嘉之党多蒙宽宥，随才引用，有如旧臣。及晚年，更猜虐，好鬼神，多忌讳。文书有祸败凶丧疑似之言，应回避者，数百千品，有犯必戮。左右忤意，往往刳斮。淮泗用兵，府藏空竭，百官绝禄。而奢费过度：每造器用，必造正御、副御、次副，各三十枚。又以太子幼弱，深忌诸王。皇兄太尉南豫州刺史庐江王祎、皇弟司徒扬州刺史建安王休仁、南徐州刺史晋平王休佑、巴陵王休若、皇侄安陵王子绥等皆以微嫌被杀。独桂阳王休范以凡讷获免。复因喜怒屡杀大臣。在位八年，以太豫元年（西历纪元四七二年）殂。太子昱立，是为后废帝。

六、昱之昏暴　萧道成之篡

昱即位后，尚书令袁粲、护军将军褚渊等受遗诏辅政。越二年（元徽二年西历纪元四七四年），江州刺史桂阳王休范举兵反，右卫将军萧道成击斩之，以功迁中领军。昱荒淫骄暴，甚于明帝。自以李道儿之子，每微行，自称李将军。常著小裤衫，营署巷陌无不贯穿。或夜宿客店，或昼卧道旁。排突厮养，与之交易，或遭谩骂，悦而受之。元徽四年（西历纪元四七六年），南徐州刺史建平王景素起兵京口讨之，不克而死。昱骄恣转甚，无日不出。从者并执铤矛，逢无免者，民间扰惧，行人殆绝。针锥凿锯不离左右，一日不杀则惨然不乐。殿省忧惶，食息不保。尝直入领军府，萧道成昼卧裸袒，昱令起立，画腹为的，引满，将射之。道成敛板曰："老臣无罪。"乃更以骲，箭射中其脐，投弓大笑。道成忧惧，密与袁粲、褚渊谋废立，粲不从。道成乃密与越骑校尉王敬则定谋，阴结昱左右杨玉夫、杨万年、陈奉伯等，使伺机便。升明元年（西历纪元四七七年）七月，弑昱，以太后令，迎立安成王准，是为顺帝。

顺帝即位，萧道成自为司空、录尚书事，专国政。荆襄都督沈攸之起兵江陵，中书监袁粲、尚书令刘秉，起兵石头，讨之。皆不克而死。二年正月，道成自为太尉、都督十六州军事，引用子弟党羽，遍布内外，剪除宗室及大臣异己者。寻自加太傅、扬州牧。三年三月，自为相国，封齐公。四月，自进爵为王，遂称皇帝，是为齐高帝。废顺帝为汝阴王，迁于丹阳而弑之，夷其族，宋宗室无少长皆死。魏孝文帝闻警，遣梁郡王嘉，奉宋文帝子丹阳王刘昶伐齐，讨萧道成弑君篡国之罪。于是齐、魏之冲突起，南北战争又开始矣。时宋顺帝升明三年，齐高帝建元元年，魏孝文帝太和三年，西历纪元四七九年也。宋凡传八世，六十年（四二〇至四七九）而亡。

刘宋内乱表

	内乱事迹	主动者	年代	西历	结果
一	营阳王义符被弑	徐羡之、傅亮、谢晦	营阳王景平二年	四二四年	文帝即位诛羡之、亮
二	彭城王义康之专政	刘湛、刘斌等	文帝元嘉十七年	四四〇年	黜义康、湛等皆伏诛
三	孔熙先之谋反	孔熙先	同二十二年	四四五年	事泄伏诛，并废义康为庶人，杀太子詹事范晔
四	文帝之被弑	太子劭始兴、王浚	同三十年	四五三年	沈庆之奉孝武帝骏举兵讨诛之
五	晋安王子勋之举义	邓琬	废帝子业泰始元年	四六五年	子业为左右所杀，明帝即位，子勋不罢兵为明帝兵所攻杀
六	沈攸之之举义	袁粲、刘秉	顺帝升明元年	四七七年	兵败，三人皆为萧道成所杀，宋亡

第四节　魏之内乱　乙浑之专权　冯太后之弑逆

先是魏太武帝经略四方，国颇虚耗。重以内难，朝野楚楚。文成帝嗣位，与时消息，静以镇之，怀集中外，民心复安。宋明帝泰始元年（西历纪元四六五年），文成帝殂，太子弘立，时年十二，是为献文帝。车骑大将军乙浑专权，杀尚书杨保年、司徒陆丽、司卫监穆多侯等，自为丞相，将谋大逆。二年（西历纪元四六六年），冯太后收浑，诛之，临朝称制。三年

（西历纪元四六七年），献文帝亲政。勤于为治，赏罚严明，拔清节，黜贪污，于是魏之牧守始有以廉节著者。乘宋内乱，略取淮北。六年（魏皇兴四年），柔然入寇，帝自将击破之，国势日张。帝聪睿夙成，刚毅有断，而好黄老浮屠之学，常有遗世之心。在位五年，以泰始七年（魏孝文帝延兴元年，西历纪元四七一年）八月，传位于太子宏，自称太上皇帝，徙居北苑崇光宫，国有大事乃以闻。宏即位，年甫五岁，是为孝文帝。

尚书李敷弟奕，得幸于冯太后，有罪，献文帝诛之。冯太后怒，宋主昱元徽四年（魏承明元年，西历纪元四七六年），进毒弑帝，复临朝称制。太后性聪察，知书计，晓政事，被服俭素，膳羞减于故事什七八。而猜忍多权数，屡杀大臣，皆夷其族。幸臣王睿、宦官王琚、苻承祖等用事。孝文帝幼育于太后，性至孝，能承颜顺志，事无大小，皆仰成焉。

第五节　魏孝文帝之变法

是时魏孝文帝年渐长，英迈好学，深通中国文化。魏太和三年（即位之后第九年），命中书监高允议定律令，刑罚皆从轻减。太和六年始依中国古制，亲祀七庙。太和七年始禁同姓为婚。八年，始班禄于百官，严禁贿赂赃污。九年，诏均田。男子十五以下受露田四十亩，妇人二十亩。奴婢依良丁，人年及课则受田，老免，身没则还田。于是豪强始不得自由兼并。十年，朝会始服兖冕，制五等公服，作明堂辟雍，改中书学为国子学。十一年定乐章，凡非雅者皆除之。出宫人，罢末作。十三年，祀南郊，始备法驾。

太和十四年（齐武帝永明八年，西历纪元四九〇年），冯太后殂，孝文帝始亲政。见南朝祸乱相寻，阴有兼并之志。自以本国无文化，不足以统一中国。乃先改良庶政，凡百事务一概效法中国。正祀典、置乐官、考牧守、班新律，修古帝王圣贤之祀，亲养老于明堂。十七年（西历纪元四九三年），迁都洛阳。十八年禁民胡服。十九年禁胡语、求遗书、法度量、立国子大学，四门小学。二十年定族姓，改姓元氏。命代来诸功臣族姓或重复者，皆改为一字，与汉姓同。

魏孝文帝改从汉姓一览表（据本国史表解卷上转载）

一，胡氏出于胡子，而纥骨氏亦改为胡氏	二，周氏出于后稷，而贺鲁氏普氏亦改为周氏
三，奚氏出于奚仲，而达奚氏亦改为奚氏	四，伊氏出于帝尧伊耆氏，而伊娄亦改为伊氏
五，丘氏出于齐太公，而丘敦亦改为丘氏	六，亥氏晋有隐者亥，而侯氏亦改为亥氏
七，叔孙出于鲁叔牙，而乙旃亦改为叔孙氏	八，车氏出于汉田千秋，而车焜亦改为车氏
九，穆氏出于宋穆公，而邱穆陵亦改为穆氏	十，陆氏出于田敬仲，而步六孤亦改为陆氏
十一，贺氏为齐庆氏所改，而贺赖贺兰并改为贺氏	十二，刘氏出于晋士会。而独孤氏亦改为刘氏
十三，楼氏出于杞东楼公，而贺楼亦改为楼氏	十四，于氏出于武王子邘叔，而勿忸于亦改为于氏
十五，连氏出于齐连称，而是连亦改为连氏	十六，仆氏为周礼仆人后，而仆兰亦改为仆氏
十七，苟氏出于黄帝子苟实，而若干亦改为苟氏	十八，梁氏出于秦仲，而拔列兰亦改为梁氏
十九，略氏吴有略统，而拨略亦改为略氏	二十，寇氏出于卫康叔，而苦口引亦改为寇氏
廿一，罗氏出于祝融，而叱罗亦改为罗氏	廿二，葛氏出于夏葛伯，而贺葛亦改为葛氏
廿三，封氏出于黄帝后封钜，而是贲亦改为封氏	廿四，阿氏出于商伊尹，而阿伏干亦改为阿氏
廿五，延氏出于吴延陵季子，而可地延亦改为延氏	廿六，鹿氏出于赵大夫，而阿鹿桓亦改为鹿氏

廿七，骆氏出于齐公子骆，而他骆拔亦改为骆氏	廿八，薄氏周有薄疑，而薄奚氏亦改为薄氏
廿九，桓氏出于齐桓公，而乌丸亦改为桓氏	三十，侯氏出于晋侯缓，而胡古可引亦改为侯氏
三十一，浑氏出于郑浑罕，而吐谷浑亦改为浑氏	三十二，娄氏出于陆终，而正娄亦改为娄氏
三十三，鲍氏出于鲍叔牙，而俟力代亦改为鲍氏	三十四，卢氏出于齐高傒，而吐伏卢亦改为卢氏
三十五，云氏为郑国之后，而牒云亦改为云氏	三十六，是氏出于齐大夫，而是云氏亦改为是氏
三十七，利氏汉有利迁，而吐利氏亦改为利氏	三十八，如氏汉有如子礼，而如罗亦改为如氏
三十九，扶氏汉有扶嘉，而乞扶氏亦改为扶氏	四十，单氏出于周成王少子臻，而阿单渴单并改单氏
四十一，几氏出于宋仲几，而俟几亦改为几氏	四十二，儿氏周有儿良，而贺儿亦改为儿氏
四十三，古氏出于古公亶父，而叶奚亦改为古氏	四十四，毕氏出于毕公高，而出连亦改为毕氏
四十五，何氏出于韩王安，而贺拔亦改为何氏	四十六，吕氏出于禹裔太岳，而叱吕亦改为吕氏
四十七，莫氏出于楚莫敖，而莫那娄亦改为莫氏	四十八，路氏出于路子，而没路真亦改为路氏
四十九，韩氏出于晋穆侯少子，而步大汗亦改为韩氏	五十，扈氏出于夏诸侯，而扈地干亦改为扈氏
五十一，舆氏出于周大夫伯舆，而慕舆亦改为舆氏	五十二，干氏出于宋大夫干犨，而纥干亦改为干氏
五十三，伏氏出于伏羲，而俟伏斤亦改为伏氏	五十四，高氏出于齐公子高，而是娄亦改为高氏
五十五，石氏出于卫石碏，而温石兰亦改为石氏	五十六，屈氏出于楚屈瑕，而屈突亦改为屈氏

五十七，解氏出于晋解狐，而解毗亦改为解氏	五十八，奇氏出于鲁伯奇，而奇斤亦改为奇氏
五十九，卜氏出于周礼卜人，而须卜亦改为卜氏	六十，林氏出于平王庶子，而丘林亦改为林氏
六十一，绵氏出于晋大夫，而尔绵氏亦改为绵氏	六十二，盖氏出于汉盖公，而盖楼亦改为盖氏
六十三，黎氏为九黎之后，而素黎亦改为黎氏	六十四，明氏出于秦孟明，而壹斗眷亦改为明氏
六十五，门氏出周之门子，而叱门亦改为门氏	六十六，宿氏出于太皞，而宿六斤亦改为宿氏
六十七，山氏为烈山之后，而吐难亦改为山氏	六十八，房氏出于丹朱，而屋引亦改为房氏
六十九，树氏望出河东，而树若干亦改为树氏	七十，窦氏出于夏少康后，而纥豆陵亦改为窦氏
七十一，陈氏出舜之后，而侯莫陈亦改为陈氏	七十二，狄氏出周文王少子，而库狄亦改为狄氏
七十三，稽氏秦有稽黄，而太落稽亦改为稽氏	七十四，潘氏出楚潘崇，而破多罗亦改为潘氏
七十五，薛氏出颛顼少子阳，而叱干亦改为薛氏	七十六，展氏出鲁公子展，而辗迟亦改为展氏
七十七，费氏出鲁季文子，而费连亦改为费氏	七十八，艾氏出宋公族，而去斤亦改为艾氏
七十九，祝氏秦有祝欢，而叱卢亦改为祝氏	八十，温氏出晋郤至，而温盆亦改为温氏
八十一，杜氏为刘累之后，而独孤浑亦改为杜氏	

第六节　齐魏之冲突

以上魏孝文帝所设施，皆以统一中国为目的，而以被同化于中国为手段。及设施稍有头绪，遂大举兵攻齐，以贯彻其统一中国之志。于是齐、魏之冲突起。

先是齐高帝篡位（魏孝文帝太和三年，西历纪元四七九年）。魏梁郡王嘉奉刘昶伐齐，攻寿阳，不克，引还，是为齐、魏第一次冲突。高帝在位三年，以建元四年殂（西历纪元四八二年）。太子赜立，是为武帝。

永明五年（魏太和十一年，西历纪元四八七年），齐荒人桓天生据南阳降魏，魏遣兵赴之。齐将军陈显达破魏兵。适柔然寇魏，北方有警，魏乃罢兵。是为齐、魏第二次冲突。

齐明帝篡位（魏太和十八年，西历纪元四九四年），魏孝文帝乘隙自将伐齐。攻钟离（在今淮泗道凤阳县），别将围南郑，皆不克。遣使临江，数明帝弑君篡国之罪而还，是为齐、魏第三次冲突。越三年（魏太和二十一年，西历纪元四九七年），复自将伐齐。由河南进入秦岭山脉，拔南阳新野，尽取北山诸郡。是时高车叛魏，相率北遁。会闻齐明帝殂，太子宝卷立，乃下诏称礼不伐丧，引还。讨高车，降之。是为齐、魏第四次冲突。次年（太和二十三年，西历纪元四九九年）孝文帝殂，太子恪立，是为宣武帝。

第七节　齐之内乱

一、昭业之荒淫　萧鸾之篡

齐武帝在位十一年，以永明十一年（西历纪元四九三年）殂。太孙昭业立。以叔父竟陵王子良为太傅，从祖西昌侯鸾为尚书令，辅政。昭业性辩慧，美容止，而矫情饰诈，阴怀鄙慝。与左右群小共衣食、同卧起。始从竟陵王子良在西州，文惠太子每禁节之。昭业密就富人求钱，夜开后阁，淫宴诸营署。师史仁祖、侍书胡天翼相谓曰：“若言之二宫，则其事未易，若为异人所殴及犬物所伤，岂直罪止一身，亦当尽室及祸。”相继自杀。

所爱左右，皆逆加官爵。疏于黄纸，使囊盛带之，许南面之日，依此施行。侍疾居丧，忧容号毁，才还私室，即欢笑酣饮。常令女巫祷祀，速求天位。世祖有疾，与何妃书，作一大喜字，而三十六小喜字绕之。大敛始毕，悉呼武帝诸伎备奏诸乐。山陵之后，即与左右微服，游走市里，掷涂赌跳，作诸鄙戏。武帝聚钱及金帛不可胜计，未期岁，用垂尽。宠幸中书舍人綦毋珍之。朱隆之、直阁将军曹道刚、周奉叔、宦者徐龙驹等所论荐，事无不允。内外要职皆先论价。旬月之间，家累千金。后何氏亦淫佚，与左右杨珉通，昭业恣之。西昌侯鸾数谏，不从。乃启诛珉、龙驹、奉叔等，昭业不能违，心忌鸾，欲除之。

次年（西历纪元四九四年），竟陵王子良以忧卒，鸾与卫尉萧谌、征南谘议萧坦之等弑昭业而立新安王昭文，自为骠骑大将军、录尚书事、扬州刺史，封宣城公。大杀高帝武帝子孙，遍树己亲党。是年十月，自为太傅、扬州牧，进爵为王。遂弑昭文而自立，是为明帝。

二、东昏侯之昏暴　和帝之起兵　萧衍之篡

明帝性猜多虑，屡杀大臣及近支诸王，高帝武帝及文惠太子长懋诸子皆死。大司马会稽太守王敬则，自以高武旧将，心不自安。永泰元年（西历纪元四九八年）举兵反，至曲阿（今金陵道丹阳县），兵败而死。是年七月，明帝殂，太子宝卷立，是为东昏侯。

宝卷自幼不好学，唯嬉戏无度。及即位，不与朝士相接，专亲信宦官及左右御刀应敕之人（执御刀为仪卫而听应敕命者）。次年（永元元年）八月，右仆射江祏谋废之而立其从兄扬州刺史始安王遥光，谋泄，皆死。遥光惧，起兵东城（建康东城扬州刺史驻在地也）以攻宝卷，兵败，亦死。宝卷无所忌惮，益自恣。日夜与近习于后堂鼓叫戏马，常以五更就寝，日晡乃起。台阁案奏，阅数十日乃报，或不知所在。五省黄案，皆为宦者裹鱼肉

还家。闰八月杀仆射萧坦之、领军刘暄，十月杀司空徐孝嗣、将军沈文季，于是顾命大臣皆尽。初，明帝临殂，以隆昌（昭业年号）事戒宝卷曰："作事不可在人后。"故宝卷数与近习谋诛大臣，皆发于仓促，决意不疑，于是大臣人人莫敢自保。是年十二月，太尉陈显达举兵江州，袭建康，兵败亦死。宝卷益自骄恣，渐出游走，又不欲人见，每出先驱斥所过人家，唯置空宅，犯者应手格杀。一月凡二十余出，出辄不言定所，常以三四更中，鼓声四出，火光照天，幡戟横路。士民惊震，啼号塞道。四民废业，樵苏路断。吉凶失时，乳妇寄产。或舆病弃尸，不得殡葬。豫州刺史裴叔业心不自安，次年（永元二年）正月，据寿阳降魏，魏遣司徒彭城王勰、将军王肃镇之。是年四月，宝卷使将军崔慧景攻寿阳，慧景至广陵，奉江夏王宝玄为主，还逼建康，兵败皆死。是年八月，宝卷使将军陈伯之再攻寿阳，为魏所败。于是淮南西部入于魏。是为齐、魏第五次冲突。是时齐后宫火，嬖佞之徒有赵鬼者，能读西京赋，言于宝卷曰："柏梁既灾，建章是营。"宝卷乃大起芳乐、玉寿等诸殿，以麝涂壁，刻画装饰，穷极绮丽，役者自夜达晓，犹不副速。后宫服御，极选珍奇，凿金为莲花以帖地，令潘妃行其上曰："此步步生莲花也。"嬖倖因缘为奸利，课一输十，百姓困尽，号泣道路。

是年十一月，雍州刺史萧衍起兵襄阳，行荆州事萧颖胄、奉刺史南康王宝融，起兵江陵以讨之。次年（中兴元年）三月，诸将奉宝融即位于江陵，是为和帝。遥废宝卷为涪陵王。以颖胄为尚书令、荆州刺史，辅政。衍为征东大将军，率师东下，连克郢城（今湖北武昌县）、寻阳，遂围建康。宝卷悉以军事委将军王珍国。是年十二月，珍国与其副张稷弑宝卷，迎衍入建康。时颖胄已卒，物情悉归于衍。衍以太后令，追废宝卷为东昏侯。自为大司马、录尚书事，承制决事。次年二月，自为相国，封梁公，加九锡，寻自进爵为王。四月，遂称皇帝，是为梁武帝。废和帝为巴陵王，迁于姑孰而弑之，尽杀明帝子孙，齐亡。时齐和帝中兴二年，梁武帝天监元年，魏宣武帝景明三年，西历纪元五〇二年也。齐凡传七世二十四年（西历纪元四七九至五〇二）而亡。

萧齐内乱表

内乱事迹	主动者	年代	西历	结果
一，郁林王昭业之被弑	萧鸾	郁林王建武元年	四九四	鸾立新安王昭文，复废之而自立
二，王敬则之叛	王敬则	明帝永泰元年	四九八	兵败见杀
三，始安王遥光之举兵	始安王遥光	东昏侯永元元年	四九九	同
四，陈显达之举兵	陈显达	同	同	同
五，崔慧景之举兵	崔慧景	同二年	五〇〇	同
六，萧衍之举兵，南康王宝融之举兵	萧衍、萧颖胄	同	同	东昏被弑，萧衍废宝融而自立，齐亡

第八节　梁魏之冲突

初，梁武帝之起兵也，魏镇国将军元英、东豫州（治新蔡，即今汝阳道新蔡县）刺史田益宗，前后上书，请乘萧氏内乱，遣河南之师取襄阳江陵，淮北之师进窥建业，则江南一举可平。宣武帝将从之。会南朝内乱已平，乃止。武帝篡后，齐明帝子鄱阳王宝寅出奔魏，请兵复仇。魏以为扬州刺史、丹阳公、齐王，以任城王澄都督淮南诸军事，镇寿阳，经略江北。命镇南将军元英攻义阳（旧信阳州，今汝阳道），梁武帝天监三年克之，遂取平靖、武阳、广岘、三关（平靖为西关，广岘为南关武，阳为东关，皆在今汝阳道信阳县境），于是秦岭山脉要塞入于魏。四年，梁汉中太守夏侯道迁以郡降魏，魏遣将军邢峦将兵入汉中，与梁将军孔陵等战，大破之，遂入剑阁。陵等退保梓潼。于是梁州十四郡地，东西七百里，南北千里，皆入于魏。是年冬，梁以扬州刺史临川王宏都督北讨诸军事，仆射柳惔副之，大发兵伐魏，次于洛口（在今淮泗道寿县界新城村南十五里）。魏以元英都督扬徐、邢峦都督东讨诸军事，率师拒之。宏性怯懦，部分乖方。五年冬，峦击宏前锋，败之，宏率轻骑逃归，诸军大溃，死者近五万人。魏宣武帝诏英乘胜平定东南，峦上书力争，谓“师老兵疲，愿俟再举”。帝征峦还，命萧宝寅代之，与英合兵围钟离。梁遣将军曹景宗、豫州刺史韦睿，率师救之。次年三月，大破魏师于钟离，斩首捕虏二十余万人，英单骑走还，于是魏人南下之势中阻。梁屡攻三关，欲恢复秦岭山脉要塞；复堰淮水以攻寿阳，欲恢复淮南；与魏以淮水为界，皆不克。于是南北均势之局破。会魏宣武帝殂，内乱踵作，国势骤衰，南北战争遂一时中止矣。

第十章 后魏之衰亡

第一节 后魏衰乱之原因

当是时后魏入中国已久，逐渐汉化，武力渐衰。儒、释、道三教俱逐渐发达。先是太武帝时，崔浩以司徒当国，信嵩山道士寇谦之之言，劝帝崇奉道教。即位之年，立天师道场于平城东南，重坛五层，月设厨会数千人，亲诣道坛，受符箓。浩素不信佛法，言于帝，以为佛法虚诞，为世费害，宜悉除之。宋文帝元嘉二十三年，帝自将讨盖吴，至长安，入佛寺。沙门饮从官酒，入其室，见大有兵器，出以白帝。帝疑其与吴通谋，将为乱，命有司阅其财产，大得酿具及窟室妇女。乃从浩议，悉诛境内沙门，毁佛书佛像，于是道教之势力骤张，佛教之气焰少杀。

太武帝晚年，佛禁稍弛，民间往往有私习者。文成帝即位，群臣多请复之，乃诏州郡县各听建佛图一区。民欲为沙门者听，大州五十人，小州四十人，于是曩之所毁，率皆修复。冯太后临朝，崇奉佛教。宋明帝太始三年，作大像，高四十三尺，用铜十万斤，黄金六百斤。五年，置僧祇户以赡养僧人，置佛图户以供诸寺洒扫，于是僧祇寺户遍于州镇，佛教徒之势益张。宣武帝在位，尤重佛教，梁武帝天监八年亲讲佛经。时沙门自西域来至洛阳者凡三千余人。诏立永明（在洛阳）、闲居（在嵩山）二寺以处之，极岩壑土木之美，由是远近承风，无不事佛。及其末年，州郡共有一万三千余寺。天监十四年（西历纪元五一五年），宣武帝殂，太子诩立，是为孝明帝。年幼不能亲政，母贵嫔胡氏，废其太后高氏为尼。自尊为太后，临朝称制。十五年，作永宁寺于宫侧，又作石窟寺于伊阙口，为九层浮图，高九十丈，刹高十丈，极土木之盛。十七年，遣使者宋云与比丘慧生，如西域求佛经。云等行四千里，至赤岭（在今青海西宁道南境）乃出魏境，又西行再期，至乾罗国，得佛书百七十部而还。于是佛教日盛，慈悲主义流行，慓悍勇武之风渐失。

自孝文帝以来，提倡儒教，经学家辈出，以考据为唯一不二学问，毕生精力消磨于故纸堆中。拾汉人之牙慧，殷殷研究，其所著作，号为注疏，大抵皆沾沾于文章字句之末，未窥微言大义。上流社会之人日以拈章摘句为事，不亲兵革，执干戈卫社稷之事委之武人。武人社会为上流社会所轻，等于皂隶。十八年，征西将军张彝之子仲瑀上封事，求铨削选格，排抑武人不使豫清品。于是喧谤盈路，羽林虎贲作乱，杀彝，焚其第舍。胡太后取姑息政策，收掩羽林虎贲凶强者八人斩之，其余不复穷治，大赦以安之。因令武官得依资入选，于是法令逐渐废弛。时官员既少，应选者多。崔亮为吏部尚书，立停年格，不问士之贤愚，专以停解日月为断，沉滞者称其能，而所举多不称职，于是吏治日坏。

魏累世强盛，东夷西域，贡献不绝。又立互市以致南货，府库盈溢。太后常幸绢藏，命从行者百余人，各自负绢，称力取之，少者不减百余匹。宗戚权幸竞为豪侈。宣武帝尝命宦者白整，为孝文帝后凿二佛龛于龙门山，皆高百尺。宦者刘腾复为宣武帝凿一龛，凡用十八万二千余工而未成。太后复建寺不已，令诸州各建五级浮图。诸王贵人宦官羽林各建寺于洛阳，相高以壮丽。太后设会施僧，动以万计。赏赐左右，所费不赀，而未尝施惠及民。府库渐虚，乃减削百官禄。太后聪悟，颇好读书作文。临朝之初，犹称令以行事，群臣上书称殿下，政事皆手笔自决。黜当时权臣侍中领军将军尚书令于忠，而以宗室诸王辅政。天下翕然想望太平，已而荒于游乐，数幸宗戚勋贵之家。孝明帝年幼，好游骋苑囿，不亲视朝。过崇佛法，郊庙之事，一委有司。于是太后专国，下令始称诏。太傅清河王怿美风仪，素有才能，辅政多所匡益，好学礼士，时望甚重。太后逼而幸之。侍中领军将军元乂恃宠骄恣，怿每裁之以法。宦官卫将军刘腾权倾内外，吏部用其弟为郡，怿抑而不奏。乂、腾使主食（典御膳者）胡定谮怿于孝明帝云："将谋大逆。"帝年幼，信之。梁武帝普通元年（魏正光元年），乂、腾遂杀怿，幽太后于北宫，于是大权入于乂。乂与腾表里擅权，腾总宫省，乂管朝政，骄恣贪横，公私属请，惟视货多少。刻剥六镇（注见下节），岁入以巨万万计，远近苦之。乂嗜酒好色，与夺任情，纪纲坏乱。父京兆王继为太保，尤贪纵，受赂遗。请属有司，莫敢违者。牧守令长，率皆贪污之人。由是百姓困穷，人人思乱。

后魏衰乱原因表

一、远因　汉化及印度化	主持者	各教名人	所设施
甲、道教之流行	太武帝及崔浩	寇谦之	立天师道场于平城东南
乙、佛教之流行	文成帝		令州郡县各建浮屠一区
	冯太后		作大像置僧祇佛图户
	宣武帝		亲讲佛经，立永明，间居二寺
	胡太后		作永宁寺于宫侧，石窟寺于伊阙，遣宋云及比丘慧生，如西域求佛经。

<table>
<tr><td>丙、儒教之流行</td><td>孝文帝</td><td></td><td colspan="2">定律令，祀七庙，禁同姓为婚，班禄于百官，朝会始服兖冕，制五等公服，作明堂辟雍，改中书学，为国子学，定乐章，出宫人，罢宋作，祀南郊，正祀典，置乐官，考牧守，班新律，修古帝王圣贤之祀，养老于明堂，禁胡服胡语，求遗书，法度量，冠汉姓</td></tr>
<tr><td>二、近因</td><td>时代</td><td>原因</td><td>经过</td><td>结果</td></tr>
<tr><td>甲、羽林虎贲之乱</td><td>梁武帝天监十八年</td><td>张仲瑀请铨削选格，排抑武人</td><td>杀将军张彝</td><td>太后取姑息政策，大赦以安之，因令武人得依资入选，崔亮立停年格，于是吏治日坏</td></tr>
<tr><td>乙、胡太后，孝明帝皆好游乐</td><td></td><td></td><td></td><td></td></tr>
<tr><td>丙、元乂之专权</td><td>梁武帝普通元年</td><td></td><td>杀太傅清河王怿</td><td>遂幽胡太后于北宫</td></tr>
<tr><td>丁、虐待六镇府户</td><td></td><td></td><td>尚书令李崇请改镇为州免府户为民不听</td><td>沃野镇民破六韩拔陵，柔玄镇民杜洛周等遂先后举兵反</td></tr>
</table>

第二节　六镇之叛与河北关中之乱

后魏之初入中原也，沿边置怀荒、柔玄、抚冥、武川、怀朔、沃野六镇，地广人稀，征发中原强宗子弟以实之，倚为爪牙。中叶以后，有司号为府户，役同厮养。官婚班齿，致失清流。而本来族类，各居荣显。顾瞻彼此，各怀愤怨。梁武帝普通四年（魏孝明帝正光四年），尚书令李崇北伐柔然还，上书请“改镇立州，分置郡县。府户悉免为民，入仕次叙，一准其旧”。帝不能用。是年四月，沃野镇（在今宁夏道东北边外蒙古鄂尔多斯右翼，黄河西岸白塔之东腾格里泊之南汉朔方地）民破六韩拔陵聚众反，杀镇将，攻围武川（今绥远武川县）、怀朔（今绥远五原县）等镇，破都督临淮王彧兵，于是河套东西现今归绥、乌伊等地皆陷，北方戒严。五年四月，高平（今甘肃泾原道固原县）敕勒酋长胡琛反，魏将卢祖迁击破之。琛北走，寇豳（今关中道邠县）、夏（今陕西榆林道横山县）等州。同年五月，秦州莫折大提反，陷高平。大提死，子念生代领其众，寇掠陇东诸郡，陷岐州，杀都督元志，西方戒严。同年十月，营州（今热河朝阳县）人就德兴反，东北方戒严。魏遣都督李崇讨拔陵，将军崔暹违崇节度，战于白道（在今归化城北），败绩。六年，柔然阿那瓌可汗为魏讨拔陵，败之。西部敕勒降魏，魏都督广阳王深乘势击拔陵，败之。拔陵南徙渡河，其众前后降附者二十余万人，拔陵之势渐衰。深上书请于恒州北别立郡县，安置降户，随宜赈赉，息其乱心。帝不听，分处之于冀、定、瀛三州就食，降户皆成乞活。于是柔玄（今察哈尔兴和县）镇民杜洛周反于上谷，陷幽、定、瀛等州。五原降户鲜于修礼、朔州（即怀朔镇改名）鲜于阿胡相继叛，陷平城。七年八月，贼帅元洪业杀鲜于修礼以降魏，其党葛荣复杀洪业而自立，袭杀魏都督章武王融、广阳王深，遂陷殷州（故城在今大名道，即故赵州隆平县东十里）。是年就德兴陷营平等州，辽河流域多入于德兴。拔陵诱胡琛，杀之。其党万俟丑奴代领其众，侵扰陕甘北部，据高平。次年（大通元年）魏西讨大都督萧宝寅击莫折念生，破斩之，遂据关中，举兵反。行台长孙稚讨破之。宝寅奔万俟丑奴，丑奴之势转盛。是年，葛荣陷冀州。大通二年，杀杜洛周，并其众。陷定、沧、瀛等州，于是河北多入于荣。计前后五六年间，现今河北、陕西、甘肃及热、察、绥三省皆乱，民心骚动。会胡太后以微嫌弑孝明帝，内乱复起。盖世骁雄尔朱荣，遂以讨弑逆之罪为名，乘势起兵，颠覆帝室矣。

第三节　胡太后之弑逆　河阴之变

尔朱荣者，秀容川（在平城近傍）酋长尔朱羽健之玄孙。羽健佐魏道武帝攻晋阳中山，有功，环其所居割地三百里以封之，子孙世袭。荣神机明决，御众严整。见四方兵起，阴有大志，散其蓄牧资财，招合骁勇，结纳豪杰。侯景、司马子如、贾显度、段荣、窦泰、尉景、蔡俊等皆往从之。讨群盗乞伏莫于、斛律洛阳等有功，累拜车骑将军、开府仪同三司，并、肆、汾、广恒、云六州大都督，镇守北方。元乂既幽胡太后，自专国政，骄恣暴虐，国人皆怨。梁武帝普通六年，丞相高阳王雍、侍中穆绍等，与孝明帝密谋诛之，奉太后复临朝。幸臣郑俨、徐纥、李神轨等用事，政事纵弛，盗贼蜂起，封疆日蹙。孝明帝浸长，太后自以所为不谨。凡帝所爱信者，辄以事去之，务为壅蔽，不使知外事。由是母子之间，嫌隙日深。

是时尔朱荣兵强，其部将高欢劝其举兵入洛，除郑俨、徐纥等以清君侧。荣大悦，从之，表请不听，遂举兵塞井陉。帝亦深恶俨、纥等，逼于太后，不能去。密诏荣举兵内向，欲以胁太后。大通二年（魏孝武帝孝昌四年，西历纪元五二八年），荣以高欢为前锋大举南向。至上党，帝复以私诏止之。俨、纥恐祸及己，阴与太后谋，鸩弑帝，伪立皇女为帝，寻改立临洮世子钊（临洮王宝晖子），年甫三岁。太后欲久专政，故立之。荣闻之，大怒，与其党并州刺史元天穆等举兵讨弑逆之罪。太后遣李神轨将兵拒之。荣兵至河阳，别将郑先护等迎降，神轨遁还。荣立彭城王勰子长乐王子攸，是为孝庄帝。执太后及幼主钊，沉之于河。用其党费穆谋，引百官集于行宫北，列胡骑围之，责以天下丧乱，肃宗暴崩，朝臣贪虐，不能匡弼之罪，因纵兵杀之。王公以下，死者二千余人。复杀皇兄无上王劭、弟始平王子正，迁帝于河桥，置之幕下，将行大逆。部将贺拔岳力谏，乃止。自为都督中外诸军事，封太原王，还晋阳。以元天穆为侍中、录尚书事、兼领军将军，留洛阳辅政，于是中外大权皆归于尔朱氏。

是时葛荣引兵围邺，荣自将击葛荣，擒之。就德兴降，河北辽西群盗皆平。复以贺拔岳为大将，奉其从子尔朱天光讨万俟丑奴，大破其兵于岐州，执丑奴及萧宝寅，皆诛之。关陇群盗皆平，魏境内略定。会梁立魏北海王颢为魏王，遣大将陈庆之纳之，屡破魏兵，遂入洛阳。于是南北战争复起，淮水、汉水流域复骚然矣。

第四节　梁之北侵　元颢入洛

梁自钟离大胜后，堰淮水以攻寿阳，屡筑屡坏，沿淮城戍村落十余万口皆漂入海，而寿阳卒不破。自天监十五年以后十年间（年西历纪五一六年至五二四年），两国不复构兵。其后破六韩拔陵、莫折念生等作乱，魏境骚然。梁复乘机北伐，侵略淮南北诸郡，复取寿阳及三关，寻取梁州，于是淮南及秦岭山脉以南诸郡复入于梁。魏徐州刺史元法僧素附元乂，见乂骄恣，恐及祸，普通六年正月，以彭城降梁，梁遣皇子豫章王综镇之。是年六月，综叛降魏，魏复取彭城。自此以后连年构兵，魏人多败。尔朱荣入洛阳以后，魏宗室北海王颢等相继出奔梁。尔朱荣还晋阳，梁立颢为魏王，遣将军陈庆之将兵纳之。是时魏元天穆在洛阳辅政，将引兵东出河间，讨群盗邢杲。尚书薛暾谏以为宜先防颢，天穆不听，中大通元年（魏孝庄帝永安二年）四月，天穆自将击邢杲，平之。洛阳空虚，庆之乘隙取荥城（在今河南开封道高丘县东）、梁国、荥阳、虎牢，奉颢即皇帝位。天穆引兵还救，庆之击破之于虎牢城下。天穆北走渡河；颢入洛阳；孝庄帝奔河内。是时庆之所将梁兵才七千人，自入魏境凡取三十二城，大小四十七战，所向皆克。庆之以部兵孤单，说颢更请兵于梁。颢与临淮王彧、安丰王延明密谋叛梁，忌庆之，阴谋去之，故不从其议。是年闰六月，尔朱荣引兵自太原南下，缚筏夜渡黄河，颢兵溃，走临颍（今开封道，即故许州临颍县），为人所杀。陈庆之微服间行还建康。孝庄帝还洛阳，荣自为大丞相，天柱大将军。

第五节　尔朱荣之伏诛　尔朱世隆之弑逆　高乾之举义

荣既得志，骄暴日甚，树置亲党，布列朝廷。帝一举一动，大小必知。荣虽居外藩，遥执朝政。帝性勤政事，朝夕不倦，数亲览辞讼，理冤狱，荣闻之，不悦。帝尝与吏部尚书李神俊议清治选部，荣挠之，神俊惧而辞位。荣令其从弟仆射世隆摄选，启北人为河南诸州，帝不许。荣闻之，滋恨。荣女为帝皇后，性妒忌，数忿恚，有怨言。帝外逼于荣，内制于后，居尝怏怏不乐。关陇平后，荣讽朝廷求九锡，帝依违不许。荣举止轻脱，喜驰射，性好猎。无间寒暑，不避险阻，士卒苦之。太保城阳王徽、侍中李彧、杨侃等，密与帝谋诛荣。梁武帝中大通二年（魏孝庄帝永安三年，西历纪元五三〇年）九月，乘其入朝，诱至宫中，诛之。并诛元天穆。世隆帅荣部曲，走屯河阴（县名，故城在今河南河洛道孟津县东），与汾州刺史尔朱兆（荣从子）、徐州刺史尔朱仲远（世隆兄）举兵反，王师败绩。是年十二月，世隆陷洛阳，弑孝庄帝。立长广王晔，寻以晔疏远无人望，复废之而立广陵王恭，是为节闵帝。

初，孝庄帝之诛尔朱荣也，诏河西贼帅纥豆陵步蕃袭秀容，至是步蕃举兵南下，大破兆于秀容。兆求救于晋州刺史高欢，欢与兆合击步蕃，大破斩之。兆德欢，相与结为兄弟，使欢统六镇。于是贺兰山阴山脉以南，恒山脉以北，现今察绥等地皆入于欢，欢势始大。三年（西历纪元五三一年）二月，河北大使高乾、直阁将军高敖曹、前河内太守封隆之等起兵信都，为敬宗举哀，移檄州郡，共讨尔朱氏。以冀州迎欢，于是河北亦入于欢，魏封欢渤海王，征之不至，乃以为东道大行台、冀州刺史。

第六节 高欢之举兵 尔朱氏之族灭

是时尔朱天光专制关右；兆奄有并汾；仲远擅命徐兖；世隆居中用事，竞为贪暴，而仲远为尤甚。所部富室，多诬以谋反，没其妇女财物，而投其男子于河。太保杨椿、司空杨津皆有名德，家世孝友，世隆诬以谋反，杀之，夷其族。由是四方皆恶尔朱氏。

是年六月，高欢起兵信都，讨尔朱氏。立渤海太守元朗为帝，自为丞相，都督中外诸军事。尔朱兆等连兵攻之。欢纵反间计，离间兆与世隆，击破其兵，遂取邺郡。四年（西历纪元五三二年）春，兆与世隆、仲远、天光等连兵攻邺，欢击破之。兆还晋阳，仲远奔东郡，天光走洛阳。将军斛斯椿等袭洛阳，诛世隆、天光，尽杀尔朱氏之党。天光弟显寿留镇长安，雍州刺史贺拔岳诛之，仲远奔梁，欢入洛阳。以朗族属疏远，将废之而奉节闵帝。其党魏兰根以帝神采高明，恐后难制，劝欢废之。欢乃废帝及朗，而立平阳王修，是为孝武帝。欢自为大丞相、天柱大将军，专国政。五年，击尔朱兆于秀容，破斩之。于是尔朱氏皆灭。

第七节 高欢之叛逆 孝武帝之西迁 魏室之分裂

欢既破兆，遂据晋阳为根据地，建大丞相府居之，遥制朝政，帝寝不能平。侍中斛斯椿、南阳王宝炬等密劝帝图之。以雍州刺史贺拔岳拥重兵，密与相结。拜岳关西陇右大行台、都督雍、秦等二十州军事。出其兄胜为荆州刺史，都督荆、郢等七州军事，欲以敌欢。欢患岳之强，使右丞翟嵩使关中，说秦州刺史侯莫陈晚使图岳。六年（西历纪元五三四年）正月，悦诱岳会于高平，刺杀之。诸将推夏州刺史宇文泰为帅，诏泰权统岳军。是年四月，泰进兵上陇，讨悦于上邦，诛之，遂定秦陇。诏以泰为关西大都督，承制封拜。

侍中封隆之说欢使图斛斯椿，谋泄，奔晋阳。河南诸州刺史多欢党，帝数欲易之，欢不奉诏。是年六月，帝征河南诸州兵集洛阳，谋讨欢。欢以诛斛斯椿为名，举兵反。以高敖曹为前锋，进军临河。仪同三司贾显智以滑台叛降欢，欢引军济河，王师败溃，帝奔长安。宇文泰帅师奉迎，诏以泰为大将军、雍州刺史，兼尚书令，寻进位大丞相。军国之事一以委之。欢入洛阳，集百官，责以处不谏诤出不陪从之罪，杀仆射辛雄以下数人。推清河王亶为大司马，承制决事。是年十月，立清河世子善见为帝，是为孝静帝。徙都于邺，是为东魏。孝武帝闺门无礼，从妹不嫁者三人。平原公主明月、南阳王宝炬之同产也。从入关，宇文泰使人杀之，帝不悦，由是复与泰有隙。是年十二月，帝饮酒遇鸩而殂。次年（梁大同元年）正月，泰立南阳王宝炬，是为文帝。帝恭己无为，大权皆入于泰。泰与欢有不两立之势，自此以后，连年构兵，前后继续十三年，互有胜负，蒲陕商华之民疲于兵革。

梁武帝太清元年（魏孝文帝大统十三年，东魏孝静帝武定五年），欢卒，子澄辅政。大行台侯景以河南降梁，东魏讨景，破之。景奔梁，东魏用反间计，求成于梁以间景，景疑忌，遂反。于是北朝之内乱稍平，南朝之内乱又起，梁之基业遂从此告终矣。

后魏内乱表

内乱事迹	年代	西历	主动者	结果
一，道武帝之被弑	晋安帝义熙五年	四〇九年	清河王绍	明元帝嗣讨杀之而自立

二，太武帝之被弑	宋文帝元嘉二十九年	四五二年	宗爱	刘尼源贺陆丽等讨杀爱立文成帝浚
三，陆丽之被害	宋明帝泰始元年	四六五年	乙浑	冯太后收浑斩之
四，献文帝之被弑	宋后废帝昱元徽四年	四七六年	冯太后	冯太后临朝称制
五，六镇之叛	梁武帝普通四年	五二三年	破六韩拔陵	陷武川怀朔二镇，诸镇皆乱
六，关西之乱	同五年	五二四年	胡琛、莫折大提	关西州郡多陷
七，河北河东之乱	同年	同年	营州人就德兴	北方州郡多陷
	同六年	五二五年	杜洛周反于上谷	
	同年	同年	鲜于修礼阿胡陷平城	
八，孝明帝被弑尔朱荣之举义河阴之变	梁武帝大通二年	五二八年	胡太后、尔朱荣	尔朱荣入洛阳，杀太后及朝臣二千余人
九，孝庄帝被弑纥豆陵步蕃之举义	梁武帝中大通二年	五三〇年	尔朱世隆	弑孝庄帝，立长广王晔复废之而立广陵王恭
十，高乾之举义	同三年	五三一年	高乾、封隆之	以冀州迎高欢
十一，高欢之举义	同年	同年	高欢	灭尔朱氏
十二，高欢之叛	同六年	五三四年	同	孝武帝西迁魏室分裂

第十一章　梁室之衰亡

第一节　梁室衰乱之原因

当是时梁武帝在位已久，内政逐渐腐败，国势寖衰。帝以军人起家，长于用兵，兼善治国。即位以后，置谤木函以通下情，置肺石函以达民隐。每简长吏，务选廉平，皆召见于前，勖以政道。小县令有能，迁大县；大县有能，迁二千石；由是廉能莫不知劝。大监九年，帝幸国子学，亲临讲肄。诏皇太子以下及王侯之子皆入学，于是天下翕然，崇尚儒道。

即位之初，仆射范云辅政，尽心事上，知无不为，临繁处剧，精力过人。天监二年云卒，以尚书左丞徐勉、右卫将军周舍同参国政。勉精力过人，虽文案填积，坐客充满，应对如流，手不停笔。尝与门人夜集，客求官，勉正色曰："今夕只可谈风月，不可及公事。"时人咸服其无私。舍雅量不及勉，而清简过之。豫机密二十余年，国史、诏诰、仪体、法律、军旅、谋谟皆掌之。与人言谑终日，未尝泄机事，众尤服之。二人俱称贤相，是以朝政清明，国内称治。

中叶以后，帝溺于佛教，求治之念渐衰。崇拜达磨禅师（南天竺国人，普通年间东来），提倡灵魂不灭论。罢宗庙牲牢，荐以蔬果。前后凡三次舍身于同泰寺，设大会，释御服，持法衣，亲为四众讲涅槃经。群臣辄以钱一亿万奉赎还宫，复修长干寺、阿育王塔，设无碍食。帝为人孝慈恭俭，博学能文，勤于政务。冬月视事，执笔触寒，手为皴裂。自天监中，用释氏法，长斋一食，惟菜羹粝饭；身衣布衣，木绵皂帐；一冠三载，一衾二年；后宫衣不曳地；性不饮酒。非祭祀飨宴及诸法事，未尝作乐；虽居暗室，恒理衣冠；小坐盛暑，未尝褰袒；对内竖小臣，如遇大宾。然优假士人太过，牧守多侵渔百姓。使者干扰郡县，又好亲任小人，颇伤苛察。多造塔庙，公私费损。散骑常侍贺琛尝上书论之，帝不悦。帝敦尚文雅，疏简刑法。自公卿大臣，咸不以鞠狱为意。奸吏招权弄法，货赂成市，枉滥者多。帝春秋既高，又持佛戒，每断重罪，则终日不怿。或谋反逆事觉，亦泣而宥之。由是王侯益横，或白昼杀人，暮夜剽掠，帝深知其弊，而溺于慈爱不能禁。

普通五年（西历纪元五二四年），周舍卒，大同元年（西历纪元五三五年），徐勉卒，散骑常侍朱异、尚书令何敬容辅政。敬容质悫无文，以纲维为己任。异多艺能，精力敏赡，曲营世誉，善伺主意为阿谀。用事三十年，广纳货赂，欺罔视听，远近莫不忿疾。园宅、玩好、饮膳、声色穷一时之盛。每休沐，车马填门，于是朝政逐渐腐败。

太子统贤而孝，自加元服，诏使省录朝政，辨析诈谬，秋毫必睹，但令改正，不加案劾。断狱多所全宥，宽和容众。喜愠不形于色。好读书，善属文，引接才俊，不蓄声乐。每霖雨积雪，遣左右周行闾巷，视贫者赈之。天性孝谨，在东宫坐起恒西向。中大通三年（西历纪元五三一年），统卒，谥曰昭明。诏立其母弟晋安王纲为太子。纲温文尔雅，长于文学，而短于政事。皇弟临川王宏、皇侄临贺王正德、皇子邵陵王纶、湘东王绎、武陵王纪等，皆久居外藩，握兵柄，多过失，而内不协，各有相图之势。纲与绎皆好黄老，崇尚虚无，宅心世外，不勤政事。中上流社会清谈之风盛行，甚于西晋时代。

建康都城居扬子江下流，气候温暖，山水清佳，富于戏曲及小说风致。晋室南渡以后，纤靡文学逐渐发达，至梁时达于全盛。最著者为骈体文学，或曰四六文字，讲声调，论对偶，形式光华流丽，而精神多被束缚。因而韵学及四声学皆发达，文字多纤巧艳丽，无伟大雄奇之致。小说受佛教影响，多带悲调。经学之盛虽不如北朝，而以清谈解经为南朝特色。江南久安，风俗奢靡，都人士多宽袍大袖，出必乘舆，有乘马者斥为粗野。将相之中且有因乘马被劾者。步行时著长裙高屐，运动极其不便。平居多傅脂粉，薰香泽，以博人怜爱。体魄逐渐惰弱，朝廷及社会习尚如此，绝非长治久安之道，一有变乱随即土崩瓦解。一世大盗侯景，遂乘衅南窥，颠覆梁室矣。

梁室衰乱原因表

一，武帝溺于佛教	二，优假士人太过，官吏多侵渔百姓	三，刑政废弛
四，朱异之蒙蔽	五，昭明太子之早逝	六，诸王之弄兵
七，简文帝之文弱	八，都人士之好佚游	九，外交因应之失宜

第二节　侯景之乱

侯景者，朔方人，右足偏短，弓马非其所长，而多谋算。初为尔朱荣部将，讨葛荣有功，拜定州刺史。高欢灭尔朱氏，以景有智略，善用兵，拜司徒、大行台，总兵十万，专制河南。景素轻高澄，尝曰："高王在，吾不敢有异。王没，吾不能与鲜卑小儿共事矣。"太清元年（西历纪元五四七年）正月，欢疾笃。澄诈为欢书以召景，景辞不至，而拥兵自固。欢卒，遂以河南降魏，复遣使奉表降梁，梁群臣多欲谢绝之。武帝惑于朱异说，不听。拜景大将军，封河南王，都督河南北诸军事。遣司州刺史羊鸦仁等，将兵趣悬瓠以援之。东魏遣司徒韩轨督诸军讨景，景以梁援军尚未至，乃割四城赂魏以求救。魏遣太尉李弼、仪同赵贵将兵赴颍川以救之。征景入朝，景不受命，魏师乃还。是年七月，梁遣贞阳侯渊明督诸将攻东魏之彭城以救景。高澄遵欢遗命，以慕容绍宗为行台，将兵救之。绍宗击破梁兵，擒渊明，梁兵崩溃，景退屯涡阳（今淮泗道，即故颍州府蒙城县）。绍宗追之，为景所败。相持数月，景食尽南走，绍宗追击破之。二年（西历纪元五四八年）正月，景众溃。走渡淮，袭据寿春，梁以为南豫州牧。光禄大夫萧介请讨之，不听。

东魏高澄数遣使求成于梁，欲使景自疑而作乱。武帝从朱异议，许之。司农卿傅岐谏，不听。景上书曰："臣与高氏衅隙已深，今陛下复与连和，使臣何地自处？"帝报之曰："朕与公大义已定，岂有成而相纳、败而相弃乎？"景乃诈为邺中书，求以渊明易景，帝将许之。傅岐曰："侯景以穷归义，弃之不详。且百战之余，宁肯束手受縶。"谢举、朱异曰："景奔败之将，一使之力耳。"帝从之。复书曰："贞阳旦至，侯景夕返。"景谓左右曰："我固知吴老公薄心肠。"王伟说景曰："今坐听亦死，举大事亦死，唯王图之。"于是始为反计。

是年八月，景以诛佞臣朱异等四人（中领军朱异、少府卿徐麟、太子右卫率陆、验制局监周石珍）为名，举兵反。诏遣邵陵王纶督诸军，四路进兵讨之。王伟献计于景，请乘诸军未集，悉师南下，直掩建康，景从之。袭破谯城、历阳，引兵临江。武帝问计于尚书羊侃，侃请以二千人急据采石，令邵陵王袭取寿阳，使景进不得前，退失巢穴。朱异曰："景必无渡江之志。"遂寝其议。而遣临贺王正德、督诸军屯丹阳以拒景。先是正德屡以贪暴得罪，阴养死士。幸国家有变，至是景遣使以密谋推戴说正德，正德大喜。是年十月，遣大船数十艘，诈称载荻，迎景渡江。诏以皇长孙宣城王大器都督建康城内诸军事，羊侃为军师将军，督诸军拒景。正德引景兵围台城。十一月，景据石头，以正德称帝。邵陵王纶行至钟离，闻景已渡江，昼夜兼行，旋军入援。至玄武湖，为景所乘，众溃，纶奔朱方（今金陵道丹徒县），羊侃胆力俱壮，亲督诸军乘城，与景苦战连月，援兵不至。是年十二月，侃卒，城中益惧。散骑常侍韦粲、东西道都督裴之高、柳仲礼等，各以兵入援，推仲礼为大都督。仲礼傲很，不恤军事，与纶及诸将有隙，互相猜阻，莫有战心。三年（西历纪元五四九年）正月，景击梁援军，韦粲及天门太守樊文皎先后战死，仲礼屯大桁（即朱雀桁建康南之浮桥也），不敢进。城中食尽，死者什八九，横尸满路。侯景众亦饥，抄掠无所获。东城有米可支一年，景欲掠之。援军断其路，王伟请伪求和以缓其势，运米入石头，然后休士息马，缮修器械，伺其懈怠击之，景以为然，拜表求和，太子请许之。是年二月，诏以景为大丞相豫州牧设坛城外，遣仆射王克等与之盟，敕止援军。荆州刺史湘东王绎等皆逗遛途中不进。景既得东府米，攻城愈急。是年三月，台城陷。景自称大丞相，大都督中外诸军、录尚书事。柳仲礼等开营降景，邵陵王纶奔会稽，帝忧愤成疾而殂。凡在位四十八年，年八十六岁，太子纲即位，是为简文帝。在位二年，景弑之而立昭明太子长孙豫章王栋，寻复废栋，自称汉帝。适值湘东王绎起兵江陵，遣诸将王僧辩等击破景，诛之。于是侯景之乱告终，而梁社亦丘墟矣。

第三节　侯景伏诛　湘东岳阳之冲突

先是武帝在位，多以诸王为各州都督刺史，分据大藩。诸王多骄倨，心不相下。邵陵王纶在南徐州，湘东王绎在荆州，武陵王纪在益州，皆权侔人主。昭明太子第三子詧为雍州刺史，以武帝衰老，朝多秕政，遂蓄财下士，招募勇敢，左右至数千人。以襄阳形胜，梁业所基，可图大功，乃克己为政，抚循士民，数施恩惠，延纳规谏，所部称治。侯景作乱，绎移檄所部，发兵入援。军于郢州之武城（故城在今江汉道黄岗县西北一百二十里），逗遛不敢进。台城陷后，绎归江陵。信雍州刺史张缵谗，是年太清三年七月，遣兵攻湘州，刺史河东王誉（昭明太子第二子）兵败，退保长沙。岳阳王詧攻江陵以救之。邵陵王纶致书于绎，劝以解仇息兵，专力对外，绎不听。使其将王僧辩击败詧兵，进攻襄阳。詧惧，请救于魏。魏宇文泰欲乘势经略江汉，是年十一月，以开府杨忠都督三荆诸军事，与仆射长孙俭将兵救之，击破绎兵，获其将柳仲礼，遂取安陆竟陵。于是汉东诸郡皆入于魏。绎惧请和，魏人许之，乃盟而还。次年（大宝元年）四月，绎克湘州，杀誉，于是詧与绎仇隙日深。魏立詧为梁王，建台置百官，列为保护国。是时邵陵王纶移屯江夏，大修铠仗，将讨侯景。绎遣王僧辩等帅舟师袭之，纶耻兄弟内讧，出奔齐。

侯景久据建康，残忍暴虐，百姓皆怨，诸郡多起兵拒景。是年十月宁州刺史徐文盛率师东下，败景兵于贝矶（在今湖北江汉道麻城县东南八十里）。二年三月，进克武昌。景分兵袭破江夏，执郢州刺史湘东世子方诸，文盛众溃，奔江陵。景兵进逼江陵，绎以王僧辩为大都督，督诸将王琳、杜龛等讨景，击破景于巴陵。始兴太守陈霸先起兵讨景，克江州，遂与王僧辩合兵东下。次年（梁元帝承圣元年）三月，击破景于石头。景亡走吴，其将羊鹍斩之以降。江东平。

第四节　江陵之陷　陈霸先之篡

初，侯景之逼江陵也，湘东王绎求援于魏，命梁秦刺史（梁武帝大同元年，魏内乱国分为二梁州复降于梁）宜丰侯循以南郑与魏，循不可。魏宇文泰使柱国达奚武，将兵攻下之，于是剑北皆入于魏。侯景平后，绎即位于江陵，是为元帝。武陵王纪亦自立于成都。承圣二年三月率师东下，与帝争国，帝复求救于魏。宇文泰遣大将军尉迟迥，由散关伐蜀。四月围成都，纪次于西陵，与信州（今东川道故夔州府）刺史陆法和相持。是年七月，闻成都已危，军心骇乱，遂溃。纪与其诸子皆为追兵所执，见杀。八月，成都降魏，魏以尉迟迥为益州刺史，镇之。于是扬子江上流皆入于魏。江陵西北二面皆邻强敌，形势孤危。群臣多请还都建康，帝以建康雕残，江陵全盛，迟疑未果，而命王僧辩还屯建康，陈霸先还屯京口，左迁王琳为广州刺史以远之，于是猛将劲卒皆分屯于内地，江陵空虚。三年（魏恭帝廓元年，西历纪元五五四年）十月，魏遣柱国于谨等率师五万，会后梁王詧来侵。帝急征王僧辩、王琳等入援，路远不及。十一月，魏师入江陵，执帝，杀之。徙后梁王詧于江陵，使称皇帝，是为后梁宣帝。遣将屯兵以守之，取其襄阳之地以自益。次年（梁敬帝绍泰元年）二月，王僧辩、陈霸先奉皇子江州刺史晋安王方智入建康，即梁王位，年十三岁。齐遣梁贞阳侯渊明还梁称帝，以兵纳之。三月，克梁东关（地名，在今安徽巢县东南，三国时吴诸葛恪败魏兵于此，即濡须口也）。王僧辩惧，奉渊明归建康，称皇帝，以方智为太子。陈霸先遣使争之，不从，霸先怒，是年九月，引兵袭建康，杀僧辩，废渊明，复立方智为帝，是为敬帝。自为尚书令、都督中外诸军事，于是大权皆入于霸先。吴兴太守杜龛、谯秦刺史徐嗣徽、南豫州刺史任约，同起兵击霸先，不克。请兵于齐，齐遣都督萧轨援之。霸先击破齐兵，杀杜龛、萧轨、徐嗣徽。任约奔齐，复遣兵击江州刺史侯填干豫章，填降。广州刺史萧勃亦起兵击霸先，兵败见杀。于是内外大臣皆易以己党。次年（太平元年）七月，自为司徒、扬州刺史，进爵长城公；九月，自为丞相、录尚书事；次年（太平二年）九月，自为相国，封陈公，加九锡；十月，进爵为王；遂称皇帝，是为陈武帝。废梁敬帝为江阴王而弑之。王琳据湘州以讨陈，破其兵，取郢州、江州，奉梁永嘉王庄为帝，进攻临川（今江西豫章道临川县，即故抚州府），不克，引还。陈武帝在位三年殂，兄子临川王蒨立，是为王帝。王琳乘丧复大举兵来讨，战于芜湖，败绩，与梁主庄皆奔齐，梁亡。时陈文帝天嘉元年，西历纪元五六〇年也。梁自武帝至敬帝。凡传四世，五十六年，而为陈所篡。永嘉王庄偏安湘、郢，又阅三年而国亡，共传五世，五十九年。

梁室内乱表

内乱事迹	年代	西历
一、侯景之乱	梁武帝太清二年至梁元帝承圣元年	五四八至五五二
二、湘东、岳阳之冲突	同三年至梁元帝承圣三年	五四九至五五四
三、湘东、武陵之冲	突梁元帝承圣二年	五五三
四、王僧辩、陈霸先之冲突	梁敬帝绍泰元年	五五五
五、王琳之举义	梁敬帝太平二年至陈文帝天嘉元年	五五七至五六〇

第十二章　北周北齐之竞争与黄河流域之一统

第一节　东魏之亡与北齐之篡

后魏分裂以后，帝室衰微。东魏政柄入于高欢，西魏政柄入于宇文泰，两雄东西对峙，血战十余年，卒未大分胜负。梁武帝太清元年（东魏孝静帝武定五年）正月欢卒，子澄自为大将军、都督中外诸军、录尚书事，专国政。东魏孝静帝多力善射，好文学，时人以为有孝文风烈。澄深忌之。始欢自病逐君之丑，事帝礼甚恭，事无大小必以闻，可否听旨。每侍宴，俯伏上寿。帝设法会，乘辇行香，欢执香炉步从，鞠躬屏气，承望颜色。及澄当国，倨傲顿甚。使崔季舒察帝动静，事无大小皆干涉，帝不胜其忿，与侍讲荀济、祠部郎中元瑾等谋诛之。是年七月，谋泄，澄杀济，幽帝于宫中。太清三年七月，澄为膳奴兰京所刺而死，弟洋杀京，代握政柄。次年正月，自为丞相、都督中外诸军、录尚书事，封齐王。是年四月，自称皇帝，是为北齐文宣帝。废孝静帝为中山王而弑之，夷其族，东魏亡。时梁简文帝大宝元年，魏文帝大统十六年，东魏孝静帝武定八年，西历纪元五五〇年也。

第二节　西魏之亡与北周之篡

东魏既为高氏所亡，越七年，西魏亦为宇文氏所篡。西魏自文帝即位，委政于宇文泰，事无大小皆归之。屡与东魏构兵，互有胜负。又乘梁室丧乱，略取秦岭山脉以南及剑阁以南诸郡，尽据黄河及扬子江上流与汉水流域全土，国势大张。泰能驾御英豪，得其死力，性好质素，不尚虚饰，明达政事，崇儒好古，凡所施设，皆依仿三代而为之。以苏绰为行台左丞，委以庶政。绰练达明敏，西魏制度皆其所厘订。梁简文帝大宝二年（西历纪元五五一年），魏文帝殂，太子钦立。越二年（梁元帝承圣二年），尚书元烈谋杀泰，不克，见杀。帝怒，密谋诛泰。承圣三年（西历纪元五五四年）正月，泰废帝而立皇弟齐王郭，是为恭帝，复姓拓跋氏。梁敬帝太平元年（五五六年），建六官，泰自为大冢宰。是年十月泰卒。从子护受遗命辅政，奉世子觉嗣位为大冢宰，年甫十五岁，护代秉国政。是年十二月奉觉为周公，次年正月奉觉称天王，是为北周孝愍帝。废恭帝为宋公而弑之，魏亡。时梁敬帝太平二年，魏恭帝四年，西历纪元五五七年也。魏自道武帝至孝庄帝，凡传九世，一百四十五年，而分为二。东魏传一世，十七年，西魏传四世，二十五年而亡。

东魏内乱表

内乱事迹	年代	西历
一，高澄幽孝静帝	梁武帝太清元年	五四七年
二，高洋之篡	梁简文帝大宝元年	五五〇年

西魏内乱表

内乱事迹	年代	西历
一，宇文泰弑孝武帝	梁武帝中大通六年	五三四年
二，宇文泰废其主钦	梁元帝承圣三年	五五四年
三，宇文护奉周公觉篡位弑恭帝	梁敬帝太平二年	五五七年

第三节　北齐历代之内乱

东魏、西魏既亡，北齐、北周相继建国。于是两魏之旧怨遂移植于北齐、北周。北齐文宣帝之初立也，留心政术，务存简靖，坦于任使，人得尽力。又能以法驭下，内外肃然，军国机策，独决怀抱。每临行阵，亲当矢石，所向有功。数年之后，渐以功业自矜，遂嗜酒淫佚，肆行狂暴。袒露形体，街坐巷宿，高氏妇女，不问亲疏，多与之乱。醉后辄手杀人以为戏乐，皇叔父清河王岳、皇弟永安王浚、上党王涣、胶州刺史杜弼、仆射高德政等皆无罪被害，宗戚近臣人不自保，内外惨惨，各怀怨毒。又大兴土木，前后筑长城三次，西自河东至海，凡三千余里，率十里一戍，其要害置州镇，凡二十五所。复于内筑重城，自库洛枝，东至鸣纥戍（《齐纪北史》并作库洛拔坞纥戍，《通鉴》作枝作鸣纲目仍之其区域未详），凡四百余里。复发丁匠三十余万，修广三台宫殿。是时梁室方乱，帝屡乘隙，遣兵南侵，尽取淮南、江北之地。复大发兵干涉梁室内政，为陈武帝所败，士马死者甚众。府藏之积，不足以供，乃减百官禄，撤军人常廪，并省州郡县镇戍之职，以节费用。

帝在位十年，以嗜酒成疾，陈武帝永定三年（西历纪元五五九年）殂，太子殷立。太傅常山王演、尚书令杨愔等同受遗诏辅政。演位地亲逼，威权甚重，愔谋黜演。次年（陈文帝天嘉元年，西历纪元五六〇年）二月，演杀愔。八月，废殷为济南王而自立，是为孝昭帝。帝识度沉敏，少居台阁，明习史事。即位以后，尤自勤励。大革文宣之弊，群臣进言，皆从容受纳。性至孝，友爱诸弟，无君臣之隔。

天嘉二年（西历纪元五六一年）九月，信平秦王归彦谗，弑济南王殷。十一月出猎坠马负伤而殂。弟右丞相长广王湛自立，是为武成帝。废太子百年为乐陵王而杀之。宠幸嬖臣和士开，日夜以游乐为事，屡杀大臣，齐政大衰。

天嘉六年（西历纪元五六五年），从散骑常侍祖珽议，传位于太子纬，是为后主。自称太上皇帝，未几殂。和士开辅政，与嬖臣高阿那肱、韩长鸾、穆提婆，祖珽、宫婢陆令萱等共为奸谄，谗杀太尉赵郡王睿、左丞相咸阳王斛律光等，立宠婢冯小怜为淑妃，信用其言，干乱国政。后主言语涩讷，不喜见朝士。非宠私昵狎，未尝交语。性懦，不堪人视，虽大臣奏事，莫得仰视。承武成帝奢侈之余，后宫皆宝衣玉饰，竞为新巧。盛修宫苑，穷极壮丽。所好不常，数毁又复。夜则燃火照作，寒则以汤为泥。每有灾异寇盗，不为贬损，惟多设斋醮以为修德。好自弹琵琶，为无愁之曲，民间谓之无愁天子。于华林园立贫儿村，自衣褴褛之服，行乞于其间以为乐。官由财进，政以贿成。苍头、奴隶皆开府封王，其余歌舞人、见鬼人等，滥得富贵者殆将万数。庶姓封王者以百数，开府千余人，仪同无数。乃至狗马及鹰，亦有仪同、郡君之号，皆食其禄。一戏之费，动逾巨万，府藏空竭，乃赐郡县使卖官取直，由是为守令者率多商贾，竞为贪纵，民不聊生。

北齐内乱表

内乱事迹	年代	西历
一，常山王演废其主殷而自立	陈文帝天嘉元年	五六〇年
二，长广王湛废太子百年而自立	同三年	五六二年

第四节　宇文护之专权　北齐之衰亡与黄河流域之一统

北周孝愍帝以冲龄践祚，不能亲政，从兄中山公护自为大冢宰，代总万机。护专权，杀佐命大臣大冢宰楚公赵贵、大宗伯卫公独孤信等。帝性刚果，恶护专，谋诛之。事泄，护弑帝而立宁都公毓，是为明帝。自为太师，总兵柄。

帝明敏有识量，护惮之。陈文帝天嘉元年（周明帝武成二年，西历纪元五六〇年），进毒弑帝，帝觉之。口授遗诏，命弟鲁公邕即位，是为武帝。

帝性深沉，有远识，非因顾问，未尝辄言。优礼中山公护，尝行家人礼。护自加都督中外诸军事，命五府总于天官，事无巨细，皆先断后闻。天嘉五年（西历纪元五六四年），护遣柱国达奚武、杨忠等率师会突厥侵齐，齐武成帝自将御之，战于晋阳，周师败绩。是年冬，护复自将侵齐，战于洛阳，复败。陈宣帝太建元年（西历纪元五六九年），复遣从弟齐公宪侵齐，战于汾北，又败。护威名大损。太建四年（西历纪元五七二年），帝与弟卫公直等密谋，诛护及其党羽，大权始归于帝室。护秉政十七年，凡弑三君，杀大臣甚众。至是始伏辜，天下称快。

是时齐内政已乱，所恃者唯段韶、斛律光等大将数人。太建三年，段韶卒。四年，斛律光遭谗见杀。名将皆死，军政大衰。五年，陈宣帝乘隙，大将吴明彻督诸军侵齐，破其兵，恢复淮南诸郡。齐后主闻之，颇以为忧。穆提婆等曰："假使国家尽失黄河以南，犹可作一龟兹国。更可怜人生如寄，唯当行乐，何用愁为？"左右嬖臣因共赞和之。后主即大喜，酣歌鼓舞。

太建七年，周武帝自将伐齐。取道河南，攻洛阳，不克而还。次年十月，复自将伐齐，取道河北，克平阳，齐兵大溃。齐后主方与冯淑妃猎于天池（在今雁门道，即故忻州静乐县东北百四十里），告急者三至。丞相高阿那肱曰："大家正为乐，边鄙小事，何急奏闻。"至暮使至，则平阳已陷矣。后主将还，妃请更杀一围，从之。十一月，后主自将攻平阳，周将梁士彦力战拒之。周武帝自将救平阳，大破齐兵，后主走还。周师遂克晋阳。次年正月，后主传位于太子恒，自称太上皇帝。周师围邺，后主出走青州。高阿那肱降于周，引周师追后主及幼主恒，皆获之。迁后主于长安，杀之，夷其族，北齐亡。时陈宣帝太建九年，周武帝建德六年，北齐幼主恒承光元年，西历纪元五七七年也。北齐自文宣称帝，凡传五世，二十八年而亡，黄河流域皆入于北周。

北周北齐冲突表

事迹	发起人	进兵路	年代	西历	结果
一，达奚武杨忠会突厥侵齐	宇文护	向山西	陈文帝天嘉五年	五六四年	战于晋阳为齐段韶所败
二，宇文护侵齐	同	向河南		同	战于洛阳为齐段韶、斛律光所败
三，齐公宪侵齐	同	向山西	陈宣帝太建元年	五六九年	战于汾北为斛律光所败
四，周武帝侵齐	周武帝	向河南	同七年	五七五年	攻洛阳不克引还
五，同	同	向山西	同八年	五七六年	取平阳
六，同	同	同	同年	同年	大破齐兵，取晋阳，遂围邺，后主出走被执，遂灭齐

第十三章　陈隋之竞争与南北之一统

南北朝对峙时代，北朝之武力远胜于南朝。自刘宋至萧梁，常受北朝压迫。及后魏分裂，北朝之势稍衰。至侯景作乱，南朝之势又杀。北周、北齐乘势南下，尽取江北、淮南、山南、剑南、云南等地，南朝所余者仅江南、岭南一隅，较之刘宋全盛时代不过二分之一。幸而北方分裂为二，时常构兵，集注全力南侵，为时势所不许。南朝之陈，借以苟安旦夕。及北周灭北齐，黄河流域、汉水淮水流域，与扬子江上流流域并为一大国，均势之局破，隋室混一中国之机从此兆矣。

第一节　陈宣帝之篡

初，江陵之陷也。陈武帝世子昌、兄子顼，皆没于长安，武帝即位。屡请之于周，周人许而不遣，武帝殂，文帝立。周人遣昌还。文帝使侯安都迎之，中流殒之于江。复遣使通好于周以求顼。越二年，周送顼南归，拜中书监、扬州刺史，封安成王，辅政。文帝在位七年，以天康元年（西历纪元五六六年）殂。太子伯宗立。以顼为司徒、录尚书、都督中外诸军事，与尚书仆射到仲举、中书舍人刘师知，同受遗诏辅政。次年（光大元年，西历纪元五六七年）二月，师知、仲举恶顼专权，谋黜之，事泄，被杀。湘州刺史华皎内不自安，是年四月，据地叛附于周。顼遣将军吴明彻率师击之。周卫公直、与后梁柱国王操率师会皎来侵，明彻大破之。皎奔江陵，明彻进兵攻之，不克，引还。二年（五六八年），顼废帝为临海王而自立，是为宣帝。乘后齐之衰，遣吴明彻率师北伐，大破齐兵，尽取江北淮南，于是陈室领土扩张至淮水流域。周人灭齐以后，帝遣吴明彻经略淮北，围彭城。周上大将军王轨引兵救之，战于清口（清泗水入淮之口，在今徐海道宿迁县），明彻兵败，被执，全军尽覆。是时突厥方强，与北齐宗室高绍义、高宝宁等联合，屡次侵周北鄙，以故周人无南下之意。

第二节　周宣帝之昏暴　杨坚之篡

陈宣帝太建十年（周建德七年，西历纪元五七八年），周武帝自将伐突厥，有疾而还。是年六月殂。太子赟立，是为宣帝。帝自为太子，多过失，好昵近小人，武帝尝杖之。即位之初即逞奢欲，曾无戚容，扪其杖痕大骂曰："死晚矣。"阅视宫人，逼而淫之。赟拜嬖臣郑译为内史中大夫，委以朝政。忌叔父齐王宪属尊望重，收杀之。复杀直臣徐州总管王轨、宫正宇文孝伯。在位一年，传位于太子阐，是为静帝。赟自称天元皇帝，骄侈弥甚。所居称天台，自比上帝。冕服车旗皆倍常制，以樽彝珪瓒饮食。群臣朝者，致斋三日，清身一日。不听人有天高上大之称。游戏不节，晨出夜还，公卿以下常被楚挞。每捶人皆以百二十为度，谓之天杖。其后又加至二百四十。后妃嫔御，虽被宠幸，亦多杖背。于是内外恐怖，人不自安。

天元之初即位也，以后父隋公杨坚为上柱国、大司马、大前疑，辅政，而令宗室诸王皆就国。天元好色多内宠，妃朱氏、元氏、陈氏、尉迟氏皆有宠，称皇后，并杨后而五（杨后称天元大皇后，朱氏称天皇后，元氏称天右大皇后，陈氏称天中大皇后，尉迟氏称天左大皇后）。杨后性柔婉，不妒嫉，四皇后及嫔御等咸爱而仰之。天元昏暴滋甚，喜怒乖度，尝谴后，逼令引决。后母独孤氏诣阁陈谢，叩头流血，然后得免。后父坚位望隆重，天元嫉之。尝因忿谓后曰："必灭尔家。"因召坚欲杀之而不果。郑译与坚同学，奇坚相表，倾心相结。天元传国后，逾年（陈宣帝太建十二年，西历纪元五八〇年）五月，以酒色致疾殂。郑译与小御正刘昉、御史大夫柳裘、韦誉、御正下士皇甫绩等谋，矫遗诏引坚辅政。坚自为大丞相，假黄钺，都督中外诸军事。百官总己以听，征诸王还长安，于是大权悉归于坚。坚革宣帝苛酷之政，更为宽大。躬履节俭，中外悦之。坚以相州总管蜀公尉迟回位望素重，必不附己，召之会葬。回不应召，举兵讨坚。青州总管尉迟勤、郧州总管司马消难、益州总管王谦等皆起兵应之。坚使韦孝宽击相州，回兵败自杀。勤被执。复遣王谊击郧州，司马消难兵败奔陈。遣梁睿击益州，王谦败死。于是内外大臣无敢与坚抗者。坚遂杀毕王贤、赵王招、越王盛、陈王纯、代王达、滕王逌（音攸）等，剪除宗室殆尽。是年十二月，自为相国，进爵隋王，加九锡。次年二月称皇帝。废静帝为介公而弑之，夷其族，周亡。时陈宣帝太建十三年，周静帝大象三年，西历纪元五八一年也。北周自孝愍帝称帝，凡传五世，二十五年而亡。其旧有领土，皆为隋所有。

北周内乱表

事迹	年代	西历
一，宇文护弑孝愍帝	梁敬帝太平二年	五五七年
二，宇文护弑明帝	陈文帝天嘉元年	五六〇年
三，杨坚之篡	陈宣帝太建十三年	五八一年

第三节　后梁之衰亡

周室衰亡以后，隋室以方张之势，经略扬子江中流流域。文帝开皇七年，遂灭后梁。后梁自宣帝建国，延袤仅三百里，幅员褊小，不及一大郡，受周保护，为附庸国。宣帝安于俭素，不好酒色，以封疆褊隘，邑居残毁，郁郁不得志。在位八年，以陈文帝天嘉三年（西历纪元五六二年）疽发背而殂。太子岿立，是为文帝。周武帝灭齐以后，文帝入朝于周，周待以上宾之礼。隋文帝即位，待帝恩礼弥厚。纳帝女为皇次子晋王广妃。罢江陵总管，帝始得专制其国。孝慈俭约，境内安之。帝在位二十四年，以隋文帝开皇五年（西历纪元五八五年）殂，太子琮立，是为后主。越二年隋征后主入朝，遣武乡公崔弘度将兵戍江陵。皇叔父安平王岩、皇弟瓛等恐弘度袭之，乃驱文武男女十万口奔陈。隋文帝闻之，遂废梁国。拜后主柱国，封莒公，留长安。遣高颎安集江陵遗民，后梁亡。时陈后主祯明元年，隋文帝开皇七年，后梁后主广运二年，西历纪元五八七年也。后梁自宣帝建国，凡传三世，三十四年而亡。荆州旧地皆入于隋。

第四节 陈之衰亡

后梁既亡，隋室势力日盛，乃进兵南下，经略江南。先是周武帝灭北齐时，其偏师在淮北与陈冲突，击败陈兵，获其大将吴明彻，卒以突厥牵制，无暇大举南下。宣帝即位，与突厥和亲，以叔父赵王招女为千金公主，妻突厥佗钵可汗。北方无警。太建十一年（西历纪元五七九年），遣行军元帅韦孝宽侵陈，克寿阳及广陵，尽取陈江北地。隋文帝即位，有并吞江南之志。以贺若弼为吴州总管，镇广陵；韩擒虎为庐州总管，守庐江；使潜为经略。

次年陈宣帝殂，太子叔宝立，是为后主。后主骄淫不恤国政，起临春、结绮、望仙三阁，各高数十丈，连延数十间，皆以沉檀为之，金玉珠翠为饰，珠帘宝帐，服玩瑰丽，近古未有。其下积石为山，引水为池，杂植花卉。上自居临春，张贵妃居结绮，龚、孔二贵嫔居望仙，复道往来。以宫人袁大舍等为女学士，尚书令江总虽为宰相，不亲政务。日与尚书孔范、散骑常侍王瑳等文士十余人侍宴后庭，谓之狎客。使诸妃嫔及女学士与狎客等共赋诗，采其尤艳丽者，被以新声。其曲有《玉树后庭花》、《临春乐》等。大略皆美诸妃嫔之容色。君臣酣歌，自夕达旦。张贵妃，名丽华，本兵家女。性敏慧有神采，善候人主颜色，又有压魅之术，置淫祠宫中，聚女巫鼓舞。百司启奏，并因宦者以进，后主置妃膝上共决之。由是宦官近习，内外连结，宗戚纵横，货赂公行。大臣有不从者，因而谮之，于是大臣皆望风谄附。孔范与孔贵嫔结为兄妹。后主恶闻过失，每有恶事，范必曲为文饰，称扬赞美。由是宠遇优渥，言听计从。群臣有谏者，辄以罪斥之。群小杂进，施文庆、沈客卿、阳惠朗、徐哲、暨慧景用事，珥貂蝉者五十人。孔范自谓文武才能，举朝莫及，向后主曰："诸将起自行伍，匹夫敌耳。"自是将帅微有过失，即夺其兵，分配文吏。由是文武解体，以至覆灭。

是时突厥吐谷浑屡侵隋边，文帝遣兵讨破吐谷浑，招降突厥。西北无警，乃专力于东南。

帝自即位以来，与陈邻好甚笃，每获陈谍，皆给衣马礼遣之，而陈侵掠如故。太建十三年九月，帝遣仆射高颎督诸军击之。十四年二月，闻陈宣帝殂，乃罢兵。遣使赴吊，书称姓名顿首。陈后主答书无礼，帝不悦以示朝臣。因问取陈之策于高颎。对曰："江北田收差晚，江南水田早熟。量彼收获之际，微征士马，声言掩袭。彼必屯兵守御，废其农时。彼既聚兵，我便解甲。再三如此，彼以为常。后更集兵，彼必不信，犹豫之顷，我乃济师。江南土薄，舍多茅竹，储积皆非地窖。当密遣人因风纵火，待彼修立，复更烧之。不出数年，财力俱尽矣。"帝用其策，陈人始困。

开皇八年十月，以晋王广为淮南行省尚书令，充行军元帅。高颎为元帅长史，出六合；行军元帅秦王俊出襄阳；清河公杨素出永安；总管贺若弼出广陵；韩擒虎出庐江；分道大举伐陈。九年正月，若弼、擒虎进军渡江，克台城，执后主。陈湘州刺史岳阳王叔慎起兵长沙，不克而死，陈亡。时陈后主祯明二年，隋文帝开皇八年，西历纪元五八八年也。陈自武帝篡立，凡传五世，三十五年而亡。自晋室南渡，至陈亡，凡二百七十三年（西历纪元三一七至五八九），中国复归于一统。

南北朝废弑表

<table>
<tr><th></th><th>代名</th><th>帝数</th><th>被弑者及被杀者</th><th>被废者及被灭者</th><th>善终者</th></tr>
<tr><td rowspan="4">南朝</td><td>宋</td><td>八</td><td>四</td><td>一</td><td>三</td></tr>
<tr><td>齐</td><td>七</td><td>四</td><td></td><td>三</td></tr>
<tr><td>梁</td><td>四</td><td>三</td><td></td><td>一</td></tr>
<tr><td>陈</td><td>五</td><td></td><td>二</td><td>三</td></tr>
<tr><td rowspan="3">北朝</td><td>后魏</td><td>一〇</td><td>五</td><td></td><td>五</td></tr>
<tr><td>北齐</td><td>六</td><td>二</td><td>一</td><td>三</td></tr>
<tr><td>周</td><td>五</td><td>三</td><td></td><td>二</td></tr>
<tr><td colspan="2">隋</td><td>四</td><td>三</td><td>一</td><td></td></tr>
<tr><td colspan="2">合计</td><td>四九</td><td>二四</td><td>五</td><td>二〇</td></tr>
</table>

南北朝昏主事略表（据本国史表解卷上转载）

- （一）南朝昏主
  - 甲、宋义符
    - 一，列肆华林园，亲自酤卖，所为多乖戾
    - 二，开渎聚为土冈，与左右引船，唱呼笑乐
    - 三，后为徐羡之等所弑
  - 乙、宋子业
    - 一，太后病笃呼帝，帝曰，闻病人处有鬼，那可往
    - 二，为姊山阴公主，置面首左右三十人
    - 三，令左右淫诸父建安王休仁生母，备诸丑状
    - 四，欲掘父墓，以太史言而止，纵粪于陵，骂为齇贼
    - 五，叔父彧肥，号为猪王，欲担付大官屠猪
    - 六，后为寿寂之等所弑
  - 丙、宋　昱
    - 一，每出游，持钱与挽儿群饮，又偷狗食之
    - 二，察孙超有蒜气，剖其腹视之
    - 三，常带左右执铤矛出入，道上遇者，人畜皆死
    - 四，后为杨玉夫所弑
  - 丁、齐昭业
    - 一，祈祖速死，祖病，与妃书，中书大喜子，旁书三十六小喜字绕之
    - 二，每见钱曰，昔思汝一个不得，今日得用汝未
    - 三，毁宫殿作马埒，以宝物相击碎为笑乐
    - 四，与左右无赖共卧起，皇后无行，通夜重门洞开，内外无别
    - 五，后为萧谌所弑

- 戊、齐宝卷
  - 一，出入无定，行人避不及者，应手格杀
  - 二，有妇人当产，剖其腹审其男女
  - 三，五省黄案，阉竖辄以裹鱼肉还家
  - 四，凿金为莲花，令潘妃行其上，曰此步步生莲也
  - 五，或言其父作鬼瞋怒，缚菰为父形斩之，悬首苑门
  - 六，后为王珍国所弑
- 己、陈叔宝
  - 一，以宫人袁大舍为女学士，江总、孔范等为狎客，赋诗不绝
  - 二，起临春、结绮、望仙三阁，作玉树后庭花等艳曲
  - 三，宠张贵妃、孔贵嫔，宦官奏事时，置妃膝上决之
  - 四，荒于政事，臣下所奏军事，每置床下不启封
  - 五，隋军来伐，投景阳井中，被执送长安

（二）北朝昏主

- 甲、齐高洋
  - 一，每醉必杀人，杨愔选死囚给之，谓之供御囚
  - 二，谓兄澄昔奸其妇，今必报之，乃奸澄后元氏
  - 三，闺门浊乱，凡高氏妇女，无论亲疏，令左右交乱之
  - 四，初留心政术，后忽狂暴，卒以病死
- 乙、齐高纬
  - 一，用穆提婆等小人，信反间计，杀斛律光
  - 二，苍头封王，狗马及鹰，皆有仪同郡君之号
  - 三，好采新声，作无愁曲，时人谓之无愁天子
  - 四，宠冯淑妃，周兵来战，纵猎忘战，国亡被杀
- 丙、周宇文赟
  - 一，尝被父杖，即位后扪杖痕骂之曰，死已晚矣
  - 二，冤杀叔父齐王宪，及宇文孝伯
  - 三，作刑经天杖，密伺左右，滥杀甚众
  - 四，搜美女实后宫，同时立五后，禁天下妇人施粉黛
  - 五，让位于其子静帝，自号天元帝，卒病死

第十四章　三国两晋南北朝时代之文化

南北朝之人种异，地势气候亦不同，风俗习惯上自不能无差别。南朝文学发达，北朝经学发达。南朝尚清谈，北朝无之；北朝尚骑射，南朝鄙之。及隋室统一南北后，北风压倒南风。除去文学一方面外，南皆为北所掩。清谈之风废绝，经学及骑马之风流行。风俗习惯，南北调和。饮食器具之末，日用玩好之微，往往输入北方民族固有习惯，以辅助中国古来所不足。美术工艺逐渐进步，于是上古秦汉独立之文化一变而为隋唐混合之文化矣。兹述其概略如下。

第一节　制度

一、内官制

三国六朝官制，较东汉益形复杂。晋初，内官有太宰（避司马师讳改太师为太宰，南朝因之北朝称太师）、太傅、太保为上公；大司马、大将军曰二大；太尉、司徒、司空曰三公；皆为宰相之职，号称八公，而皆无实权。其相国、丞相等名称位极尊崇，多非寻常人臣之职。其有丞相名称，而执行宰相之职权者，惟蜀汉诸葛亮、东晋王导、前秦王猛三人。其余若曹操、司马昭父子、桓玄、刘裕、萧道成、萧衍、陈霸先等，皆借以为猎取天子一阶级而已。其宰相实权自东汉以来已移入尚书省。魏置中书省，设监令，尚书之权复移归中书。晋始置尚书、门下、中书三省。尚书省总庶政，其长官曰令、曰仆射；门下省掌侍从摈相之事，其长官曰侍中；中书省掌诏敕，其长官曰监、曰令。而门下省最有权，因接近天子故也。尚书令仆以上，复设录尚书事一官以总之，其职权略与汉初之丞相等。又设都督中外诸军事一官，其职权略与西汉之大司马大将军、东汉之大将军等。两官握文武二大柄。凡权臣欲篡国者，必以一身兼之。其下有九卿，与汉略同。后魏自道武帝时，始建台省，置百官，而以侍中当枢密之任，其余九卿与南朝同。及其末叶，创立天柱大将军、柱国大将军、大丞相等名称，皆为权臣篡国之一阶级。北齐台省多类江东，后主临御，爵禄及于犬马。末年，太宰三师等官并增员而设，或二或三不可胜数。后周始依魏制，及平江陵，乃仿周制，建六官。而余官兼采用秦汉，此内官之大略也。

二、外官制

三国两晋时代，州设刺史以掌民政，设都督以掌军政。大率以刺史兼领都督。最大之都督，或兼督数十州，仍兼领所驻扎一州之刺史。其资望太浅之刺史兼掌军政者，称监军，资望最高之刺史有时称州牧。大率因时因人而变通，无一定标准也。州以下有郡，设太守；国设内史。郡国以下有县，设令长，与汉制同。太守内史兼掌兵，多带将军或中郎将之号，有时兼领都督。宋齐以降，多以皇子充各州都督刺史。皇子年幼，不能亲政，往往以资格较高之亲臣为州别驾，或长史，行刺史事以副之。于是行事之权大于刺史。后魏末年，设大行台，总统一方兵柄，位在都督上。北周末年，复改都督为总管，一大州总管数小州。然而州郡之疆域，愈分愈小。一州不及汉之一郡，一郡仅抵汉之一县。官愈多民愈困。及隋室统一以后，乃不得不议变通矣。

三国两晋南北朝官制表

<table>
<tr><td rowspan="9">内官职</td><td colspan="3">位置</td><td>名称</td><td>沿革</td><td>职掌</td></tr>
<tr><td rowspan="8">名义上之宰相</td><td rowspan="8">八公</td><td rowspan="3">三师</td><td>太宰</td><td>为周之太师避司马师讳改名，北朝称太师有时与太师并设</td><td rowspan="8">坐而论道，无实权。太宰、太傅、太保、司徒、司空为文公，以优礼老臣；大司马、大将军、太尉为武公，以优礼名将。皆非常置之官。无其人则阙，有时为事实上宰相之加衔，有时为权臣篡国时经由之阶级</td></tr>
<tr><td>太傅</td><td></td></tr>
<tr><td>太保</td><td></td></tr>
<tr><td rowspan="2">二大</td><td>大司马</td><td></td></tr>
<tr><td>大将军</td><td>位在大司马下三公上有时在三公下</td></tr>
<tr><td rowspan="3">三公</td><td>太尉</td><td></td></tr>
<tr><td>司徒</td><td></td></tr>
<tr><td>司空</td><td></td></tr>
<tr><td rowspan="11">内官职</td><td colspan="3" rowspan="5">非人臣职之宰相</td><td>相国</td><td></td><td rowspan="5">皆非常置之官，平时不设其有丞相之名而执行宰相职。权者只有诸葛亮、王导、王猛三人。其余或用以优礼重臣，或用以优礼权臣，或为乱臣篡国时经由之阶级而已</td></tr>
<tr><td>天柱大将军</td><td>后魏尔朱荣创，位在大丞相上，南朝无此官</td></tr>
<tr><td>柱国大将军</td><td>后魏尔朱荣创，位在丞相上，南朝无此官</td></tr>
<tr><td>大丞相</td><td>后魏尔朱荣创，位在丞相上，南朝只侯景为之</td></tr>
<tr><td>丞相</td><td></td></tr>
<tr><td rowspan="5">事实上之宰相三省</td><td rowspan="5">三省</td><td>门下</td><td>侍中</td><td></td><td>掌侍从嫔相之事</td></tr>
<tr><td rowspan="2">中书</td><td>中书监</td><td></td><td>掌诏敕</td></tr>
<tr><td>中书令</td><td></td><td></td></tr>
<tr><td rowspan="2">尚书</td><td>尚书令</td><td></td><td rowspan="2">总庶政，其下有六部，尚书分理庶政</td></tr>
<tr><td>尚书仆射</td><td>有时分置二人，则称左右仆射</td></tr>
<tr><td colspan="3">名义事实兼有之大宰相</td><td>大冢宰</td><td>西魏宇文泰置，北周因之，杨坚柄政时废</td><td>总理庶政总统六官</td></tr>
</table>

<table>
<tr><td rowspan="10">外官职</td><td rowspan="3">事实上之大宰相</td><td colspan="2" rowspan="3">录尚书事
都督中外诸军事
大都督中外诸军事</td><td rowspan="2">二官握文武二大柄，权臣多以一身兼之</td><td>总理庶政，等于汉初之丞相</td></tr>
<tr><td>总理全国军政，等于汉初之太尉，中叶以后之大司马大将军</td></tr>
<tr><td>位在都督中外诸军事上</td><td></td></tr>
<tr><td colspan="5">九卿名称略如汉代，惟政柄移入尚书省，九卿之实权渐替</td></tr>
<tr><td rowspan="3">州</td><td>刺史</td><td colspan="2">其资望高者称牧</td><td>掌一州之民政</td></tr>
<tr><td>都督</td><td colspan="2" rowspan="2">三国初年，与刺史并设，后多以刺史兼领，其资格浅者称监军</td><td>掌一州或数州郡之军政</td></tr>
<tr><td></td><td></td></tr>
<tr><td>郡</td><td>太守</td><td colspan="2"></td><td>掌一郡之民政兼掌军政</td></tr>
<tr><td>国</td><td>内史</td><td colspan="2"></td><td>掌王国之民政兼掌军政</td></tr>
<tr><td>县</td><td>令</td><td colspan="2">小县称长</td><td>掌一县之民政</td></tr>
</table>

附封建制度

封建制度，三国时代几乎绝迹。皇子弟虽分封王国，有土有民，然事实上无君临之权。晋兴，惩魏室孤立之弊，大封同姓。诸王皆跨州连郡，与中央政府对峙。各握兵柄，力不相下。驯至酿成八王之乱，遂以亡晋。南北朝时代，诸王国虽褊小，而多以都督刺史资格握兵马、财政权，驯至与中央政府冲突。有西汉封建之害，而无其利。

三、地方制

三国鼎立。魏有司隶及凉、并、幽、冀、青、兖、徐、豫、八州；与荆扬二州北境（今河南汝阳道、湖北襄阳道、陕西汉中道、安徽安庆道、淮泗道各一部，即故南阳、襄阳、郧阳、兴安、凤阳、庐州等府与六合滁二州地）以汉三辅及凉州东境（今甘肃东部）置雍州；以凉州南境（今甘肃南部）置秦州；凡十三州。吴有荆、扬、交（即交趾旧地）三州；后分其北境置广州（今两广地但琼崖道与高雷道，故雷州府地钦廉道，故廉州府地仍属交州）。蜀汉所有唯益州，户口最少。分其东北境置梁州（今陕西汉中道、四川东北境及甘肃渭川道南部），东南境置交州（今云南东部）。晋兼三国之地，分幽之东为平州（今辽宁省及朝鲜西北部），益之南为宁州（今云南），合二荆二扬为一州；以司隶所部为司州；分荆之东部扬之西部置江州（今湖北江汉道东部及江西省），分荆之南部广之北部置湘州（今湖南及广西北境），凡十九州。东晋遍安江左，河北关洛没于胡羯。诸州多侨置于南境，迁徙无常。秦寄治梁州，青兖寄治徐州，司豫寄治荆扬之地，幽平并凉则不置。孝武大破苻秦，复青兖故土。侨置冀州于青境，又以广陵（今江都县）为南兖州（今淮扬道），京口（今丹徒县）为南徐州（今金陵道东部苏常道西部，即故镇江常州二府），姑熟（今当涂县故太平府）为南豫州（今安徽中部），宋分荆江置郢州（今湖北东部湖南北部），分交广置越州（今两广南境）。齐分荆益置巴州（今四川东境），而青冀北兖寄治徐州东境，凡二十二州（扬南北、徐南北、兖、青、冀、豫、司、雍、秦、梁、荆、巴、益、宁、江、郢、湘、广、越、交）。苻秦盛时，有二十一州。关西之雍、凉、秦、梁、益、宁（置于梁州巴郡，即今四川东川道合川县），河南之豫（置于洛阳）、荆、兖、青、徐、扬（置于徐州下邳，即今江苏徐海道邳县），河北之并、冀、幽、平。并依晋旧名，而以司州故地置晋（今山西南境）、洛（今河南西境）二州。分雍置司隶（治长安），分秦置南秦州（今甘肃渭川道南部，即故阶州等地），分凉置河州（今兰山道）。元魏置州益多，孝文定为三十八州。在河北者十三：曰司、肆、并、汾、怀、相、定、冀、瀛、幽、安、平、营。在河南者十三：曰光、青、南青、齐、济、兖、徐、东徐、豫、洛、陕、荆、郢。在关西者十二：曰夏、华、雍、岐、邠、秦、南秦、梁、益、河、凉、沙。其后南北相高，互增州郡。梁魏各有州一百余。

晋初京畿之地，以司隶校尉领之，称司州。东晋都建康，扬州为京畿，扬州刺史当司隶校尉之职。司州常在边疆，以刺史领之。罢司隶校尉官，而改丹阳太守为尹。后魏、北齐皆于其所都建司州，以牧领之，其郡置尹。后魏都平城，置司州牧及代尹。后迁洛阳，改洛州曰司州，置牧及河南尹。东魏迁邺，改相州曰司州，置牧及魏尹。北齐改魏尹为清都尹。后周都长安，置雍州牧及京兆尹。隋因之，自是无司州之称。

四、兵制

三国时代。蜀兵不过十二万，用其三之二，而休息其余，以为更代。使之屯田，故兵强而财赋不竭。魏令州郡典兵，而置大将军，都督中外诸军事以总之。司马氏因之，遂移魏祚。吴阻江滨海，以舟师称雄。晋武帝平吴以后，罢州郡兵。大郡置武吏百人，小郡五十人，兵力始衰。及元帝渡江，依王谢诸大族，兵柄遂移于权门矣。南朝兵制，征发召募，二者并行。北朝用兵，其重在马。明元帝诏户二十，输戎马一匹，大牛一头。六部人羊满百口者，调戎马一匹。盖强兵之需，马为先也。北周创置府兵，合为百府。每府一郎将主之，分属二十四军，一开府领一军，一大将军统二开府，一柱国统二大将军，凡二十四开府，十二大将军。其上统以八柱国。是为后世府兵之始。

附屯田制

屯田制度，三国时流行，曹操、诸葛亮皆利用之，以为富国强兵之助（曹操初以枣祗为屯田都尉募民屯田，许下其后军合肥又开芍陂屯田。诸葛亮伐魏分兵屯田渭滨，耕者杂于居民之间，而百姓安堵军无私焉）。其后北魏孝文帝时立农官，取州郡户十分之一为屯田人，自此公私丰赡，虽水旱不为害。

五、田制及赋税制

三国税制，其可考者，惟魏收田租。亩粟二升，户绢二匹，绵二斤。

蜀有酒禁。吴有算缗而已。晋时赋制，颇寓井田遗意。男子占田七十亩，女子三十亩。王公田宅各有限制。丁男之户，岁输绢三匹，绵三斤。盖合田赋户口而一之矣。渡江以后，侨人散居，无有土著，其军国所需杂物，随土所出，临时折课市取，无恒法。南朝税制沿东晋之旧。北魏实行均田制，成人受田四十亩，女二十亩。十八受田，二十充兵，六十免役，老死则还田。每一夫一妇，赋帛一匹，粟一石。人年十三以上，未娶者四人，出一夫一妇之额。奴任耕，婢任织者，八口当未娶者四，耕牛十头，当奴婢八。北齐依魏制，男子十八受田，输租调。二十充兵，六十免租调，六十二以上为老，退田。一夫一妇曰一床，租二石五斗，调绢一匹，绵八两。未娶者及奴婢半之。北周制度，有室者授田百四十亩，岁赋绢一匹，绵八两，粟五斛。单丁百亩，赋半有室者。丰年全赋，役三旬。中年半赋，役二旬。下年赋一，役一旬。凶札不征，此赋制之大略也。

两晋南北朝田制及赋税制表

朝代	颁田	赋税
晋	男七十亩，女三十亩	岁输绢一匹，绵三斤
南朝		同
后魏	男四十亩，女二十亩，十八受田，二十充兵，六十免役，老死还田	一夫一妇赋帛一匹，粟一石。十三岁以上未娶者四人当一夫一妇之额。奴任耕婢任织者八人当一夫一妇之额。耕牛十头当一夫一妇之额
北齐	男四十亩，女二十亩，十八受田，输租调，二十充兵，六十免租调，六十二退田	一夫一妇输租二石五斗，调绢一匹，绵八两，未娶者及奴婢半之
北周	男有室者授田百四十亩，单丁授田百亩	男有室者岁赋绢一匹，绵八两，粟五斛，单丁赋半。有室者丰年全赋，役三旬，中年半赋，役二旬，下年赋一役，一旬，凶札不征

附币制

三国时代，蜀铸直百大钱；吴铸直五百、直千大钱；魏以谷帛为市；皆取便于一时，不久而复，其通行者仍五铢也。币制之坏，至南齐之世而极。一千钱长不过三寸，谓之鹅眼钱。其更劣者，谓之铤环钱。入水不沉，随手破碎。斗米至一万钱。明帝时禁不用，专用古钱。梁武帝普通中，尽罢铜钱，更铸铁钱。民间多用短陌钱，自五岭以东，八十为陌，谓之东钱；江郢以上，七十为陌，名曰西钱；京师以九十为陌，谓之长钱。天子下诏通用足陌，而人不从。至武帝之末，遂以三十五钱为陌。北魏孝文帝复铸五铢钱，文曰太和五铢。其后又有永平五铢、永安五铢。齐文宣受禅，又铸常平五铢。后周之世，铸布帛之钱，与五铢并行。梁益之境，杂用古钱交易；河西诸郡，或用西域金银之钱（考《汉书·西域传》罽宾国以银为钱，文为骑马，幕为人面；乌弋之钱文为人头，幕为骑马；安息之钱文为王面，幕为夫人面；皆以银为之以意求之当。与今之洋钱极相似，而其行之中国又自后周已然）。周宣帝又铸永通万国钱，以一当千。

三国两晋南北朝币制表

朝代	通行之货币	取便一时之货币	钱数
蜀	五铢钱	直百大钱	
吴	同	直五百直千大钱	
魏	同		
晋	同		
宋	同		
南齐	同	鹅眼钱铤环钱	
梁		铁钱	五岭以东八十为陌，江郢以上七十为陌，京师九十为陌

陈			
后魏	五铢钱		
北齐	同		
北周	同	布帛钱 永通万国钱以一当千，河西诸郡杂用西域金银钱	

六、刑制

魏就汉九章而增损之，制新律十八篇，以刑名冠律首。后司马昭改订刑名法例，合为二十篇，迨晋初编纂始竣。中古法典，于以大定。宋、齐法律，蹈袭晋故，鲜有更创。梁律于死刑之外，有徒赎鞭杖，非大逆免连坐。陈复行连坐之法。后魏刑法颇峻，有腰斩、腐刑、轘、焚家、负羖羊、抱犬沈诸泉、烧炭于山、役圊溷、入舂藁、守苑囿、裸刑伏质诸名目。孝文帝以后，刑法稍宽。北齐、北周大率仍魏之旧，有死、流、鞭、杖等刑。而其间互异者，齐五刑列耐而周无之，周五刑列徒而齐无之也。周宣帝变更旧法，创为刑经圣制，用刑始滥。

北朝刑制表

朝代	刑名
后魏	腰斩，腐刑，轘，焚家，负羖羊，抱犬沈诸泉，烧炭于山，役圊溷，入舂藁，守苑囿，裸刑伏质
北齐	死，流，鞭，杖，耐
北周	死，流，鞭，杖，徒

七、学校制及选举制

三国戎马倥偬，无暇言学。经五胡之乱，弦诵衰息，老庄煽焰，士好清谈，诵习益废。两晋及宋、齐、梁、陈，虽有立学之名，实不能收教育之效。北魏道武孝文，皆尝兴学，文化彬彬，学者辈起。

选举之法，至是亦大变。自魏置州郡中正，立九品之法官人，遂为后世选举之常法。晋依魏制，而掌选举者，仅计阀阅官资。故当时有“上品无寒门，下品无世族”之诮。南北朝时，大抵沿袭魏法，而稍变更之。梁有限年之法，州置州重，郡置郡崇，乡置乡豪，专司举荐。无复膏粱寒素之隔，大抵年满三十，始得入仕。北魏崔亮始立停年格，不问贤愚，断以日月，循资积格，人才消沮，至北齐时乃废之，然而士气消磨尽矣。

第二节 学术

一、经学

三国时以经学著者，为魏之王弼、王肃。肃，字子雍，朗之子，善贾逵、马融之学，而不好郑氏。康成采会同异。为《尚书》、《诗》、《论语》、《三礼》、《左氏解》，又撰定父朗所作易传，皆列于学官。弼，字辅嗣，好论儒道，辞才逸辩。尝有《周易》之注，叙浮义则丽辞益目，造阴阳则妙赜无间。至于六爻变化，群象所效，日时岁月五气相推等理，皆摈而不录，盖经学之别派，而清谈之始祖也。西晋初年，汉魏遗儒通经者不少，最著者为杜预，自谓有左传癖，为《春秋·左氏经传》集解，又参考众家谱第，谓之释例。又作盟会图春秋长历，备成一家之学。东晋时，与王弼之《易》，孔安国之古文《尚书》、郑玄之毛诗《周礼》等，并置博士。南北朝时代，北朝经学颇盛，最著名者为徐遵明，专精三礼，兼通群经。尝在山东下帷教授，出其门下者，多以经学名，而尤以李炫为最。炫为北齐博士，有重名，其门人熊安生亦显于后周。

二、史学

晋初，以史学名家者，为蜀人陈寿。仕晋为著作郎，著《三国志》，叙事简明而不冗漫，文章纯洁而无浮靡。宋范晔，字蔚宗，仕文帝朝。常召集学徒，参考群籍，编述后汉事迹，作《十纪八十列传》。诸志未成，被人诬以谋反受戮，后人以司马彪之《续汉书志》类补之，是为《后汉书》。其文与陈寿之《三国志》不相让。又梁时沈约撰《宋书》，萧子显撰《齐书》，北齐魏收撰《后魏书》，皆为正史。然收为人无行，往往取人之财，而为其家世作佳传，或贬之，故人有称之为秽史者。

三、文学

晋之潘岳、陆机、左思、张华，皆以文词名，而兼有骚赋之长。梁之江淹、沈约，虽风骨不逮，而浓丽过之，此风气有以使之然也。因韵文极盛，其后遂开出骈四俪六一派。其体异乎词赋，而以声韵对偶为工，盖又韵文之变体矣。齐梁以后，此体益工，庾信、徐陵并著盛名，诏敕文牍，往往用之。

魏晋以还，诗学益盛。曹操、曹丕、曹植，父子并号能诗。建安七子（曹植、王粲、刘桢、陈琳、应玚、阮瑀、徐干）皆以风骨胜。其后晋有潘岳、阮籍、陆机、陆云。宋有谢灵运、谢惠连、颜延之。才藻虽多，而风格不逮。齐梁以后，益卑靡不足道。就中以晋之陶渊明、宋之鲍照、周之庾信较擅胜场。陶诗以淡远胜，鲍诗以俊逸胜，庾诗尤气韵浑成。惟其时五言诗以对偶为工，如隋薛道衡诸作，已开近体律诗一派。沈约又别字为四声，分为平上去入，而诗律益严，束缚日益增加，性灵逐渐汩没。《昭明文选》一书，实此时代文学之精华也。

四、音韵学

切韵之学，与佛经同入中国。其书能以十四字贯一切音，文省而义广，谓之婆罗门书。字母之法，权舆于此，惜其书已不传。因有字母，乃有二合、三合、四合之音，而切韵之学出焉。汉魏之际，乐安孙炎作《尔匹音义》之书，始创翻切。翻切者，以两字约成一音，其上一字与本字皆为双声，下一字与本字皆为叠韵。如章字灼良切，章与灼为双声，章与良为叠韵是也（凡字平、上、去三声不同而入相同者皆是双声）。此法一兴，文学家多尚之。又复有平、上、去入四声之列。（平声，平道莫低昂；上声，高呼猛烈强去声分明哀远道；入声，短促急收藏；此辨四声之法也，案：四声之名汉时未有。然公羊庄二十八年传曰：《春秋》伐者为客伐者为主，何休注于伐者为客下曰："伐人者为客读伐长言之齐人语也，于伐者为主下曰见伐者为主读伐短言之越人语也，长言则今之平、上、去声也，短言则今之入声也。"）晋张谅撰四声韵林二十八卷，为韵书之祖。

五、书法

三国时代，以字学著名者有刘表，为书家之祖，惜其遗迹绝无存者。钟繇、胡昭同受其书，昭得其肥，繇得其瘦，然繇传名千古，而昭少传者，书贵瘦劲故也。西晋初，河东卫瓘为尚书令，与尚书郎敦煌索靖俱善草书，时人号为一台二妙。草书本创于后汉张芝（即伯英）。论者谓瓘得其筋，靖得其肉云。汝阴太守李矩妻卫夫人，名铄，字茂漪，最善隶书，得钟繇之法，著笔阵图，王羲之尝师事之。羲之，字逸少，导之从子，篆、隶、真、行、草及飞白诸体无不精妙，与钟繇齐名，称钟王。其诸子俱工书，而以献之为最，与其父并称二王。

六、画法

晋以顾恺之为最。恺之，字长康，小字虎头，善画山水，人物尤擅长，性绝痴，人或侮弄之，亦不觉，故时称三绝，谓画绝、痴绝、才绝也。又有戴逵者，字安道，亦工画，隐于剡溪（浙江曹娥江上源）。其子起颙，亦有画名。宋世画家，以陆采薇为最著。采薇善画人物，又能写山水草木之态，称古今独步。梁张僧繇善传真，又能画云龙山水人物，凡画龙多不点睛，曰："恐其破壁飞去也。"凡画山水，先以笔墨钩缘，染出丘壑，称没骨皴法，为后世画山水者所祖。其子善果儒童，亦能画，为世所推。

七、音乐

秦汉以后，古乐沦亡，羌胡诸乐器遂输入中国。若瑟琶，若胡笳，若羌笛，皆羌胡之乐也。魏晋以后，古乐益衰。齐梁艳曲，皆以靡靡为工。陈后主好游佚，所创之玉树后庭花、临春乐等，皆郑卫之声，而音乐之道，遂不可问矣。

八、医学

三国时代，以华陀为著。陀字元放，其治疾若遇针药所不能及者，先令以酒服麻沸散，既醉无所觉，因刳剖腹背，抽割积聚；若在肠胃，则断裂煎洗，除去疾秽。既而缝合，傅以神膏，四五日而愈，一月而平复，是盖医之神者。

九、术数学

三国时以术数显者有管辂，字公明，神于易，占卜多验。东晋郭璞，字景纯，少事河东郭公，公以青囊书九卷与之，由是遂洞五行天文卜筮之术，攘灾转祸，通致无方，又以葬术得名，著《葬经》一篇，后世堪舆家祖之。石勒时，佛图澄善异术。刘曜之未被擒也，澄先令一童子，洁斋七日，取麻油合胭脂，躬自研于掌中，举手示童子，粲然有光。童子惊曰：“有军马甚众，见一人长大白皙，以朱丝缚其肘。”澄曰：“此即曜也。”后曜果被擒。说者以为后世圆光之术盖本于此。

三国两晋南北朝学术表

学术	朝代	学者姓名	其著作
经学	魏	王弼	《周易注》
		王肃	《尚书解》，《诗解》，《论语解》，《三礼解》，《左氏解》
	晋	杜预	《春秋左氏经传集解》，《释例》，《盟会图》，《春秋长历》
	后魏	徐遵明	
	北齐	李炫	
	北周	熊安生	
史学	晋	陈寿	《三国志》
		司马彪之	《续汉书志》
	宋	范晔	《后汉书》
	梁	沈约	《宋书》
		萧子显	《南齐书》
	北齐	魏收	《后魏书》
文学 四六文体	晋	潘岳，陆机，左思，张华	
	梁	江淹，沈约	
	陈	徐陵	《徐孝穆集》
	北周	庾信	《庾子山集》

文学	诗	魏	曹操、曹丕父子及建安七子	
		晋	潘岳、陆机、陆云、陶潜	《陶渊明集》
		宋	谢灵运、谢惠连、颜延之、鲍照	《鲍氏集》
		北周	庚信	《庚子山集》
音韵学	翻切法	汉魏之际	孙炎	《尔匹音义》
	四声法	晋	张谅	《四声韵林》
书法		三国	刘表	
		魏	钟繇，胡昭	
		西晋	卫瓘、索靖、卫铄	
		东晋	王羲之、王献之	
画法		晋	顾恺之	
			戴逵	
		宋	陆采薇	
		梁	张僧繇、张善果、张儒童	
医学		三国	华陀	
术数学		三国	管辂	
		东晋	郭璞	《葬经》
		后赵	佛图澄	

第三节　风俗

一、风俗之奢靡与道德之堕落

风俗之浮华，道德之堕落，为此时特色。士大夫崇尚清谈，放诞玩世。王谢子弟，斗靡争华。石崇侈金谷之富，何曾食费万钱，犹嫌无下箸处，其汰极矣。北朝起自塞外，以骑射习武为雄，其后渐染华风，几于同化。宋前废帝、后废帝、齐郁林王、东昏侯、北齐文宣帝、后主、北周宣帝、陈后主皆以奢华暴虐著。其所行为，殆欲同人道于牛马，伦常尽矣，焉能久乎。

二、门第之见

自魏陈群立九品中正取士之制（汉献帝建安二十五年，魏尚书陈群立九品官人之法，州郡皆置中正择有识鉴者为之，区别人物，第其高下），沿及晋代，至有所谓“上品无寒门，下品无世族”者。故自战国以后至今日，中间惟两晋、南北朝时代，颇有贵族阶级臭味。“旧时王谢堂前燕，飞入寻常百姓家。”贵族与寻常百姓之区别，颇印于全社会之脑中矣。南北朝时，门第益重，视后门寒素，殆如良贱之不可紊。史称赵邕宠贵一时，欲与范阳卢氏为婚，卢氏有女，父早亡，叔许之，而母不肯。又崔巨伦姊眇一目，其家议欲下嫁，巨伦姑悲戚曰：“岂可令此女屈事卑族。”又何敬容与到溉不协，谓人曰：“到溉尚有余臭，遂学作贵人。”是其例也。而单门寒士，亦遂自视微陋，不敢与世家相颉颃。《宋书》称蔡兴宗以征西将军、开府仪同三司、荆州刺史，被征还都，时右军将军王道隆任参国政，权重一时。蹑履到兴宗前，不敢就席，良久方去，竟不呼坐。又元嘉初，中书舍人狄当，诣太子詹事王昙首，不敢坐。又宗越本南阳次门，以事黜为役，后立军功，启宋文帝求复次门等，是其例也。其有发迹通显，得与世族相攀附，则视为莫大之荣幸。史称王敬则与王俭同拜开府仪同三司，俭曰：“不意老子，遂与韩非同传。”敬则闻之曰：“我南沙小吏，徼幸得与王卫军同拜三公，夫复何恨。”又孙搴寒贱，齐神武赐以韦氏女为妻，韦氏本士族，时人荣之等是其例也。甚至风俗所趋，积重难返，虽以帝王之力，欲变易之而不可得。史称宋文帝宠中书舍人王宏，谓曰：“卿欲作士人，得就王球坐，乃当判耳。若往诣球，可称旨就席。”及至，宏将坐，球举扇曰：“卿不得尔。”宏还奏。帝曰：“我便无如此何。”他日帝以劝球，球曰：“士庶区别，国之常也，臣不敢奉诏。”又称纪僧真常启宋武帝曰：“臣小人，出自本州武吏，他无所须，惟就陛下乞作士大夫。”帝曰：“此事由江敩、谢瀹，我不得措意，可自诣之。”僧真承旨诣敩，登榻坐定，敩命左右，移吾床远客。僧真丧气而退，以告帝。帝曰：“士大夫固非天子所命”等，是其例也。此等习尚，沿至初唐而犹极盛。史称山东士人崔、卢、李、郑诸族，自矜地望，凡为婚姻，必多责财币（看赵翼《廿二史劄记》卷十五财婚条）。或舍其乡里，而妄称名族；或兄弟齐列，而更以妻族相陵。太宗恶之，命吏部尚书高士廉等，刊正姓氏，第为九等，而崔氏犹居第一，太宗家列居第三。诏曰：“曩时南北分析，故以王谢崔卢为重，今则天下一家矣。”遂合三百九十三姓，千六百五十一家，为氏族志，颁行天下。以皇族为首，外戚次之，崔氏为第三。而《李义府传》犹云：“自魏太和（后魏孝文帝年号）中，定望族七姓，子孙迭为婚姻。唐初作氏族志，一切降之。然房玄龄、魏征、李勣仍往求婚，故望不减”云。则固非太宗所能禁矣，及中唐犹未革，史称李日知贵。诸子方总角，皆通婚于名族。又李怀远与李林甫亲善，常慕与山东著姓通婚姻，引就清列。又张说好求山东婚姻，与张姓亲者皆为门甲。又《杜羔》传云，文宗欲以公主下降士族曰：“民间婚姻，不记官品，而尚阀阅。我家二百年天子，反不若崔卢耶。”可见唐之中叶，其风不衰也。其南北朝时之望族，若太原王氏、范阳卢氏、荥阳郑氏、清河博陵二崔氏、陇西赵郡二李氏，仍恃其族望，耻与卑族为婚。高宗尝禁其自相婚娶以窘之，七姓乃不敢复行婚礼，仍饰其女以送夫家，亦可见习俗之难移矣（看赵翼《陔余丛考》卷十七六朝重氏族条谱学条）。

三国两晋南北朝时代门户之见表

魏	陈群立九品中正取士之法
晋	上品无寒门，下品无世族
南北朝	门第益重，视后门寒素，殆如良贱之不可紊
	单门寒士亦自视微陋，不敢与世家相颉颃
	其有发迹通显，得与世族相攀附，则视为莫大之荣幸
	虽以帝王之力，欲变易之而不可得
初唐	山东士人崔卢李郑诸族自矜地望，房玄龄、魏征、李勣皆往求婚
中唐	此风犹未革，李日知、张说、李林甫皆往求婚

三、方舆之见

中国文化发生于黄河流域。经过唐虞三代，扬子江、西江两流域，犹为苗民所盘据，列于要服荒服之中。春秋时代，现今湖北境内之楚、江苏境内之吴、浙江境内之越，相继勃兴，扬子江流域始交通于上国。战国末年，秦王翦灭楚，乘势定江南，降百越，置会稽郡。始皇三十三年，发兵略取南粤，置南海、桂林、象郡，又取闽越，置闽中郡，于是西江、闽江、瓯江流域，皆收入中国版图。汉兴，真定人赵佗据西江流域，故闽粤王无诸据闽江流域，故闽粤君摇据瓯江流域，各自立国。武帝时，复一切恢复之，仍设郡县，以汉人为流官处理之，自此以后，汉族文化逐渐输入。然其地卑湿沮洳，宦游其地之官吏多系左迁，移居其地之人民多系谪徙，黄河流域中流社会以上之人物，多安土重迁，不肯轻易南下。扬子江流域依然为蛮夷巢穴，草昧未辟，西江流域更可知矣。三国时代，吴大帝据江南立国，北拒魏，西通蜀，南与海南诸国贸易，东求夷洲亶洲，是为江南建立大国之始，扬子江流域逐渐汉化。西晋末年，匈奴刘渊据并州北部作乱，洛阳长安相继沦陷，怀愍二帝相继被虏，黄河流域无一片干净土。宗室琅玡王睿，以扬州刺史资格，即位于建业，皇族贵戚与中流社会以上之人物多奔避江南往依之。自此以后，江南文化骤然发达，而黄河流域为匈奴、鲜卑、氐、羌各族更迭蹂躏，少数之汉族留居故土，与之杂居，文化不能不退步。于是江南汉族以排外思想与复仇思想结合为一，蔑视北方人。北方各民族亦以战胜国自居，藐视南方人。南北朝对立时代，南谓北为索虏，北谓南为岛夷，互相诋毁，无所不至。虽其中有种族之见存乎，然方舆之见亦自有不可掩者。对于留居北方之汉人，亦未始不加以排斥也。东晋末年，有杨佺期者，本华阴人，汉太尉震之后，曾祖准，晋太常，自震至准，七世有名德，祖林，少有才望，值乱，没胡，父亮，少仕伪朝，后归国，屡立战功，终于梁州刺史，以贞干知名。俭期沉勇果劲，自云门户承籍，江表莫比，有以其门第比王珣者，犹恚恨。而时人以其晚过江，婚宦失类，兄弟皆粗犷，每排抑之，恒慷慨切齿，欲因事际以逞其忿。安帝时，为南郡相，会青兖都督王恭、荆州都督殷仲堪与太傅录尚书事会稽王道子构隙。恭、仲堪以讨道子党江州都督王愉及谯王尚之兄弟为名，与南郡公桓玄举兵反。恭司马刘牢之执恭以降，杀之。仲堪以佺期为前锋，与玄袭破江州。朝廷不得已，以玄为江州刺史，佺期为雍州刺史，与之和，敕仲堪使回军。佺期知玄有野心，欲举兵攻之，仲堪不从。次年，玄举兵攻仲堪于江陵，佺期救之，兵败，皆为玄所杀。杜坦者，京兆杜陵人，高祖预，晋征南大将军。曾祖耽，避晋乱，居河西，仕张氏。前秦王苻坚克凉州，子孙始还关中。宋武帝灭后秦，坦兄弟从过江，时江东王谢诸族方盛，北人晚渡者，朝廷悉以伧荒遇之，虽复人才可施，皆不得践清途。宋文帝元嘉中，坦为青州刺史，常与帝言及史籍。上曰："金日磾忠孝淳深，群臣莫及，恨今世无复此辈人。"坦曰："日磾假生今世，养马不暇，岂办见知？"上变色曰："卿何量朝廷之薄也。"坦曰："请以臣言之，臣本中华高族，世业相承，直以南渡不早，便以伧荒赐隔，况日磾胡人，身为牧圉乎？"上默然。北人重同姓，多通谱系。史称晋故大司马石苞曾孙朴没于寇，后赵主石勒以与朴同姓，俱出河北，引朴为宗室，特加优宠，位至司徒。又《南史侯瑱传》，侯景以瑱与己同姓，托为宗族，待之甚厚。此以殊族而自附于汉族者也，北方人之习惯也。王仲德者，宋之名将，生长北方，闻王愉在江南，是太原人，乃往依之，愉礼之甚薄。此以汉族而排汉族者也，南方人之性质也。

四、婚制

平民士族不获通婚，至有贬其家门，受屈辱于姻娅，以利其财贿者。亦有妇女自矜其族望，行无礼于舅姑者，惟其时妇女并无再嫁之禁，男女早婚，亦无限制。又曹操幼子早卒，操为聘甄氏亡女以合葬之，为后世冥婚之始。而抱主成婚守贞不嫁之风，亦由是而开矣。

北朝早婚事实表（据本国史表解卷上转载）

- 早婚事实
  - （甲）北魏
    - 一，道武年十五，生明元帝
    - 二，景穆太子年十三，生文成帝
    - 三，文成年十五，生献文帝
    - 四，献文年十三，生孝文帝
  - （乙）北齐
    - 一，高澄年十二，尚魏孝静帝妹长公主
    - 二，后主纬年十四，生子恒
    - 三，纬弟俨被杀时，年十四，已有遗腹子四人

五、尊家讳

家讳之重，自晋时始。桓玄为王大服设酒，王不能冷饮，频语左右曰："令温酒来。"玄乃流涕呜咽。王不解，欲去。玄以手巾掩泪，顾谓之曰："犯我家讳。"其重如此。其后沿习更甚。臧逢世者，臧严之子，督建昌军事，郡县民庶，竞修笺书，有称严寒者，必对之流涕，不省取记，多废公事。王亮为太守，其属沈瓒之性粗疏，好犯亮讳，亮竟启废之。若此类甚多，皆异俗也。又自汉以后，皇帝之讳益严，甚至有讳其嫌名者。隋文帝父名忠，而官名之有中字者，皆改为内之类是也。

六、持清议

承东汉遗风，清议颇重。刘琨使温峤如建康劝进，峤母崔氏固留峤，峤绝裾而去，迄于崇贵，乡品犹不过也，峤甚病之，每进爵，皆累诏而后受。王式以母丧服不合礼，为卞壶所奏，付乡邑清议，废弃终身。若此之类，皆有裨于风俗。晋世清谈放达，败名伤化，而犹可以立国，未始非此事有以维持之也。

七、葬祭之礼

风水之说流行。堪舆家学说，托始于晋之郭璞，然陶侃之地卜牛眠（陶侃将葬父，忽失一牛不知所在，遇老父曰："前冈见一牛眠处其地甚吉，葬之位极人臣。"侃寻得之因葬焉。后仕至太尉，封长沙公，赠大司马，谥曰桓），已有择地而葬之事，此风大率起于魏晋之际。盖自董卓发人陵墓，人子之葬其亲者，冀幸安其父母之魂魄。术者之说，遂有以中之，而世俗遂滋为迷信矣。祭祀之礼，视上古时益黩，除祭天地山川神祇及其祖宗外，往往多淫祀。观宋时毁蒋子文淫祠，则此外淫祠之多，亦可见矣。

八、迷信

迷信之流行，为两晋、南北朝时代特色。魏文帝之初篡位也，改元黄初。吴大帝之初建国也，改元黄武。皆取义于黄巾贼张角“苍天已死，黄天当立”之谶也。晋成帝咸康八年，济南平陵（故城在今历城县治东六十里）城北石虎，一夕移于城东南，有狼狐千余迹随之，迹皆成蹊。后赵主虎喜曰：“石虎者朕也。自西北徙而东南，天意欲使朕平荡江南也。”遂下诏征兵，将以次年大举南寇。逾年（晋康帝建元二年）正月，虎享群臣于太武殿，有白雁百余，集马道之南，时诸州兵集者百余万，太史令赵揽曰：“白雁集庭，宫室将空之象，不宜南行。”乃止。是时荧惑火星守房（四星明堂象天子布政之所）心（三星天王正位也），虎太子宣怒领军王朗，使赵揽言于虎曰：“宜以贵臣王姓者当之。”虎曰：“谁可者？”揽曰：“无贵于王领军。”虎问其次，揽无以对。因曰：“唯王波耳。”虎乃杀中书监王波。前秦主生之初即位也，中书监胡文言于生曰：“比有星孛于大角，荧惑入东井，不出三年，国有大丧，大臣戮死。愿陛下修德以禳之。”生曰：“皇后与朕对临天下，可以应大丧矣。毛太傅、梁车骑、梁仆射受遗诏辅政，可以应大臣矣。”乃杀皇后梁氏，及太傅毛贵、尚书令梁楞、仆射梁安。次年，太白入东井，秦有司奏：“太白罚星，东井秦分，必有暴兵起京师。”生曰：“太白入井，自为渴耳，何足怪乎。”生梦大鱼食蒲，又长安谣曰：“东海大鱼化为龙，男皆为王女为公。”生乃杀太师鱼遵及其子孙。

前燕主俊徙都邺以后，梦后赵主虎啮其臂，乃发虎墓，求尸，不获，购以百金，得于东明观下，僵而不腐，俊数其残暴之罪而鞭之，投于漳水。孝武帝太元二十年，有长星见，自须女（四星二十八宿之一。须，贱妾之称，妇，职之卑者也）至于哭星（在虚南主死哭之事）。帝心恶之，于华林园举酒祝之曰："长星劝汝一杯酒，自古何有万岁天子耶。"安帝义熙五年夏四月，雷震魏天安殿东序，魏道武帝恶之，命以冲车攻东西序，皆毁之。初，道武帝服寒食散，药发，躁怒无常，至是寖剧，又灾异数见，占者言有急变生肘腋。帝忧懑，至废寝食，追记平生成败得失，独语不止。每百官奏事至前，记其旧恶，辄杀之。其余或颜色变动，或鼻息不调，或步趋失节，或言辞差谬，皆以为怀恶在心，发形于外，往往手击杀之。梁武帝中大通年间，荧惑入南斗，去而复还，留止六旬，帝以谚云："荧惑入南斗，天子下殿走。"乃跣而下殿以禳之。及闻魏大丞相高欢反，孝武帝西奔，惭曰："虏亦应天象耶。"其余若历代权臣篡位或大盗起兵之时，无不假篝火狐鸣手段，为牢笼或镇压人心之计。一世枭雄或君主，犹自欺以欺人如此，他可知矣。

三国两晋南北朝时代迷信表

迷信事实	时代	影响
一，讹言苍天已死，黄天当立	汉末	黄巾贼起，魏改黄初，吴改黄武
二，平陵石虎移居	晋成帝咸康七年后赵石虎建武七年	后赵主虎谋入寇
三，白雁集后赵庭	同	因而中止
四，荧惑守房心	晋康帝建元二年后赵石虎建武十年	后赵杀中书监王波
五，星孛于大角，荧惑入东井	晋穆帝永和十一年前秦苻生寿光元年	苻生杀皇后梁氏，太傅毛贵，尚书令梁楞，仆射梁安
六，太白入东井	同升平元年寿光二年	暴兵起京师，后应东海王坚之变
七，苻生梦大鱼食蒲，谣言东海大鱼化为龙	同	杀太师鱼遵，后应东海王坚之变

八，前燕王俊梦石虎啮臂	同年前燕主俊光寿元年	掘虎尸，数其罪而鞭之，投之漳水
九，长星见	晋孝武帝太元二十年	贵人张氏弑帝于清署殿
十，雷震魏天安殿	晋安帝义熙五年	道武帝忧懑废寝食，多杀群臣，卒为清河王绍所弑
十一，长星出竟天	晋恭帝元熙元年	刘裕篡位
十二，荧惑入南斗	梁武帝中大通年间	魏大丞相高欢举兵反，孝武帝修奔长安

第四节 宗教

一、道教

道教异常发达，有玄理、丹鼎、符箓、占验等派。其名家若何晏、王弼（玄理派）、魏伯阳、葛洪（丹鼎派）、寇谦之、陶宏景（符箓派）、费长房、于吉、管辂、左慈（占验派）辈，皆一时在社会上大有势力。

东晋初，有葛洪者，字稚川，丹阳句容（江苏句容县）人。好神仙导养之法，从祖玄，吴时学道得仙，号曰葛仙。以其炼丹秘术授弟子郑隐，洪就隐学，悉得其法，晚年居罗浮山（广东惠阳县境）炼丹，自号抱朴子，著书推明神仙之理，即以抱朴子为名，年八十一，端坐若睡而卒，颜色如生，体亦柔软，举尸入棺，甚轻如空衣，世以为尸解得仙云。南齐时，秣陵人陶弘景，隐于句容，修道业，辟谷导引，能前知，自号华阳陶隐居。因所居茅山，为道家第八洞宫，名金陵华阳之天，故以为名。梁武帝甚敬礼之，有事辄咨访，号为山中宰相，士民从之受道者甚众。年八十二殁，颜色不变，屈伸如常，香气氤氲满山，人以为尸解云。后魏明元帝时，嵩山道士寇谦之，自言尝遇老君（即老子李耳）降，命已继张道陵为天师，授以服气轻身之术及科诫书，使之清整道教，又遇神人李谱文，云是老君玄孙，授以录图真经，使敕合百神，辅北方太平真君。太武即位，谦之诣阙献其书，人多未信，崔浩独师受其术，上书赞之。太武乃起天师道场，显扬新法，后改元曰太平真君，亲备法驾而受符箓。谦之奏造静轮宫，令其高不闻鸡犬，欲以上接天神，功役万计，经年不成，而谦之死，人亦以为尸解而去，自是道教大行，斋醮、符咒、金丹、玉浆之法，纷纷竞起。每帝即位，必受符箓，以为故事，刻天尊（即元始天尊）及诸天仙之像而供养焉。北周武帝信道士卫元嵩，欲废释教，僧徒争之，遂并废二教，然其后不久而复。

三国两晋南北朝时代道教派别表

派别	人物	时代
一、玄理派	何晏、王弼	魏晋之交
二、丹鼎派	魏伯阳、葛洪	晋
三、符箓派	寇谦之、陶弘景	南北朝
四、占验派	费长房、于吉、管辂、左慈	三国

二、佛教

汉魏以后，西僧来者益多。永嘉初，佛图澄入洛阳，后为石勒所尊信，佛教由此盛于北方。然澄之术多怪异，非佛氏正宗也。卫道安者，常山人，少慕玄理，独坐静室十二年，大有所悟。又从佛图澄于邺，尽得其旨，以为师莫过佛，宜称释氏后，故但称道安而去其姓。澄既卒，道安南游，分遣其徒往扬州、巴蜀、襄阳等处传教，晋孝武帝遣使通问，并褒奖之。后入秦，为苻坚所尊信。太元十年卒。同时之西僧鸠摩罗什，至称道安为东方圣人云。又有惠远者，俗姓贾氏，雁门人，闻道安讲般若经（般若者智慧之义)，因而大悟，遂皈依之。后避苻秦之乱，入晋，居庐山与刘遗民等十八贤同修净土，中有白莲池，因号莲社，陶潜等皆与游焉。鸠摩罗什者，天竺人，生于龟兹。吕光破龟兹，与俱东还。专以大乘为化，诸学者共师之。后秦姚兴灭凉，迎以归，尊为国师。与其徒译大乘经甚多，于是宗法之传大明于世。同时长安僧法显者，俗姓龚氏，平阳人，自幼受戒，以晋安帝义熙十二年，由长安西行，至印度，凡经三十余国。随有经律之处，学其书语，译而写之，历十五年，始航海返中国。时姚秦已灭，乃入晋，居金陵。著有《佛国记》一书，详记其行程。此为中国僧人入印度之始。其后凉州僧智严宝云、北燕僧昙摩竭等，先后继之，沙漠洋海间，往来如织，西僧来中国者亦多。宋时，多居于江左，宣教译经之事，极盛一时。当世名士，如谢灵运、颜延之等，皆为文赞扬佛理。文帝崇佛之名，播于海外，印度以东，奉佛之国，频遣使朝贡，颂功德，故自后诸帝，皆敬三宝焉（佛、法、僧为释家三宝）。梁武尤信佛，受戒于僧慧约。太子王公以下，受戒者五万人。帝建同泰寺，前后三次舍身为奴。太子亦于宫内立慧义殿，为法律之所，招引名僧与共研究。故其时佛学尤盛。达摩者，南印度僧人，姓刹利，名菩提多罗，为释迦佛大弟子摩诃迦叶之二十七传弟子，西天二十八祖之一（并迦叶计之）。普通元年，航海至广州。武帝召见，问曰："朕多造寺、写经、度僧，有何功德？"达摩曰："并无功德，净智妙明，体自空寂，如是功德，非可于世求。写经造寺等小因果，如影随形，虽有非实。"武帝不悟。达摩知不相契合，乃渡江至魏，止于嵩山少林寺，面壁九年，人莫之测。时魏氏律师流支三藏，每与达摩议论蜂起，竟有害心，数加毒药，至第六度，以缘化既毕，传法得人，遂不复究，端坐而逝。达摩之教，不依经论，直指人心，云见性可以成佛，后世以为禅宗之一祖云。

北魏袭前后二秦之迹，历世奉佛，惟太武帝深信道教。司徒崔浩常言佛法为世费害，宜悉除之。会帝幸长安，见寺僧犯法，命案诛一寺，浩因说帝下诏焚毁寺塔形像胡经，沙门无少长悉坑之，自后敢有崇奉者诛。时太子晃监国，缓宣诏书，使远近预闻，得以藏匿，惟塔庙无复孑遗。自汉明帝后，佛徒日兴月盛，至此乃不绝如缕，及浩被罪，禁乃稍弛。文成嗣位，诏郡县各建寺一区，民愿出家者听。献文尤好之，建寺北苑，与数百僧人习佛法。孝文虽好儒，亦不排佛。宣武帝崇信尤深，胡僧至者三千人，道希最以译经著名。孝明时，胡太后作永宁寺，多铸金像，僧房千间，塔高六十余丈。又遣宋云惠生如印度求经，得百七十余部而还（案：宣武孝明与梁武同时，故其时南北佛教皆极盛）。其后国乱，民避赋役，多出家，僧尼至二百万人，寺三万余区。北周武帝好儒，禁道释二教，悉毁经像，令沙门道士并还俗。杨坚秉政，复行二教，势力不久即恢复。

三国两晋南北朝时代佛教传播表

	人名	原籍	时代	居住或经由之地点	接触之人物	其所设施
西僧入中国传教者	一、佛图澄		永嘉初年	洛阳	石勒、石虎	多怪异
	二、鸠摩罗什	天竺	晋孝武时	凉州长安	吕光、姚兴	译大乘经甚多
	三、达摩	南印度	梁武帝时	广州建康嵩山	梁武帝、流支三藏	点悟梁武帝，帝不悟，在嵩山面壁九年
中国高僧	一、卫道安	常山	东晋初	邺襄阳长安	苻坚晋孝武帝	从佛图澄游。分遣其徒往南方布教
	二、贾惠远	雁门	东晋	庐山	刘遗民陶潜	结莲社

中国高僧西游者	一、龚法显	平阳	东晋	由长安陆路至印度		经三十余国，历十五年，始返中国著佛国记译经卷
	二、智严宝云	凉州	东晋			
	三、县摩竭	北燕	东晋			
	四、惠生		后魏			得经百七十余部而还

法显事略表（据本国史表解卷上转载）

- 一，大师略历
  - 原姓龚，平阳武阳人，在江陵寺出家
  - 自发长安，六年到中印度，停六年，还三年，共十六年
  - 年八十六卒
- 二，经行路线
  - 一，发长安，经陇西、姑臧、张掖、敦煌
  - 二，渡沙河（即当河，在敦煌系西），过葱岭，越雪，即痕都古士山
  - 三，渡新都河，（即印度河）出恒水（即恒河），游中印度
  - 四，附商船至狮子国（即锡蓝），浮海到耶婆提（即爪哇）
  - 五，浮海迷道，至青州长广郡牢山南岸（即山东即墨之劳山）返国
- 三，在道艰苦
  - 一，沙河以后
    - 多恶鬼热风，遇之辄死
    - 极目远望，无飞鸟走兽
    - 求渡河处，以死人枯骨为识
  - 二，葱岭以后
    - 冬夏皆积雪，有怪龙吐毒
    - 风雨沙砾，山路艰险万状
  - 三，狮子国以后
    - 大风十三昼夜，弥漫无边，不辨东西
    - 常夜暗时，大浪相博，但见怪鱼
  - 四，耶婆提以后
    - 行一月余，遇黑风暴雨，皆悉惶恐
    - 海师僻误，经七十余日，粮尽饮水充饥
    - 向西北行十二昼夜，乃抵青州，方庆生还
- 四，成绩概况
  - 得经像多种以归
  - 著《佛国记》传世

第五节　实业

南朝实业无可言者。北朝魏孝文行均田法，有司每春月莅郊野，察农勤惰。男子年二十五以上皆耕，女子年十五以上皆蚕。令民互相为助，必令地无遗利，人无游手而后止。其于缘边之地，皆营屯田，设子使以统督之，每一子使领田五十顷，颇能重农，然农法之发明殊鲜。至于工业，太武时有月氏国商人，到京师，自言能铸石为五色琉璃，于是采矿山中，于京师铸之，既成，光泽美于西方来者，观者惊以为神造，自是琉璃顿贱，人不复珍之。

第三期　隋唐时代

第一章　隋之治乱

自来中国形势，合久必分，分久必合。自周失其政，诸侯力争，天下分崩离析者数百年，至秦始皇始一统。汉失其政，群雄扰攘，天下复分崩离析者数百年，至隋文帝始一统。两大帝国之出现，实古今东亚民族盛衰消长之转关也。秦室统一中国后，内部行政机关一概刷新，取极端之中央集权主义。隋室之对内政策效之。秦室统一中国后，北逐匈奴，南平百越，取极端之帝国主义。隋室之对外政策亦效之。秦筑长城，以为外部之藩垣。隋凿运河，以通内部之气脉。其魄力之伟大相似。秦始皇于统一六国后，毁名城，杀豪杰，销兵器，以绝天下之望。隋文帝于统一南北后，谋臣宿将，诛灭殆尽，其心思之狠辣、手段之操切相似。秦公子扶苏贤明，有德望，始皇疏斥之。隋太子勇宽厚简易，无矫饰之行，文帝废黜之。秦之嗣君昏庸，隋之嗣君骄暴。秦始皇之公子公主，皆为二世所诛。隋文帝之诸皇子，亦皆为炀帝所害。秦以二帝而亡，隋亦两代而灭。其国祚之短促、家运之迍邅相似。秦亡而汉兴，隋亡而唐兴。其代人作前驱也亦无不相似。采得百花成蜜后，一生辛苦为谁忙。呜呼！二君皆创业英主，其结果亦可哀矣。兹述其事迹如下。

秦隋比较表

一，周失其政，诸侯力争，天下分崩离析者数百年，至秦始皇始一统	一，汉失其政，群雄扰攘，天下复分崩离析者数百年，至隋文帝始一统
二，秦室内政，取极端之中央集权主义	二，隋室之对内政策亦然
三，秦室外交取极端之帝国主义	三，隋室之对外政策亦然
四，秦筑长城以为外部之藩垣	四，隋凿运河以通内部之气脉
五，秦始皇于统一六国后，毁名城，杀豪杰，销兵器，以绝天下之望	五，隋文帝于统一南北后，毁除民间兵仗，谋臣宿将诛灭殆尽
六，秦公子扶苏贤明，有德望，始皇疏斥之	六，隋太子勇宽厚简易，无矫饰之行，文帝废黜之
七，秦之嗣君二世昏庸	七，隋之嗣君炀帝骄暴
八，秦始皇之公子公主皆为二世所杀	八，隋文帝之诸皇子皆为炀帝所害
九，秦以二世而亡	九，隋亦两代而灭
十，秦亡而汉兴	十，隋亡而唐兴

第一节　隋文帝之内治

一、内官制

隋文帝之初即位也，除周六官，依汉魏之旧。置三师、三公及尚书、门下、内史（即中书）、秘书、内侍（即中侍中）五省，御史、都水二台，太常等十一寺，左右卫等十二府，以分司统职。置柱国至都督十一等勋官，以酬勤劳。特进至朝散大夫七等散官，以加文武之有德者。于是官制大备。又以皇考讳忠，避嫌名，改侍中为纳言，中书监、令为内史监、令（开皇元年二月）。

二、外官制及地方制

帝以魏晋以来，地方制度破坏，州郡名号愈设愈多，州郡管辖之区域愈分愈小，或地无百里，而数县并置；或户不满千，而二郡分领。僚众费多，租调岁减，乃罢郡为州。地方官制仍行两级制度，其上或设总管府以统一。有时亦或设行尚书省，皆因时制宜，无一定员额，于是地方制度粗备（开皇三年十一月）。

附隋代官制表

三师	太师	不主事，不置府僚，但与天子坐而论道
	太傅	
	太保	
三公	太尉	参议国之大事，置府僚，无其人则阙
	司徒	
	司空	
五省	尚书	分掌国之重事，下有吏、户、礼、兵、刑、工六部
	门下	掌献纳及进御之事
	内史	掌出纳王命之事
	秘书	掌图籍及著作之事
	内侍	掌宫禁服御之事
二台	御史	掌纠察之事
	都水	掌水利

九寺	太常	掌陵庙礼乐之事
	光禄	掌宫殿门户及膳食之事
	卫尉	掌军器仪仗帐幕之事
	宗正	掌皇族之事
	太仆	掌乘舆仪卫之事
	大理	掌谳讼狱之事
	鸿胪	掌蕃客朝贡及吉凶吊祭之事
	司农	掌仓市薪米园池果实之事
	太府	掌财物库藏之事
外官	刺史	分上中下三等
	县令	分上上至下下九等

三、赋税制

隋文帝之初即位也，征苏绰子威为纳言。先是苏绰在西魏时，以国用不足，为征税法颇重，既而叹曰："今所为者，正如张弓，非平世法也，后之君子，谁能弛之？"威闻其言，每引为己任，至是奏减赋役，务从轻简（开皇元年三月）。

附货币制度

周齐之世，钱有四等，及民间私钱，名品甚众，轻重不等，文帝患之，更铸五铢钱，背面肉好（体为肉孔为好），皆有周郭，每一千重四斤二两，悉废古钱及私钱，置样于关，不如样者没官销毁。于是货币始统一（开皇元年九月）。

附常平仓制度

又以长安仓廪尚虚，乃诏蒲陕卫汴等水次十三州，募丁运米。又于卫州置黎阳仓，陕州置常平仓，华州置广通仓，转相灌输，漕关东及汾晋之粟以给长安，于是京师粮糈充足（开皇三年十二月）。复令民间每秋家出粟麦一石以下，贫富为差，储之当社，委社司检校，以备凶年，名曰义仓。于是民间无水旱饥馑之虞（开皇五年五月）。

四、刑制

又命高颎、杨素等修订刑律，采魏晋之法折衷之，去枭轘鞭法，非谋叛，无族罪。制五刑，曰笞、杖、徒、流、死。计死刑二，曰绞、斩。流刑三，自二千里至三千里。徒刑五，自一年至三年。杖刑五，自六十至百。笞刑五，自十至五十。又制议请（即周礼八议之法谓凡在八议之科则请之也）、减赎、官当（犯私罪以官当徒者五品以上一官当徒二年，九品以上一官当徒一年）之科，以优士大夫。除讯囚酷法，考掠不得过二百。枷杖大小，咸有程式。民有枉屈，县不为理者，听以次经郡、州、省。若不为理，听诣阙伸诉。自是法制遂定后世多遵用之（开皇元年十月）。

隋代刑制表

死刑二，绞斩

流刑三，自二千里至三千里

徒刑五，自一年至三年

杖刑五，自六十至百

笞刑五，自十至五十

五、典籍之征求

应用文字之改良。又以丧乱以来，典籍率多散逸，诏求遗书，献书一卷，赉缣一匹（开皇三年三月）。又以魏晋以来，崇尚文词，遂成风俗。江左齐梁，其弊弥甚，竞一韵之奇，争一字之功。连篇累牍，不出月露之形；积案盈箱，唯是风云之状。世俗以之相高，朝廷以之擢士，以儒素为古拙，以词赋为君子，故其文日繁，其政日乱。乃诏公私文翰，并宜实录（开皇四年九月）。

帝性严重，令行禁止，勤于政事。虽啬于财，至于赏赐有功，即无所爱。爱养百姓，劝课农桑，轻徭薄赋。自奉俭素，乘舆御物故弊者，随令补用，非享宴不过一肉，后宫皆服浣濯之衣。天下化之，丈夫率衣绢布，装带不过铜铁骨角，无绫绮金玉之饰。即位之初，民户不过四百万。末年，逾八百九十万。

第二节 隋炀帝之弑逆

一、文帝之猜忌

文帝天性猜忌，素无学术，好为小数，不达大体。平陈以后，效秦始皇愚民故智，毁除民间兵仗（开皇九年四月）。既任智以获大位，因以文法自矜。明察临下，恒令左右觇视内外，有过失则加以重罪。又患令史赃污，私使人以钱帛遗之，得犯立斩。每于殿廷捶人，挥楚不甚，即命斩之。帝以所在属官不敬惮其上，事难克举，乃诏诸司论属官罪，听律外决杖，于是上下相驱，迭行捶楚。以残暴为干能，守法为懦弱（十七年三月）。又以盗贼繁多，命盗一钱以上皆弃市，或三人共盗一瓜，事发即死。于是行旅皆晏起早宿，天下懔懔（同上）。又褊急苛察，信受谗言，功臣故旧，无始终保全者，乃至子弟皆如仇敌（开皇元年九月除佐命元勋上柱国郑译名，六年闰八月杀佐命元勋上柱国梁士彦、刘昉故人上柱国宇文忻。十年二月出佐命元勋内史令李德林为湖州刺史，迁怀州，卒于任所。十二年七月免右仆射苏威官爵以开府就第。十二月除平陈元勋领军大将军贺若弼名。十四年闰十月除佐命元勋齐州刺史卢贲名废卒于家。十七年七月皇子并州总管秦王俊有罪免官，其妃赐死。十二月杀佐命元勋内史监鲁公虞庆则。十九年六月杀功臣凉州总管宜阳公王世积。八月除左仆射高颎名。二十年六月秦王俊卒国除。十月废太子勇为庶人，杀功臣太平公史万岁。仁寿二年十二月废皇子益州总管蜀王秀为庶人)。帝与皇后独孤氏甚相爱重，誓无异生之子。又惩周室诸王微弱，故令诸子分据大镇。及其晚节，迭相猜忌，五子皆不以寿终。

隋文帝猜忌表

一，毁除民间兵仗

二，恒令左右觇视内外，有过失则加以重罪

三，患令史赃污，私使人以钱帛遗之，得犯立斩

四，每于殿廷捶人，挥楚不甚，即命斩之

五，诏诸司论属官罪，听律外决杖

六，命盗一钱以上皆弃市，或三人共盗一瓜，事发即死

七，功臣故旧无始终保全者

八，子弟皆如仇敌

二、炀帝之夺嫡

太子勇性宽厚，率意任情，无矫饰之行。帝性节俭，勇常饰蜀铠，帝见而不悦。后遇冬至，百官皆诣勇，勇张乐受贺，帝不悦，下诏停之。自是恩宠始衰，渐生猜阻。勇多内宠，昭训云氏尤幸，其妃元氏无宠，遇疾而薨。独孤后意其有他，深以责勇，然昭训自是遂专内政。生长宁王俨、平原王裕、安成王筠，诸姬子又数人。后弥不平，遣人伺求勇过，晋王广知之，弥自矫饰。后庭有子皆不育，后由是数称广贤。大臣用事者，广皆

倾心与交。帝及后遣左右至广所，广必与萧妃厚礼之，往来者无不称其仁孝。帝与后尝幸其第，广悉屏匿美姬于别室，惟留老丑者，衣以缦彩，给事左右。屏帐改用缣素，故绝乐器之弦，不令拂去尘埃。帝见之喜，由是爱之，特异诸子。广美姿仪，敏慧严重，好学能文，敬接朝士，由是声名藉甚，与仆射杨素联络，共倾勇。素常因侍宴称赞广，后深然之，遣人伺觇东宫，纤芥事皆闻奏，因加诬饰以成其罪，帝遂疏忌勇。开皇二十年七月，诏废勇及其诸子皆为庶人，谴责东宫官属，诛戮有差。左卫大将军元旻、文林郎杨孝政力谏，帝不听，二人皆得罪。十一月，立广为皇太子。

隋炀帝夺嫡计划表

一，后庭有子皆不育

二，大臣用事者，广皆倾心与交

三，文帝独孤后遣左右至广所，广必与萧妃厚礼之

四，帝与后尝幸其第，广悉屏匿美姬于别室，惟留老丑者。屏帐改用缣素，故绝乐器之弦，不令拂去尘埃

三、炀帝之弑逆

仁寿二年八月，后崩。广对宫人哀恸绝气，若不胜丧者。其处私室，饮食言笑如平常。四年七月，帝不豫，诏广入居殿中。广预拟帝崩后事，手自为书，封出以问杨素。素条录事状以报，宫人误送帝所，帝览之，大恚。帝所宠宣华夫人陈氏，旦出更衣，为广所逼，拒之得免。帝怪其神色有异，问故，夫人泫然曰："太子无礼。"帝恚，抵床曰："畜生何足付大事，独孤误我。"将召故太子勇。素闻之，白广。令右庶子张衡入殿侍疾，尽遣后宫出就别室，俄而上崩，故中外颇有异论。其夜广烝于陈夫人。明日，发丧即位，是为炀帝。矫遗诏，杀故太子勇，复杀勇子故长宁王俨等

八人。并州总管汉王谅起兵晋阳，讨弑君之罪。诏遣杨素击虏以归，杀之，所部吏民坐死徙者二十余万家，时仁寿四年，西历纪元六〇四年也。

第三节　隋炀帝之奢侈

帝性夸大奢侈。即位之初，以洛阳为东京，命杨素营东京宫室，役丁二百万人。徙洛州郭内居民及诸州富商大贾数万户以实之。又命将作大匠宇文恺、内史舍人封德彝等营显仁宫（在河洛道宜阳县东南），发江南奇材异石，输之洛阳。又求海内嘉木、异草、珍禽、奇兽，以实苑囿。又发民百余万，开通济渠，自西苑（在河洛道洛阳县城西）引谷洛水达于河，引河入汴、引汴入泗以达于淮。又发民十万，开邗沟（在江苏淮扬道境内今为运河之一部）入江，沟广四十步，傍筑御道，树以柳，自长安至江都（今江苏淮阳道江都县）。置离宫四十余所，充以美女。遣人往江南造龙舟及杂船数万艘，以备游幸之用（以上皆大业元年三月事）。又筑西苑，周二百里，其内为海，周十余里，为方丈、蓬莱、瀛洲诸山，高百余尺，台观宫殿，罗络山上。海北有渠，萦纡注海内，缘渠作十六院，门皆临渠，每院以四品夫人主之，穷极华丽，宫树凋落，则翦彩为花叶缀之，沼内亦剪彩为荷芰菱芡，色渝则易以新者。十六院竞以殽羞精丽相高，求市恩宠，上好以月夜从宫女数千骑游西苑，作清夜游曲，于马上奏之（同年五月）。是年八月，幸江都。龙舟四重，高四十五尺，长二百尺。上重有正殿、内殿、朝堂；中二重有百二十房，皆饰以金玉；下重内侍处之。皇后乘翔螭舟，制度差小。别有浮景九艘三重，皆水殿也。余数千艘，后宫、诸王、公主、百官、僧、尼、道士、蕃客乘之。共有挽士八万余人，皆以锦彩为袍。卫兵所乘又数千艘，舳舻相接二百余里，骑兵翊两岸而行。所过州县，五百里内，皆令献食，多者一州至百轝（两人共举曰轝），极水陆珍奇。后宫厌饫，将发之际，多弃埋之。是年十月，征天下散乐，大集东京。课河南京兆制其衣，锦彩为空。帝多制艳篇，造新声，播之音，极哀怨。三年七月，发丁男百余万筑长城，西起榆林，东至紫河（在今山西雁门道大同县西北古丰州黑峪口发源）。四年正月，发民百余万，开永济渠（今名卫河，即北运河），引沁水南达于河，北通涿郡，丁男不给，兼役妇人。又凿太行山，通驰道，筑长城于西北二边，营晋阳、汾阳二宫（晋阳宫在山西冀宁道太原县北；汾阳宫在山西雁门道，即故忻州静乐县北）。六年，穿江南河（今为浙西运河，即南运河），自京口至余杭（郡名，今浙江杭县）。帝或幸东京，或游江都，或北巡长城，或西抵河右，营造巡游无虚岁。

隋炀帝奢侈表

甲、修宫室	地点	年月
一、东都	洛阳	文帝仁寿四年
二、显仁宫	在宜阳县东南	炀帝大业元年
三、西苑	在洛阳县城	同年
四、离宫四十余所	自长安至江都	同年
五、晋阳宫	晋阳	同三年
六、汾阳宫	汾阳	同四年
乙、开运河		
一、通济渠	自西苑引谷洛水至河，引河入汴，引汴入泗，以达于淮	大业元年
二、邗沟	由淮入江	同年
三、永济渠	引沁水南达于河，北通涿郡	同四年
四、江南河	自京口至余杭	同六年
丙、修驰道	凿太行山，通驰道，自榆林东达于蓟，开为御道，长三千里	同三年
丁、筑长城	筑长城于西北二边	同年

戊、造龙舟，翔螭舟，浮景舟及杂船数万艘	大业元年
己、发江南奇材异石，输之洛阳，求海内嘉木、异草、珍禽、奇兽以实苑囿	同年
庚、新作舆服仪卫	同二年
辛、游幸	
一、如洛阳	仁寿四年十一月
二、如江都	大业元年八月
三、还东京	同二年四月
四、帝北巡，次榆林郡，突厥启民可汗及义成公主来朝，吐谷浑高昌皆入贡	同三年六月
五、至金河，幸启民可汗帐，还至太原，遂还东都	同年八月
六、如五原，遂巡长城	同四年三月
七、巡河右，遣兵击吐谷浑，不克；西域诸国来朝，献地置西海等郡	同五年三月
八、还东都	同年十一月
九、如江都	同六年三月
十、帝自将击高丽，至临朔宫，征天下兵会涿郡	同七年二月
十一、帝至辽东，攻城，不克	同八年六月
十二、帝还东都	同年九月
十三、帝复自将击高丽，渡辽水，遣诸将攻辽东	同九年四月
十四、帝引军还	同年六月
十五、征天下兵伐高丽，帝如涿郡，次怀远镇	同十年七月
十六、还西京	同年十月
十七、如东都	同年十一月
十八、如汾阳宫	同十一年四月
十九、帝巡北边，突厥始毕可汗入寇，围帝于雁门	同年八月
二十、还东都	同年十月
二十一、如江都	同十二年七月

壬、耽游佚	
一、征天下散乐	大业二年
二、征天下鹰师	同四年
三、诸蕃来朝，陈百戏于端门以示之	同六年
四、以散乐配太常	同年

运河开凿表（据本国史表解卷上转载）

- 今运河
  - 甲、经流概状
    - 一，经过四省，联合白河、黄河、长江、浙江四流域
    - 二，北极金水河，南极剡溪，长几四千里
  - 乙、利用他水
    - 一，天津之北，利用白河
    - 二，临清之北，利用卫水
    - 三，济宁之南，利用泗水
  - 丙、开凿略史
    - 一，江淮之间
      - 始于吴夫差之邗沟
      - 隋炀帝复修之
      - 成于元仁宗延佑五年
    - 二，江浙之间
      - 始于隋炀帝之江南运河
      - 成于元泰定帝泰定元年
    - 三，卫水之间
      - 始于元世祖之会通河
      - 成于明成祖永乐九年
    - 四，浙江以南——南宋开绍兴运河
    - 五，白河以北——元郭守敬开通惠河

按隋炀帝所开河南之通济渠、汴渠，河北之永济渠，后以黄河迁徙，今不复存

第四节　隋炀帝之外交

炀帝好大喜功。即位之初，以刘方为欢州总管，南击林邑，克之。真腊及南洋诸国皆入贡（大业元年四月），是时突厥最恭顺。三年正月，突厥启

民可汗来朝，请袭冠带。是年六月，帝北巡，次榆林郡，启民及其可敦（突厥皇后称号）义成公主（隋宗室女）来朝。帝帅大军溯金河（在今绥远省归化城南西南入黄河），遂幸启民帐，启民袒而割牲，捧觞上寿，执礼甚恭。帝大喜，赋诗曰："呼韩顿颡至，屠耆接踵来。何如汉天子，空上单于台。"是年冬，以裴矩为黄门侍郎，经略西域。四年七月，矩说铁勒（突厥民族丁零苗裔）诸部，使击吐谷浑，大破之。五年三月，帝巡河右，高昌（国名，在今新疆迪化道吐鲁番县）王曲伯雅、伊吾（今迪化道哈密县）吐屯设（突厥酋长）及西域二十七国皆来朝，请吏奉贡，置西海、河源、鄯善、且末等郡，谪天下罪人为戍卒以守之。命刘权镇河源郡积石镇，大开屯田，捍御吐谷浑，以通西域之路。自西京及西北诸郡，皆转输塞外，岁钜亿计，或遇寇钞，死亡不达，郡县皆征破其家，由是百姓失业，西方先困。六年正月，遣虎贲郎将陈棱，发兵泛海，击流求（今台湾岛），杀其王渴剌兜，虏其民而还。是时诸蕃来朝，陈百戏于端门外以示之，执丝竹者万八千人，自昏达旦，终月而罢，所费钜万，岁以为常。诸蕃请入丰都市（洛阳东市）交易，许之。先命整饰店肆，盛设帷帐，珍货充积，人物华盛。胡客过酒食店，悉令邀入，醉饱而散，不取其直。给之曰："中国丰饶，酒食例不取直。"胡客皆惊叹。其黠者颇觉之，见以缯帛缠树，曰："中国亦有贫者，衣不盖形，何如以此物与之，缠树何为?"市人断不能答。是年十二月，征高丽王元入朝，不至。七年二月，下诏亲征高丽。帝自御龙舟渡河，入永济渠，仍敕选部、门下，内史、御史于前船选补，其受选者三千余人，或徒步随船三千余里，冻馁疲顿，死者什一二。复敕幽州总管元弘嗣，往东莱海口，造船三百艘，官吏督役，昼夜立水中，不敢息，自腰以下皆生蛆，死者什三四。又敕河南、淮南、江南，造戎车五万乘，送高阳，供载衣甲幔幕，令兵士自挽之，发河南北民夫，以供军须。江淮以南民夫及船，运黎阳（仓城，在今河北道浚县西南）及洛口（仓城，在今河洛道巩县东）诸仓米。舳舻千里，往还常数十万人，昼夜不绝，死者相枕，天下骚动。课天下富人买马，匹至十万钱。简阅器仗，或有滥恶，使者立斩。又令山东置府养马，以供军役。发民夫运米塞下，车牛往者皆不返，士卒死亡过半，耕稼失时，谷价踊贵，东北边尤甚，斗米直数万钱，所运米或粗恶，令民籴以偿之。又发鹿车夫六十余万，二人共推米三石，道途险远，不足充糇粮，至镇无可输，皆惧罪亡命。重以官吏侵渔，百姓穷困。于是河北山东，群盗蜂起。八年正月，师发涿郡，凡一百十三万，馈运者倍之，首尾亘百余里，攻辽东城，不克，进渡鸭绿江，大败而还。是为第一次高丽之役。

九年，再征兵亲征。攻辽东，亦不克。会楚公杨玄感起兵黎阳，围东都，帝不得已，引还。是为第二次高丽之役。

隋炀帝外交表

事迹	年	主持者
一、伐林邑	大业元年	刘方
二、幸突厥启民可汗帐	同三年	
三、击走吐谷浑，置西海、河源、鄯善、且末四郡	同五年	裴矩
四、击流求	同六年	陈棱
五、诸蕃来朝，陈白戏于端门以示之	同年	裴矩
六、伐高丽	同八年九年十年	同

第五节　隋室之衰亡　群雄之蜂起

杨玄感者，越公素之子，骁勇便骑射，好读书，喜宾客，海内知名之士多与之游。蒲山公李密者，周太师弼之曾孙，少有才略，志气雄远，轻财好士，尝乘黄牛读汉书。素见而奇之，玄感与为深交。素恃功骄倨，帝心衔之。大业二年，太史言隋分野有大丧，乃徙素为楚公，意楚与隋同分，欲以厌之。是年七月，素寝疾，不肯饵药，谓弟约曰："我岂须更活耶。"素卒后，帝谓近臣曰："使素不死，终当族灭。"玄感知之，内不自安，且以朝政日紊，遂与诸弟潜谋作乱。帝方事征伐，玄感自言世荷国恩，愿为将领。帝喜，宠遇日隆，颇与朝政。至是督运黎阳，遂率运夫举兵，以密为谋主。密劝之直趋蓟城，扼帝归路，否则先取长安，以为根据地。玄感不能用，引兵围东都。帝闻警，撤兵还救，遣将军宇文述、来护儿等击玄感，玄感兵败，走死弘农。密亡走。帝大行诛戮，杀玄感党与三万余人，枉死者过半。十年二月，复议伐高丽，征天下兵会涿郡，是时天下已乱，所征兵多不至，高丽亦困弊。是年七月，帝次怀远镇（在今热河朝阳县西），高丽王元遣使乞降，帝还西京，征元入朝，元竟不至。

已而帝如东都（十年十二月），复如汾阳（十一年四月），又巡北边（十二年八月），旋幸江都（十二年七月），使代王侑留守西京，越王侗留守东都（二王皆元德太子昭之子，炀帝之孙）。多杀谏臣，群臣缄口。

十二年十月，群盗翟让等起兵河南，李密往从之。攻掠郡县，击败东都留守兵，让推密为主，号魏公。修洛口城，据之，略取河南诸郡。

是时四方豪杰纷起。大业十一年十月，东海（今江苏徐海道东海县，即故海州）李子通据海陵（今江苏淮扬道泰县，即故泰州）。十二年十二月，鄱阳（今江西浔阳道，故饶州府）林士弘据江南（今江西及广东），称楚帝。虎贲郎将罗艺据涿郡。十三年正月，章丘（今山东济南道章丘县）杜伏威据历阳（今安徽安庆道和县，即故和州）。漳南（县名，属清河郡，故城在今山东东临道恩县西北）窦建德据乐寿（今河北津海道献县），称长乐王。二月，马邑（郡名，今山西雁门道，即故朔平大同二府）校尉刘武周，朔方（郡名，后魏夏州，令陕西榆林道）郎将梁师都，各据郡起兵，附于突厥。三月，突厥立武周为定杨可汗，取楼烦（今山西雁门道静乐县及冀宁道西北境）、定襄（今绥远境内土默特地）、雁门（今山西代县）等郡，自称帝。师都取雕阴（今陕西榆林道绥德县）、弘化（今甘肃泾原道，即故庆阳府)、延安（今陕西榆林道即故延安府）等郡，称梁帝，突厥立为大度毗伽可汗。流人郭子和起兵榆林，自称永乐王，突厥以为屋利设。四月，金城（郡名，今甘肃兰山道）校尉薛举起兵陇西，自称西秦霸王。寻徙据天水，自称秦帝。五月，唐公李渊起兵太原。七月，武威司马李轨起兵河西，自称凉王。十月，后梁宣帝曾孙萧铣起兵巴陵（今湖南武陵道岳阳县，即故岳州府治），自称梁王，尽取现今两湖及广西、越南北部等地，徙都江陵，自称梁帝。此外若河北之王薄、张金称、高士达，灵武之白瑜娑，济阴之孟海公，河间之格谦及其将高开道，余杭（今浙江杭县）之刘元进，吴郡之朱燮，晋陵（今江苏苏常道，故常州府）之管崇，离石胡刘苗王，汲郡之王德仁，齐郡之孟让，上谷之王须拔、魏刀儿，城父（故城在今安徽淮泗道亳县东南七十里）之朱粲，鲁郡之徐圆朗，河南之卢明月，以及其他不著名之贼帅尚多，各独树一帜，略据土地，互相吞并。于是天下分崩，隋室瓦解矣。

隋末群雄割据简表

人名	出身	据地	称号
王薄	群盗	据山东北部	知世郎
窦建德	群盗	据河北诸	郡夏王
杜伏威	群盗	据江苏、安徽中部	吴王
辅公祏	群盗	同上	宋帝
李子通	群盗	据江苏北部	吴帝
朱粲	群盗	据湖北中部	初称可达寒贼后称楚帝
李密	蒲山公	据河南诸郡	魏公
林士弘	群盗	据江西广东	楚帝
罗艺	虎贲郎将	据旧京兆	幽州总管
徐圆朗	群盗	据山东中东二部	鲁帝
刘武周	马邑校尉	据山西北部	突厥以为定杨可汗

梁师都	朔方郎将	据绥远及甘肃东北部	梁帝
郭子和	戍卒	据陕西北部	永乐王
薛举	金城校尉	据甘肃中部	西秦霸王后称秦帝
李轨	武威司马	据甘肃西北部	凉王后称帝
萧铣	后梁之后	据两湖、广西、越南	梁王后称帝
沈法兴	吴兴太守	据浙江北部、江苏南部	梁王
高开道	群盗	据河北东部	燕王
宇文化及	许公	据山东西北部	许帝
王世充	东都留守	据河南西部	郑王后称帝
李渊	太原留守	据陕西大部	唐公后为唐高祖

第二章　唐室之勃兴

自东汉末至唐初，凡四百余年间，为中国混乱时代。君主善终者居最少数，国亡而不族灭者亦居最少数。岂君主皆不肖欤，抑以竞争者动物之共有性，有竞争即有淘汰，互相残杀，不过实行淘汰手段之一端，动物界最流行者也。人类为最高等动物，所借以互相维持者，惟法律思想与道德观念，有以束缚防范之。若夫法律之藩篱破，道德之观念轻，则横流溃堤，何所不至。六朝淫暴君主，发挥动物祖宗固有之天性，惟妙惟肖。于是反动力起，其人臣亦尤而效之，而人道或几乎熄矣。盖自曹氏起于汉末，恃其才干，统一中原，功成受禅，识者鄙焉，故世运沉沦，终无挽回之日。晋之代魏，其功不如曹氏者也。南渡之后，其功臣觊觎晋室，而觊觎者其功又不及晋祖者也。宋、齐、梁、陈之祖，其功又不及晋之权臣也。是皆继曹氏之例而益甚者。北部情形虽稍有不同，然北周、北齐之祖，其功不及后魏，而隋之祖其功又不及北周也。隋得天下，无功无德，特以姿相奇伟，性情阴狡，为时势所驱而得之，非其始愿之所及也。文帝以胥吏治国，独孤后以妒忌治家，勋臣子弟，不保始终。炀帝弑父杀兄，骄淫暴虐，东征西伐，北狩南巡，残民以逞，靡有宁日，识者固知其有始无终矣。得人者兴，失人者崩，唐室之勃兴，亦时势使然者也。兹述其事迹如下。

第一节　唐高祖之起兵

唐高祖李渊者，西凉武昭王皓七世孙。祖虎，仕魏有功，封陇西公。父昺，仕周，封唐公。渊袭父爵。炀帝时，为弘化（郡名，今泾原道故庆阳府）留守，御众宽简，人多附之。四方盗起，帝以渊为山西东河抚慰大使，讨捕群盗，多捷。转太原留守，突厥数侵边，诏渊击之，前后屡捷。

渊娶于神武肃公窦毅。生四男：建成、世民、玄霸、元吉。一女适临汾柴绍。世民聪明勇决，识量过人，见隋室方乱，阴有济世安民之志。与晋阳令刘文静及宫监裴寂相结。文静谓世民曰："今主上南巡，群盗万数。当此际有真主驱驾而用之，取天下如反掌耳。太原百姓皆避盗入城，文静为令数年，知其豪杰，一旦收集，可得十万人。尊公所将之兵复数万，以此乘虚入关，号令天下，不过半年，帝业成矣。"世民然之。阴部署宾客，而渊不知也。会渊兵拒突厥，不利，渊恐获罪，世民乘间说以"顺民心，兴义兵，转祸为福"。渊大惊，不从。明日，复说曰："人皆传李氏当应图谶，故李金才无故族灭（郧公李浑字帝以，其宗族强盛，忌之。会有方士言李氏当为天子，劝帝尽诛李姓，大业十一年二月帝杀浑夷其族）。大人若能尽贼，则功高不赏，身益危矣。惟昨日之言，可以救祸。愿勿疑。"渊叹曰："吾一夕思汝言，亦大有理。今日破家亡身亦由汝，化家为国亦由汝矣。"先是裴寂私以晋阳宫人侍渊，渊从寂饮，酒酣，寂曰："二郎阴养士马，欲举大事，正为寂以宫人侍公，恐事觉并诛耳。"渊以为然。会帝以渊不能御寇，遣使者执诣江都。世民与寂等复说渊，宜早定计。渊乃募兵，远近赴集。大业十三年五月，渊举兵太原。遣使通好于突厥，借其援兵。使世子建成及世民击西河（郡名，今山西冀宁道，故汾州府），拔之。执郡丞高德儒，数其佞谀，斩之，自余不戮一人。进兵取临汾（今山西河东道临汾县，即故平阳府）、绛郡（今山西河东道绛县即故绛州），济河而西。遣建成偕刘文静守潼关，以备东方兵。世民徇渭北。渊女柴绍妻李氏、从弟神通、婿叚纶，时皆在关中，各起兵应渊，关中吏民及群盗争归之。是年十月，渊合诸军围长安。十一月，拔之。立代王侑为帝，是为恭帝，遥尊帝为太上皇。渊自为大丞相，封唐王。次年正月，自为相国，加九锡。五月，遂称皇帝，是为唐高祖。废恭帝为酅公。时炀帝大业十四年，恭帝侑义宁二年，恭帝侗皇泰元年，西历纪元六一八年也。

第二节　隋炀帝之末路

是时帝在江都，荒淫益甚，酒卮不离口。见天下危乱，亦不自安。退朝则幅巾短衣，遍历台阁，汲汲顾影，惟恐不足，常仰视天文。谓萧后曰："外间大有人图侬，然且共乐饮耳。"因引满沉醉。又引镜自照曰："好头颈，谁当斫之？"后惊问故。帝笑曰："贵贱苦乐，更迭为之，亦复何伤。"见中原已乱，无心北归，欲保江东。门下录事李侗客曰："江东卑湿，土地险狭，内奉万乘，外给三军，民不堪命，恐亦将散乱耳。"御史劾之。于是公卿皆阿意言："江东之民，望幸已久。陛下抚而临之，此大禹之事也。"乃命治丹阳宫，将徙都之。时江都粮尽，从驾骁果多关中人，思归。郎将司马德戡元礼、直阁裴虔通等阴谋作乱。大业十四年三月，推许公宇文化及为主，夜引兵入宫弑帝。宗室外戚，无少长皆死。惟余帝从子秦王浩，立为帝。化及自称大丞相，拥众而西。四月，至彭城，魏公李密据巩洛（今河洛道巩县，即洛口城）以拒之，化及北走魏县。是年八月，鸩杀浩，自称许帝。

炀帝凶问至东都，留守官奉越王侗即位，是为恭帝。以王世充为纳言，主兵柄。世充夺权，杀内史令元文都、卢楚，自为左仆射，总督内外诸军事，使史世恽入居禁中，子弟咸典兵马，恭帝拱手而已。是年八月，世充与魏公密战于偃师，大破之。自为太尉、尚书令，总国政。密走降唐，唐以密为光禄卿，封邢国公。旋以谋叛被杀，魏亡。

是时长乐王窦建德取河北诸州，改国号曰夏。次年（隋皇泰二年，唐武德二年）二月，击破宇文化及于聊城（今山东东临道聊城县，即故东昌府治），执而杀之。与王世充结好，奉表于隋，隋封建德为夏王。王世充自立为郑王，加九锡。是年四月，遂称皇帝，废恭帝为潞国公而弑之。隋亡，凡传四主，三十九年。

第三节　群雄之灭亡　唐室之一统

一、平陇右

隋室既亡，群雄扰扰，唐室乃用武力统一宇内。唐高祖之初入关也，秦主薛举遣其子仁杲侵扶风，与唐争关中，唐遣秦王世民击败之。大业十四年六月，举侵唐泾州，世民拒战于高墌（今甘肃泾原道宁县南六十里）。长史刘文静违世民节制，败绩。是年八月，举卒，仁杲立，居折墌城（今甘肃泾原道泾川县东界），仁杲残暴，与诸将多有隙，由是众心不附，世民乘衅攻之。十一月，克折墌，仁杲出降，送长安，斩之。秦亡。于是陇右皆入于唐。

二、平河西

唐与秦之构兵也，行远交近攻策。遣使招抚凉王李轨，谓之从弟，轨大喜，入贡。大业十四年八月，唐立轨为凉王。十一月，轨称皇帝。唐不悦，遣使与吐谷浑伏允可汗连和，东西出兵夹攻之。轨部将安修仁之兄兴贵仕于唐，请归说轨降唐，轨不听。武德二年四月，兴贵与修仁阴结诸胡，起兵袭轨，执送长安，杀之。凉亡。于是河西皆入于唐。

三、平河东

河陇既平，西方无警，唐乃转锋东下，经略大河南北。是时定杨可汗刘武周方强。武德二年六月，遣其将宋金刚攻唐并州，先后破唐总管齐王元吉、裴寂兵，尽取河东诸郡，关中震骇。唐高祖惧，欲弃河东，专保关中。秦王世民力谏。乃诏以世民为元帅，发关中兵击金刚。三年四月，大破之，金刚及武周皆走死突厥。定杨亡。山西北部皆入于唐。

四、平河南河北

是年七月，唐遣秦王世民督诸军伐郑，取轘辕（山名，在今河南偃师县东南接巩登封二县界），河南诸州多降。四年二月，破其兵于谷水（源出河南卢氏县西南熊耳山东合睢水并入泗水），遂围洛阳，郑主世充求救于夏。三月，夏王建德率师救郑，世民逆战于虎牢（即古成皋故，城在今河南汜水县上街镇），大破夏兵，擒建德，世充出降。世民班师还长安。赦世充为庶人，徙蜀，斩建德于市。夏、郑皆亡。河南、河北皆人于唐。建德故将刘黑闼起兵漳南，击破唐兵，恢复建德旧境，自称汉东王。五年三月，世民击破其兵，黑闼奔突厥，复引突厥兵入寇。六年正月，其将诸葛德威执黑闼以降，斩之。汉东亡。河北复定。

五、平江陵

河南、河北既平，北方无警，唐乃转锋南下，经略扬子江流域。唐高祖之初入关也，遣使招慰山南诸州（秦岭山脉以南诸州，即今陕西汉中道、湖北襄阳道），下之，于是汉水流域入于唐。复遣使徇巴蜀，下之，于是扬子江上流流域亦入于唐。唐室尽取山南剑南（剑阁以南诸州，今四川及云南东部），有高屋建瓴之势。武德四年二月，以赵郡王孝恭为夔州总管，李靖为行军总管，经略南方。是年十月，发巴蜀兵击梁，围江陵，梁主铣出降，送长安，斩之。梁亡。李靖乘势南度岭，下岭南九十六州，于是扬子江中流及西江流域皆入于唐。

六、平江淮

扬子江上流中流皆入于唐，唐室领土奄有中国十分之七八。所未服者，只余江浙诸郡。初，炀帝之被弑也，吴兴太守沈法兴举兵讨宇文化及，略江表十余郡，皆下之。武德二年八月，据毗陵（今苏常道，故常州府），称梁王。李子通自海陵徙据江都，称吴帝。杜伏威势孤，乃以历阳附于唐，唐以为和州总管，封吴王。武德三年十二月，子通攻法兴，取京口，丹阳毗陵等郡皆降于子通。法兴走吴郡。杜伏威使其将辅公柘攻破子通，取江都，子通走保京口，伏威进据丹阳。子通东走太湖，袭法兴，大破之，法兴赴水死。梁亡。子通遂据吴郡。四年十一月，伏威击破子通，执送长安。吴亡。于是伏威尽有淮南江东之地。五年七月，伏威入朝于唐，留其将辅公祏守丹阳，唐以公祏为淮南道行台仆射。是时楚王林士弘兵势已衰，是年八月，病卒，其众遂散。楚亡。六年八月。辅公祏反，称宋帝。诏赵郡王孝恭、李靖讨之。七年三月，克丹阳，斩公祏，江南平，于是僭伪皆亡，惟梁师都犹在，时与突厥连兵寇边。太宗贞观二年，诏右卫大将军柴绍讨之，其下杀之以降。梁亡。于是中国复一统。

计唐室扫荡群雄统一中国之原因如下

第一，太宗英武，有驾驭群雄能力

第二，唐室根据地在关中，为古来形胜之地

第三，先定西方，据上游，然后进兵东方。取高屋建瓴之势，剿抚次

序最适当

唐初削平群雄表

<table>
<tr><td>年代</td><td>招降或夷灭之国</td><td>所取之地</td></tr>
<tr><td>唐高祖武德元年</td><td>招慰山南、山东诸州，下之</td><td>取汉水流域</td></tr>
<tr><td>同年</td><td>徇巴蜀，下之</td><td>取四川</td></tr>
<tr><td>同二年</td><td>灭秦，执薛仁杲，杀之</td><td>取甘肃南部</td></tr>
<tr><td>同年</td><td>灭凉，执李轨，杀之</td><td>取甘肃北部</td></tr>
<tr><td>同三年</td><td>灭定杨，刘武周走死</td><td>取山西北部</td></tr>
<tr><td>同年</td><td>灭郑，擒王世充</td><td>取河南</td></tr>
<tr><td>同年</td><td>灭夏，擒窦建德，斩之</td><td>取河北</td></tr>
<tr><td>同四年</td><td>灭汉东，擒刘黑闼，斩之</td><td>定河北</td></tr>
<tr><td>同年</td><td>灭梁，执萧铣，杀之</td><td>取两湖</td></tr>
<tr><td>同年</td><td>下岭南九十六州</td><td>取广西及越南</td></tr>
<tr><td>同年</td><td>灭吴，执李子通</td><td rowspan="2">江皖浙三省均服</td></tr>
<tr><td>同五年</td><td>杜伏威入朝</td></tr>
<tr><td>同年</td><td>林士弘卒，其众遂散</td><td>江西平</td></tr>
<tr><td>同六年</td><td>辅公祏反，讨斩之</td><td>江皖浙皆平</td></tr>
<tr><td>太宗贞观二年</td><td>讨杀梁师都</td><td>陕西北部平</td></tr>
</table>

第三章 临湖之变

唐高祖之起兵晋阳也，皆秦王世民之谋。高祖谓世民曰："事成当以汝为太子。"将佐亦以为请，世民固辞而止。李密降唐，初见高祖，犹有傲色，及见世民，不觉惊服，退而叹曰："真英主也。"世民提兵，战无不胜。破薛仁杲，走刘武周，擒窦建德，降王世充，灭刘黑闼。高祖以世民功大，武德四年十月，特置天策上将，位在王公上，以世民为之，开府置官属。世民以国内寖平，开馆以延文学之士。杜如晦、房玄龄、虞世南、褚亮、姚思廉、陆德明、孔颖达等十八人，并以本官兼文学馆学士，分为三番，更日直宿。世民暇日，辄至馆中，讨论文籍，或至夜分，使阎立本图像，褚亮为赞，号十八学士。士大夫得预其选者，时人谓之登瀛洲。

太子建成好酒色游畋，齐王元吉骄侈多过失，皆无宠。世民功名日盛，建成内不自安，与元吉协谋，共倾世民。高祖多内宠，二人曲意谄事诸妃嫔，世民独不事之，由是妃嫔皆誉二人而短世民。高祖惑之，渐生嫌阻。建成擅募骁勇，与庆州都督杨文干结合，谋内外相应以图世民。武德七年六月，谋泄，文干遂举兵反，上遣世民讨斩之。流东宫官属王珪、杜淹等于远州，而释建成不问。世民既与建成、元吉有隙，以洛阳形胜之地，恐一旦有变，欲出保之，乃以行台尚书温大雅镇洛阳。武德九年（西历纪元六二六年）六月，建成夜召世民饮酒而鸩之，世民暴心痛，吐血数升。上欲遣世民镇洛阳，建成、元吉阻之，未成行。房玄龄、杜如晦、长孙无忌、尉迟敬德等，劝世民杀建成、元吉，世民不得已，从之。于是密奏二人淫乱后宫，且曰："兄弟专欲杀臣，似为世充、建德报仇。臣今永违君亲，亦实耻见诸贼于地下。"上惊报曰："明当鞫问，汝宜早参。"明日，世民率兵伏于玄武门。建成、元吉入至临湖殿，觉有变，欲还，世民追射杀建成，尉迟敬德射杀元吉，并杀建成、元吉诸子。高祖闻变，谓宰相曰："不图今日乃见此事，当如之何？"右仆射萧瑀、侍中陈叔达曰："建成、元吉本不豫义谋，又无功于天下，疾秦王功高望重，共为奸谋。今秦王已讨而诛之，陛下若处以元良，委之国务，无复事矣。"上乃立世民为太子，国事悉委处决，然后闻奏。寻自称太上皇，传位于太子。是年八月，太子即位，是为太宗。

第四章　唐初之内治

唐高祖为人平凡，不喜磊落奇士，而眷眷于私昵狎比之徒。其宰相若仆射裴寂乃斗筲小器，中书令封德彝、侍中裴矩皆隋室佞臣，故武德年间内政无可观者。太宗即位，以高士廉为侍中，房玄龄为中书令，大革弊政。武德九年九月，置弘文馆，聚四库书二十余万卷，精选文学之士虞世南、褚亮等，以本官兼学士，听朝之隙，引入内殿，讲论前言往行，商榷政事。取三品以上子孙充弘文馆学生，数幸国子监，大征名儒为学官。学生能明一经以上者，皆得补官。增筑学舍千二百间，增学生满三千余员。自屯营飞骑。亦给博士授经，有能通经者，听得贡举。于是四方学者，云集京师，乃至高丽、百济、新罗、高昌、吐蕃诸君长，亦遣子弟请入国学。升讲筵者至八千余人。帝以师说多门，章句繁杂，命孔颖达与诸儒定五经疏，谓之正义。

初，上皇欲强宗室以镇天下，自三从昆弟以上皆封王，上以封爵太广，劳百姓以养宗室，非所以示天下至公。是年十一月，诏降宗室郡王为县公，惟有功者数人不降。

贞观元年正月，制谏官随宰相入阁议事，于是谏官预闻朝政，遇事随时纠正。闰三月，命京官五品以上，更宿中书内省，数延见，问民疾苦、政事得失，于是下情容易上达。十二月，令吏部四时选集，并省吏员，于是仕途无壅滞，而各机关无冗员，上下皆便。是年正月，更定律令，宽绞刑五十条为加役流（流三千里居作三年）。二年三月，诏自今大辟，并令中书门下四品以上及尚书议之。五年十二月，制自今决死刑者皆复奏，决日彻乐减膳，以恤刑。于是刑罚减轻，冤滥者少。九月，令致仕官位在本品之上，以奖廉退；诏非大瑞不得表闻、以拒佞谀；出宫女三千余人，以恤怨旷。二年十一月，以王珪为侍中。三年二月，以房玄龄、杜如晦为仆射，魏征守秘书监，参预朝政。四年二月，以温彦博为中书令，正人盈廷。于是百废具举，内政大修。故事、军国大事，中书舍人各执所见，杂署其名，谓之五花判事，中书侍郎、中书令省审之，给事中、黄门侍郎驳正之。至是上谓珪曰："国家本置中书门下以相检察，正以人心所见，互有不同，苟论难往来，务求至当，舍己从人，亦复何伤。"后又谓侍臣曰："中书门下，机要之司，诏敕有不便者，皆应论执，比来惟睹顺从，不闻违异，若但行文书，则谁不可为，何必择才也。"四年七月，敕百司"自今诏敕未便者皆应执奏，毋得阿从不尽己意"。于是群下无隐情，朝廷惟理是从，不执己见。

即位之初，与群臣语及教化，曰："大乱之后，民未易化也。"魏征曰："不然。久安之民，骄佚难教。经乱之民，愁苦易化。"封德彝曰："三代以还，人渐浇讹。故秦任法律，汉杂霸道，盖欲化而不能，岂能之而不欲耶？"征曰："五帝三王不易民而化，汤武皆能身致太平，岂非承大乱之后耶？"帝卒从征言。或请重法禁盗，帝曰："当去奢省费，轻徭薄赋，选用廉吏，使民衣食有余，自不为盗。安用重法耶？"

贞观元年，关内饥。二年，诸道蝗。三年，大水。帝勤而抚之，民未尝嗟怨。四年，全国大稔，米价甚贱，终岁断死刑才二十九人。史称海内升平，路不拾遗，外户不闭，商旅野宿焉。时封德彝既死，帝曰："魏征劝我行仁义，今既效矣，惜不使德彝见之。"

唐雅乐有七德、九功舞。七德舞者，本名秦王破阵乐，太宗破刘武周时所作也，百余人被银甲，执戟而舞，以象武功。九功舞者，童子八佾，冠进德冠，舞蹈安徐，以象文德。魏征欲帝偃武修文，每侍宴见七德舞，辄俛首不视，见九功舞，则谛观之。

帝常自以骄侈为惧。尝曰："人主惟一心，攻之者众。或以勇力，或以辩口，或以谄谀，或以奸诈，或以嗜欲，辐凑各求自售。人主少懈而受其一，则危亡随之，此其所以难也。"尝问侍臣，创业守成孰难。房玄龄曰："草昧之初，群雄并起，角力而后臣之，创业难矣。"魏征曰："自古帝王，莫不得之于艰难，失之于安逸，守成难矣。"帝曰："玄龄与吾共取天下，出百死得一生，故知创业之难。征与吾共安天下，常恐骄奢生于富贵，祸乱生于所忽，故知守成之难。然创业之难，往矣。守成之难，方与诸公慎之。"

初，房玄龄、杜如晦仕秦府，时府僚多补外官，如晦亦出。玄龄谓太宗曰："余人不足惜，杜如晦王佐之才，大王欲经营四方，非如晦不可。"太宗即奏留之，使参谋帷幄，剖决如流。太宗每令玄龄入奏事。高祖曰："玄龄为吾儿陈事，虽隔千里，皆如面谈。"玄龄谋事，必曰："非如晦不能决。"及如晦至，卒用玄龄策，盖玄龄善谋，如晦善断。二人同心殉国，故唐世称贤相，推房、杜焉。

帝自知神采为臣下所畏，常温颜接群臣，导人使谏，赏谏者以来之。魏征最善谏，前后数十疏。贞观十三年五月，征上疏陈帝之志业，比贞观初，渐不克终者十条。帝深奖叹。十七年正月，征卒，帝曰："以铜为镜，可正衣冠。以古为镜，可见兴替。以人为镜，可知得失。征没，朕亡一镜矣。"自制碑文书石。

太宗念股肱之臣。是月，命图其形于凌烟阁。以长孙无忌为首，次赵郡王孝恭、杜如晦、魏征、房玄龄、高士廉、尉迟敬德、李靖、萧瑀、段志玄、刘弘基、屈突通、殷开山、柴绍、长孙顺德、张亮、侯君集、张公谨、程知节、虞世南、刘政会、唐俭、李世勣、秦叔宝等，共二十四人。

帝在位二十三年崩。太子治立，是为高宗。高宗初年，长孙无忌、褚遂良、李勋等文武诸臣，受遗诏辅政，天下向治。太宗、高宗二代，为唐室最盛之期，所定诸制度足为历代典范，朝鲜、日本、渤海亦多参酌用之。详见本期第十三章。兹不赘述。

唐初内治表

一，开文学馆，以杜如晦、房玄龄等十八人兼学士。太宗为天策上将时

二，以房、杜、王、魏为相，去奢存俭，轻徭薄赋，与民休息。贞观初年

三，作七德、九功舞

四，放宫女三千余人

五，置弘文馆，以虞世南、褚亮等兼学士。取三品以上官之子孙充学生

六，数幸国子监，征名儒为学官，增筑学舍千二百间，增学生满三千余人，自屯营飞骑亦给博士授经

七，命孔颖达与诸儒定五经正义

八，图功臣二十四人像于凌烟阁

第五章 唐初之外征

太宗、高宗功业，不第在内治，而尤在外征。唐初四十年间，四出征讨。灭突厥、薛延陀，摧吐蕃，服吐谷浑、党项、高昌、焉耆、龟兹、吐火罗、昭武九姓及波斯等国，招徕新罗、日本，击灭百济、高丽，皆深入其地，改置名王，设都护以领其众。又征天竺，俘其王致阙下。交通大食，与之通商。亚洲大陆全部，殆皆为唐所羁縻，四夷酋长争入朝见。每元旦朝贺，常数百千人，中国威灵，于斯为盛。兹分述其事迹如下。

第一节 平东突厥

突厥本西方小国，旧居阿尔泰山下。后魏末年，击灭柔然，并吞外蒙古，击灭吠哒（亦突厥民族，建国于阿母河流域东南伸张至印度），并吞中亚，国势骤张。北齐、北周对峙时代，突厥举足左右，便有轻重，双方皆汲汲以买其欢心为必要。隋室初年，突厥分为数部，同时并立四君主，国内始渐分离。隋文帝用远交近攻策，联络突厥西部酋长达头可汗、北部酋长阿波可汗，以抗突厥共主沙砵略可汗。沙砵略势孤，乃请和亲，上表称臣入贡。沙砵略殂后，其子都蓝可汗与其犹子突利可汗龃龉，隋室用抑强扶弱策，册立突利为启民可汗，妻以宗女义成公主，发兵保护之。都蓝旋为其下所弑，启民尽有其众，事隋甚谨。炀帝好大喜功，骄淫暴虐，不恤百姓，与启民子始毕可汗结怨。大业十一年，帝巡北边，始毕发兵数十万围帝于雁门，帝遣间使求救于义成公主，仅乃得免。

是时隋室已衰，马邑校尉刘武周、朔方郎将梁师都、榆林流人郭子和，各据郡起兵，争引突厥为援，竞称臣于突厥以媚之。唐高祖起兵太原，亦遣使称臣借兵，赂遗甚厚。始毕殂后，弟颉利可汗立，屡助刘武周、梁师都、高开道（时据渔阳称燕王）等侵略中国北鄙，唐室患之。太宗即位，颉利与其兄子突利可汗联兵入寇。太宗纵反间计，离间颉利、突利，突利归心于唐。是时突厥兵革数动，国人离散，频年大雪，六畜多死，国用大馁。颉利委任诸胡，疏远族类，横征重敛，民不堪命，诸部携贰，奚霫薛延陀回纥等部皆叛。颉利遣突利击之，兵败，奔还，颉利怒，拘而挞之。突利奔唐，请伐颉利。诏以李靖为行军大总管，率师分道伐之。袭破突厥兵于阴山，颉利败窜，被擒。其部落或北附薛延陀，或西奔西域，其降唐者尚十余万口。诏分突利故地为四州，颉利故地为六州，左置定襄、右置云中二都督府，以统其众，突厥遂亡。时太宗贞观四年，西历纪元六三〇年也。自伊利称可汗始，凡传国七十八年（五五二至六三〇）。

第二节 平铁勒

铁勒亦突厥民族，散居漠北，分薛延陀、回纥、都播、骨利干、多滥葛、同罗、仆固、拔野古、思结、浑、斛薛、奚结、阿跌、契苾、白霫等十五部。旧臣属突厥，颉利政衰，薛延陀部酋长夷男率其徒击颉利，大破之，众共推夷男为主。朝廷方图突厥，用远交近攻策。贞观三年，遣间，使册拜夷男为真珠毗伽可汗。突厥亡后，其部落多北附薛延陀，夷男建庭于都尉鞬山，回纥以下诸部皆隶之。贞观十九年，夷男卒，子多弥可汗立。猜褊好杀，废弃其父时旧臣，专用已所亲昵，国人不附。回纥酋长吐迷度率诸部叛，击杀多弥，余众西走，犹七万余口，共立真珠兄子咄摩支为主。二十年，朝廷遣李世勣将兵击降之，回纥以下诸部相继来降，请吏奉贡。诏因其旧部落分为六都督府（回纥为瀚海，仆骨为金微，多滥葛为燕然，拔野古为幽陵，同罗为龟林，思结为卢山都督府）、七州（浑为皋兰州，斛薛为高阙州，奚结为鸡鹿州，阿趺为鸡田州，契苾为榆溪州，思结别部为蹛林州，白霫为寘颜州），拜其酋长为都督刺史，置燕然都护府于漠北以统之。于是北荒悉平，现今外蒙古地皆入于唐。时贞观二十一年，西历纪元六四七年也。

第三节 平西突厥

西突厥自达头可汗以来，久已成为独立国。达头之孙射匮勇武，拓地东至金山（今阿尔泰山），西至海。遂与东突厥为敌。射匮之弟统叶护可汗勇而有谋，善用兵，北降铁勒，西破波斯，控弦数十万，西域诸国皆臣服之。唐太宗贞观二年，为其诸父莫贺咄所弑，国内乱者数年。九年，咥利失可汗立，分其国为十部，每部各置酋长一人，通谓之十姓。十二年，咥利失为其下所逐，国复乱，屡寇唐室西鄙。唐高宗遣梁建方、程知节等，前后二次出兵伐之，不克。复遣苏定方伐之，击破其兵，擒其沙钵罗可汗，分其地置崑陵（居碎叶川东）、濛池（居碎叶川西，碎叶川，即今俄领七河省之那林河）二都护府，置兴昔亡、继往绝二可汗以统之，西突厥遂亡。其所役属诸国皆分置府州，西尽于波斯，并隶安西都护府。时高宗显庆二年，西历纪元六五七年也。

第四节 平高昌

贞观四年，突厥酋长以伊吾（今哈密县）来降，诏于其地置西伊州，于是西域交通路始通。高昌（国名，在今新疆迪化道东部）王曲文泰入朝，西域诸国皆因文泰请朝。上纳魏征谏，恐劳费中国不许。文泰以中国距彼悬远，又见秦陇以北，城邑萧条，有轻中国之意，既归而背约，多遏绝西域朝贡，又拘留中国人，复与西突厥连兵寇西伊州，攻焉耆。诏遣使切责之，文泰不奉诏。贞观十四年（西历纪元六四〇年），遣侯君集、薛万均伐高昌，文泰忧惧而卒，子智盛降，诏以其地为西州（今迪化道吐鲁番县），置安西都护府以镇之。

第五节　平龟兹

自东汉中叶以后，龟兹与中国分离。东晋孝武帝太元年间，前秦大将吕光破龟兹，立其王弟白震为王。自是以后，白氏代代王龟兹，称臣于中国。唐太宗贞观二十一年，龟兹王诃黎布失毕立，浸失臣礼，侵渔邻国。诏以阿史那社尔为崑丘道行军大总管，契苾何力副之，伐龟兹。次年（西历纪元六四八年），大破其兵，追执布失毕，诸城皆降，立其弟为王。唐兵既还，其酋长争立，互相攻击。高宗永徽元年，诏复以布失毕为龟兹王，遣归国，抚其众。布失毕妻阿史那氏，与其相那利私通，布失毕不能禁，互来告难。上两召之，囚那利，遣使送布失毕归国。龟兹大将羯猎颠率师拒命，诏发兵讨平之。会布失毕卒，诏以其地为龟兹都督府，立布失毕之子素稽为王，兼充都督，寻徙安西都护府于龟兹，镇守其地，而改故安西都护府为西州都督府，镇高昌，焉耆、疏勒等国皆降，于是天山南路皆入于唐。

第六节　吐火罗之内属

高昌、龟兹既平，西突厥亦相继破灭，天山南北路皆内属，唐室兵威，骎骎越帕米尔高原而西下，于是吐火罗及昭武九姓诸国，皆请吏奉贡。吐火罗者，大夏遗裔，乘大月氏之衰，恢复故地，初都缚喝（人谓之小王舍城，即今布哈尔）。境甚广，南北千余里，东西三千余里，东抱葱岭，西接波斯，南距大雪山（今痕都古士山），北据铁门（在今撒马尔罕西少南三百六十余里），缚刍大河（今阿母河）中境西流。后王族乏嗣，地遂为乌铩（即乌苌）等三十七国所分，本国仅统小城二十四，都阿缓城（今阿富汗吐喀里斯单，即加非哩斯坦是）。自后魏至唐，频遣使贡中国。唐高宗显庆二年（西历纪元六五七年），诏以阿缓城为月氏都督府，析小城为二十四州，授其王阿史那都督。玄宗开元天宝年间，数贡献，玄宗册其酋为吐火罗叶护、挹怛王。后其邻国谋引吐蕃相攻，王乞安西兵助讨，玄宗为出师破敌。肃宗乾元初，与西域九国发兵为唐讨安史之乱。肃宗诏隶朔方行营。

第七节　昭武九姓诸国之内属

昭武九姓者，本大月氏族，旧所据乌浒河（今阿母河）南地，既悉为哌哒、吐火罗所分据，乃退居河北，据康居五小王国及大宛故地，而建昭武（其族故姓温，以先世常居祁连山昭武城故，支庶分王，并以昭武为姓，示不忘本）九姓诸国（康、安、曹、石、米、何、火、寻、戊地，史凡九国），即今俄属土耳其斯坦费尔干省及布哈尔、基发等地是也。康国于唐高祖武德十年尝入贡。太宗贞观五年，求内附，太宗不受。至高宗永徽时，始以其地为康居都督府，即授其王为都督，其余诸国，亦同时朝贡相属，置府州，受封册。玄宗天宝中，安西节度使高仙芝袭虏石国王，诸国皆怨。王子走大食乞兵，攻败唐军，自是臣大食。

第八节　吐谷浑之内乱

是时青海地方尚为吐谷浑所据。吐谷浑者，鲜卑大单于慕容涉归之庶长子、辽东公廆之兄也。父涉归分户以隶之，旧居辽东塞外。父故后，移居阴山之阳。永嘉之乱，移居洮水之西，极于白兰（山名，在青海西南），地方数千里，初称河南王，至其孙叶延在位，乃以王父字为国号，名其国曰吐谷浑。五胡乱华时代，中国内地纷争扰攘，疲于战争。吐谷浑雄据黄河上流，屡与西秦、大夏起冲突，卒不为其所屈。南北朝对峙时代，吐谷浑用远交近攻策，联络中国南朝，同时行事大政策，敷衍中国北朝，双方受封册。后魏分裂以后，吐谷浑用远交近攻策，交通东魏，侵略西魏，屡与北周构兵，互有胜负。隋文帝即位，击破吐谷浑，其可汗夸吕远遁。开皇十一年，夸吕卒，子世伏立，奉表称藩于隋，贡方物，隋以宗女光化公主妻之。十七年，世伏被弒，弟伏允立。隋炀帝大业四年，侍郎裴矩使铁勒击吐谷浑，大破之，伏允南奔雪山，其故地皆为隋所有。隋室衰微，中原丧乱，伏允复还收其故地。唐高祖入长安，遣使与伏允连和，东西夹攻凉王李轨。太宗即位，伏允年老，听其大臣天柱王之谋，数犯唐边。贞观八年，诏以李靖为西海道行军大总管，大举兵伐之。伏允闻警，悉烧野草，轻兵走入碛。副总管侯君集、任城王道宗，引兵行无人之地二千里，追及伏允于乌海（隋志，属河源郡，在今青海内地），大破之。伏允走死，其子顺斩天柱王来降，诏立顺为可汗，顺旋为其下所弒。诏立其子诺曷钵为可汗，诺曷钵年幼，大臣争权，国内乱。诏侯君集将兵援之。十三年，诺曷钵来朝，诏以宗女弘化公主妻之。其丞相宣王作乱，欲劫诺曷钵奔吐蕃（注见第十节），诺曷钵闻警，轻骑奔鄯善城，果毅都尉席君买率精兵袭宣王，破斩之，纳诺曷钵还庭。高宗龙朔三年（西历纪元六六三年），吐蕃大举兵东侵，吐谷浑兵败。诺曷钵与公主走凉州，上书请内徙。诏以薛仁贵为逻娑道行军大总管，总兵五万伐吐蕃，纳诺曷钵还庭，战于大非川，败绩，引还，于是吐谷浑故地遂不能复。诏徙其余众于灵州，置安乐州以处之。

第九节　党项之内属

党项者，汉西羌别种（羌党、昌党项皆一音之转）。在松州之西，吐谷浑之南，当古析支地，山谷崎岖，约三千里，以姓别为部，一姓又分为小部落，大者万骑，小数千，不能相统，故有细封氏、费听氏、往利氏、颇超氏、野辞氏、房当氏、米禽氏、拓拔氏，而拓拔最强。吐谷浑既款附，党项诸酋长，先后悉内属，以其地为府州，即首领拜都督刺史，于是自沙首积石山（在今甘肃西宁县东南）而东皆为中国地，唐界遂直接吐蕃。拓拔部酋长赤辞，初忠于吐谷浑。降唐后，授西戎州都督，赐姓李，是为拓拔氏入中国之始，西夏发祥之机，兆于此矣。

第十节　吐蕃之内属

吐蕃在今西藏，本图伯特民族，在吐谷浑西南。其王姓勃窣野，其俗谓强雄曰赞，丈夫曰普，故号君主曰赞普。隋唐之交，其国寖强，蚕食附近各部落，大启疆土，其都城在逻娑川（即今拉萨）。太宗贞观初年，赞普弃宗弄赞在位，笃信佛法，遣大臣十六人至天竺（今印度），传韵学，译经典。贞观八年，遣使来朝，多赍金宝，奉表求婚，上以其悬远，未许。使者还言于弃宗弄赞，疑为吐谷浑所离间，遂东击走吐谷浑，又攻破党项白兰羌（在党项东，在今四川理番县及松冈党坝诸土司地），勒兵二十万人寇松州（今四川松番县）。诏以侯君集为行军大总管，击破之，弄赞遣使来谢罪，固请婚，许之。十五年，妻以宗女文成公主。弄赞为公主筑一城以夸后世，遂立宫室以居。慕中国服饰之美，自褫毡罽袭纨绢为华风。遣诸豪子弟留学中国，学习诗书，又请儒者典章疏，于是中国儒教文化、印度佛教文化先后输入西藏内地，吐蕃始开化矣。

第十一节　平高丽及百济

高丽为通古斯族，占领现在朝鲜半岛北部、辽东半岛东部。国王邹牟本扶余国（在现今吉林吉长道）王子，得罪东奔，据鸭绿江西岸立国，以高为氏，国号高句骊，或略称之曰高丽。百济与高丽同族，国王温祚本邹牟王子，得罪本国，南奔汉江流域，略取现在朝鲜半岛西南部立国，以扶余为姓，国号百济。三国两晋南北朝时代，二国时常构兵，百济东结日本、南结中国南朝为声援。高丽亦结好于中国北朝，以免除后顾之忧，结好于中国南朝，以牵制百济。日本乘机侵入朝鲜半岛，占领半岛南部，建设任那都护府，屯重兵以监视朝鲜。半岛东南部之新罗畏其压制，乃结好于中国，以牵掣百济。隋室勃兴，前后凡三次伐高丽，卒无效果，高丽之跋扈滋甚。唐太宗贞观十六年，高丽东部大人泉盖苏文弑其王建武，而立王弟子藏，自为莫离支（约当中国之吏兵二部尚书），专国政。十七年，新罗上书言："百济与高丽连兵，谋绝新罗入朝之路。"上遣使喻高丽，泉盖苏文不奉诏。十八年十一月，上自将伐高丽，以张亮、李世勣为行军大总管，水陆并进，围安市城（在今辽宁辽沈道盖平县东北七十里），不克，引还。高宗永徽六年，高丽、百济连兵侵新罗北境，取三十五城，新罗武烈王金春秋请救于唐。朝廷以高丽、百济相为狼狈，欲伐高丽，不可不先破百济。乃以苏定方为行军大总管，率师十万伐之，诏新罗会师。武烈王奉命，命太子法敏、大将军金庾信率陆军攻百济东境，复遣水师由海路攻百济南方。是时百济义慈王在位，骄奢淫佚，不恤国政，国人离怨。定方引军自成山济海，百济据熊津江（今锦江）口以拒之，定方击破其兵，直取都城。百济倾国来战，定方大破之。会新罗兵已越炭岘来会，遂围其都城泗沘（今忠清南道扶余郡），百济力竭请降，诏分其地为五部，置熊津、马韩、东明、金涟、德安等五都督府，分统三十七郡、二百城、七十六万户，以郎将刘仁愿为熊津都督，镇百济府城。迁义慈王及太子隆等八十余人于长安，百济遂亡。时唐高宗显庆五年，百济义慈王二十年，新罗武烈王七年，西历纪元六六〇年也。

百济既亡，朝廷遂乘势经略高丽。龙朔元年，以任雅相、契苾何力、苏定方等为大总管，率三十五军，水陆分道伐高丽。何力破高丽兵于鸭绿江上，乘水渡江。定方破高丽军于泪江（今大同江），进围平壤。新罗大将金庾信引兵来会，会任雅相卒于军。沃沮道总管庞孝泰与泉盖苏文战于蛇水上，败死。苏定方围平壤，久不下，天大风雪，人马疲困，朝议班师，乃引军还。

已而泉盖苏文卒，长子男生代为莫离支，为其弟男建男产所逐，走保国内城，使其子献诚诣阙求救。朝廷遣契苾何力、庞同善将兵救之，以献诚为向导，同善大破高丽兵。泉男生帅众来迎，诏以男生为特进、辽东大都督，兼平壤道安抚大使，领向导。以李勣（即李世勣改名）为辽东大总管，契苾何力、庞同善副之，统诸军伐高丽。命鸡林大都督新罗王法兴、熊津都督刘仁愿，由南路进兵，皆受李勣节制。李勣拔新城，进击一十六城，皆下之。薛仁贵领前锋，破高丽兵于金山（在辽河北岸），进拔扶余城。扶余川中四十余城，皆望风请服。陆军会于鸭绿栅（在鸭绿江东），进围平壤。月余，高丽王藏遣泉男产，率首领九十八人诣勣降。勣遂克平壤。执泉男建，送高藏诣京师。诏分高丽五部、百七十六城、六十九万余户，为九都督府四十二州、百县，置安东都护府于平壤以统之。擢其酋帅有功者为都督刺史县令，与华人参理。以薛仁贵检校安东都护，总兵二万人以镇抚之。高丽由是遂亡。时高宗总章元年，高丽宝藏王二十七年，新罗文武王八年，西历纪元六六八年也。

第十二节　印度之征服

是时北印度之乌苌国勃兴，其王毗讫罗摩迭多，英武有大略，击退哌哒兵，驱之于印度以外，并吞西北中三印度，奖励文学美术，印度文化大兴，史书称之曰超日王。王薨，传三世至尸罗逸多二世，英武有大略，复征服印度大半，迁都曲女城，号令全印度，奖励文学技术，崇拜佛教，每五年举行佛教大祭一次，召集北印度之诸侯，列席助祭。在位四十余年，诗人学者高僧多集于其朝，史书称之曰戒日王。适值唐室勃兴，灭突厥，降吐蕃，余威振于殊俗。太宗贞观初年，浮屠玄奘至其国，王闻中国人至，大喜，召见玄奘，问中国近状。贞观十五年，遣使者来聘，自称摩伽陀王，诏遣云骑尉梁怀璥报聘，尸罗逸多复大喜，问国人："自古亦有摩诃震旦使者至吾国乎？"皆曰："无有。"乃出迎使臣，顶礼诏书，复遣使者随入朝报聘，诏卫尉丞李义表报之。贞观二十二年（西历纪元六四八年），朝廷遣右卫率府长史王玄策使其国，以蒋师仁为副。适值王薨，国复乱。其臣阿罗那顺自立为王，发兵拒玄策。时从骑才数十，战不胜，皆没，遂剽掠诸国贡物。玄策挺身奔吐蕃西鄙，檄召邻国兵。吐蕃以兵千人来，泥婆罗以七千骑来，玄策部分进战茶镈和罗城，三日破之，斩首三千级，溺水死万人。阿罗那顺委国走，合散兵复阵，师仁禽之，俘斩千汁。余众奉王妻息，阻乾陀卫江，师仁击之，大溃，获其妃王子，虏男女万二千人，杂畜三万，降城邑五百八十余所，执阿罗那顺赴京师。于是印度诸小国多羁縻于唐，入中国传佛教之番僧渐众。

唐初外征表

国名	君主	今地	将官或使臣	平定或招降年代	西历	平定后之设施
东突厥	颉利可汗	外蒙	李靖	太宗贞观四年	六三〇年	分其为十州，置定襄、云中二都督府以统之
铁勒		外蒙	李世勣	同二十年	六四七年	因其旧部落，分为六都督府，七州，拜其酋长为都督刺史，置燕然都护府以统之
西突厥	沙钵罗可汗	中亚	苏定方	高宗显庆二年	六五七年	分其地为崑陵、濛池二都护府，置兴昔亡、继往绝二可汗以统之
高昌	曲文泰，智盛	新疆吐鲁番县	侯君集	太宗贞观十四年	六四〇年	以其地为西州，置安西都护府以镇之
龟兹	诃黎布矢毕	同库车县	阿史那社尔	同二十二年	六四八年	以其地为龟兹都督府，徙安西都护府镇之
吐火罗	阿史那	阿母河流域		高宗显庆二年	六五七年	以其都阿缓城为月氏都督府，授其王都督
昭武九姓		中亚		高宗永徽年	六五〇至六五五年	因其部落分为府州，各授其王都督刺史
吐谷浑	诺曷钵	青海		高宗龙朔三年	六六三年	徙其部落于灵州，置安乐州以处之
党项	拓拔赤辞	青海东南		高宗龙朔以后	六六三年后	以其地置府州，拜酋长为都督刺史
吐蕃	弃宗弄赞	西藏	侯君集	太宗贞观十五年	六四一年	妻以宗女文成公主

高丽	高藏	朝鲜北部、辽宁东部	李勣	高宗总章元年	六六八年	分其地为九都督府，四十二州百县，置安东都护府以统之
百济	义慈王	朝鲜西南部	苏定方	高宗显庆五年	六六〇年	分其地为五都督府，置熊津都督府镇其都城
印度	阿罗那顺	印度	王玄策	太宗贞观二十二年	六四八年	

第六章　女宠之乱政

汉唐两朝，为中国有史以来汉民族创立之最大帝国，幅员之辽阔，国祚之绵延，在中国当首屈一指。汉室全盛时代，实在武帝、昭帝、宣帝之时，由高惠至文景，几乎经过百年，隆盛始达于极点。自此以往，维持势力三百余年，中间虽小有变乱，帝国威灵，不因之而稍坠也。唐室全盛时代，即在太宗、高宗之世，建国未几，隆盛已达于极点。自此以往，内忧外患，纷至沓来，唐室不绝者如线。虽其间英主时出，然帝国威灵卒不能恢复，凌夷以至于亡，亦可慨也。由来唐室三大祸，曰女宠，曰宦官，曰藩镇。女宠始于巢刺王妃，终于张良娣。宦官始于高力士，终于韩全诲。藩镇始于安禄山，终于朱全忠。唐遂以亡。酷矣哀哉，三大祸也，而其原实创业及中兴之君主有以导之。唐太宗起兵晋阳，七年之间，悉灭天下僭伪之主，受父禅，即帝位，登庸贤臣，讲求郅治，收拾汉后四百年间之纷乱，使天下复抵于升平，顾其所最注意者，亦不过预防前代已显之弊害而已。前代已显之弊害维何？曰外戚，曰宦官，曰藩镇，而于女宠一节，则绝口不道及焉。太宗多欲，始开乱伦之端，遂遗此习于宫闱之内。自此以往，经过高宗、中宗、睿宗而至玄宗，四代之间，皆几以女子亡国。玄宗英主，号为中兴，及其晚年，非惟以女宠丧邦，并且酿成宦官方镇之祸，唐室遂以不振矣。兹述其事迹如下。

第一节　武后之乱

一、太宗贻谋之不臧

先是太宗在位，用房、杜诸贤，分理庶政，天下几于太平。顾太宗之为人，名誉心太重，其事业往往有流于虚饰者。其杀建成元吉也，吮高祖之乳，号恸久之。其纵死囚也，期以明年秋来京就死，及其来，悉纵之（上亲录系囚，见应死者悯之，纵使归家，期以来秋来就死，仍敕天下死囚皆纵，遣使至期来诣京师。贞观七年九月，死囚三百四十人皆如期自诣朝堂上，皆赦之）。其作七德、九功之舞也，以自赞颂其文德武功。其放宫女三千人也，以示俭德于天下。其自至国子监释奠，召天下名儒为学官，增筑学舍千二百间，增学生额为三千二百六十员也，以示天子崇儒重道之至意。皆有所为而为之，非出于自然，不待勉强者。然则其用名臣，励精图治，纳谏如流，皆不得已而为之者也。魏征曰："勉强受谏而终不平。"可谓能得其情矣。

如此之人，唯爱小才而不亲笃实者也。故其临终谓太子曰："李世勣才智有余，然汝与之无恩，我今黜之。若其即行，俟我死，汝用为仆射，亲任之。若徘徊顾望，当杀之耳。"夫遗柔弱太子曰：徘徊顾望则杀之，是不思将来天下如何者也。然则贻谋之不善，太宗不得辞其咎矣。

初，太宗之起兵太原也，使裴寂以晋阳宫人私侍高祖。其后临湖之变，太宗杀其弟齐王元吉，纳其妃杨氏为妾，有宠，生皇子明。长孙皇后崩，太宗欲立杨氏为后，魏征力谏乃止，寻封明为曹王。嗣元吉后，宫廷之间，有惭德焉。幽州都督庐江王瑗党于建成，闻建成诛，心不自安，谋于将军王君廓。君廓故群盗，勇悍险诈，乃劝其谋反，而自杀之以为功。瑗既诛，其家口没入官。太宗间居，与王珪语，有美人侍侧，指示珪曰："此庐江王瑗之姬也，瑗杀其夫而纳之。"珪避席曰："陛下以庐江纳之为是耶非耶?”上曰：“杀人而取其妻，卿何问是非?”对曰：“昔齐桓公知郭公之所以亡，由善善而不能用，然弃其所言之人，管仲以为无异于郭公。今此美人尚在左右，臣以为圣心是之也。”上悦，即出之。

太子承乾少有躄疾，喜声色畋猎，所为奢靡，畏上知之，对宫臣常论忠孝，或至涕泣，退归宫中，则与群小相亵狎。宫臣有欲谏者，承乾揣知其意，辄迎拜自责。募亡奴盗民间马牛，亲临烹煮，与所幸厮役共食之，又效突厥语及服饰饮食，谓左右曰：“一朝有天下，当帅数万骑猎于金城西，然后解发委身思摩（突厥降人，突厥亡后朝廷立为可汗，使建牙于绥远黄河北岸以羁靡突厥），若当一设，不居人后矣。”皇弟汉王元昌所为多不法，上数谴责之，由是怨望。承乾与之甚善，朝夕同游戏，大呼交战，击刺流血以为娱乐，尝曰：“我为天子，极情纵欲，有谏者辄杀之，不过数百人，众自定矣。”私幸太常乐童，与同卧起。上怒，杀之。承乾于宫中构室立像，朝夕奠祭，称疾不朝谒者数月。魏王泰多能，有宠，潜有夺嫡之志，折节下士，以求声誉。承乾恶其逼，阴养刺客纥干承基等，谋杀之。吏部尚书侯君集怨望，以承乾暗劣，欲乘衅图之，因劝之反。贞观十七年，谋泄，君集伏诛，元昌赐自尽，承乾以罪废为庶人，泰贬东莱郡王，立高宗为皇太子。高宗柔弱，上以其不类己，欲废之而立吴王恪，长孙无忌力争，乃止。

太宗作帝范十二篇以赐高宗，曰君体、建亲、求贤、审官、纳谏、去谗、戒盈、崇俭、赏罚、务农、阅武、崇文，凡修身治国之道皆备，而独不以女宠为戒。太宗好色多欲，其勤求善政也，以强制力而为之，非率性而行，其不戒及女宠也，亦自身有愧于心，因而护前者也。

二、武后入宫之始末

太宗贞观十一年，以故荆州都督武士彟女为才人，时年十四。武氏貌美，高宗为太子，入侍疾，见而悦之。太宗崩，武氏出为尼。高宗诣寺行香，见之而泣。时萧淑妃有宠，王皇后嫉之，乃阴令武氏长发纳之后宫，欲以间淑妃之宠。武氏巧慧多权数，初入宫，屈体事后，后数称其美。未几，大幸。永徽五年（西历纪元六五四年）三月，拜为昭仪，后及淑妃宠皆衰，与昭仪更相谮诉。后不能曲事上左右，昭仪伺后所不敬者，必倾心与相结，由是后及淑妃动静，昭仪必知之。会昭仪生女，后怜而弄之，后出，昭仪潜扼杀之。上至，昭仪阳欢笑，发被观之，女已死矣。昭仪惊啼问左右，左右皆曰："皇后适来此。"上大怒曰："后杀吾女。"昭仪因泣数后罪，后无以自明，上由是有废立之志，又恐大臣不从，乃先笼络长孙无忌。是年十月，上与昭仪幸无忌第，酣饮极欢，拜其宠姬子三人为朝散大夫，仍载金宝缯锦十车赐之，上从容言皇后无子以讽无忌，无忌对以他语，上与昭仪皆不悦而罢。礼部尚书许敬宗、中书舍人李义府、御史大夫崔义玄、中丞袁公瑜皆希旨潜布腹心于昭仪。六年（六五五年）九月，上召宰相议废皇后。仆射褚遂良、侍中韩瑗、中书令来济涕泣力谏，上不纳。他日，司空李勣入见，上以废立事问之。对曰："此陛下家事，何必更问外人？"上意遂决。许敬宗宣言于朝曰："田舍翁多收十斛麦，尚欲易妇，况天子立一后，何豫诸人事，而妄生异议。"昭仪令左右以闻，贬遂良为潭州都督。十月，废王皇后、萧淑妃为庶人，立武氏为皇后。次年（显庆元年，六五六年）正月，废太子忠为梁王，立武氏所生之子弘为太子，寻以李义府为中书令，许敬宗为侍中，附和废立者皆迁官，贬褚遂良、韩瑗、来济皆为远州刺史，削太尉赵公长孙无忌官封，安置黔州而杀之，贬仆射于志宁为远州刺史。朝臣坐党贬窜者甚众，自是政归中宫。

武后既得志，专作威福。断王皇后、萧淑妃手足，投酒瓮中浸杀之。废梁王忠为庶人。上苦风眩，不能视百司奏事，龙朔元年（六六一年）十月，初令武后决之。后性明敏，涉猎文史，处事皆称旨。由是始委以政事，权与人主侔，上动为所制，不胜其忿。麟德元年（六六四年）十二月，密召同三品上官仪谋废之，谋泄，后使许敬宗诬奏仪与故梁王忠谋大逆，皆杀之，朝士坐流贬者甚众。自是上每视事，则后垂帘于后，政无大小皆预闻之。帝称天皇，后称天后，中外谓之二圣。

太子弘仁孝谦谨，中外属心，后方逞其欲，奏请数忤旨。上元二年（六七四年）四月，后鸩杀弘，立次子雍王贤为太子。贤不自安，作黄台瓜辞以讽谏。调露元年（六七九年）四月，帝疾笃，命贤监国。贤处事明审，时人称之，后嫉其才，次年（永隆元年六八〇年）八月，谮而废之，僚属坐死者甚众，立英王哲为太子。

三、武后之废立及其篡立

帝在位三十四年，政在中宫者二十五年。弘道元年（西历纪元六八三年）十二月，帝崩，哲即位，是为中宗，尊武后为皇太后，立妃韦氏为皇后。次年（中宗嗣圣元年）二月，武后废帝为庐陵王，迁于房州。立其弟豫王旦为帝，是为睿宗，居别殿，不得与闻政事，后临朝称制，潜谋革命。嫉故太子贤明敏有德望，杀之，而以兄子武承嗣为相，追尊其祖考为王公，立武氏七庙。

是年九月，英公李敬业起兵扬州，讨武后，不克而死。后遂杀中书令裴炎、单于道安抚大使程务挺，窜侍中刘景先、凤阁（即中书省改名）侍郎胡元范、夏州都督王方翼、侍中王德真于远州。

后自以久专国政，内行不正，恐人心不服，欲立威箝制天下，乃盛开告密之门，有告密者给马供食，使诣行在所，农夫樵人皆得召见，或不次除官，无实者不问，于是四方告密者蜂起。三年（西历纪元六八六年）三月，有鱼保家者，请铸铜为匦（其器一室四隔上各有窍，可入不可出），以受天下密奏，后从之。又纵酷吏索元礼、周兴、来俊臣等起大狱，锻炼罗织，率以反逆诬人。擢元礼为游击将军，兴累迁至秋官（即刑部改名）侍郎，俊臣累迁至御史中丞，皆蓄养无赖数百人，意所欲陷，则使数处俱告之，词状俱同，既下狱，则以威刑胁之，无不诬服。前后杀同三品刘祎之、太子舍人郝象贤、内史（即中书令改名）张光辅、同平章事魏玄同、武卫大将军黑齿常之等，中外大臣名士坐党死者甚众。又宠僧怀义，拜为大总管，使讨突厥。怀义恃恩骄恣，凌侮宰相李昭德，后知而不问。

嗣圣五年（西历纪元六八八年），高宗弟越王贞起兵豫州，贞子琅玡王冲起兵博州（今东临道故东昌府），讨武氏，皆不克而死。后遂大杀唐宗室贵戚，死者甚众，坐流窜者六七百家。是年，后自称圣母神皇。七年（西历纪元六九〇年），改国号曰周，称皇帝，更名曌（同照），废睿宗为皇嗣，赐姓武氏，立侄承嗣为魏王，三思为梁王，从侄攸暨等十二人皆为郡王。是时曌年已六十七岁，内行不修，初嬖僧怀义，已而恶其骄恣，杀之，复嬖张易之、昌宗兄弟。曌年老，政事多委之二张。易之、昌宗势倾朝野，复大兴土木，前后作明堂、天堂等，劳费甚钜。

曌自摄政以来，任用酷吏，先杀唐宗戚数百人，次及大臣数百家，其刺史郎将以下，不可胜数。每除一官，户婢辄相谓曰："鬼朴又来矣。"不旬月，辄遭掩捕族诛。其残忍好杀，古今希见其比。然有权略，善举贤能，娄师德、狄仁杰等诸贤相，皆集于朝，以宰辅得人，百姓安堵。武承嗣、武三思营求为太子甚急，曌纳宰相李昭德谏，不听。嗣圣十五年（西历纪元六九八年），从狄仁杰劝，复立中宗为皇太子，召还东都。嗣圣二十一年（西历纪元七〇四年），曌疾笃，张易之、昌宗居中用事，宰相不得见者累月。次年（西历纪元七〇五年）正月，同平章事张柬之、崔玄晔、中台（即尚书省改名）右丞敬晖、司刑少卿（即大理少卿改名）桓彦范、相王司马袁恕己等与羽林大将军李多祚密谋，举兵讨内乱，诛易之、昌宗，奉中宗复位，复国号曰唐，迁曌于上阳宫，流窜其党与。是年十一月，曌死，年八十二。凡称制七年，称皇帝十五年，共专国政四十七年而死，时中宗神龙元年，西历纪元七〇五年也。

武后事略表（据本国史表解卷上转载）

- 甲、略历
  - 年 十 四——为太宗才人
  - 二十六岁——出为尼。
  - 三十一岁——入为高宗昭仪
  - 三十二岁——为皇后
  - 五十一岁——称天后
  - 六 十 岁——中宗尊为太后
  - 六十七岁——自称大周皇帝
  - 八十二岁——病死
- 乙、纵淫——宠薛怀义、张昌宗、张易之等
- 丙、好杀
  - 一，属于妒忌者
    - 初搤杀亲生女，以诬陷王皇后
    - 既醉杀王后，萧妃
    - 窜死长孙无忌、褚遂良等
  - 二，属于臣僚者
    - 大臣则裴炎等数十人
    - 大将则程务挺等数十人
    - 庶僚则周思茂等数十百人
    - 甚至如来俊臣为后惨杀朝臣者亦死
    - 其他流徙在外被杀者，不下数千人
  - 三，属于唐宗者
    - 自越王贞败后，杀韩王元嘉等数十百人
    - 其幼弱流岭外者，亦为各道使所杀
  - 四，属于武姓者
    - 兄武元庆、元爽坐事死
    - 侄武惟良、怀运亦死
    - 姊女魏国夫人毒死
  - 五，属于诸子者
    - 太子忠废死
    - 泽王上金、许王素节缢死
    - 上金七子、素节九子皆死
  - 六，属于亲生子者（皆以私怒处死。）
    - 太子弘鸩死
    - 次子贤继为太子，废死
    - 孙重润
    - 女孙永泰公主
    - 孙女婿武延基
    - 亲女婿薛绍
  - 七，属于嬖宠者——薛怀义——后以嫌缚而杀之
- 丁、政术
  - 一，处事明决，独揽大权
  - 二，知人善任，信用狄仁杰等

第二节　韦后之乱

中宗之迁房陵也，与韦后同幽闭，备尝艰危，情爱甚笃，帝深德之。及复位，复立韦后为皇后，信用其言，干乱朝政。二张之诛也，洛州长史薛季昶、朝邑尉刘幽求劝张柬之等诛武三思，不从。三思子崇训尚上女安乐公主，三思因得出入宫禁，婕妤上官婉儿通焉，绍介三思于韦后。上使后与三思双陆（赌博之一种）而自为点筹，三思遂与后通，武氏之势复振。是年二月，以三思为司空，同中书门下三品，专国政。五月，赐敬晖、桓彦范、张柬之、袁恕己、崔玄暐等五人王爵，罢其政事。二年（七〇六年）七月，窜五王于远州而杀之。皇太子重俊不平，次年（景龙元年七〇七年）七月，与羽林大将军李多祚、成王千里密谋，起兵诛武三思、武崇训。因攻宫城，叩阎欲诛上官婕妤，不克，千里、多祚皆死，太子亦被害，韦后之势日横。后有淫行，多外宠，中书令宗楚客得幸于后。定州人郎岌、许州参军燕钦融先后上书，劾后与楚客将谋大逆。后与楚客矫制杀之，上意怏怏，由是后及其党始惧。散骑常侍马秦客、光禄少卿杨均等皆得幸于后，恐事泄及祸，安乐公主亦欲后临朝，立己为皇太女，乃相与合谋。四年（七一〇年）六月，于饼馁中进毒弑帝。帝在位数月而被废，复位后又在位六年而被弑，前后两狠毒妇人，以一懦夫当之，遭际可谓不幸也已。帝崩后，韦后与其党谋，立温王重茂，时年十六，自为皇太后，摄政。睿宗子临淄王隆基与苑总监钟绍京、前朝邑尉刘幽求等密谋，起兵讨韦后，诛后及其党与，奉睿宗即位，立隆基为太子，废重茂为温王。

第三节　太平公主之乱

帝妹太平公主沉敏多权略，诛二张及韦后，皆有功。帝每与之议政，宰相进退，系其一言，权倾人主，其门如市。公主以太子年少，颇易之。既而惮其英武，数为流言，云：“太子非长，不可立。”每觇伺其所为，纤悉必闻于上。与益州长史窦怀贞结党，欲危太子。又尝乘辇邀宰相于光范门内，讽以易置东宫，众皆失色。同中书门下三品宋璟、中书令姚元之密言于上曰：“宋王陛下之元子，豳王高宗之长孙，公主交构其间，将使东宫不安。请出二王皆为刺史，罢岐薛二王（岐王范、薛王业皆太子弟）左右羽林，太平公主武攸暨公主婿皆于东都安置。”顷之，上谓侍臣曰：“术者言五日中当有急兵入宫，卿等为朕备之。”同平章事张说曰：“此必奸人欲离间东宫，愿陛下早使太子监国，则流言自息矣。”上悦。次年（睿宗景云二年、西历纪元七一一年）二月，以皇长子宋王成器为同州刺史，皇侄豳王守礼为豳州刺史，太平公主蒲州安置，命太子监国。六品以下官徒以下罪并听处分。公主闻姚、宋之谋，大怒，以让太子。太子惧，奏二人离间姑兄，乃诏贬元之为申州刺史，璟为楚州刺史，寝二王刺史之命，召公主还京师。公主引其党窦怀贞、崔湜、岑羲、萧至忠入阁，专擅朝政。

睿宗在位二年，以太极元年（西历纪元七一二年）八月，传位于太子。太子即位，是为玄宗，尊帝为太上皇。太平公主倚上皇之势，擅权用事，宰相七人，五出其门，文武之臣大半附之。次年（玄宗开元元年、西历纪元七一三年）七月，与宰相窦怀贞、岑羲、萧至忠、崔湜、薛稷等谋大逆，事泄，怀贞等皆伏诛，公党及其诸子皆赐死，党与死者数十人。大权复归于君主。

第四节　杨妃之宠与安史之乱

一、玄宗初年之内政

唐初纪纲为武、韦二后所破坏。玄宗即位，乃注意改革之。顾其改革之方法颇有将太宗以来防微杜渐之苦衷，由根本取消之势，而天下乃从此多事矣。计其所改革者如下。

甲、重用宦官也　初，太宗定制，内侍省不置三品官，黄衣廪食，守门传命而已。中宗时，七品以上至千余人，然衣绯者尚寡。玄宗在藩邸，宦官高力士倾心奉之。及为太子，奏为内给事。即位以后，以诛萧至忠、岑羲功，拜右监门卫将军，知内侍省事。是后宦官之数渐多，黄衣以上增至三千人，衣朱紫者千余人。其称旨者，辄拜三品将军，列戟于门；其在殿头供奉，委任华重，持节传命，光焰赫赫动四方，所至郡县，奔走献遗至万计。宦官之盛自此始。

乙、州郡初置节度使也　唐初，分天下为十道，置刺史以理民政，复置都督以统刺史。后以都督权重，改置十道按察使，皆以文官统州郡，不掌兵权。边地各州郡，战时则置大总管，平时则置大都督，以主兵柄，不掌民政。其兵皆召之于各府，有事则命将率之出征，无则兵散于府，将归于朝。是以将不专权，而兵无失业。玄宗即位，始于平卢（今辽宁西部、热河东南部）、范阳（今河北北部）、河东（今山西）、朔方（今绥远）、河西（今甘肃北部）、陇右（今甘肃南部）、安西（今天山南路）、北庭（今天山北路）、剑南（今四川）、岭南（今两广及越南北部）等边陲要地，置十节度使，委以兵马大权。一节度兼辖数州，刺史以下，皆为所属。诸卫府兵，自高宗以来，迭受政府苛待，浸以贫弱，逃亡略尽，百姓苦之。开元十年，宰相张说建议，请召募壮士充宿卫，号为长从宿卫，于是兵农始分，寻更名彍（满引弩也）骑，总十二万人，分隶十二卫。二十五年，复募丁壮长充边军。天宝八载，停折冲府上下鱼书（先是折冲府皆有木契铜鱼，朝廷征发下敕书契鱼，都督郡府参验皆合，然后遣之自募，置彍骑府兵日坏死亡不补器械，耗散略尽，府兵入宿卫者谓之侍官，言其为天子侍卫也，其后本卫多以假人役使，如奴隶长安人羞之至以相诟病，其戍边者又多为边将苦使，利其死而没其财，由是应为府兵者皆逃匿，至是无兵可交，李林甫遂奏停。折冲府上下鱼书是后府兵徒有官吏而已），于是府兵全废，彍骑之法稍亦变废，应募者皆市井无赖，未尝习兵。时承平日久，议者多谓中国兵可销，于是民间挟兵器者有禁。子弟为武官，父兄摈不齿。猛将精兵皆聚于西北边，中国无武备矣。

丙、重用外戚也　唐初，外戚无执国柄者。长孙无忌亲旧勋臣，以德、以功、以名望皆在朝臣之右，而常殷殷取退让主义，解政柄以让房、杜诸贤，其他可知矣。玄宗初年，举姚崇、宋璟为相，励精图治。崇善应变成务，璟善守法持正，二人志操不同，然协心辅佐，使赋役宽平，刑罚清省，百姓殷富。开元之政，比隆于贞观，故唐世贤相，前称房杜，后称姚宋，他人莫得比焉。二人每进见，帝辄为之起，去则临轩送之。璟罢相后，源乾曜、张嘉贞、张说、萧嵩、裴光庭等相继为相，率皆常才，无经世大略。宇文融善言财利，然徒劳扰百姓，事多不就。惟韩休、张九龄俱以直著，然皆不久于位。帝在位久，渐肆奢欲，怠于政事。言利之臣，若杨慎矜、韦坚、王供等，皆以聚敛得幸。开元二十九年，张九龄罢相，李林甫代之。林甫柔佞多狡，数深结宦官及妃嫔家，伺候上动静，无不知之，由是每奏对常称旨。时武惠妃宠倾后宫，生寿王瑁，太子浸疏薄，林甫乃因宦官言于惠妃，愿尽力保护寿王，妃德之，阴为内助。太子瑛、鄂王琚、光王瑶年长，惠妃嫉之，谮之于上，将废之，张九龄力争，乃止。会九龄去位，林甫逢迎上意，废瑛、琚、瑶为庶人而杀之。瑶、琚皆好学，有才识，死不以罪，人皆惜之。而林甫之权愈重。林甫欲蔽主擅权，明谓诸谏官曰："今明主在上，群臣将顺之不暇，乌用多言。诸君不见立仗马乎，食三品料，一鸣辄斥去，悔之何及。"自是群臣有上书言事者皆黜之。朝廷之士，皆容身保位，谏争之路绝矣。林甫城府深密，人莫窥其际，好以甘言啗人，而阴中伤之，不露辞色。凡为上所厚者，始则亲结之，及位势稍逼，辄以计去之，虽老奸巨猾，无能逃其术者。江淮租庸转运使韦坚、户部尚书裴宽、陇右节度使皇甫惟明、左相（即侍中改名）李适之、北海太守李邕、江华司马王琚、刑部尚书裴敦复、户部侍郎杨慎矜等，皆上亲臣，为林甫所陷，相继被害。

上晚年自恃承平，以为天下无复可忧，遂深居禁中，专以声色自娱，悉委政事于林甫。林甫媚事左右，迎合上意，以固其宠；杜绝言路，掩蔽聪明，以成其奸；妒贤嫉能，排抑胜己，以保其位；屡起大狱，诛逐贵臣，以张其势。自皇太子以下，畏之侧足，人以为口有蜜，腹有剑。凡在相位十九年，养成天下之乱而帝不之寤也。天宝十一载，林甫卒，以杨国忠代之，是为外戚辅政之始。

二、杨妃入宫之始末

先是武惠妃卒，帝悼念不已，后宫数千无当意者。或言寿王瑁妃杨氏之美，帝见而悦之，乃为寿王别娶韦氏，而纳杨氏于宫中，号太真。太真肌态丰艳，晓音律，性警颖，善承迎上意。不期岁，宠遇如惠妃，凡仪体皆如皇后，宫中号曰娘子，册为贵妃，宠遇无比，举族皆贵盛。其从祖兄钊，不学无行，以善摴蒱得召见，授金吾兵曹参军，俄判度支，以聚敛得幸。岁中领十五使，恩幸日隆，屡奏帑藏充牣，古今罕俦，帝帅群臣观之，由是视金帛如粪土，赏赐无限，赐钊紫衣金鱼，更名国忠，兼领剑南节度使。李林甫以国忠微才，且贵妃之族，故善遇之。天宝十一载，国忠发林甫阴事，诛其党御史大夫户部侍郎京兆尹王铁，而以国忠代之，仍充京几采访使，林甫忧惧而卒，遂以国忠为相。国忠为人强辩，而轻躁无威仪，公卿以下，颐指气使，莫不震慑。凡领四十余使，台省官有时名而不为己用者皆出之。复开衅南诏，前后丧师几二十万人，人人嗟怨。杨氏族党骄奢淫暴，万人侧目。主昏于上，臣横于下，中央政府腐败如此，希世大盗安禄山遂乘衅作乱矣。

三、边帅弄兵之由来

自唐兴以来，边帅皆用忠厚名臣，不久任，不遥领，不兼统，功名著者，往往人为宰相。其四夷之将，谁才略如阿史那社尔、契苾何力，犹不专大将之任，皆以大臣为使以制之。及开元中，天子有吞四夷之志，为边将者十余年不易，始久任矣。皇子则庆（玄宗长子本名嗣直，改名潭，开元十五年领河西节度使后改名琮）、忠（即肃宗，初名嗣升，开元十五年改名浚，领朔方节度使）诸王，宰相则萧嵩（开元十七年嵩以中书令遥领河西节度使）、牛仙客（二十四年，牛仙客以同三品领朔方节度使）始遥领矣。盖嘉运（二十八年以盖嘉运为河西陇右节度使）、王忠嗣（天宝四载以朔方节度使王忠嗣兼河东节度使五载，以忠嗣为河西、陇右、朔方、河东四镇节度使）专制数道，始兼统矣。李林甫欲杜边帅入相之路，以胡人不知书，乃奏言："文臣为将，怯当矢石，不若用寒族胡人。胡人则勇决习战，寒族则孤立无党。陛下诚以恩洽其心，彼必能为朝廷尽死。"上悦其言，始用安禄山，至是诸道节度使尽用胡人，精兵咸戍北边，天下之势偏重矣。

四、安禄山进身之始末

安禄山者，本营州（今内蒙古土默特右翼地）杂胡，初姓康，名阿荦山，与同里史思明相善，俱以骁勇闻。幽州节度使张守珪爱之，养以为子，有罪当诛，执送京师，张九龄请斩之，上惜其才，不听。禄山倾巧，善事帝左右，左右多誉之，上以为贤。二十九年八月，拜营州都督，充平卢军使。天宝元年正月，授节度使。三载二月，兼范阳节度使。禄山体肥，腹垂过膝，外若痴直，内实狡黠。令腹心留京师，调朝廷指趣。岁献俘虏、杂畜、奇禽、异兽、珍玩之物，不绝于路。其在上前，应对敏给，杂以诙谐。上尝戏指其腹曰："此胡腹中何所有，其大乃尔？"对曰："更无余物，止有赤心耳。"上悦。又尝命见太子，禄山不拜，左右趣之拜。禄山曰："太子何官？"上曰："此储君也，朕千秋万岁后，代朕君汝者也。"禄山曰："臣愚，曩者唯知有陛下一人，不知乃更有储君。"不得已，然后拜。

上以为信然，益爱之。是时杨贵妃有宠，禄山因请为贵妃儿，与妃坐，禄山先拜妃，上问其故。对曰："胡人先母而后父。"上悦。禄山生日，上及杨妃赐予甚厚。后三日，召入禁中，贵妃以锦绣为大襁褓裹之，使宫人以彩舆舁之。上闻欢笑声，问故。左右以贵妃洗禄儿对，上赐贵妃洗儿钱。自是禄山出入宫掖，通宵不出，颇有丑声闻于外，上亦不疑也。九载五月，赐爵东平郡王。八月，兼河北道采访处置使。十载正月，兼河东节度使。

五、范阳之变

是时李林甫专政，武备废弛。禄山既兼领三镇，有轻唐之志。归范阳，养壮士，聚兵仗，以判官张通儒、孔目官严庄、掌书记高尚、将军孙孝哲为腹心，阴谋作乱。林甫卒后，杨国忠为相。禄山素轻国忠，由是有隙。国忠数言禄山必反，试召之，必不来，上使召之，禄山即至。十三载正月，加左仆射，领闲厩群牧使，总马政，于是兵马之权皆归于禄山。三月，遣归范阳。十四载（西历纪元七五五年）十一月，禄山举兵反，率所部兵十五万，大举南下。时承平已久，百姓不识兵革，河北州县，望风瓦解。京师无备，诏遣封常清如东京募兵以御之，以高仙芝为副元帅，统诸军屯陕，为常清后援。是年十二月，贼兵渡河，陷灵昌（今河北道滑县）及陈留，杀河南节度使张介然。封常清拒战于武牢（即虎牢），败绩，禄山遂陷东京。高仙芝退保潼关，河南多陷。诏杀仙芝、常清。以哥舒翰为副元帅，守潼关。常山太守颜杲卿起兵讨贼，河北诸郡皆应之。范阳与东都交通之路中绝，禄山欲攻潼关，闻河北有变而还。至德元载（七五六年）正月，禄山僭号燕帝，以达奚珣、张通儒、高尚、严庄为相。使部将史思明急攻常山，陷之，杀杲卿，河北诸郡复陷。诏以李光弼为河东节度使，率朔方兵万人出井陉，经略河北，击破贼兵，复常山，史思明大举攻之。是年四月，朔方节度使郭子仪率蕃、汉步骑十余万出井陉，与光弼合，大破贼兵，复河北十余郡。范阳与东都交通之路再绝，贼往来者，多为官军所获，贼众在河南者无不摇心。禄山议弃洛阳，走归范阳，未决。

是时天下以杨国忠召乱，莫不切齿。将军王思礼密说哥舒翰，使抗表请诛国忠，翰不听，国忠内惧，乃说上趣翰出战。翰奏曰："贼远来，利在速战，官军据险，利在坚守。况贼势日蹙，将有内变，因而乘之，可不战擒也，要在成功，何必务速。"郭子仪、李光弼亦请："引兵北取范阳，复其巢穴，贼必内溃。潼关大军，惟应固守以弊之，不可轻敌。"国忠疑翰谋己，不从，言于上，续遣中使督促翰出关。翰不得已，奉诏。是年六月，与贼将崔乾佑战于灵宝（今河洛道灵宝县），败绩，部下蕃将火拔归仁等执翰以降贼，贼入潼关。帝仓促召宰相问计，杨国忠首唱幸蜀之策，上从之。次于马嵬（驿名，在关中道兴平县西），将士饥疲，皆愤怒，军心变，杀国忠及其族党，逼帝缢杀杨贵妃，然后发。父老遮道请留，帝命太子亨慰谕之，父老拥太子马，不得行。太子使皇孙广平王俶驰白帝，帝乃命分后军二千人，留从太子讨贼，且宣旨欲传位于太子，太子不受。

是时河北、河南皆没于贼。贼将孙孝哲陷长安，分兵侵略四方，西胁汧陇，南侵淮汉，北割河东之半，天下大震。真源（故城在今开封道鹿邑县）令张巡起兵雍丘（今开封道杞县），与睢阳（今河南开封道商丘县）太守许远连兵，扼贼南下之路。贼将令狐潮、杨朝宗、尹子奇等尽锐攻之，连兵二年，大小四百余战，杀贼十二万人，粮竭城陷，巡、远皆死难，而江淮卒赖以保全。山南东道节度使鲁炅固守南阳以拒贼，贼将武令珣、田承嗣相继攻之，连兵经年，城中食尽，不能守，突围奔襄阳，承嗣追之，为炅所败，江汉赖以保全。陈仓令薛景仙杀贼将，克扶风而守之，陕南、山南赖以保全。江淮奏请贡献赴行在者，皆自襄阳，取上津路（今襄阳道郧西县）抵扶风，道路无壅。而贼所虏获，悉输范阳，民苦淫虐，益思唐室。京畿豪杰，往往杀贼官吏，遥应官军，诛而复起，相继不绝，贼不能制。

先是太子既留，未知所适，皇孙建宁王倓（音淡）请如灵武，太子从之。北行至平凉，朔方留后杜鸿渐来迎，上太子笺，请尊马嵬之命，太子从之，自立于灵武，是为肃宗，遥尊帝为上皇天帝。河西安西皆遣兵来援，郭子仪、李光弼亦引兵至自河北，灵武军威始盛，人有兴复之望矣。诏以光弼为北都留守，守太原。史思明、蔡希德等大举兵攻之，相持月余，为光弼所败，河东西部始得保全。

初，京兆李泌幼以才敏著闻，帝在东宫，尝与泌为布衣交。杨国忠恶之，奏徙蕲春（今江汉道蕲春县，即故黄州府蕲州）。帝在马嵬，遣使召之。是年七月，谒见于灵武。帝大喜，事无大小，皆与之议，言无不从，出则联辔，寝则对榻，如为太子时。欲以泌为右相（即中书令），泌固辞。是年九月，诏以皇长子广平王俶为天下兵马元帅，李泌为侍谋军国元帅府行军长史，军国之事，一以委之。上以朔方兵弱，乃遣使借兵于回纥。是年十月，回纥遣兵入援。泌请帝自将进军扶风，扼贼西下之路。命李光弼由太原出井陉，郭子仪由冯翊入河东，使贼首尾疲于奔命。以皇子建宁王倓为范阳节度使，并塞北出，与光弼南北犄角，先取范阳，覆贼巢穴。帝不能用。

禄山自起兵以来，目渐昏，至是不复睹物，又病疽，性益躁暴。爱嬖妾子庆恩，欲立为嗣，庆绪之党颇知之。次年（肃宗至德二载，七五七年）正月，庆绪与严庄密谋，使阉竖李猪儿弑禄山而自立，使史思明归守范阳。先是禄山得西京珍货悉输范阳，思明拥强兵，据厚资，益骄横，浸不用庆绪之命，庆绪不能制。

是年四月，以郭子仪为天下兵马副元帅，奉广平王俶大举东下。九月，破贼兵，恢复西京。十月，进克东京，庆绪走保邺郡。次年（乾元元年，七五八年）八月，诏郭子仪、李光弼等九节度使讨庆绪，以宦官鱼朝恩为观军容宣慰处置使，总诸军。二年（七五九年）正月，史思明引精兵救庆绪，官军无统帅，进退不一。三月，九节度使部下步骑六十万溃于相州

（即邺郡），思明杀庆绪，还范阳，自称燕帝。诏以郭子仪为东畿等道元帅，统诸军讨思明。鱼朝恩恶子仪，短之于上，乃召还子仪，以光弼代之。光弼治军严整，始至号令一施，军容皆变。思明渡河，陷东京。光弼移军河阳，拒战，大破之。思明使安太清守怀州以拒官军，次年（上元元年，七六〇年）十一月，光弼攻拔之。或言洛中将士皆燕人，久戍思归，急击之，可破也。鱼朝恩信以为然，屡言之，上乃遣朝恩督保光弼进兵，光弼不得已，奉诏。二年（七六一年）二月，战于邙山，败绩，走保闻喜（今河东道闻喜县）。

思明猜忍好杀，爱少子朝清，欲杀长子朝义而立之。是年三月，朝义杀思明而自立。次年（宝应元年，七六二年）建巳月，帝崩，太子俶即位，是为代宗。复征兵于回纥，回纥登里可汗自将入援。诏以皇子雍王适为天下兵马元帅，仆固怀恩副之，讨史朝义。战于洛阳城外之横水，大破之，取东京，朝义北走，贼将薛嵩、张忠志、田承嗣等，各以地来降，李怀仙杀朝义，传首京师，安史之乱平。时代宗广德元年，西历纪元七六三年也。自乱起至乱平凡历九年（七五五至七六三），中国元气凋残殆尽。自此以后，唐室日就衰微，贞观开元之郅治，不可复睹矣。

边帅弄兵由来表

一、久任	边将十余年不易
二、兼统	王忠嗣、盖嘉运皆以一人专制数道
三、遥领	庆王、忠王、萧嵩、牛仙客皆以亲王宰相资格，遥领节度使
四、用胡人	高仙芝、哥舒翰、安禄山皆以外国人任中国大将

范阳变后唐兵布置表

	人名	官名	驻扎地	成绩	结果
河南进取之师	一、张介然	河南节度使	镇陈留	无	禄山陷灵昌及陈留，杀介然
	二、封常清	范阳平庐节度使	守东京	无	战于虎牢，败绩，禄山陷东京，诏诛常清
	三、高仙芝	河南等道副元帅	屯陕	无	退保潼关，河南多陷，为宦官边令诚所谮，被杀
	四、哥舒翰	同	守潼关	无	杨国忠促翰出师，战于灵宝，败绩。火拔归仁执翰降敌
河北进取之师	一、颜杲卿	常山太守	起兵常山	河北诸郡皆应之	史思明攻陷常山，杲卿殉难
	二、李光弼	河北节度使	无定址	复常山，败史思明	闻潼关陷，引兵还救根本
	三、郭子仪	朔方节度使	同	与光弼联合，大破贼兵，复河北十余郡	同右

<table>
<tr><td rowspan="5">各处防御之师</td><td>一、张巡</td><td>真源令</td><td>起兵雍丘移屯宁陵睢阳</td><td>败令狐潮，破杨朝宗，江淮赖以保全</td><td>睢阳城陷，死难</td></tr>
<tr><td>二、许远</td><td>睢阳太守</td><td>守睢阳</td><td>拒尹子奇</td><td>城陷，与张巡同死难</td></tr>
<tr><td>三、鲁炅</td><td>山南东道节度使</td><td>守南阳</td><td>拒武令珣，田承嗣，江汉赖以保全</td><td>城中粮竭，突围奔襄阳</td></tr>
<tr><td>四、薛景仙</td><td>陈仓令</td><td>扶风</td><td>杀贼将，复扶风，陕南、山南赖以保全</td><td></td></tr>
<tr><td>五、李光弼</td><td>北都留守</td><td>守太原</td><td>败史思明、蔡希德兵，河东赖以保全</td><td></td></tr>
</table>

唐代女宠表

人名	事迹
一、晋阳宫人	私侍高祖
二、巢剌王妃杨氏	初为齐王元吉妃，太宗杀元吉，纳之，生曹王明，嗣元吉后
三、庐江王瑗姬	太宗纳之，后因王珪谏，出之
四、武曌	初为太宗才人，高宗纳为昭仪，谗杀王皇后、萧淑妃、宰相长孙无忌、柳奭、韩瑗，窜褚遂良、于志宁、来济，遂立为后。杀太子忠、宰相上官仪，专国政。杀太子弘，废太子贤。高宗崩，废中宗、睿宗，大杀大臣、宗室、贵戚，改国号曰周，自称皇帝。以僧怀义、张易之、昌宗兄弟为面首，任用武承嗣、三思，复任用贤臣李昭德、魏元忠、狄仁杰，举张柬之为相，柬之与崔玄時等举兵讨内乱，废武氏，复立中宗。

五、韦后	中宗后，通于武三思，杀张柬之等。太子重俊讨杀三思，被害。又通于宗楚客、马秦客、杨均，弑中宗，立温王重茂，自称皇太后。临淄王隆基讨诛之。
六、安乐公主	韦后之女，初适武三思之子崇训，再适崇训之弟延秀，与韦后密谋弑中宗，求为皇太女，为临淄王隆基所诛。
七、太平公主	武后之女，中宗、睿宗之妹，初适薛绍，再适武攸暨，与张柬之等合谋诛二张，与隆基合谋诛韦后。睿宗立，谋废太子。玄宗立，谋逆，赐死。
八、武惠妃	有宠于玄宗，谮杀太子瑛，鄂王琚，光王瑶
九、杨贵妃	初为寿王瑁妃，玄宗纳为贵妃，引用兄国忠，激成安禄山之乱。
十、张后	初为肃宗良娣，与宦官李辅国比，谗杀建宁王倓。复谮代宗，代宗依违取容以求免祸。又欲害李泌，泌辞职归衡山。后立为皇后，与辅国表里擅权。晚更有隙，肃宗崩，为辅国所弑

第七章　藩镇之跋扈

第一节　藩镇握兵之由来

初，西魏宇文泰当国，始为府兵法。唐初，因其制，其后府兵废而为彍骑，彍骑又废而藩镇之兵始盛矣。高宗以来，边州都督带使持节者，有节度使之号。玄宗时边要之地，皆置节度使。及安史乱后，内地久不安，河南、山南、江淮诸道，亦皆增置镇府，藩镇参列遍于内外。内地节度使，大者连州十余，小者犹兼三四，州吏尽为其属，率兼按察、采访、安抚、度支等使，以故军政、民政、财政、司法权统归掌握，自置所部之文武诸官，势如诸侯王，父死，则子领其兵，不受代。士卒亦自举将帅为留后，而后请朝廷之命。朝廷不能制，勉容其请。姑息既甚，藩镇益骄，其尤横恣为朝廷患者，曰淮西、平卢及河北诸镇。

初，禄山之叛也，平卢诸将刘客奴、董秦、王玄志同谋诛贼将吕知诲，举镇归朝，玄宗嘉之，以客奴为节度使，赐名正臣。次年（肃宗至德二载，西历纪元七五七年）正月，玄志鸩杀正臣而代之。次年（乾元元年七五八年）十月，玄志卒，肃宗遣中使往抚将士，察军中所欲立者，授以旌节。时高丽人李怀玉为裨将，杀玄志之子，推侯希逸为军使，朝廷因而授之，节度使由军士废立自此始。董秦入朝，赐姓名李忠臣，后为淮西节度使（领蔡、申、光、安等州治，蔡州今河南汝阳道汝阳县，即故汝宁府）。希逸与范阳贼兵相攻连年，救援既绝，又为奚所侵，乃悉举其军二万余人，袭贼将李怀仙，破之，因引兵而南，止于青州，诏希逸移镇淄青，仍称平卢节度使（领淄、沂、青、徐、密、海六州治，青州今山东胶东道益都县、即故青州府），是为淮西及平卢二镇之始。

代宗初年，仆固怀恩破史朝义，贼将薛嵩、张忠志、田承嗣、李怀仙各据地来降，怀恩恐贼平宠衰，奏留嵩等分帅河北，自为党援。朝廷亦厌苦兵革，苟冀无事，即以忠志镇成德军（领恒、赵、深、定、易五州治，恒州今河北正定县，即故正定府），赐姓名李宝臣，嵩镇相卫（领相、卫、邢、洺、贝、磁六州治，相州今河南安阳县，即故彰德府），承嗣镇魏博（领魏、博、德、沧、瀛五州治，魏州今河北大名县，即故大名府），怀仙镇卢龙（领幽、蓟、妫、檀、平、营六州治，幽州即现在北平），是为河北诸镇之始。

永泰元年（七六五年），平卢兵马使李怀玉逐侯希逸，代宗因以怀玉知留后，赐名正已。正已与河北诸镇及山南东道节度使梁崇义皆结为婚姻，互相表里，收安、史余党，各拥劲兵数万，治兵完城，不供贡赋，朝廷不能制。

大历三年（七六八年），幽州兵马使朱希彩杀李怀仙，自称留后。七年（七七二年），将吏又杀希彩，推朱泚为帅。八年（七七三年），相卫薛嵩卒，弟㟧代之，朝廷皆因授旌节。九年（七七四年），朱泚入朝，使弟滔知留后。十年（七七五年），田承嗣作乱，袭取相、卫等州，薛㟧逃归京师。诏贬承嗣官，命淮西李忠臣、平卢李正已、成德李宝臣、卢龙朱滔等进兵讨之。承嗣遣使卑礼厚币以说正已，正已按兵不进，复遣使说宝臣使取范阳，宝臣从之，袭破卢龙兵，滔走还。于是正已上表请赦承嗣，朝廷不得已，从之，敕与家属同入朝，承嗣不奉诏。十四年（七七九年），承嗣卒，侄悦代之。淮西左厢都虞侯李希烈逐李忠臣，诏以希烈为留后。是岁，代宗崩，凡在位十七年。太子适立，是为德宗。

第二节 德宗之初政

一、崔佑甫之推恩策

德宗初立，励精求治，革弊政，去奢靡。李正己畏帝威名，表献钱三十万缗，上欲受之，恐见欺，却之，则无辞。宰相崔佑甫请遣使慰劳淄青将士，因以其钱赐之，使将士人人戴上恩，诸道知朝廷不重货财。上悦，从之。正己惭服，时人以为太平庶几可望。

二、杨炎之两税法

帝卜相于佑甫，佑甫荐杨炎，擢同平章事。时丧乱之余，国用不给，科敛凡数百名，百姓残碎，荡为浮客。建中元年（七八〇年）正月，炎建议作两税法，夏输限六月，秋输限十一月，先度经费而赋于民，量出以制入，户无主客，以见居为簿；人无丁中，以贫富为差。行商者在所在州县税三十之一，度所取与居者均，使无侥利，其租庸调杂徭悉省。而丁额不废，按诸道丁产等级，以前年垦田之数为定，而均收亩税。免鳏寡、孤独、不济者。于是民皆土著，得其虚实，吏奸无所容。轻重之权始归朝廷矣。

三、刘晏之理财法

当玄宗时，中国富庶，民口至五千余万。安史之乱，什亡七八。州县多为藩镇所据，贡赋不入，国库耗竭。中原多故，戎狄连岁犯边，所在宿重兵，给费不赀，皆倚辦于户部尚书判度支刘晏。晏自肃宗宝应元年（七六二年），为度支转运盐铁使。次年（代宗广德元年，七六三年），拜同平章事，度支等使如故。次年（广德二年，七六四年），罢相，任河南江淮转运使。大历元年（七六六年），为户部尚书，与侍郎第五琦分理天下财赋。十四年，（七七九年）判度支，户部尚书盐铁转运等使如故。晏有精力，多机智，变通有无，曲尽其妙。常以厚直募善走者，置递相望，觇报四方物价，不数日皆达，食货轻重之权，悉制在掌握，国家获利，而天下无甚贵甚贱之忧。晏以为办集众务，在于得人，故必择通敏、精悍、廉勤之士而用之。常言士陷赃贿，则沦弃于时。名重于利，故士多清修。吏虽廉洁，终无显荣。利重于名，故吏多贪污。其句检簿书，出纳钱谷，事虽至细，必委之士类，吏惟书符牒，不得轻出一言。其属官，虽居数千里外，奉教令，如在目前无敢欺绐。权贵属以亲故，晏亦应之，俸给多少，迁次缓速，皆如其志，然无得亲职事。晏又以为户口滋多。则赋税自广，故其理财，常以养民为先，诸道各置知院官（盐铁使属下于诸道各置巡盐院设知院官掌之）。每旬月，具雨雪丰歉之状以告，丰则贵籴，歉则贱粜，或以谷易杂货，供官用，而于丰处卖之。知院官始见不稔之端，先申至某月、须如干蠲免，某月，须如干救助。及期，晏不俟州县申请，即奏行之，不待其因弊流殍，然后赈之也。由是户口蕃息。始为转运使时，天下见户不过二百万，其季年乃三百余万，非晏所统亦不增也。其初财赋岁入不过四百万缗，季年乃千余万缗。晏专用榷盐法，充军国之用。时自许郑之西，皆食河东池盐，户部侍郎判度支韩混主之。汴蔡之东，皆食海盐，晏主之。晏以为官多则民扰，故但于出盐之乡，置官收盐，转鬻于商人，任其所之。其去盐乡远者，转官盐于彼贮之，或商绝盐贵，则减价鬻之，谓之常平盐。官获其利，而民不乏盐。其始江淮盐利，不过四十万缗，季年乃六百余万缗。由是国用充足，而民不困弊。先是运关东谷入长安者，以河流湍悍，率一斛得八斗，至者则为成劳，受优赏。晏以为江汴河渭，水力不同，各随便宜。造运船，教漕卒，缘水置仓，转相受给，自是每岁运谷，或至百余万斛，无斗升沉覆者。船十艘为一纲，使军将领之，十运无失。授优劳官，于杨子置场造船，艘给千缗。或言："用不及半，请损之。"晏曰："不然，论大计者不可惜小费，凡事必为永久之虑。今始置船场，执事者多，当先使之私用无窘，则官物坚完矣。若遽与之屑屑较计，安能久行乎？异日必有减之者，减半以下，犹可也，过此，则不能运矣。"后五十年有司果减其半，及懿宗咸通中（八六〇至八七三），有司计费而给之，无复羡余，船益脆薄，漕运遂废。晏为人勤力，事无闲剧，必于一日中决之，后来言财利者，皆莫能及。杨炎入阁，忌晏，欲罢其财政权，建议言："尚书省国政之本，今宜复旧。"上从之。建中元年（七八〇年）正月，诏天下财赋皆归金部仓部，罢晏转运租庸盐铁等使，寻贬忠州刺史。荆南节度使庾准希炎旨，告晏怨望。是年七月，上密遣中使缢杀之，天下冤之。平卢节度使李正己累表请晏罪，上始恶炎。次年（建中二年，七八一年）正月，擢卢杞同平章事以分炎权。杞貌陋，色如蓝，性阴狡，有口辩。是年七月，谮炎，罢为左仆射而杀之，遂专国政，小不附者，必欲置之死地，朝政自此乱矣。

第三节　建中之乱

一、河北河南之乱

是年正月，成德节度使李宝臣卒。子惟岳自称留后，上欲乘机杀藩镇之势，不许。七月，平卢节度使李正已卒，子纳自领军务，与李惟岳及魏博节度使田悦连兵拒命。诏河东节度使马燧、昭义节度使李抱真、神策兵马使李晟等讨悦，范阳节度使朱滔讨惟岳。是年六月，上遣使征山南东道节度使梁崇义入朝，崇义拒命，诏淮西节度使李希烈讨之。八月，克襄州，斩崇义，希烈之势益盛。马燧等大破悦兵，成德将张孝忠以易州，康日知以赵州相继归国。三年（七八二年）正月，成德将王武俊杀惟岳，传首京师。二月，以孝忠为易定沧州节度使，武俊为恒冀观察使，日知为深赵观察使。武俊自以功大赏薄，不悦，是年四月，说朱滔举兵反，共发兵救悦，悦等推滔为盟主，滔自称冀王，悦称魏王，武俊称赵王，纳称齐王，各置百官，仍用唐年号，连兵拒命。四月，诏朔方节度使李怀光将兵会马燧等讨之。滔遣使以蜡书密约其兄凤翔节度使朱泚同反，中途为马燧所获，并使者送长安。诏征泚入朝，留之长安，赐赉甚厚，以安其意。李希烈与悦等通声气，是年十二月，自称天下都元帅。卢杞恶太子太师颜真卿刚正，欲陷之，四年（七八三年）正月，遣真卿宣慰希烈，希烈胁使降，不屈，羁留二年。卒为希烈所杀。

二、建中之恶税

是时朝廷用兵已久，府库逐渐耗竭，太常博士韦都宾乃建议括富商钱，淮南节度使陈少游又倡议增诸道税，判度支赵赞又奏税间架除陌钱。所谓税间架者，每屋两架为间，上屋税钱二千，中税千，下税五百，敢匿一间，杖六十，赏告者钱五十缗。所谓除陌钱者，公私给与，及卖买，每缗官留五十钱，给他物及相贸易者，约钱为率，敢隐钱百者，杖六十，罚钱二千，赏告者钱十缗，赏钱皆出坐者。于是愁怨之声，盈于远近。

三、泾原之变

是时李希烈势颇猖獗，河南诸州多陷。诏发泾原兵讨之。是年十月，节度使姚令言率兵过京师，诏犒师，惟粝食菜馅（面裹菜为之、今之素馅包子也），众怒，作乱，鼓噪还趣京城。初，白志贞为神策都知兵马使，募禁兵东征，死亡者皆不以闻，但受市井富儿赂而补之，名在军籍受给赐，而身居市廛为贩鬻。司农卿段秀实上言："禁兵不精，其数全少，猝有患难，何以待之？"上不听，至是召禁兵以御贼，竟无一人至者，帝仓促出奔奉天（今陕西关中道乾县，即故乾州）。翰林学士姜公辅以朱泚旧为泾帅，废处京师，常怏怏，请召使从行，帝不听。乱兵奉泚为主，据长安。群臣请修守备以防泚，卢杞以百口保泚不反，乃诏诸道援兵至者皆营于城外。公辅力争，乃悉诏援兵入城。段秀实与将军刘海宾、泾原将吏何明礼、岐灵岳谋诛泚，不克而死，泚遂自称秦帝，率其党急攻奉天。十一月，灵武留后杜希全、盐州刺史戴休颜、夏州刺史时常春、渭北节度使李建徽合兵万人入援，将至奉天，上召将相议道所从出。金吾大将军浑瑊曰："漠谷（地名，在乾州西北）险狭，恐为贼所邀，不若自乾陵（高宗墓）北过，且分贼势。"卢杞曰："漠谷路近，若为贼所邀，则城中出兵应接可也。傥出乾陵，恐惊陵寝。"瑊曰："自泚围城，曰斩乾陵松柏，其惊多矣。今城中危急，诸道救兵未至，惟希全等来，所系非轻。若得营据要地，则泚可破也。"杞曰："陛下行师，岂比逆贼。"上乃从杞策。希全等果为贼所邀，死伤甚众，四军皆溃，退保邠州。泚攻城益急，移帐于乾陵，下视城中。邠宁留后韩游瑰入援，浑瑊收散兵，与游瑰力战，拒却之。李怀光、李晟闻警，率所部兵自河北来勤王，击破泚兵，泚还保长安。怀光至奉天，欲入朝面劾卢杞之奸佞，杞闻之惧，言于上，诏怀光还取长安，不听其入朝。怀光意怏怏，顿兵不进，上表暴扬杞等罪恶，众论喧腾，亦咎杞等，上不得已，贬卢杞、白志贞、赵赞皆为远州司马。

初，嘉兴（今浙江钱塘道嘉兴县）陆贽，少聪颖，有学术，富于经世大略。代宗时，为监察御史。帝在东宫闻其名，及即位，召为翰林学士，数问以得失。贽料事明敏，建议多得大体，帝不能用。朱泚反后，贽赴行在，出纳诏命，悉以委之，而卢杞在傍，贽虽数进忠言，帝仍不能用。卢杞贬后，帝使人说田悦、王武俊、李纳，赦其罪，赂以官爵，悦等皆密归款，陆贽劝帝罪己以谢国人，故奉天所下书诏，虽骄将悍卒，闻之莫不感泣。兴元元年（德宗五年，七八四年）正月，下大赦诏，罢间架除陌等税。武俊、悦、纳皆去王号，上表谢罪。惟李希烈自恃富强，遂称楚帝。帝在艰难中，大小事必与贽谋之，故当时谓之内相。贽清方正亮，数以直谏忤帝，帝虽貌从而心不悦。

四、李怀光之叛

李怀光与李晟、李建徽及神策兵马使杨惠元等还兵经略长安。怀光自以与朝廷嫌隙渐深，阴有异志，恶晟独当一面，欲并其军，奏请与晟合军，上许之。晟知其阴谋，奏请还军东渭桥，上用陆贽议，从其请。贽请移建徽、惠元军与晟连营，以免怀光兼并，上不听。是年二月，怀光反于咸阳，袭夺建徽、惠元兵，杀惠元，建徽走免，帝奔梁州。怀光欲与朱泚连兵，部将不用命，多自拔归国，怀光乃大掠而东，据河中。是年六月，李晟督诸军克复长安，朱泚西走，其将韩旻斩之以降，帝还长安。次年（贞元元年，七八五年），马燧、浑瑊平河中，怀光自杀，朱滔病死，其将刘怦以范阳归国。

次年（贞元二年，七八六年），四月，淮西将陈仙奇杀李希烈以降，诏以仙奇为节度使。七月，希烈党吴少诚为希烈报仇，杀仙奇，诏以少诚知留后，于是朱泚、李怀光之乱皆平，河北诸镇相继归顺，而淮西仍沦于化外。

第四节　德宗中叶以后之政治

帝还京，信张延赏之谗（延赏言晟不宜久典兵），罢李晟兵柄，复信吐蕃离间之言，罢马燧兵柄，武臣怨愤解体。已而以先朝名臣李泌为相。泌尽心辅导，知无不为，大革历来弊政，帝颇信任之。泌在位仅二年而薨，陆贽以大儒辅政。在位二年，为司农少卿判度支裴延龄所谮，贬忠州别驾。自是以后，辅相多庸才。裴延龄以聚敛得幸，帝欲相之，谏议大夫杨城力争，乃止。上即位之初，杨炎、卢杞相继以检人柄政，破坏国事。自陆贽贬后，上不任宰相，自县令以上，皆自选用。所取信者，裴延龄及礼部尚书李齐运、司农卿李实、翰林学士韦执谊、右补阙韦渠牟数小人，皆权倾宰相，趋附盈廷，中书奉行文书而已。

是时藩镇布列四方，凡四十余道，兵强则逐帅，帅强则叛君，两河诸镇（幽州、成德、魏博、平卢、淮西等）骄傲最甚，殆同化外。吴少诚作乱，自贞元十四年（七九八年）以后，屡次侵掠邻州。十六年（八〇〇年），以夏绥节度使韩全义为蔡州招讨使，统十七道兵讨之，官军不战而溃，朝廷不得已，赦少诚罪，复其官爵。

帝性多猜忌，用贤不终，宠任俭人及宦官，自奉天还京以后，尤以聚敛为事。其处藩镇，专务姑息。帝在位二十六年，以贞元二十一年（西历纪元八〇五年）崩，太子诵即位，是为顺宗。

第五节　元和之治

一、宪宗之初政

顺宗以风疾失音，即位之初，翰林学士王叔文有宠，引其党韦执谊同平章事，王伾为翰林学士，共专国政。帝在位仅八月，传位于太子纯，是为宪宗。贬窜叔文党与，以杜黄裳同平章事。黄裳有经济大略，力陈姑息之弊，欲以法度裁之。元和元年（八〇六年）正月，西川节度副使刘辟作乱，黄裳举神策军使高崇文为行营节度使，讨平之。同年三月，夏绥（领夏、绥银、宥四州治夏州）留后杨惠琳拒命，诏河东牙将阿跌光进及弟光颜等讨平之。二年（八〇七年）四月，镇海（领润、苏、常、湖、杭、睦六州治润州）节度使李锜反，兵马使张子良讨平之，国威渐张。是年正月，黄裳罢相，以武元衡、李吉甫同平章事。四月，元衡出为西川节度使。三年（八〇八年）七月，以裴垍同平章事。四年（八〇九年）正月，以李藩同平章事。五年（八一〇年）十一月，裴垍罢。六年（八一一年）二月，李藩罢。十二月，以李绛同平章事。垍器局峻整，人不敢干以私。藩、绛皆好直谏，知无不言。惟吉甫稍佞媚，然在职自称，胜于前后诸公。此外若中书舍人崔群、翰林学士白居易等，皆一时名臣，数进忠言，帝多嘉纳。元和之世，朝政清明者以此。

二、成德之用兵

初，薛嵩之卒也，田承嗣盗据相（今河北道故彰德府）、卫（今河北道故卫辉府）、贝（今大名道，故顺德府东部）、洺（今大名道，故广平府）等州，朝廷置昭义军于潞州（今冀宁道故潞安府），以李承昭知留后，取邢（今大名道，故顺德府）、磁（今大名道，故广平府西部）二州及临洺县（故城在今大名道永年县，即故广平府城西）以隶之。田悦之叛也，先举兵寇邢州及临洺，河东节度使马燧、昭义节度使李抱真击破之，复取洺州以隶抱真。于是朝廷以泽潞为根据地，兼领邢、洺、磁州，崞（音郭）口东下之路，始通行无阻，朝廷得以自由出兵，北制成德，南窥魏博。李惟岳之叛也，恒州（今保定道，故正定府）以东皆为贼境，井陉口东下之路为其所阻。会张孝忠以易州归国，诏置义武军于易州，以定州隶之，于是飞狐口东下之路为朝廷所有。朝廷以易州为根据地，西与河东朔方大同诸镇联络，得以自由出兵，南制成德，东瞰范阳，河北诸镇所以未敢公然与朝廷断绝关系者以此。元和四年三月，成德节度使王士真卒，子承宗自为留后，上与诸学士谋，欲以承宗为留后，而割其德、棣二州，更为一镇，使输二税，请官吏。李绛等以为："德棣二州隶成德已久，一旦割之，恐其忧疑怨望，复为邻道构扇，万一旅拒，倍难处置。不若使吊祭使以其私谕承宗，幸而听命，于理固顺，若其不听，体亦无损。"上以为然，使裴武往宣慰，承宗受诏，请献德棣二州。是年九月，诏以承宗为成德节度使，德州刺史薛昌朝为保信军节度使。领德、棣二州。昌朝，王氏婿，故就用之。魏博节度使田季安遣使说承宗，谓："昌朝阴与朝廷通，故受节钺。"承宗以为然，袭执昌朝，囚之，上怒。是年十月，削夺承宗官爵，以宦官吐突承璀为招讨处置使，督诸军讨承宗。翰林学士白居易、度支使李元素等谏以为置帅非人，恐辱国，上不听。承璀屡战屡败，大将军郦定进战死。上不得已，五年七月，罢兵，赦承宗，复其官爵，复以德、棣二州隶之。

三、魏博之归国

七年（八一二年）八月，魏博节度使田季安（承嗣之孙）卒，夫人元氏立其子怀谏为副大使，知军务，时年十一，以田兴为都知兵马使。上与宰相议魏博事，李吉甫请发兵讨之，李绛曰："魏博不必用兵，当自归朝廷。"上以吉甫议为然。绛曰："两河藩镇之跋扈者，恐诸将权重而谋己，故常分兵以隶之，不使专在一人，诸将势均力敌，莫能相制，虽欲为变，莫敢先发。跋扈者恃此以为长策。然亦必常得严明主帅，能制诸将之死命者以临之，然后粗能自固。今怀谏乳臭子，不能自听断，军府大权必有所归，诸将不服，怨怒必起。然则向日分兵之策，反为今日祸乱之阶矣。田氏不为屠肆，则悉为俘囚，何足烦天兵哉。然彼自列将，起代主帅，邻道之所深恶，不倚朝廷之援，则无以自存。故臣以为不必用兵，可坐待魏博之自归也。但愿陛下按兵养威，严敕诸道，选练士马，以须后敕，不过数月，必有自效于军中者矣。至时惟在朝廷应之敏速，中其机会，不爱爵禄以赏其人，使两河藩镇闻之，恐其麾下效之，以取朝廷之赏，必皆恐惧，争为恭顺矣。此所谓不战而屈人兵者也。"上曰："善。"

怀谏幼弱，军政皆决于家僮蒋士则，数以爱憎移易诸将，众皆愤怒。朝命久不至，军中不安。田兴有勇力，颇读书，性恭逊，得众心。是年十月，兴晨入府，士卒大噪，环拜请为留后。兴曰："勿犯副大使，守朝廷法令，申版籍，请官吏，然后可。”皆曰：“诺。”兴乃杀蒋士则等十余人，迁怀谏于外，监军以闻。上亟召绛曰：“卿揣魏博若符契。”吉甫请遣中使宣慰以观其变，绛曰：“今田兴奉其土地兵众，坐待诏命，不乘此际推心抚纳，必待敕使至彼，持将士表来，然后与之，则是恩出于下，而其感戴之心，非今日比矣。”吉甫素与枢密使梁守谦相结，守谦亦为之言。上竟遣中使张忠顺如魏，绛复上言：“朝廷恩威得失在此一举，时机可惜，奈何弃之。计忠顺之行，甫应过陕，乞明旦即降白麻，除兴节度使，犹可及也。”上欲且除留后，绛曰：“田兴恭顺如此，自非恩出不次，无以深慰其心。”上从之。忠顺未还，制命已至，兴感恩流涕，士卒鼓舞。绛请发重赏以慰士卒之心，上从之。十一月，遣知制诰裴度往宣慰，赐钱百五十万缗犒其军，六州（魏、博、相、卫、贝、瀛）百姓皆给复一年。军士受赐，欢声如雷，诸镇使者见之，相顾失色。平卢、淮西、成德皆遣游客间说多方，兴终不听，寻赐兴名弘正。

四、淮西之用兵

先是元和四年，帝之将讨王承宗也，问诸学士曰：“今刘济（范阳节度使）、田季安皆病，若其物故，又如成德，天下何时当平。议者皆言宜乘此际代之，不受，则发兵讨之，如何?”李绛曰：“群臣见取蜀取吴，易于反掌。故谄躁之徒，争献策划，劝开河北。陛下亦以前日成功之易，而信其言。臣窃以为河北之势，与二方异。何则？西川浙西，皆非反侧之地，其四邻皆国家臂指之臣。刘辟、李锜独生狂谋，大军一临，则涣然离耳。河北则不然，其将士百姓，怀其累代煦妪之恩，不知君臣逆顺之理，邻道各为子孙之谋，亦虑他日及此，万一或相表里，兵连祸结，戎狄乘间，其为忧患可胜道哉。济及季安物故之际，若有隙可乘，当临时图之，于今用兵，则恐未可。太平之业，非朝夕可致，愿陛下审处之。且今吴少诚病必不起，淮西四旁皆国家州县，不与贼通，朝廷命帅，今正其时，万一不从，可议征讨。故臣愿舍恒冀难致之策，就申蔡易成之谋。脱或恒冀连兵，事未如意，蔡州有衅，势可兴师，复以财力不赡而赦承宗，则恩威两废，不如早赐处分。”帝不从而及于败。是年十一月，淮西节度使吴少诚卒，其将吴少阳杀其子，自领军府，阴聚亡命。朝廷以河朔方用兵，不能讨少阳，乃以为留后。九年（八一四年）闰七月，少阳卒，子元济匿丧，自领军务，纵兵侵掠及东畿。十年（八一五年）正月，诏发十六道兵讨之，平卢节度使李师道（李纳之子）、成德节度使王承宗皆请赦元济，不许。五月，诏御史中丞裴度宣慰淮西行营，度还言淮西可取状，上悉以兵事委中书侍郎同平章事武元衡。六月，师道遣刺客刺杀之，又击裴度，伤首，上怒，讨贼愈急，以度同平章事，悉以兵事委之。时山南东道节度使严绶、宣武军节度使韩弘，相继为诸军都统，久无功。十二年（八一七年）五月，以度兼淮西宣慰招讨使，督诸将进讨，唐邓随（领三州治邓州今河南汝阳道邓县）节度使李愬（晟之子）屡破贼兵，擒其将李佑。是年十月，用佑计，雪夜袭蔡州，执元济，槛送京师，诛之，淮西平。

淮西已平，诸镇皆惧。十三年（八一八年）四月，王承宗纳质请吏，复献德、棣二州，幽州节度使刘总亦专意归朝，惟李师道依违不服，诏发诸道兵讨之。十四年（八一九年）二月，田弘正、李愬击败师道兵，平卢都知兵马使刘悟执师道，斩之，率其将吏听朝命。自代宗以来，两河跋扈垂六十年，至是尽遵朝命矣。

五、河北藩镇之末路

淮西平后，帝浸骄侈，度支使皇甫镈、盐铁使程异皆以聚敛有宠。十三年八月，同日拜相，裴度、崔群数进忠言，镈党排之。十四年四月，罢度为河东节度使。十月，出群为湖南观察使。自此以后，朝无端人，元和之政遂衰。十五年（八二〇年）正月，帝暴崩，穆宗即位。卢龙大将朱克融、成德兵马使王庭凑、魏博牙将史献诚，相继作乱，宰相崔植、杜元颖、王播皆庸才，无远路，因应失宜，河北复陷。自此以后，迄于唐亡，迄不能恢复。五季之世，河北遂为大乱策源地，契丹勃兴，范阳旧镇为其所据，建为南京析津府，充塞内根据地。宋室建国，升魏博旧镇为北京大名府以抵制之。女真勃兴，尽取黄河流域，范阳、成德、魏博、平卢四镇故地皆为所有，自此以后，隶属于外人宇下凡二百年，河北文化骤然退步，有明勃兴始恢复之。然河北文化终不及江南各省，则安史之乱阶之厉也。呜呼！谁实为之？孰令致之？读史者不能不叹息痛恨于玄、肃、代、德四朝养痈成疽之为患也。

悍镇系统简明表（据本国史表解卷上转载）

- 河南二镇
  - 淄青—侯希逸……李正已——李纳————李师道（亡）刘悟杀之
  - 淮西—李忠臣……李希烈……陈仙奇……吴少诚——吴元济 李愬擒之
- 河北三镇
  - 卢龙—李怀仙…朱泚——朱滔……刘怦——刘总……张宏靖……朱克融
  - 成德—李宝臣—李惟岳—王武俊—王世真…王承宗…田弘正……王庭凑
  - 魏博—田承嗣————田悦——田绪——田兴（赐名弘正）—田布…史宪诚

宪宗中兴表（据本国史表解卷上转载）

- 甲、文治
  - 宰相得人——杜黄裳，武元衡，裴垍，李绛，裴度，崔群
  - 廷臣多贤——韩愈，白居易，元稹等
- 乙、武功
  - 一，平西川，斩刘辟
  - 二，定夏绥，斩杨惠琳
  - 三，平镇海，斩李锜
  - 四，平淮西，斩吴元济
  - 五，平淄青，斩李师道

第八章 宦官之专横

第一节 宦官弄权之由来 高力士杨思勖之宠幸

先是太宗在位，惩秦汉之弊，对于宦官，取高压政策。至玄宗时，其制渐紊。玄宗豪奢，宫嫔至四万人，宦官之数，随以增加。高力士、杨思勖最有宠。思勖数将兵，平叛蛮有功，拜辅国大将军。力士常居中宿卫，表奏皆先呈力士，然后奏御，小事即决之，势倾内外，拜骠骑大将军。肃宗在东宫，呼之为兄，诸王公主呼之为翁，驸马辈直谓之爷，自李林甫、安禄山辈，皆因之以取将相；然性和谨，少过，不敢骄横，故玄宗终信任之，士大夫亦不嫉恶也。

第二节 李辅国之乱政

肃宗之起兵灵武也，张良娣有宠，欲立为后。李泌以“家事宜待上皇之命”为言，乃止，良娣由是恶泌。宦官李辅国狡险，阴附张良娣，谋害泌。皇子建宁王倓性刚正，恶良娣与辅国，数于肃宗前诋讦二人罪恶，二人谮之于肃宗，肃宗怒，赐倓死，复谮代宗，代宗依违取容以求免祸。泌知肃宗不足与有为，及复两京，固请归衡山，临行时，诵《黄台瓜辞》，为建宁王诉冤，为代宗解祸。肃宗虽知建宁王冤，而不能为之昭雪。泌行后，上以辅国为殿中监，兼太仆卿，判元帅府行军司马以代泌，于是兵权入于辅国。辅国自上在灵武，侍直帏幄，宣传诏命，四方文奏，宝印符契，晨夕军号，一以委之，及还京师，专掌禁兵。常居内宅，制敕必经辅国押署，然后施行。宰相百司，皆因辅国关白，口为制敕，付外施行。御史台大理寺重囚，或推断未毕，辅国一时纵之，莫敢违者。乾元二年（西历纪元七五八年）三月，李岘入相，具陈辅国专权乱政之状，请停口敕处分，命制敕皆出中书，诸务各归有司，或有追摄，须经台府。上感悟，从之，辅国深忌岘。是年五月，贬岘蜀州刺史。

玄宗还京以后，居兴庆宫，辅国恶之，劫迁之于西内（即太极宫），流窜上皇亲近侍臣陈玄礼、高力士等，玄宗不悦，郁郁成疾而崩。时肃宗寝疾，闻之转遽。张良娣立为皇后，与辅国表里，专权用事，晚更有隙。肃宗病笃，后召代宗令诛辅国，代宗恐震惊上体，不可。辅国闻其谋，夜勒兵幽后。明日，肃宗崩，辅国弑后，奉代宗即位。代宗畏辅国，尊为尚父，拜司空，兼中书令。宦官程元振谋夺辅国权，密言于上，请稍加裁制，解辅国行军司马，出居外第。辅国惧，上表逊位，诏罢中书令，进爵博陆王，寻遣盗刺杀之。以元振为骠骑大将军，兼内侍监，判元帅府行军司马以代辅国，于是大权皆归于元振。

第三节　程元振鱼朝恩之乱政

元振专权自恣，人畏之甚于辅国。诸将有大功者，元振皆忌嫉，欲害之。代宗广德元年（七六三年）十月，吐蕃入寇，元振不以时奏，致帝狼狈出奔陕州，发诏征诸道兵。李光弼等皆恶元振，莫有至者，中外切齿。帝不得已，起郭子仪为关内副元帅，收散兵击吐蕃，破走之。太常博士柳伉请诛元振以谢天下，帝不得已，削元振官爵，放归田里。以宦官鱼朝恩为天下观军容宣慰处置使，总禁兵，由是大权皆归于朝恩。

初，郭子仪、李光弼等九节度讨安庆绪于相州也，肃宗以子仪、光弼皆元勋，难相统属，故不置元帅，但以鱼朝恩为观军容宣慰处置使以统之，观军容之名自此始。乾元二年（七五九年），诸军溃于相州，朝恩恶子仪，谮之于上，罢子仪兵柄，以光弼代之。光弼与史思明相持于河阳。朝议以天下未平，不宜置子仪散地，帝悟，起子仪为诸道兵马都统，统诸军取范阳，定河北，制下旬日，为朝恩所沮，不果行。邙山败后，朝恩惭其策乖谬，深忌光弼，与程元振谋中伤之，光弼出镇徐州，拥兵自卫，不敢入朝。吐蕃入寇，代宗幸陕州，发诏征兵，光弼竟迁延不至，因愧恨成疾而卒。宝应元年（七六二年）回纥之举兵入援也，代宗以德宗为天下兵马元帅，欲以子仪为副，程元振、鱼朝恩沮之，乃止。加仆固怀恩同平章事，领诸军节度行营以副之，河北既平。怀恩因奏以降将薛嵩、田承嗣、李怀仙等分帅河北，自为党援，遂成河朔藩镇之祸。朝恩复忌怀恩，屡谮其有异志。广德二年（七六四年）十二月，怀恩自危，遂反，寇太原，朝廷起郭子仪为关内河东副元帅、河中节度使以拒之。次年（永泰元年，七六五年）九月，怀恩诱吐蕃、回纥、吐谷浑、党项等数十万众，同时入寇，京师大震。朝恩欲劫帝幸河中，会怀恩道卒，郭子仪出兵泾阳，说降回纥，击走吐蕃，帝乃止。次年（大历元年，七六六年），以朝恩判国子监事，握教育权。中书舍人常衮上书谏，不听。朝恩专点禁兵，势倾朝野，凌侮宰相，每奏事以必允为期，朝政有不预者，辄曰："天下事有不由我者耶？"代宗闻之，不怿。宰相元载乘间奏其专恣不轨，请除之，上以为然。大历五年（七七〇年），用载计，诛朝恩，于是大权归于载。

第四节　元载之擅权

元载初为度支郎中，敏悟善奏对。上元二年（七六〇年），拜户部侍郎，充勾当度支铸钱盐铁兼江淮转运等使，代刘晏掌财政，择豪吏为县令，强夺民间粟帛，民聚山泽为群盗，州县不能制。次年（宝应元年）三月，为李辅国推荐，拜同平章事，代萧华握政柄。次年（广德元年）十一月，判元帅府行军司马，代程元振总军政。载以货结内侍董秀，潜与往来，上意所属，载必先知之，由是有宠。载专权，恐奏事者攻讦其私，乃请百官奏事，皆先白长官，长官白宰相，然后奏闻。刑部尚书颜真卿上书争之，载怒，大历元年，贬真卿峡州别驾。载既诛鱼朝恩，上宠任益厚，载遂志气骄溢，弄权舞智，政以贿成，僭侈无度。上悉知载所为，以其任政日久，欲全始终，因独见深戒之，载犹不悛，上由是稍恶之。大历十二年（七七七年），与元舅金吾大将军吴凑谋，收载，赐死，贬其党同平章事王缙为括州刺史。

代宗优宠宦官，奉使四方者，还问其所得，颇少，则以为轻我命，由是中使所至，公求赂遗，重载而归。田承嗣之叛也，遣其将卢子期攻磁州，李宝臣与昭义节度使李承昭救磁州，击擒子期，送京师，斩之。上嘉宝臣之功，遣中使马承倩赍诏劳之。宝臣遗之百缣，承倩诟詈，掷出道中。王武俊说宝臣曰："今公在军中新立功，竖子尚尔，况寇平之后，召归阙下，一匹夫耳，不如释承嗣以为己资。"宝臣遂有玩寇之志。德宗深知其弊，即位以后，遣中使邵光超赐李希烈旌节，希烈赠之仆马及缣七百匹，上怒，杖光超而流之。于是中使之未归者，皆潜弃所得于山谷，虽与之，莫敢受。

第五节　白志贞之误国　神策中尉枢密使之设置

自鱼朝恩诛后，神策都知兵马使王驾鹤专典禁兵十余年，权行中外。德宗即位，以白志贞代之。志贞朘削禁旅以自肥，故泾原之变，京师毫无预备。长安陷后，李怀光上表弹劾志贞，上不得已，与卢杞皆贬远州司马。帝还自梁州，惩泾卒之变，且猜忌宿将，乃以内官窦文场、霍仙鸣为监神策军兵马使，总禁兵。贞元十二年（七九六年），置护军中尉，以文场、仙鸣任之，位在十二卫大将军上，自是禁军常隶于中尉。是时窦、霍势倾中外，藩帅多出神策军，台省清要亦有出其门者，复置枢密使，参预大政，揽权树威，挟制中外。

夏绥节度使韩全义本出神策军，窦文场爱之，荐于上，使统十七道兵讨吴少诚。全义素无勇略，专以巧佞货赂结宦官，得为大帅，每议军事，监军数十人争论纷然，不决而罢。士卒久屯沮洳之地，天暑病疫，全义不存抚，人有离心。与淮西战，锋镝未交，诸军大溃，上不得已，赦吴少诚。顺宗即位，王叔文专国政，欲夺取宦官兵权以自固。以范希朝老将，有威名，授为神策京西行营节度使，以其党韩泰为行军司马。边将各以状辞中尉，宦者始悟兵柄被夺，大怒，密令其使归告诸将曰："无以兵属人。"希朝至奉天，诸将无至者，泰驰归白之，叔文计无所出。宦官俱文珍等忌叔文，屡请以太子监国，上从之。

第六节 吐突承璀之宠幸 陈弘志之弑逆

宪宗在东宫时，宦官吐突承璀以干敏得幸。即位以后，以为左神策中尉。元和四年，拜招讨处置使，督诸军讨王承宗，无功，左迁军器使。六年十一月，将以李绛为相，先出承璀为淮南监军。九年正月，绛罢相，复召承璀为左神策中尉。承璀谋立丰王恽为太子，帝不许，太子恒忧之。帝服金丹，多躁怒，左右宦官，往往获罪有死者，人人自危。元和十五年（西历纪元八二〇年）正月，内常侍陈弘志进毒弑帝，其党中尉梁守谦、宦官王守澄等，共杀承璀及恽，奉太子恒即位，是为穆宗。

第七节　王守澄之专权　刘克明之弑逆

穆宗即位，好游畋，喜声色，赐与无节，枢密使王守澄专制国事，是时河朔三镇（魏博、成德、幽州）皆叛，迄于唐亡，不能复取。

穆宗在位四年，以长庆四年（西历纪元八二四年）正月崩，太子湛立，是为敬宗。敬宗游戏无度，狎昵群小，善击球，好手搏，性复褊急，左右有小过，动遭捶挞，皆怨惧。在位二年，以宝历二年（八二六年）十二月，为宦官刘克明、将军苏佐明等所弑，立绛王悟。守澄等发禁兵讨贼，诛克明等，并杀悟，迎皇弟江王涵入即位，更名昂，是为文宗。

第八节　宋申锡之窜　甘露之变

文宗太和二年（八二八年），亲策制举人。时宦官益横，权出人主之右，人无敢言。贤良方正刘蕡对策，极言其祸，考官皆叹服，而畏宦官，不敢取。裴休、李郃、杜牧等二十二人中第，皆除官，物论嚣然称屈，谏官御史欲论奏，执政抑之。李郃曰："刘蕡下第，我辈登科，能无厚颜。"上疏乞回所授官以旌蕡直，不报。

文宗素患宦官强盛。太和四年（八三〇年）七月，以宋申锡同平章事，密谋诛之。申锡引王璠为京兆尹，以密旨谕之。璠泄其谋，中尉王守澄与其党郑注，使人诬告申锡谋立皇弟漳王凑，帝信之。太和五年（八三一年）三月，贬凑为巢县公，申锡为开州（今四川东川道开县）司马，坐死徙者数十百人。注依附守澄，权势熏灼，帝深恶注，欲罪之，守澄庇之，得免。七年（八三三年）九月，帝得风疾，饮注药，颇有验，由是有宠，拜右神策判官。注引李训见守澄，守澄荐之于帝。训仪状秀伟，倜傥尚气，颇工文辞，有口辩，多权数。上见之大悦，欲置之翰林，宰相李德裕力争，诏出德裕为山南西道节度使，而以训为翰林侍讲学士。训、注揣知上意，数以微言动上，上意其可与谋大事，遂密以诚告之，训、注遂以诛宦官为己任。二人言无不从，声势烜赫，外人但知训、注倚宦官作威福，不知其与上有密谋也。上之立也，宦官仇士良有功，王守澄抑之，由是有隙。训、注为上画策，进擢士良以分守澄之权。九年（八三五年）五月，擢士良为左神策中尉，出注为凤翔节度使，以舒元舆与训同平章事，谋中外协势以诛宦官。训为上谋讨元和逆党。时陈弘志为兴元（今陕西汉中道南郑县）监军，召至青泥驿（在今陕西关中道蓝田县峣关南），封杖杀之，进守澄为神策观军容使，阳酋以虚名，实夺之权。十月，遣中使就第鸩杀人，人皆快守澄之受佞，而疾训注之阴狡，于是元和逆党略尽。

训以郭行余镇邠宁，王璠镇河东，使多募壮士为部曲。以罗立言知京兆府事，韩约为金吾卫大将军，与御史中丞李孝本谋诛宦官。宰相惟舒元舆预谋，王涯、贾悚不知也。是年十一月壬戌，上御紫宸殿，百官班定，约奏左金吾听事后，石榴有甘露，宰相帅百官称贺，训劝帝往观，帝命宰相视之，训还奏非真，帝顾仇士良，令帅诸宦者往观。宦者既去，训召行余、璠受敕，璠股栗不敢前，独行余拜殿下。时二人部曲数百，皆执兵立丹凤门外，训召之人，士良等至左仗，约变色流汗，士良怪之。俄风吹幕起，执兵者甚众，士良惊走，诣上告变。训乎金吾卫士上殿卫乘舆，宦者即举软舆迎上，决殿后罘罳（织丝为网状张之以捕燕雀者），疾趋北出。罗立言帅京兆逻卒，李孝本帅御史台从人，登殿纵击宦者，死伤者十余人。训知事不济，走马而出。王涯、贾悚、舒元舆还中书，士良等命神策兵出战，杀吏卒二千余人，执王涯、贾悚、舒元舆、王璠、郭行余、罗立言、李孝本、韩约等，诬以谋叛，皆斩之。训奔凤翔，途中为人所杀。郑注率亲兵五百来应援，中途闻训败，走还凤翔，监军张仲清伏兵杀之，皆夷其族，世谓之甘露之变。士良知上预谋，怨愤出不逊语，上惭惧，不复言。数日之间，杀生除拜，皆决于中尉，上不豫知。自是以后，宦官气焰益盛，迫胁君主，凌暴朝士，国事皆决于中尉，宰相奉行文书而已。

文宗即位之初，励精图治，去奢从俭，中外翕然，谓太平可冀，然制于宦寺，竟不能有为。自经甘露之变，意忽忽不乐，两军球鞠之会，什减六七，或徘徊眺望，或独语叹息，尝谓宰相曰："朕每读书，耻为凡主，然与卿等论天下事，势未得行者，退但饮醇酒求醉耳。"尝自题宫中诗云：

辇路生秋草，上林花满枝。凭高何限意，无复侍臣知。

亦可知上胸中之郁闷矣。晚年，常独坐思政殿，召当直学士周墀问曰："朕可方前代何主?"对曰："陛下尧舜之主也。"上曰："朕岂敢比尧舜，所以问卿者，何如周赧、汉献耳?"墀惊曰："彼亡国之主，岂可比圣德?"上曰："赧、献受制于强诸侯，今朕受制于家奴，以此言之，殆不如也。"因泣下沾襟。帝一子太子永，为杨贤妃所谮，帝欲废之，宰相力争，乃止。开成三年（八三八年）十月，太子暴卒，贤妃请立皇弟安王溶，上谋于宰相，立敬宗少子陈王成美为太子。开成五年（八四〇年）正月，帝病笃，欲以太子监国，仇士良等以成美之立，功不在己，矫诏废之，立皇弟颖王瀍为皇太弟。帝寻崩，太弟杀贤妃、溶、成美而自立，后改名炎，是为武宗。

武宗即位，外尊宠仇士良，内实忌之，士良颇觉，遂以老病致仕。其党送归私第，士良教之曰："天子不可令闲，常宜以奢靡娱其耳目，使日新月盛，无暇更及他事，然后吾辈可以得志。慎勿使之读书，亲近儒生，彼见前代兴亡，心知忧惧，则吾辈疏斥矣。"其党拜谢而去。

是后宣宗、懿宗、僖宗，昭宗皆为宦官所立。马元贽、王宗实、刘行深、韩文约、田令孜、杨复恭、刘季述、韩全诲等皆以中尉主兵，居中用事，擅奉戴之功。其势既成，虽有英主，亦无如之何。公卿大臣，俯伏受制，雄藩巨镇，多出其门，自称定策国老，自谓天子门生，其间伤贤害能、召乱致祸、卖官鬻狱、沮败师徒、蠹国病民之事，不胜枚举。崔胤愤极，乃召外兵，宦官虽诛，唐社亦墟矣。其事之首尾，于后章述之。

唐代宦官之祸表（据本国史表解卷上转载）

帝	宦官之祸
一、玄　宗	高力士与政,将相大臣,多由以进
	杨思勖典兵,为大将军
二、肃　宗	李辅国逼迁上皇,与张后表里为奸,害建宁王倓
三、代　宗	鱼朝恩监军,谮郭子仪,罢其兵柄
	程元振倾来瑱,赐死,李光弼遂不敢入朝
四、德　宗	窦文场、霍仙鸣分统神策天威等军
	梁守谦掌枢密,承受诏旨,出纳王命多委之
五、宪　宗	吐突承璀为行营兵马使,讨成德叛帅,败绩
	陈弘志弑帝,立穆宗
六、敬　宗	刘克明弑帝,立绛王悟,王守澄杀绛王,立文宗
七、文　宗	李训、郑注谋杀仇士良失败,长安流血,是为甘露之变
八、武　宗	仇士良立帝
九、宣　宗	马元贽立帝
十、懿　宗	王宗实立帝
十一、僖宗	刘行深立帝
	田令孜召乱,帝出奔凤翔
十二、昭帝	杨复恭立帝
	帝谋诛刘季述,事泄,被幽于少阳院
	韩全诲劫帝走凤翔
	朱全忠诛宦官,唐祚亦斩

司马温公曰："宦者用权为国家患，其来久矣。汉衰，宦官最名骄横，然皆假人主之权以浊乱天下，未有劫胁天子如制婴儿，废置在其手，东西出其意，如唐世者也。所以然者，汉不握兵，唐握兵故也。太宗鉴前世之弊，深抑宦官，无过四五品。明皇始隳旧章，是崇是长，晚节令高力士省

决章奏，乃至进退将相时与之议，自太子王公皆畏事之，宦官用是炽矣。及中原板荡，肃宗收兵灵武，李辅国以东宫旧隶，参预军谋，宠过而骄，不能复制，遂至慈父爱子皆不能庇，以尤悸终。代宗践祚，仍遵覆辙，程元振、鱼朝恩相继用事，窃弄刑赏，壅蔽聪明，是以来填入朝，遇谗赐死。吐蕃深侵郊甸，匿不以闻，致上狼狈出幸。李光弼危疑愤郁，以陨其生。郭子仪摈废家居，不保丘垄。仆固怀恩冤抑无诉，遂弃勋庸，更为叛乱。德宗初立，颇振纲纪，而猜忌诸将，悉夺其兵，以窦文场、霍仙鸣为中尉，使典宿卫，自是太阿之柄落其掌握矣。宪宗末年，吐突承璀欲废嫡立庶，以成陈弘志之变。敬宗狎昵群小，刘克明、苏佐明为逆，其后绛王及文、武、宣、懿、僖、昭六帝，皆为宦官所立，势益骄横。王守澄、仇士良、田令孜、杨复恭、刘季述、韩全诲为之魁杰，自称定策国老，自谓天子门生，根深蒂固，不可救药矣。文宗深愤其然，志欲除之，以宋申锡之贤，犹不能有为，反受其殃，况李训、郑注，反复小人，一朝谋露，遂至喋血禁涂，积尸省户，公卿大臣连颈就诛，阖门屠灭。天子阳喑纵酒，饮恨吞声，不亦悲乎。以宣宗之严密，犹闭目摇手，自谓畏之，况懿僖之骄侈，苟声色球马克其欲，则政事一以付之，呼之为父，固无怪矣。蔑污宫阙，两幸梁益，皆令孜所为也。昭宗不胜其耻，力欲清涤，而所任非人，始则张浚覆军于平阳，增李克用跋扈之势；复恭亡命于山南，启李茂贞不臣之心；终则兵交阙廷，矢及御衣，幽辱东内，劫迁岐阳。崔昌遐无可如何，更召朱全忠以讨之，连兵围城，再罹寒暑，然后全诲就诛，翦灭其党，而唐之庙社因以丘墟矣。然则宦者之祸，始于明皇，盛于肃代，成于德宗，极于昭宗。易曰："履霜坚冰至。"为国家者防微杜渐，可不慎其始哉。

第九章 朋党之倾轧

有唐中叶以后，政府之实权入于宦官手，无政党发生之余地。然玄宗时代之姚崇、宋璟、李林甫、杨国忠，代宗时代之元载、杨绾，德宗时代之崔佑甫、杨炎、卢杞、张延赏、李泌、陆贽等，无论大小为贤为不肖，而皆有相当势力，足以左右政界。同时之宦官若杨思勖、高力士、李辅国、程元振、鱼朝恩、窦文场、霍仙鸣等，虽有一部分权力，足以牵制宰相行政，固未能取而代之也。有唐时代之风气，内重外轻，凡京朝官出为都督刺史，宰相出为节度观察等使者，皆目为左迁。聚天下之人才，荟萃于中央政府，而无相当之位置以调剂之，势不得不出于竞争，竞争之结果，君子与小人不能相容，势不得不出于倾轧。竞争而至于倾轧，其君又无知人之明，于是君子退，小人进，而党祸成矣。有唐之朋党与汉末之钩党异。汉末之钩党，其主体为士君子，其对象物为宦官。有唐之朋党，则双方皆士大夫也。汉末之钩党，始于甘陵二部相讥，成于太学诸生相誉，所争者意气，所急者国事也。唐末之朋党，始于牛僧孺、李宗闵之对策，成于钱徽、李宗闵之贬黜，所争者意气，所急者功名也。汉之党尚节义，政乱于上，而俗清于下，及其亡也，人犹畏义而有所不为。唐之党趋势利，势尽则离，利尽则散，故其衰季，士无操行，以酿成五代之纷乱。推其成立之原因，约有三端。

一、李逢吉、李宗闵、牛僧孺等 妒贤嫉能，贪恋禄位，故引进同类，把持朝政，排斥异己，即使与裴、李诸公无宿嫌，亦决不能相得，盖冰炭不同炉，薰莸不同器，君子小人不能共秉国钧也。

二、穆宗昏庸，敬宗荒淫　无足论矣。文宗号称令主，然优柔寡断，无知人之明，故对于贤臣，时常怀猜疑心，对于庸臣，时常怀牵就心，对于佞臣，时常怀试验心。中无主见，往往为小人所利用，反不若蜀汉后主、明神宗之庸懦幼弱者，犹能恭己无为，任贤勿贰也，裴、李诸贤不能久居政府者以此，甘露之祸所以酿成者亦以此也。及武宗即位，始重用文饶，制驭宦官，扫平河朔，征服回鹘，绥附黠戛斯，安抚党项以制吐蕃，漠南漠北烽烟无警，行见河陇旧地复归于中国，文治武功恢复有唐盛时状况。不幸武宗早世，文饶为异己者所排，远窜蛮方，没于瘴地，此真天不祚唐也。自此以后，河陇虽一时恢复，旋复沦没，酿成有宋初年西夏之祸。朔方、河西、陇右等富庶之地骤然退化，无复汉唐时旧观，直至现在，犹为汉蒙回人杂居之地，声名文物，远在沿江沿海各省之下，抑亦天不祚中国也。

三、文饶之为人　才高气劲，而不知道，功名心重，得失心重，而不知自反。苏子瞻论贾长沙云："惜乎贾生，志大而量小，才有余而识不足也。"吾于文饶亦云然。孔子曰："忠恕违道不远，施诸己而不愿，亦勿施于人。"文饶对于李宗闵等，似尚未能行恕道。昔者西汉中叶，霍光废昌邑王，立宣帝，侍御史严延年劾其专横，光不以为忤。僧孺、宗闵对策，亦据己见论国事耳。使言而非，无足与校，使言而是，尽可采择以备选用。不当怨而不解。春秋责备贤者，文饶父子，于是有惭德矣。

有此三原因，而有唐中叶之党祸成矣，其事迹首尾，下依次序论之。

汉唐党祸比较表

一，汉末之钩党，其主体为士君子，其对象物为宦官	一，有唐之朋党，双方皆士大夫
二，汉末之钩党，所争者意气，所急者国事	二，有唐之朋党，所争者意气，所急者功名
三，汉之党尚节义，政乱于上，而俗清于下，及其亡也，人犹畏义而有所不为	三，唐之党趋势利，势尽则离，利尽则散，故其衰季，士无操行，以酿成五代之纷乱

第一节　牛李结怨之始

先是宪宗元和二年（西历纪元八〇七年），以李吉甫同平章事。吉甫谓中书舍人裴垍曰："吉甫流落江淮，逾十五年，一旦蒙恩拔擢至此，思所以报德，惟在进贤，而朝廷后进，罕所接识。君有精鉴，愿悉为我言之。"垍取笔疏三十余人，数月之间，选用略尽，当时翕然称为得人。三年（八〇八年）四月，策试贤良方正直言极谏举人，牛僧孺、皇甫湜、李宗闵皆指陈时政之失，无所避。考官杨于陵、韦贯之署为上第，上亦嘉之。吉甫恶其言直，泣诉于上，且言湜翰林学士王涯之甥也，涯与裴垍复试而不自言。上不得已，罢垍为户部侍郎，贬贯之巴州（今四川东川道巴县）刺史，涯虢州（今河南河洛道陕县）司马，出于陵为岭南节度使，僧孺等久之不调，各从辟于藩府，是为牛李结怨之始。元和十五年，宪宗崩，穆宗即位。次年（长庆元年，八二一年）四月，右补阙杨汝士与礼部侍郎钱徽掌贡举。西川节度使段文昌、翰林学士李绅各以书属所善进士，及榜出，二人所属皆不预，而谏议大夫郑覃弟朗（故相珣瑜之子）、河东节度使裴度子课、中书舍人李宗闵婿苏巢、汝士弟殷士及第。文昌言于上曰："今岁礼部殊不公，所取皆以关节得之。"上以问诸学士。是时李吉甫之子德裕与李绅、元稹俱在翰林，以学识才名相类，情颇款密。德裕以宗闵尝对策讥切其父，恨之。稹与宗闵争进取，有隙。于是德裕、稹、绅皆以文昌言为然，上乃命复试，黜朗等十人，贬徽江州（今江西浔阳道九江县）刺史，宗闵剑州（今四川嘉陵道）刺史，汝士开江（今四川东川道开江县）令。或劝徽奏文昌绅属书，上必悟。徽曰："苟无愧心，得丧一致，奈何奏人私书，岂士君子所为耶?"取而焚之，时人多之。自是德裕、宗闵各分朋党，更相倾轧垂四十年。

牛李结怨原因表

一，宪宗元和三年，策试贤良方正直言极谏举人，黜牛僧孺、皇甫湜、李宗闵，贬考官杨于陵、韦贯之，复试官王涯、裴垍。

二，穆宗长庆元年，试进士，黜郑朗等十人，贬考官钱徽、杨汝士及中书舍人李宗闵。

第二节　李逢吉之专政

一、裴李之结怨

先是元和初年，宪宗用兵伐叛，始于宰相杜黄裳，李吉甫继之，方欲出兵经略两河而遽卒。武元衡、裴度继之，以次削平河南北诸强藩。而韦贯之、李逢吉相继入相，深以用兵为非，屡请罢兵，上不悦，二人相次罢相，故逢吉深不满意于吉甫与度。

二、裴度之复相　元裴之倾轧

穆宗长庆元年，卢龙叛将朱克融、成德叛将王庭凑、魏博叛将史宪诚相继作乱，河北复陷。是时裴度已罢相，出镇河东，诏以度为镇州（今河北保定道正定县）行营都招讨使，督诸军讨庭凑。上之初即位也，两河略定，宰相萧俛、段文昌以为天下已平，渐宜消兵，请密诏军镇，每岁百人之中，限八人逃死。上方荒宴，不以国事为意，遂可其奏。军士落籍者，皆聚山泽为盗，及幽镇作乱，一呼而亡卒皆集。诏征诸道兵讨之，皆临时招募乌合之众以行。又诸节度既有监军，主将不得专号令，战小胜，则飞骑奏捷，自以为功，不胜则迫胁主将，以罪归之。悉择军中骁勇以自卫，遣羸懦者就战，故每战多败。

翰林学士元稹与知枢密魏弘简相结，求为宰相，以度先达重望，恐其复有功大用，妨己进取，故度所奏军事，多与弘简从中沮之。度上书论奏，上不得已，罢弘简为弓箭库使，出稹为工部侍郎，而恩遇如故。二年（八二二年）二月，以稹同平章事，稹怨度，欲解其兵柄，乃劝帝雪庭凑，授为节度使而罢兵，以度为司空、同平章事充东都留守。谏官争上言，度有将相全才，不宜置之散地，上乃命度入朝辅政，于是稹、度并相。是时李逢吉为山南东道节度使，于帝有侍读之恩，密结幸臣，求还京师。是年三月，征拜兵部尚书，逢吉以稹与度有隙，欲并倾陷之，乃遣人密告："和王傅于方，为稹结客，谋刺度。"诏仆射韩皋等按验，皆无状，逢吉因乘隙并排稹、度。是年六月，罢度为右仆射，出稹为同州（今陕西关中道大荔县）刺史，而以逢吉为门下侍郎，同平章事。逢吉既得政，锐意报怨，结朝臣之不逞者，造作谤言百端，欲中伤度。翰林学士李绅、韦处厚，从中维持调护，度仅得安于位。

三、李逢吉牛僧孺内阁之成立　李德裕、裴度之左迁

是时李德裕为中书舍人，兼翰林学士，以才学结主知，颇有人相希望。逢吉恶吉甫与度，因迁怒于德裕。朝夕短之于上，出为御史中丞。时牛僧孺为户部侍郎，逢吉与之结为党羽，欲引僧孺人中书，以固其权，惧

德裕从中阻之。是年九月，出德裕为浙西观察使。次年（长庆三年）三月，引僧孺同平章事。德裕至浙西，八年不迁，由是怨逢吉愈深。逢吉嫉裴度在京，是年八月，出度为司空、山南西道节度使，不兼平章事。是时河北已再陷，武宁叛将王智兴据徐州（今江苏徐海道铜山县），宣武叛将李齐据汴州（今河南开封道开封县），朝廷不能讨，度以元和（宪宗年号）故相，屡立大功，有威名，天下倚以为重。闻其复相，争延颈企望太平，至是为逢吉所逐，人心失望。

四、李绅之贬

逢吉既专大政，外援牛僧孺，内结知枢密王守澄，势倾朝野。惟翰林学士李绅每承顾问，常排抑之，拟状至内庭，绅多所臧否。逢吉患之，而上遇绅厚，不能远也。会御史中丞缺，逢吉荐绅清直，宜居风宪之地。上以中丞亦次对官，可之。逢吉乃奏以吏部侍郎韩愈为京兆尹，兼御史大夫，放台参（免参御史台也），以绅褊直，必与愈争。及制出，绅果移牒往来，愈性本强，遂全辞语不逊，喧论于朝，逢吉乃奏二人不协。长庆三年（八二三年）九月，罢愈为兵部侍郎，出绅为江西观察使。二人入谢，上令各自叙其事，乃悟为逢吉所排，复以愈为吏部侍郎，留绅为户部侍郎。

上既留绅，逢吉愈忌之。绅族子虞以文学知名，自言不乐仕进，隐居华阳川。及从父耆为左拾遗，虞与耆书求荐己，绅闻而诮之。虞深怨之，悉以绅平日密论逢吉之语告逢吉，逢吉益怒，使虞与从子仲言及补阙张又新伺求绅短，扬之于士大夫间。且言绅潜察士大夫有群居议论者，辄指为朋党，白之于上，由是士大夫多忌绅。四年（八二四年）正月，穆宗崩，敬宗即位，逢吉以绅为穆宗帷幄近臣，恐上复眷绅，使王守澄言于上曰："陛下所以为储贰，逢吉力也，如杜元颖、李绅辈，皆欲立深王。"（名悰上弟）上时年十六，疑未信。会逢吉亦有奏，言绅谋不利于上，请加贬谪。

上初即位，方任大臣，不能自决，从之。是年二月，贬绅为端州（今广东粤海道高要县）司马，翰林学士庞严为信州（今江西豫章道上饶县）刺史，蒋防为汀州（今福建汀漳道长汀县）刺史，皆绅所引也。又新等犹忌绅，日上书言贬绅太轻，上许为杀之，朝臣莫敢言，独翰林侍读学士韦处厚上疏，指述绅为逢吉之党所谗。上稍开寤，会阅禁中文书，有穆宗所封一箧，发之，得裴度、杜元颖、李绅疏，请立上为太子，上嗟叹，乃焚谮绅书，后有言者不复听矣。是时逢吉以李虞、张又新、李仲言等八人为腹心，又有附和之者八人，皆引居要地，时人目之为八关十六子。有所求请，先赂关子，后达逢吉，无不得所欲。

五、裴度之复相　李牛内阁之倒闭

是年，山南东道节度使牛元翼卒，元翼旧为深州（今河北保定道深县）刺史，王庭凑作乱，元翼举兵拒守，庭凑怒，围深州，朝廷不能救，元翼突围奔官军，其家族为庭凑所虏。元翼镇襄阳，朝廷屡遣中使取其家族，庭凑迁延不遣，至是闻元翼卒，遂屠其家。上闻而叹息，谓宰相非才，使凶贼纵暴。翰林学士韦处厚言："裴度勋高中夏，声播外夷，宜置之岩廊，委其参决。"上乃下诏，复加度同平章事。是时上年幼，荒于酒色游宴，狎昵群小。牛僧孺久在相位，旅进旅退，畏罪不敢言，但累表求出。宝历元年（八二五年）正月，罢为武昌节度使。二月，李德裕自浙西献丹扆六箴（一曰宵衣以讽视朝稀晚，二曰正服以讽御服乖异，三曰罢献以讽征求玩好，四曰纳诲以讽侮弃谠言，五曰辨邪以讽信任群小，六曰防微以讽轻出游幸）以讽谏，上优诏答之。仆射李绛，元和贤相，久居端揆，好真谏，李逢吉恶之。是年十二月，出为太子少师，分司（唐制京朝官留居东都不治事者名曰分司）东都，言事者多言裴度贤，不宜弃之藩镇。上数遣使劳问，度因求入朝，逢吉之党大惧，百计阻之，上不听。二年（八二六年）正月，征度还京，复以司空、同平章事。十一月，出逢吉为山南东道节度使。

第三节 李宗闵之专政

一、李宗闵牛僧孺内阁之成立 裴度郑覃之左迁

是年十二月，宦官刘克明等弑帝。枢密使王守澄、中尉魏从简等，与翰林学士韦处厚密谋，发兵讨乱党，悉诛之，奉文宗即位，以处厚同平章事。文宗恭勤宽俭，有美德，而优柔寡断，遇事不能坚决。与宰相议事已定，寻复中变，处厚于延英（殿名）极论之，因请避位，上慰劳不许。

是时李德裕久在浙西，政治修明，军民悦服，报政为诸道最，穆宗优诏嘉之。德裕以敬宗荒淫无度，数上书讽谏，上虽不能尽用，而心善之。文宗在藩邸，素知德裕贤。太和二年（八二八年）十二月，韦处厚卒。三年（八二九年）八月，召德裕为兵部侍郎，裴度当国，荐以为相。是时李宗闵为吏部侍郎，有中人之助，遂以宗闵同平章事，宗闵恶德裕逼己。九月，出德裕为义成节度使，镇滑州（今河南河北道滑县），又惧德裕复入，欲引牛僧孺以自助，屡荐僧孺有才，不宜居外。四年（八三〇年）正月，召僧孺守兵部尚书，同平章事，二人唱和，相与排摈德裕之党，稍稍逐之。

是年六月，裴度请老，诏以司徒、平章军国重事。宗闵故为度彰义节度判官，渐获进用，至是怨度荐德裕，乘其谢病，九月，出度为山南东道节度使。翰林侍讲学士郑覃长于经学，帝甚重之，宗闵恶覃与德裕相善，奏为工部尚书，罢其侍讲学士。

二、恢复维州议

是时南诏作乱，攻成都，入其郛，西川州郡多陷，一方凋敝。是年十月，徙李德裕为西川节度使，镇成都，非优贤也，将以窘德裕也。德裕至

镇，作筹边楼，图蜀地形，南入南诏，西达吐蕃。日召老于军旅、习边事者，访以山川城邑道路险易广狭远近，未逾月，皆若身尝涉历。练士卒、葺堡障、积粮储以备边，蜀人粗安，又遣使入南诏，索所掠百姓，得四千余人，复归成都。五年（八三一年）九月，吐蕃维州（故城在今四川西川道理番县西十里）副使悉怛谋以城来降，德裕遣兵据其城。维州距成都四百里，南界江阳岷山，连岭而西，不知其极，东望成都，若在井底，一面孤峰，三面临江，是西蜀控吐蕃之要地。肃宗至德以后，吐蕃尽陷河陇，惟此州尚存，吐蕃潜以妇人嫁此州守门者。二十年后，二子长成，窃开垒门，引蕃兵夜入，城遂陷，吐蕃得之，号曰无忧城。德宗贞元中（七八五至八〇五），韦皋镇西川，经略西山八国，欲取维州为进兵之路，百计谋复之，不克。至是德裕上书言状，诏百官集议，皆请如德裕策。牛僧孺曰："吐蕃之境，四面各万里，失一维州，未能损其势，徒弃诚信，有害无利。"上以为然，诏德裕执悉怛谋，并城归之吐蕃，吐蕃诛之于境上，极其惨酷，德裕由是怨僧孺益深。六年（八三二年）十一月，西川监军王践言入知枢密，数为上言："缚送悉怛谋，以快虏心。绝降者，非计也。"上亦悔之，尤僧孺失策，僧孺内不自安，会上谓宰相曰："天下何时当太平，卿等亦有意于此乎？"僧孺对曰："太平无象，今四夷不至交侵，百姓不至流散，虽非至理，亦谓小康。陛下若别求太平，非臣等所及。"（司马光曰：是时阍寺胁君于内，藩镇阻兵于外，士卒杀逐主帅拒命自立。军旅岁兴，赋敛日急，而僧孺谓之太平不亦诬乎）退语同列曰："吾辈为宰相，天子责成如是，安可久处此地耶？"因累表求去。是年十二月，罢为淮南节度使，征李德裕为兵部尚书，上眷倚甚厚，朝夕且为相。时李宗闵犹在政府，百计阻之，不获。

三、李德裕入相　李牛内阁之倒闭

七年（八三三年）二月，以德裕同平章事。是时给事中杨虞卿与从兄中书舍人汝士等善交结，依附权要，上闻而恶之。德裕入谢，上因与之论朋党事。德裕对曰："人才惟邪正两途，正必去邪，邪必害正，而其辞皆若可听，在人君深察而进退之。不然，二者并进，虽圣贤经营，无由成功也。"他日，上从容宴见宰相，德裕、宗闵俱在侧，上复语及党事。宗闵曰："臣素知之，故若虞卿汝士辈，皆未尝授以美官。"德裕曰："给舍非美官而何?"宗闵失色。

初，郑覃以经学事上潜邸，及即位，仍诏侍讲禁中。覃天性褊直，恒因辩论经义，引伸及时事，宗闵闻而恶之，因事罢其侍讲职。一日，上从容语宰相曰："殷侑经术，颇似郑覃。"宗闵对曰："覃侑经术诚可尚，然其论议时政，实不足听。"德裕曰："覃侑之议论，众人皆不欲闻者，以其有所不便耳，陛下独喜闻之，天下幸甚。"后旬日，禁中宣出，径拜覃御史大夫。宗闵语枢密使崔潭峻曰："事皆宣出，安用中书。"潭峻曰："八年天子，听其自行事亦可矣。"宗闵愀然，始不自安。是年六月，罢为山南西道节度使，以王涯同平章事。

第四节　李训郑注之专政　李德裕李宗闵之左迁

文宗素患宦官强盛，宋申锡获罪后，郑注引李训见王守澄。训本名仲言，逢吉从子，八关十六子之一也。敬宗宝历元年，以罪流象州，至是遇赦，还东都。时逢吉为东都留守，思复入相，训自言与郑注善，逢吉使训厚赂注，注引训见守澄，守澄荐之于帝，帝欲以为谏官，置之翰林。李德裕以训奸邪，不宜置之宫禁，力争，王涯希帝旨，以为可用。上因此不满意于德裕。

训、注合谋以排德裕，引李宗闵以敌之。八年（八三四年）十月，召宗闵还京，为中书侍郎、同平章事，罢德裕为山南西道节度使。同日，以训为翰林侍读学士。训、注德王璠，引为尚书左丞，复媒孽德裕。九年（八三五年）四月，左迁德裕为太子宾客，分司东都，再贬为袁州（今江西庐陵道宜春县）长史。宰相路隋力争，上不悦，罢隋为镇海节度使，以贾餗同平章事。时德裕、宗闵各有朋党，互相挤援，上患之，每叹曰："去河北贼易，去朝中朋党难。"

注求为两省官，李宗闵不许，注毁之于上。是年六月，贬宗闵明州（今浙江会稽道鄞县）刺史，再贬处州（今浙江瓯海道丽水县）长史，三贬潮州（今广东潮循道潮安县）司马。训、注为上画太平之策，以为当先除宦官，次复河湟（今甘肃西部，即唐河西陇石地），次清河北，开陈方略，如指诸掌。上以为信，宠任日隆，旋以注为翰林侍读学士。学士李珏尝短注于上，至是贬江州刺史。时训、注所恶，皆目为二李之党，贬逐无虚日，班列殆空。寻以注为凤翔节度使，舒元舆与训同平章事，谋中外协势以诛宦官。上惩二李朋党，以贾餗及元舆皆孤寒新进，故擢为相，庶其无党。训起流人，期年致位宰相，天子倾意任之，天下事皆决于训。王涯辈承顺风旨，惟恐不逮。

第五节　郑覃陈夷行杨嗣复李珏之倾轧

甘露之变以后，郑覃、李石、李固言、陈夷行相继入阁。石忠方正亮，忘身殉国，故纪纲粗立。仇士良嫉石，开成三年（八三八年）正月，潜遣盗刺之，石不得已，上表逊位，罢为荆南节度使。固言与杨嗣复、李珏善，引二人入阁以排覃、夷行。每议政之际，是非蜂起，上不能决。自李训败后，凡所指为二李之党者，皆稍稍复其官。迁李德裕为滁州（今安徽淮泗道滁县）刺史，俄复太子宾客，分司东都，复授浙西观察使。学士黎埴顿首言："德裕与宗闵同被逐，德裕独三进官，宗闵至今尚在海滨，不足以示大公。"上曰："宗闵尝荐郑注，而德裕欲杀之，今当以官与何人耶？"埴惧，不敢复言。迁李宗闵为衡州（今湖南衡阳道衡阳县）司马。嗣复为仆射于陵之子，其父曾因李吉甫左迁，又与牛僧孺、李宗闵皆为权德舆贡举门生，情义相得，僧孺、宗闵辅政时代，屡援进嗣复与珏。至是嗣复欲援进宗闵，恐为覃所阻，乃先令宦官讽上，上以语宰相，覃、夷行皆以为宗闵奸人，曩以朋党乱政，不当再用。嗣复与珏力争，乃迁宗闵为杭州刺史。四年（八三九年），擢德裕淮南节度使，代牛僧孺。覃笃于经术，性清俭，上甚重之。夷行亦介直，嗣复等深疾之。会上与宰相论政事，夷行言："不宜使威权在下。"珏曰："夷行意疑宰相中有弄陛下威权者，臣屡求退，苟得王傅，臣之幸也。"覃曰："陛下开成元年二年，政事殊美，三年四年，渐不如前。"嗣复曰："元年二年，覃、夷行用事。三年四年，臣与珏同之，罪皆在臣。"因叩头曰："臣不敢更入中书。"因趋出，上召还劳之。嗣复曰："覃言政事一年不如一年，非独臣应得罪，亦上累圣德。"退三表辞位，上为所动，乃于开成四年五月，罢覃为右仆射，夷行为吏部侍郎，而专用嗣复与珏。

第六节　李德裕之相业

一、援救敌党

郑覃、陈夷行既罢，杨嗣复欲引进李宗闵。是时文宗病已笃，未及进用，五年（西历纪元八四〇年）正月，帝崩，仇士良援立武宗。武宗之立非宰相意，故嗣复与珏相继罢相，征李德裕为门下侍郎，同平章事。会昌元年（八四一年）三月，以陈夷行为门下侍郎。二年（八四二年）二月，以李绅为中书侍郎，相继入阁，是为李党全盛时代。德裕入谢，言于上曰："致理之要，在于辨群臣之邪正，正人指邪人为邪，邪人亦指正人为邪，人主辨之甚难。臣以为正人如松柏，特立不倚，邪人如藤萝，非附他物不能自起。故正人一心事君，而邪人竞为朋党。先帝深知朋党之患，然所用卒皆朋党之人，良由执心不定，故奸邪得乘间而入也。陛下诚能慎择贤才以为宰相，有奸罔者立黜去之，常令政事皆出中书，推心委任，坚定不移，则天下何忧不理哉。”上嘉纳之。

知枢密刘弘逸、薛季棱有宠于文宗，仇士良恶之。上之立非二人及宰相意，故杨嗣复、李珏既罢，士良屡谮弘逸等，劝上除之。会昌元年三月，赐弘逸季、棱死，遣中使就诛嗣复、珏。李德裕、陈夷行率宰相三上表请开延英赐对，涕泣极谏，上乃免二人死，皆贬远州刺史。

二、制驭宦官

初，仇士良得罪于文宗，故援立帝，负定策之功，谓上必以政事委之。及上即位，专任德裕，事无大小，悉出中书，士良以是恶德裕。会昌二年，上受尊号，将御楼宣赦。士良扬言于众曰：“宰相与度支议减禁军衣粮刍粟。”以为如此，则军士必于楼前喧哗，可以归罪宰执。德裕闻之，自诉于上。上怒，遽遣中使宣谕两军，初无此事，且赦出朕意，非由宰相，士良乃惶愧称谢。三年（八四三年）四月，德裕以执政日久，嫌怨所归，累上疏乞间局。上曰：“卿每辞位，辄使我旬月不得所。今大事尚皆未就，卿岂可求去耶?”德裕乃不敢言。

是时刘稹作乱。上欲增置宰相一人，使与德裕分劳，俾德裕专任大事。是年五月，夜召翰林学士韦悰，以崔铉名授之，令草制。翌日，拜相，宰相枢密皆不之知。时枢密使刘行深、杨钦义皆愿悫，不敢与事。老宦者皆尤之曰：“杨、刘怯懦，堕败旧风，使我辈不得与闻朝政。”上外尊宠士良，内实忌之，士良郁郁不得志。是年六月，遂以老病乞休，藉觇上意，上知其诈，遽允之。

三、收复幽燕

先是敬宗宝历二年（八二六年），幽州军乱，都将李载义诛朱克融父子，上书请命，诏以载义为卢龙节度使。载义本唐宗室，输忠于国。文宗太和元年（八二七年），权知横海军务李同捷作乱，载义发兵助官军讨平之，魏博叛将史宪诚与同捷为姻家，屡遣使诱载义，载义不听，文宗甚宠任之。太和五年（八三一年）正月，卢龙将杨志诚作乱，逐载义。帝急召宰臣问计，是时牛僧孺当国，对曰："此不足烦圣虑，范阳得失，与国家何关。自安史以来，久非王土，刘总以九州之地归国，朝廷费钱八十万缗，而无丝毫所获，今日志诚得之，犹前日载义得之也。因而抚之，使捍北狄，不必计其逆顺。"上从之，以载义恭顺有功，拜太保，以志诚为留后。

志诚既得志，跋扈滋甚，牛僧孺、李宗闵当国，一以姑息处之。太和八年（八三四年），幽州军乱，逐志诚，推史元忠主留务，元忠献志诚所造衮衣僭物，是时僧孺、宗闵罢相，李德裕当国，因诛志诚以警其余。德裕旋去职，宗闵复入相，一意姑息，乃以元忠为卢龙节度使。武宗会昌元年（八四一年），卢龙军复乱，杀元忠，推牙将陈行泰主留务，表求节钺。上召宰相谋之，德裕曰："河朔事势，臣所熟谙，比来朝廷遣使太速，故军情遂固，若置之数月不问，必自生变，今请勿遣使以观之。"既而军中果杀行泰，立张绛，复求节钺，朝廷亦不问。雄武军使张仲武起兵击绛，且遣军吏吴仲舒奉表以闻。诏宰相问状，仲舒言："行泰、绛皆游客，故人心不附。仲武幽州旧将，性忠义，通书习事，人心向之，计今军中已逐绛矣。"德裕问："雄武士卒几何？"对曰："军士土团，合千余人。"德裕曰："兵少何以立功？"对曰："在得人心，不在兵多。"又问。"万一不克，如何？"对曰："幽州粮食，皆在妫州（今河北怀来县）及北边七镇（在檀州密云郡，一曰大王镇，二曰北来镇，三曰保要镇，四曰鹿固镇，五曰赤城镇，六曰邀虏镇，七曰石子鼤镇），万一未能入，则据居庸关，绝其粮道，幽州自困矣。"德裕奏，"行泰、绛皆使大将上表，胁朝廷，邀节钺，故不可与。今仲武表请讨乱，与之有名。"乃以仲武知卢龙留后，仲武寻克幽州，遂除节度使。其后仲武克效臣节，屡树边功，为河北诸镇冠。

四、平定回鹘

是时回鹘已衰，黠戛斯击其兵，大破之，杀其可汗𪺑䬩。回鹘南窜，侵略天德（今绥远五原县）、振武（今绥远归绥县），河东震动。德裕选将练兵以备回鹘，遣使招徕黠戛斯，处置得宜。于是黠戛斯上书，修藩臣礼。回鹘为黠戛斯所逼，余众陆续破灭，前后降唐者甚众。是时吐蕃已衰，仅能自保，不复东侵，于是唐室威行塞外。会昌三年（八四三年），德裕追论维州之事，赠悉怛谋右卫将军。

五、平定昭义

是年四月，昭义节度使（领泽、潞、磁、邢、洺五州治，潞州今山西冀宁道长治县，即故潞安府治）刘从谏卒。从谏者，故昭义节度使刘悟之子，悟旧为平卢都知兵马使，以诛叛将李师道功，荐擢节度使。穆宗长庆二年（八二二年），昭义监军刘承偕恃恩陵轹悟，阴与磁州刺史张汶谋执悟，以汶代之，谋泄，悟杀汶，囚承偕。上诏悟送承偕诣京师，悟迁延不奉诏。上问宰相裴度宜如何处置，度请下诏书，令悟斩承偕，上游移不忍，乃流承偕于远州，加悟检校司徒，自是悟浸骄，欲效河北三镇，招聚不逞，章表多不逊。敬宗宝历元年（八二五年），悟卒，从谏匿其丧，谋以悟遗表，求为留后，司马贾直言切责之，乃发丧。朝廷得悟遗表，令群臣集议。左仆射李绛上疏，请："乘其人情未一，速除近泽潞一将，充昭义节度使，令兼程赴镇，续除从谏一刺史。从谏既粗有所得，必且择利而行，万无违拒。"时宰相李逢吉当国，与知枢密王守澄谋，不用绛议，授从谏为留后。次年，除节度使，从谏以忠义自任。文宗太和六年十二月入朝，欲请他镇。时牛僧孺、李宗闵当国，朝廷事柄不一，又士大夫多请托，从谏心轻朝廷。七年正月，加从谏同平章事，遣归镇，于是从谏益骄。是年七月，宣武阙帅，时李德裕为宰相，请徙从谏镇之，因拔出上党，不使与山东连结，上以为未可，乃止。甘露之变，从谏上表，请王涯等罪名。仇士良惧，加从谏检校司徒，从谏复表让官，因暴扬士良等罪恶，士良惮之，稍自戢。由是宰相郑覃、李石粗能柄政，天下倚之，亦差以自强。士良亦言从谏窥伺朝廷，由是从谏与朝廷积相猜恨，遂招纳亡命，缮完兵械，谋效河北诸镇。至是从谏卒，犹子稹自为留后，要求节钺。群臣以回鹘余烬未灭，复讨泽潞，国力不支，欲许之。李德裕曰："泽潞事体，与河朔三镇不同。河朔习乱已久，累朝置之度外，泽潞近处心腹，若又因而授之，则威令不复行于诸镇矣。"上曰："卿以何术制之？"对曰："稹所恃者三镇，但得镇魏不与之同，则稹无能为也。若遣重臣往谕王元逵（成德节度使）、何弘敬（魏博节度使），以河朔自艰难以来，列圣许其传袭，已成故事，与泽潞不同。今将加兵泽潞，不欲更出禁军，其山东三州，委两镇攻之，贼平之日，将士并当厚加官赏，苟两镇听命，不从傍沮挠官军，则稹必成擒矣。"上悦，从之。命德裕草诏赐元逵、弘敬曰："泽潞一镇，与卿事体不同，勿为子孙之谋，欲存辅车之势，但能显立功效，自然福及后昆。"元逵、弘敬得诏书，悚息听命，遂与官军连兵进讨。

会昌四年（八四四年）正月，河东都将杨弁作乱，逐节度使李石，据军府，与刘稹连合抗官军。朝议喧然欲罢兵，德裕不可，诏遣中使马元实至太原晓谕，且觇之。元实受贼赂，还言其强盛难取，德裕奏："微贼决不可恕，如国力不支，宁舍刘稹。"乃诏河东兵马使王逢，以易、定、汴、兖兵还讨贼。河东兵戍榆社（县名，旧属山西辽州今属冀宁道）者，闻朝廷令客军取太原，恐妻孥被屠，乃拥监军自取太原，擒杨弁，并其党送京师，斩之，河东平。

诸将合兵攻昭义，屡破刘稹兵。是年八月，邢、洺、磁三州守将相继降于官军，潞人大惧，稹将郭谊、王协杀稹以降，泽潞平。上问宰相何以处谊，德裕对曰："刘稹骙孺子耳，阻兵拒命，皆谊为之谋主。及势孤力屈，又卖稹以求赏，此而不诛，何以惩恶。”上从之，并诛谊、协，加德裕太尉，赐爵卫国公，以酬其功。德裕追论牛僧孺、李宗闵当国时养痈成疽之罪，贬僧孺循州（今广东潮循道惠阳县、即故惠州府）长史，流宗闵于封州（今广东粤海道封川县）。

初，德裕以比年将帅出征屡败，其弊有三：一、诏令下军前者，日有三四，宰相多不预闻。二、监军各以意见指挥军事，将帅不得专进退。三、每军各有宦者为监使，悉选军中骁勇数百为牙队，其在战阵斗者皆怯弱之士，每战视事势小却，辄引旗先走，阵从而溃。德裕乃与枢密使杨钦义、刘行深议，约敕监军不得预军政，每兵千人，听取十人自卫，有功，随例沾赏。二枢密皆以为然，白上行之。自非中书进诏意，更无他诏自中出者。号令既简，将帅得以施其谋略，故所向有功。元和后，数用兵，宰相或不休沐，或继火乃得罢，德裕从容裁决，率午漏下还第，沛然若无事时。河北三镇每遣使者至京师，德裕常面谕之曰：“河朔兵力虽强，不能自立，须借朝廷官爵威命，以安军情。语汝使，与其使大将邀敕使以求官爵，何如自奋忠义，立功立事，结知明主。且李载义（前卢龙节度使）为国家平沧景，及为军中所逐，不失作节度使。杨志诚遣大将遮敕使马求官（太和七年事），及为军中所逐，朝廷竟不赦其罪（太和八年德裕当国时代事）。此二人祸福足以观矣。”由是三镇不敢有异志。

第七节　牛李党党魁之末路

是时李逢吉（文宗太和九年卒）、裴度（文宗开成四年卒）、郑覃（武宗会昌二年卒）已卒，陈夷行（会昌三年卒）、李绅（同四年罢相六年卒）亦以病罢相，相继物故。李德裕以首辅当国日久，好徇爱憎，人多怨之。左右言其太专，上亦不悦。六年（西历纪元八四六年）三月，武宗崩，宦官奉宪宗幼子忱即位，是为宣宗。

宣宗初名怡，宪宗庶子，穆宗幼弟，敬文武宗叔父也，初封光王。幼时宫中皆以为不慧，太和以后，益自韬匿，群居游处，未尝发言，文宗好诱其言以为戏笑。武宗性豪迈，尤所不礼。武宗疾笃，中尉马元贽等密于禁中定策，下诏以皇子幼冲，立帝为皇太叔，更名忱。令权勾当军国重事，裁决庶政，咸当于理，人始知有隐德焉。武宗崩，帝即位，忌李德裕功高望重，是年四月，罢为荆南节度使，以白敏中同平章事。敏中者，元和长庆间名臣，白居易之从弟。武宗即位之初，欲以居易为相，德裕奏言："居易衰病，不任朝谒。其从弟敏中，辞学不减居易，且有器识。"乃以敏中为翰林学士，荐擢宰相。至是乘上下之怒，与其党翰林学士令狐绹等，竭力排德裕。是年九月，左迁为东都留守，旋降为太子少保，分司东都。复嗾前永宁尉吴汝纳讼德裕罪。宣宗大中元年十二月，贬德裕潮州司马。二年九月，贬崖州（今广东琼崖道崖县）司户，追夺李绅三官。三年十二月，德裕卒于崖州，年六十三。

李德裕罢相以后，朝廷徙牛僧孺为衡州长史，李宗闵为郴州（今湖南衡阳道郴县）司马，宗闵未离封州而卒，僧孺旋迁太子少师，未几，亦卒。大中二年，征杨嗣复为吏部尚书，李珏为户部尚书，嗣复自潮州北还，至岳州（今湖南武陵道岳阳县）卒。七年，珏迁淮南节度使，亦卒。于是牛李党魁俱亡，中央政局又一变矣。

牛李党倾轧经过表

一，穆宗长庆二年六月，李逢吉入相，排首相裴度及中书舍人翰林学士李德裕，罢度为右仆射，旋出为山南西道节度使，出德裕为御史中丞，旋出为浙西观察使。引牛僧孺为宰相。

二，逢吉排翰林学士李绅，出为御史中丞，旋出为江西观察使，复贬端州司马。

三，逢吉排仆射李绛，出为太子少师，分司东都。

四，敬宗宝历元年正月，牛僧孺罢为武昌节度使。二年正月，裴度复相。十一月，逢吉罢为山南东道节度使。

五，文宗太和三年八月，征李德裕为兵部侍郎。旋以李宗闵为相，宗闵排德裕，出为义成节度使，引牛僧孺为相。

六，宗闵排裴度，四年九月，出为山南东道节度使。

七，宗闵排翰林侍讲学士郑覃，出为工部尚书。

八，宗闵排德裕，四年十月，徙为西川节度使，吐蕃将悉怛谋以维州来降，德裕遣兵复其城。僧孺请执悉怛谋，并还维州于吐蕃，诏从之。

九，六年十二月，牛僧孺罢为淮南节度使，征李德裕为兵部尚书，七年二月，以德裕为相。六月，李宗闵罢为山南西道节度使。

十，李训、郑注排李德裕，八年十月，引李宗闵为相，出德裕为山南西道节度使，旋降太子宾客，分司东都，复贬袁州长史。

十一，郑注排李宗闵，九年六月，贬为明州刺史，再贬处州长史，三贬潮州司马。旋以李训为相，注为凤翔节度使，谋中外协势以诛宦官，酿成甘露之变。

十二，开成三年正月，李固言引杨嗣复、李珏为相，排宰相郑覃、陈夷行。四年五月，罢覃为右仆射，夷行为吏部侍郎。欲援进李宗闵，未果而文宗崩。

十三，五年正月，武宗即位，罢杨嗣复、李珏，以李德裕、陈夷行，李绅为相。

十四，会昌三年八月，昭义平，李德裕追论牛僧孺、李宗闵当国时养痈成疽之罪，贬僧孺循州长史，流宗闵于封州。

十五，六年三月，武宗崩，宣宗即位，罢李德裕，以白敏中为相，敏中与翰林学士令狐绹排德裕，贬为崖州司户。

第八节　宣宗之内政

宣宗性聪察强记，有司奏全国狱吏卒姓名，一览皆记之。尝密令学士韦澳，纂次州县境土风物及诸利害为一书，号曰处分语。刺史有入谢而出者曰："上处分本州事惊人。"澳问之，皆处分语中事也。好抉摘隐微以惊服群下，小过必罚，而大纲不举。外则藩方数逐其帅（大中三年五月，武宁军乱，逐节度使李廓，诏以卢弘止代之。九年七月，浙东军乱逐观察使李讷，九月，贬讷朗州刺史，杖监军王宗景配恭陵。十一年五月，湖南军乱，逐观察使韩琮，十月，山南东道节度使徐商发兵讨平之。是年六月，江西军乱，逐观察使郑宪，十月，以韦宙为江西观察使讨乱军，平之。七月，宣州军乱，逐观察使郑薰，十月，以崔铉为宣歙观察使讨平之。十三年四月，武宁军乱，逐节度康季荣，诏以田牟代之），内则宦官握兵柄自如也。然听纳规谏，重惜爵赏，恭谨节俭，惠爱民物。故大中之政，讫于唐亡，人思咏之，谓之小太宗。

上常猎于苑北，遇樵夫，问其县令为谁，曰："李行言。""为政如何？"曰："性执，有强盗数人匿军家，索之，竟不与，尽杀之。"上归，帖其名于寝殿之柱。大中八年十月，除行言海州刺史，入谢，上赐之金紫，取帖示之。上校猎渭上，有父老十数，聚于佛祠，上问之，对曰："醴泉百姓也，县令李君奭有异政，考满当罢，诣府乞留，故此祈佛，冀谐所愿耳。"九年二月，怀州刺史阙，上手笔除君奭。十二年十月，以于延陵为建州刺史，延陵入辞，上曰："建州去京几何？"对曰："八千里。"上曰："卿到彼为政善恶，朕皆知之，勿谓其远，此阶前则万里也，卿知之乎？"令狐绹拟李远杭州刺史，上曰："吾闻远诗云：'长日惟消一局棋。'安能理人？"绹曰："诗人托此为高兴耳，未必实然。"上曰："且令往，试观之。"诏刺史毋得外徙，必令至京师面察其能否，然后除之。令狐绹尝徙其故人为邻州刺史，便道之官，上以问绹，对曰："以其道近，省送迎耳。"上曰："朕以刺史多非其人，为百姓害，故欲一一访问，知其优劣，以行黜陟。而诏命既行，直废格不用，宰相可谓有权。"时方寒，绹汗透重裘。

教坊使祝汉贞，滑稽，敏给，宠冠诸优。一曰抵掌诙谐，颇及外事。上正色谓曰："我畜养尔曹，止供戏笑耳，岂得辄预朝政邪？"会其子坐赃，流之。乐工罗程善琵琶，有宠，杀人，系狱，众工为请曰："程负陛下，万死。然臣等惜其绝艺，不复得奉宴游矣。"上曰："汝曹所惜者罗程艺，朕所惜者高祖太宗法。"竟杖杀之。

帝尝召韦澳，屏左右问之曰："近日内侍权势如何？"对曰："陛下威断，非前朝比。”帝闭目摇首曰：“全未，全未，尚畏之在。”又尝与宰相令狐绹谋尽诛宦官，绹恐滥及无辜，密奏曰：“但有罪勿舍，有阙勿补，自然渐耗至尽。”宦者窃见其奏，由是益与朝士相恶，南北司如水火矣。

帝长子郓王漼无宠。大中十三年（西历纪元八五九年）八月，帝疾笃，密以第三子夔王滋，属枢密使王归长等使立之。帝崩，中尉王宗实杀归长等，迎漼即位，是为懿宗。

唐宣宗事迹表

一，性聪察强记，有司奏全国狱吏卒姓名，一览皆记之。

二，好抉摘隐微以惊服群下，尝密令学士韦澳，纂次州县境土风物及诸利害为一书，号曰处分语。擢李行言为海州刺史，李君奭为怀州刺史，告诫建州刺史于延陵。

三，小过必罚，命狐绹徙其故人为邻州刺史，便道之官，帝申斥之。教坊使祝汉贞、乐工罗程皆有宠，二人有罪，不少宽假。

四，大纲不举，外则藩方数逐其帅，内则宦官握兵柄自若。

五，听纳规谏。

六，重惜爵赏。

七，恭谨节俭，惠民爱物。

第十章　外患之侵陵

汉族武力之雄，当以汉、唐两朝为最。有汉一代，始终取中央集权政策，故内患惟宦官外戚，而藩镇不与焉。对外之武力，常足以压倒匈奴、鲜卑，使之不为中国患。唐室自天宝以后，变为地方分权制度，中央势力微弱，动辄受强藩牵掣，集全国兵力财力，以与外人抵抗，为时势所不许，于是有唐中叶以后二百年间，遂成蛮夷猾夏之世界矣。其始与中国开衅者，为新罗、渤海、契丹，继则吐蕃、回纥，终为南诏，唐室因以衰亡矣。兹述其事迹如下。

第一节　新罗之统一与朝鲜半岛羁縻权之丧失

高丽、百济相继衰亡，唐室势力伸张至朝鲜半岛，朝鲜内地之独立国家，只余东南部之新罗。新罗建国始于西汉末年，始祖姓朴，名赫居世，本辰韩十二国中之斯卢国，建都金城。其后累代多英主，逐渐扩张势力，尽取半岛东南部，与高丽、百济时常构兵。百济结好日本以压迫新罗，新罗亦联络中国以牵掣百济。梁武帝初年，智大路在位，输入中国文化，制法度，定州郡制，始定国号曰新罗。薨，谥曰智证王，子法兴王，孙真兴王，相继在位，累世皆英主。颁律令，定官制，始创年号。文物制度，彬彬可观。传至武烈王，国运益盛。武烈王幼时，尝为质于日本，又尝出使于唐。长于外交，能临机应变，屡受高丽、百济侵略，未尝屈服。其子文武王亦英主，屡自将临前敌。其大臣金庾信，以元勋宿望，辅相两朝，位极人臣。周旋于三国之间。利用唐兵以剪灭百济，朝廷以故百济王太子扶余隆为熊津都尉，安抚百济余众。与新罗文武王盟于熊津城，释去旧怨，欲以戢新罗异志。顾新罗野心勃勃，屡遣密使，煽动百济遗民，诱之作乱。高丽亡后，其遗臣安舜举兵叛唐，乞援于新罗。新罗迎置于边境，册为高丽王。使与安东都护府为敌，朝廷以高侃、李谨行为行军总管，发兵讨安舜，击破其兵，安舜奔新罗。安东都护薛仁贵遣使送长文书于新罗，诘责其不忠实之罪。文武王上书谢罪，阳为恭顺，阴遣兵袭唐运送船，捕七十余艘，获将卒百余人。会高侃兵已进攻白水城，王遣将军义福春长，率师合高丽余烬拒战，败绩。王取敷衍政策，复上书谢罪，送还所获捕虏，以平唐室恶感，阴纳高丽叛众，自树党，为唐树敌。复略百济故地，扩张本国势力范围。朝议以新罗日张，非大举兵膺惩之不可。高宗上元元年（西历纪元六七四年），以同三品刘仁轨为鸡林道行军大总管，李弼、李谨行副之，立新罗质子金仁问（文武王之弟）为王，削法敏官爵，克日进讨。次年，仁轨大破其兵于七重城（今京畿道积城），又使靺鞨（今俄领东海滨省之满洲民族）浮海略新罗南境，斩获甚众，新罗苦之，复遣使谢罪。朝廷取姑息政策，诏仁轨班师，改封仁问临海郡公，复法敏官爵，扶余隆畏新罗之逼，自拔还朝。

是时高宗好色多病，内惧武后，大权移于中宫，朝政逐渐腐败。百济东部、高丽南部故地，皆为新罗所蚕食，朝廷取缩小政策，徙安东都护府于辽东故城，先有华人任安东官者悉罢之。徙熊津都督府于建安故城，于是高丽、百济故都皆放弃。寻以高丽故王藏为辽东都督，封朝鲜王，遣归辽东，安辑高丽余众。扶余隆为熊津都督，封带方王，亦遣归安辑百济余众，欲借以牵制新罗北上之势，仍移安东都护府于辽东新城以统之。时百济荒残，命隆寓居高丽故地，藏至辽东，谋叛，召还，徙邛州而死，隆亦不敢还故地，高氏扶余氏遂亡，新罗乘势蚕食高丽故地。会武氏篡唐，中原多故，无暇经略半岛。新罗通好日本，结为外援，侵略唐室半岛领土。文武王殂，子神文王政明、孙孝昭王理洪、圣德王兴光相继在位，累世皆英主，留心政治，国势日固。唐室屡遭武后、韦后、太平公主之乱，无暇对外，遂取羁縻政策，代代赐以封册。至圣德王时，遂公然与以浿江（大同江）以南地、百济故土全部及高丽故土南部皆为所有，朝鲜半岛渐成一统，复入于升平之域。

第二节　渤海之勃兴与满洲羁縻权之丧失

渤海者，史称靺鞨，扶余遗族。本古代肃慎氏，后汉时称满节，三国时称挹娄，后魏时称勿吉，皆同音异译也。勿吉分二部，有黑水勿吉、粟末勿吉，黑水即今黑龙江，粟末即今松花江。其地东至海，西接突厥，南界高丽，北邻室韦，即今之吉林、黑龙江二省与俄领西伯利亚之阿穆尔省及东海滨省南部、黑龙江以南、乌苏里江以东等地是也。其国凡分数十部，各有酋帅。唐初，相率请吏奉贡。诏即各部分置府州，拜其酋长为都督刺史，受中国约束，独粟末部酋长大祚荣不服。

大祚荣者，高丽别种，骁勇善用兵。高丽亡后，率家属徙居营州。武后万岁通天元年（唐中宗嗣圣十三年，西历纪元六九六年），契丹李尽忠反，陷营州。祚荣乘隙，与靺鞨乞四比羽，各领亡命东奔，渡辽河，保太白山之东北，树壁自固。尽忠既死，武后遣右玉钤卫大将军李楷固击斩乞四比羽，进攻祚荣，祚荣招集高丽遗众拒战，王师败绩。会契丹附突厥，王师道梗，不能讨。祚荣招集高丽余众，与靺鞨部民，自立为震国王，是为高王。于是渤海始建国，通好突厥，地方数千里，筑城郭以居，户十余万，胜兵数万人，颇知书契，其地西际契丹，东至日本海，南界新罗，为东北方大国。中宗即位，遣使招抚之，祚荣奉诏，遣子入侍。睿宗先天二年

（七一二年），遣使拜祚荣左骁卫大将军，封渤海郡王，以所统为忽汗州，兼领忽汗州都督。自此始去靺鞨，专称渤海。开元七年（七一九年），祚荣殂，子武艺立，是为武王。北征黑水靺鞨，大启疆宇，东北诸夷皆臣服之，建元仁安。武艺殂，子钦茂立，是为文王，西通中国，东结好日本，双方输入文化。肃宗宝应年（七六二年）间，进封渤海国王。越六传至宣王仁秀，贤明有德政，国势益张，累世皆遣诸生留学中国，渐谙礼乐制度，遂为海东盛国。有五京、十五府、六十二州，于是东北滨海地方游牧民族所居者，皆变为城郭制度，官制悉仿唐制，有左右相、平章事、侍中、内史等名称。先后凡传十四世，二百一十四年（七一四至九二七）。至哀王諲譔时，始为契丹所灭。

第三节　契丹之勃兴与内蒙古东部羁縻权之丧失

契丹者，东胡遗族。后魏时代，其名始见于中国史册。所居在潢水之南，黄龙之北，本鲜卑故地潢水流域（今西剌木伦河流域）。其地东接高丽，西接奚国，南接中国之营州（今热河朝阳县），北接室韦，地方二千里，逐猎往来，居无长处。其君长姓大贺氏，胜兵数万人，分为八部，若有征发，诸部皆须议合，猎则别部，战则同行。本臣突厥，隋唐之交，为中国所羁縻。太宗伐高丽，至营州，授其酋长窟哥为左武卫将军。贞观二十二年（西历纪元六四八年），窟哥及奚酋可度者并帅所部内属。诏以契丹部为松漠都督府（故城在今内蒙古翁牛特旗北废饶州城），授窟哥都督，以奚部为饶乐都督府，授可度者都督，并赐姓李，其别部酋长皆授刺史，置东夷校尉于营州以统之。武后万岁通天元年（六九六年），松漠都督李尽忠，与其别部酋长归诚州刺史孙万荣举兵反，陷营州。尽忠自称无上可汗，以万荣为前锋，侵略河北州郡，所向皆捷。尽忠死，万荣代领其众。突厥默啜可汗乘虚袭松漠，虏尽忠、万荣妻子，万荣收拾余烬，军势复振。朝廷发大军讨之，屡战屡败，万荣军势日盛。会突厥默啜袭破其辎重于柳城（今热河凌源县）西北之新城，万荣方与唐兵相持，军中恟惧，遂溃，万荣为其下所杀，契丹平。然自此以后，内蒙古东部，皆入契丹势力范围，遂称臣于回纥，不复隶唐矣。时武后神功元年，西历纪元六九七年也。

第四节　回纥之勃兴与外蒙古羁縻权之丧失

回纥者，铁勒十五部中之一部。旧臣属于突厥，突厥资其兵力，雄北荒。隋大业中（六〇五至六一六），突厥处罗可汗攻胁诸部，厚敛其财物，又恐其怨，乃集渠豪数百悉坑之。回纥怒，与仆骨、同罗、拔野古三部同叛突厥。其酋长时健（《旧唐》书曰持健）姓药罗葛氏，自称俟斤。时健死，子菩萨嗣位，与薛延陀共攻突厥北边，大破其兵，于是与薛延陀相唇齿，称活颉利发，树牙独乐水（今外蒙古土谢图汗部之图拉河）上。唐太宗贞观三年（西历纪元六二九年），始来朝，献方物。突厥亡后，回纥与薛延陀雄于漠北。菩萨死，吐迷度嗣立，乘薛延陀内乱，率铁勒诸部击破之，杀其酋长多弥可汗，并有其地。贞观二十年（六四六年），遣使入贡，愿为郡县，太宗幸灵州受降，回纥等十余部皆来朝。诏分其地为六府七州，以其酋长为都督刺史，即故单于台，置燕然都护府以统之，拜吐迷度为怀化大将军，瀚海都督。贞观二十二年（六四八年），为其兄子乌纥所弑，燕然副都护元礼臣诱诛乌纥，朝廷以吐迷度子婆闰为左骁卫大将军，瀚海都督。高宗初年，从契苾何力、苏定方两次伐西突厥，有功，拜右卫大将军。婆闰卒，三传至伏帝匐，时突厥故酋长默啜叛唐，尽取铁勒故地，回纥南度碛，徙居甘凉间。伏帝匐卒，子承宗立，凉州都督王君㚟诬以谋叛，流死岭南。玄宗开元十五年，（七二七年）其族子瀚海府司马护输起兵报怨，袭杀王君㚟，梗绝安西诸国朝贡道。朝廷命郭知运等往讨，护输奔突厥，卒，子骨力裴罗立。天宝初（七四二年），与拔悉密、葛逻禄二部，连兵攻灭突厥，复袭拔悉密，杀其酋长颉跌可汗，尽有药罗葛、胡咄葛、咄罗勿、貊歌息讫、阿勿嘀、葛萨、斛嗢素、药勿葛、奚邪勿、及拔悉密、葛逻禄等十一姓之地，每姓各置都督一人，号十一部落，建牙乌德鞬山（在今外蒙古三音诺颜部境内）、昆河（今鄂尔浑河）之间，遣使入朝，诏册为怀仁可汗。其地东极室韦（黑龙江沿岸），西抵金山，南跨大漠，尽得古匈奴地，是为回纥全盛时代。

天宝四年（七四五年），怀仁殂，子磨延啜立，号葛勒可汗，慓悍善用兵。肃宗时，助唐讨安史之乱，有功，诏册立为英武威远可汗，妻以帝幼女宁国公主，厚遗岁币以慰抚之。回纥渐自尊大，时略边地，唐不能禁。乾元元年（七五八年），葛勒殂，次子移地健立，是为登里可汗（《旧唐书》作牟羽可汗）。登里未立时，其父为之请婚于唐，肃宗以大将仆固怀恩女妻之，至是立为可敦。代宗宝应元年（七六二年），登里自将入援，沿路见中国内地丘墟，有轻唐之意，困辱中使刘清潭，上遣仆固怀恩劳之，登里悦，自陕州济河，击史朝义于洛阳，大破之，恢复东京，肆行杀掠，死者万计。次年正月，始归国，诏册为英义建功可汗。已而仆固怀恩叛唐，诱回纥、吐蕃、吐谷浑、党项等众二十余万连兵入寇，至泾阳。关内副元帅郭子仪出见回纥，责以大义，说使袭吐蕃，破之，吐蕃自是与回纥为怨敌。大历三年（七六八年），回纥可敦卒，诏册仆固怀恩幼女为崇徽公主，妻登里，回纥益骄。连年与唐互市，每一马易四十缣，动至数万匹，马皆驽瘠无用，朝廷苦之，所市多不能尽其数。回纥待遣继至者，常不绝于鸿胪，留京师者常千数，商胡伪服而杂居者倍之，县官日给饔饩，殖货产，开第舍，市肆美利皆归之，日纵暴横，吏不敢问。

第五节 吐蕃之崛强与西藏西康青海新疆羁縻权之丧失

吐蕃自弃宗弄赞在位，输入印度及中国文化，国势渐强。中宗时，鄯州都督杨矩，以河西九曲地与吐蕃，吐蕃借为根据地，东下之势日亟。玄宗开元年间，屡寇陇右、河西、安西、北庭州郡，边将御之，互有胜负，西方为之凋敝。开元十八年，吐蕃上书乞和。诏遣忠王友皇甫惟明报聘，赞普上书谢罪，求《毛诗》、《春秋》、《礼记》，仍祈互市于赤岭（在石堡城西距长安三千里土石皆赤故曰赤岭）。二十一年，复由金城公主上书，请立碑于赤岭，以分唐与吐蕃之境。诏并从之，兵祸稍戢。

天宝十二年（西历纪元七五三年），吐蕃赞普乞黎苏笼腊赞殂，子挲悉笼腊赞立。遂乘唐有安史之乱，蚕食河陇诸郡。先是唐自武德以来，开拓边境，地连西域，皆置都督府。开元中，置朔方（今宁夏省城及绥远）、陇右（今甘肃南部）、河西（今甘肃北部）、安西（今天山南路）、北庭（今天山北路）诸节度使以统之。岁发山东丁壮为戍卒，缯帛为军资，开屯田，供糗粮，设监牧，畜马牛，军城戍逻，万里相望。及安禄山反，边兵精锐者征发入援，谓之行营，留兵单弱。数年之间，胡虏蚕食，自凤翔以西，邠州以北，皆为左衽矣。代宗广德元年（七六三年），吐蕃率吐谷浑党项氐羌二十余万众，深入为寇，入大震关（即陇关，在今陕西关中道陇县、即故凤翔府陇州西七十里），陷兰、廓、河、鄯、洮、岷、秦、成、渭等州（今甘肃兰山、渭川、西宁三道），尽取河西陇右之地。进寇关中，帝出奔陕州，衣冠皆南奔荆襄。吐蕃入长安，纵兵劫掠，立宗室广武王承宏为帝，留京师十五日。闻郭子仪将大军且至，始退屯原（今甘肃固原县）、会（今甘肃靖远会宁二县）、成（今甘肃成县）、渭（今甘肃陇西县）间，寻复转锋南下，陷剑南西山诸州，于是陕西、四川西境无险可守。自此连年东下，关内、朔方、西川境内，同时被兵，唐室御寇不暇。

德宗即位，欲以德怀柔吐蕃，先后遣太常少卿韦伦、殿中少监崔汉衡等出使吐蕃，吐蕃遣使报聘，结盟修好，是时吐蕃大将尚结赞总东方兵柄。朱小泚之乱，尚结赞遣都将论莽罗依，助大将军浑瑊击泚将韩旻，有功，要求割让安西北庭之地。散骑常侍李泌谓："二镇人性骁悍，控制西域五十七国及十姓突厥，又分吐蕃兵势，使不得并力东下。且势孤地远，尽忠竭力为国家固守近二十年，一旦弃之以与戎狄，彼其心必深怨中国，他日从吐蕃入寇，如报私仇矣。"力劝上勿许，从之。尚结赞计不得逞，乃大举东寇。诏凤翔（今陕西西部）节度使李晟、河东（今山西中部）节度使马燧、河中（今山西南部）节度使浑瑊等分道拒之。晟屡战有功，尚结赞恶之，乃纵反间计，离间晟，又以羊马多死，粮运不继，乃退屯鸣沙（县名，故城在今宁夏省中卫县城东南一百五十里），遣使卑礼厚币，求和于燧。燧信其言，为之请于朝。宰相张延赏与晟有隙，数言和亲便。上亦素恨回纥，欲与吐蕃击之，遂从延赏议，罢晟兵柄，从吐蕃请，以浑瑊为会盟使，盟于平凉（今甘肃平凉县）。吐蕃劫盟，唐将卒死者甚多。瑊仅以身免，副将骆元光、韩游瓌整阵御之，虏追兵始退。两国交恶益甚。尚结赞复以计离间马燧，上怒，罢燧兵柄。

贞元五年（七八九年），吐蕃因沙陀兵共寇北庭，回纥大相颉干伽斯将兵救之，与吐蕃战，不利，吐蕃急攻北庭，北庭人叛，与沙陀酋长朱邪尽忠皆降吐蕃，节度使杨袭古率麾下二千人奔西州。次年，颉干伽斯悉众数万，召袭古将复北庭，与吐蕃战，败绩，袭古收余众数百，将还西州，颉干伽斯诱而杀之。安西由是遂绝，莫知存亡。吐蕃兵力威压天山南北路，中亚唐室之声灵，从此尽矣。

第六节　南诏之勃兴与云南羁縻权之丧失

川南云南地方，为西南夷老巢穴。汉武帝时，征服西南夷，置犍为、越巂、益州、牂牁等郡以治之。东汉明帝时，复分益州西部，置永昌郡，于是云贵、川南等地皆入于中国。三国时代，益州耆帅雍闿（音凯）反，与郡人孟获，略据益州、牂牁、越隽、永昌四郡，蜀汉丞相诸葛亮讨平之，置庲降都督驻守其地，镇平夷（县名，今云南滇中道，即故曲靖府平彝县）。

晋武帝时，置宁州刺史，治庲降故地。历南北朝至唐初，位置无改，其部下蛮族，犹未与中国同化。唐初，分为六部，曰蒙雟诏（今四川建昌道越雟县旧越雟厅）、越析诏（今腾越道丽江县故丽江府）、浪穹诏（今腾越道剑川县故丽江府剑川州）、邆睒诏（今腾越道邓川县故大理府邓川州）、施浪诏（今腾越道洱源县故大理府浪穹县）、蒙舍诏（今腾越道蒙化县故蒙化直隶厅）。诏者，蛮语王之谓也。蒙舍诏在最南，故称为南诏。其王蒙氏，父子以名相属，自舍龙以来，有谱次可考。舍龙生独逻，是为高祖奇嘉王。高宗时，遣使者入朝，诏授巍州（今蒙化县）刺史。独逻生逻盛炎，是为世宗兴宗王。逻盛炎生炎阁。开元时，炎阁卒，弟盛逻皮立，是为太宗威成王。盛逻皮生皮逻阁，授特进，封台登郡王。皮逻阁浸强大，而五诏微弱。开元末年，逐溯河蛮，取大和城（夷语谓山坡陀为和，即今云南腾越道大理县故大理府太和县），赂剑南节度使王昱，求合六诏为一。昱为之奏请，朝廷许之，册皮逻阁为云南王，赐名归义。于是以兵威胁服群蛮，遂破吐蕃，徙居大和城。自是南诏之势渐张，西南边祸始此矣。

天宝七年（西历纪元七四八年），皮逻阁殂，子阁逻凤立，是为神武王。剑南节度使鲜于仲通性褊急，失蛮夷心。故事南诏常与妻子俱谒都督，过云南，太守张虔陁皆私之，又多所征求，阁罗凤忿怨。九年，发兵反，攻陷云南，杀虔陁，取夷州三十二。次年，鲜于仲通将兵往讨，南诏遣使谢罪，仲通不许，进至西洱河（即叶榆河，在今大理县城东），败绩，阁罗凤遂臣于吐蕃。蛮语谓弟曰钟，吐蕃命为赞普钟，号曰东帝，给以金印。其后杨国忠领剑南，复遣留后李宓往讨，又大败，全军歼焉，前后死者几二十万人。安史之乱，唐室自保不暇，南诏乘乱，陷雟州（今四川建昌道越雟县）及会同军（今建昌道会理县），据清溪关（在今建昌道汉源县南），于是现今四川西南境皆入于南诏。

此外各国有关系者尚多。兹试列表于下，以供参考。

唐与诸族关系一览表（据中华书局中国历史参考书转载）

方位	国名	今地	关系
东方诸族	日本	日本	战争、聘问、留学
	高丽	朝鲜半岛北部、吉林东南部、辽宁东部	战争、翦灭
	新罗	朝鲜半岛东南部	战争、朝贡、留学
	百济	朝鲜半岛西南部	战争、翦灭
东北诸族	靺鞨	黑龙江及吉林东境	朝贡、效力
	渤海	吉、辽二省及东海滨省南境	战争、朝贡
	奚	热河南部	战争、和亲、朝贡
	契丹	热河中部、辽宁西南部	战争、和亲、朝贡
	霫	热河北部	贡献
	室韦	黑龙江西部、外蒙古东北部	朝贡
	蒙兀	外蒙古东部	贡献
北方诸族	东突厥	内外蒙古	战争、翦灭
	西突厥	阿尔泰山以西至俄属中亚	战争、臣服
	回纥	外蒙古	和亲、效力
	铁勒	外蒙古	朝贡
	流鬼	库页岛（据白鸟库吉先生《唐时代之桦太岛·历史地理》第九编第四五期第十编第二四六期）	贡献
	黠戛斯	西伯利亚中部	朝贡
	骨利干	西伯利亚偏北部	贡献

西方及极西诸族	高昌	新疆土鲁番县	战争、翦灭
	龟兹	新疆库车县	战争、翦灭
	党项	甘肃西南边外	臣服、战争
	吐谷浑	青海	战争、臣服
	焉耆	新疆焉耆县	朝贡
	疏勒	新疆疏勒县	朝贡
	于阗	新疆于阗县	朝贡
	印度	印度	聘问
	罽宾	印度克什米尔	贡献
	吐蕃	西藏	战争、和亲、留学
	康国	俄属中亚细亚中部	朝贡
	波斯	波斯	朝贡
	大食	阿拉伯半岛	聘问、通商
	拂菻	东罗马	聘问、通商
	甘棠	里海之南	通贡
	朱俱波	葱岭之北	朝贡
	尼婆罗	尼泊尔国	朝贡
	石国	俄属中亚北部	贡献
西南诸族	南诏	云南	战争、朝贡
	林邑	安南中部	朝贡
	骠国	缅甸	贡献
	真腊	安南南部	贡献
	东谢蛮	贵州西部	征服
	南平獠	四川东南部	征服
	婆利	婆罗洲	贡献

突厥可汗尚主表

一，西魏文帝大统十七年（梁简文帝大宝二年，西历纪元五五一年），魏大丞相宇文泰以长乐公主妻突厥土门可汗。

二，周静帝大象元年（陈宣帝太建十一年，西历纪元五七九年），以皇叔祖赵王招（宇文泰子明帝武帝弟）女为千金公主，妻他钵可汗。他钵死，改适其侄沙钵略可汗；隋文帝与突厥和亲，改封为大义公主，赐姓杨氏。

三，隋文帝开皇十七年（西历纪元五九七年），以宗女安义公主妻突厥沙钵略可汗子染干，立为启民可汗。十八年，安义公主卒，复以宗室诸女义成公主妻之。炀帝大业四年（六〇八年），启民死，公主改适其子始毕可汗。唐高祖武德二年（六一九年），始毕死，公主改适其弟处罗可汗。处罗旋死，公主改适其弟颉利可汗。

四，颉利兄子突利可汗初为泥步设，得隋淮南公主，以为妻。

五，唐睿宗初立，以皇长子宋王成器女为金山公主，妻突厥默啜可汗。

六，玄宗即位，以蜀王女南和县主妻默啜子扬我支特勤。

吐蕃赞普尚主表

一，唐太宗贞观十五年（六四一年），以宗女文成公主嫁吐蕃赞普弃宗弄赞。高宗仪凤四年（六七九年），弄赞死；永隆元年（六八〇年），公主薨。

二，中宗景龙三年（七〇九年），以皇侄雍王守礼（故太子贤子）女为金城公主，嫁吐蕃赞普弃隶蹜赞。玄宗开元二十七年（七三九年），公主薨。

唐与薛延陀通婚表

太宗贞观十六年（六四二年），以皇女新兴公主许嫁薛延陀真珠毗伽可汗夷男。十七年，责以聘礼不备，绝其婚。

回纥可汗尚主表

一，唐肃宗乾元元年（七五八年），以皇女宁国公主嫁回纥英武威远可汗磨延啜。次年，可汗死，回纥以公主无子，听还中国。荣王琬女为公主媵，留不归，历配英武、英义二可汗，称少宁国公主。

二，代宗大历四年（七六九年），以故大将仆固怀恩幼女为崇徽公主，妻英义建功可汗移地健。

三，德宗贞元三年（七八七年），以皇女咸安公主妻回纥长寿天亲可汗顿莫贺。历忠贞、阿啜、怀信、毗伽四可汗，凡二十一年，至宪宗元和三年（八〇八年）薨。

四，穆宗长庆元年（八二一年），以皇妹太和公主妻回纥崇德可汗。历彰信、㕎驳、乌介三可汗，武宗会昌三年（八四三年），回纥衰乱，公主还京师。

契丹酋长尚主表

一，唐玄宗开元四年，以东平王外孙杨元嗣女为永乐公主，妻松漠郡王失活。次年，失活死，以其弟娑固袭封。次年，与公主来朝，宴赉有加。部将可突干作乱，弑娑固，立其从父弟郁干。

二，以宗室所出女慕容氏为燕郡公主，妻松漠郡王郁干。郁干死，弟吐干嗣，与可突干有隙，携公主来奔，可突干立尽忠弟邵固。

三，以宗室出女陈氏为东华公主，妻广化郡王邵固。后三年，可突干弑邵固，公主走平卢军。

四，天宝四载，以宗室出女独孤氏为静乐公主，妻松漠都督崇顺王李怀节。是岁，怀节杀公主，叛去。

奚酋长尚主表

一，唐玄宗开元二年，以宗室出女辛氏为固安公主，妻饶乐郡王李大酺，大酺讨契丹可突干，战死，弟鲁苏袭王。牙官塞默羯谋叛，公主置酒诱杀之；帝嘉其功，赐主累万。会与其母相告讦，得罪。

二，以中宗女成安公主女韦氏为东光公主，妻鲁苏。契丹可突干反，胁奚众附突厥；鲁苏奔榆关，公主奔平卢。

三，以宗室出女杨氏为宜芳公主，妻饶乐都督怀信王李延宠。

吐谷浑可汗尚主表

一，隋文帝开皇十六年，以宗室女光化公主妻吐谷浑可汗伏，十七年，国内乱，伏被弑，弟伏允立，请依俗尚主，从之。

二，唐太宗贞观十三年，吐谷浑可汗诺曷钵来朝。诏以宗室女为弘化公主，妻之。

三，高宗初，公主与诺曷钵入朝，帝以宗室女金城县主妻其长子苏度摸末。

四，摸末死，主与次子达卢摸末来请婚，帝以宗室女金明县主妻之。

南诏尚主表

唐僖宗乾符四年，以宗室女为安化长公主，妻南诏宣武帝法。

第十一章　内乱之踵作

第一节　庞勋之乱

懿宗即位，南诏方强。其酋长酋龙自称皇帝，改国号曰大理，攻陷播（今贵州黔中道，即故遵义府）、邕（今广西南宁道，即故南宁府）等州及安南都护府（今安南北部），朝廷大发兵击退之，留徐泗兵八百人戍桂州（今广西桂林道，即故桂林府）。初约三年一代，逾六年不得代。咸通九年（西历纪元八六八年），戍卒作乱，推粮料判官庞勋为主，劫库兵北还。所过剽掠，州县莫能御。遂破宿（今安徽淮泗道宿县）、徐州，囚观察使崔彦曾，进陷滁（今安徽淮泗道滁县）、和（今安徽安庆道和县）、濠（今安徽淮泗道凤阳县）州，遂围泗州（今安徽淮泗道洪泽湖），刺史杜慆与其友人辛谠力战拒之。朝廷以康承训为都招讨使，大举兵讨勋，承训以沙陀（西突厥别部降唐者）酋长朱邪赤心为前锋。十年，连败贼兵，勋走死，徐州平。朝廷以赤心为大同军（领云、朔、蔚三州治，云州今山西雁门道，即故大同府）节度使，赐姓李名国昌，是为朱邪氏据山西之基础。

懿宗好奢侈，每游幸，扈从十余万人，用兵不息，贼敛愈急。在位十四年，以咸通十四年（西历纪元八七三年）崩。中尉刘行深、韩文约立上少子普王俨，时年十二，是为僖宗。

第二节　黄巢之乱

僖宗未即位时，小马坊使田令孜有宠。及即位，使知枢密，遂擢为中尉。上专事游戏，政事一委令孜，呼为阿父。令孜颇读书，多巧数，纳贿除官，不复关白。每见上常自备果食，与上对饮。上用财无度，赏赐动以万计，府藏空竭，令孜说上籍两市商货，悉输内库。有陈诉者，付京兆杖杀之，宰相以下，钳口莫敢言。关东水旱，州县不以实闻，百姓流离无所告，所在相聚为盗。

乾符元年（八七四年），濮州（今山东东临道濮县）人王仙芝作乱。次年（八七五年），陷濮州、曹州（今济宁道故曹州府），冤句（音劬县名，属曹州故城在今济宁道荷泽县城西南）人黄巢聚众应之，诏以平卢节度使宋威为诸道行营招讨使。三年（八七六年），威击仙芝于沂州（今济宁道临沂县，即故沂州府），大破之，仙芝亡去。威奏仙芝已死，罢遣诸道兵，仙芝势复炽，连陷河南、山南、淮南、江南诸州，所至焚掠，威不能制。五年（八七八年），招讨副使曾元裕大破之于申州（今河南汝阳道信阳县，即故信阳州），复破之于黄梅（县名，属蕲州旧属湖北黄州府今属江汉道），斩之。时黄巢方攻亳州，仙芝党尚让率仙芝余众归之，推巢号冲天大将军。陷郓（州名，今山东东临道东平县，即故东平州）、沂、濮，掠宋（今河南开封道，即故归德府）、汴（今河南开封道，即故开封府）等州，南渡江，陷江南西道诸州（今江西省），复东南下，入浙东（今浙江省钱塘江以南）。由山路攻剽福（今福建闽海道，即故福州府）建（今福建建安道，即故建宁府），陷福州。六年（八七九年），镇海节度使高骈遣将分道击巢，大破之。巢趣广南，陷广州（今广东番禺县），复引兵北上，屠潭州（今湖南湘江道，即故长沙府）。山南东道（今湖北北部河南西南部）节度使刘巨容、江西招讨使曹全晸，合兵拒战于荆门（今湖北襄阳道荆门县，即故荆门州），大破之。或劝巨容穷追，巨容曰："国家喜负人，有急则抚存将士，事宁则弃之，不若留贼以为富贵之资。”众乃止。巢收余众东走，陷鄂州（今湖北江汉道武昌县）、掠饶（今江西浔阳道鄱阳县）、信（今江西豫章道上饶县）等十五州，进陷宣州（今安徽芜湖道宣城县）。是时荆南（今四川东部湖北西部）节度使王铎、淮南（今江苏安徽中部）节度使高骈，相继为都统。铎书生不知兵，骈玩寇不愿贼速平，故皆不能有功。次年（广明元年，八八〇年）巢渡江，时骈方镇扬州，闭城不出战，副都统曹全晸以兵六千逆战，颇有斩获，以众寡不敌，退屯泗上以候援军，而骈竟不之救，巢击破全晸兵，遂渡淮，侵掠河南诸州，进陷东都，鼓行而西。汝（今河南河洛道临汝县）、郑（今河南开封道郑县）把截使齐克让以饥卒万人拒战于潼关（今陕西关中道潼关县），以众寡不敌，败绩，巢遂破潼关，进陷西京。田令孜奉帝走兴元（今陕西汉中道南郑县），巢大杀唐宗室，自称齐帝。凤翔节度使郑畋起兵讨贼，诏以为京城四面行营都统。中和元年（八八一年），帝幸成都。巢遣其将尚让寇凤翔，畋遣司马唐弘夫伏兵邀击，大破之，弘夫乘胜，与副都统程宗楚进薄长安，巢弃城东走，至灞上，闻官军不整，复引兵还袭长安，官军败绩，宗楚、弘夫战死，长安复陷。是年十月，凤翔行军司马李昌言作乱，逐郑畋，畋赴行在。诏以畋为司空、同平章事，军事一以委之，复以王铎为诸道行营都统，讨黄巢。次年（八八二年）四月，铎引诸道联军逼长安，遣使征李克用来勤王。

李克用者，沙陀酋长李国昌之子。懿宗末年，国昌为振武节度使（领绥、银、麟、胜等州治单于都护府），克用为沙陀副兵马使，留戍蔚州（隶大同军令察省口北道蔚县）。僖宗乾符五年，大同诸将李尽忠等作乱，杀防御使段文楚，推克用为留后，朝廷徙国昌为大同军节度使以代文楚，国昌欲父子并据两镇，不奉诏。诏河东昭义合兵讨之，败绩。广明元年，以李琢为蔚朔节度使讨国昌，命幽州节度使李可举讨克用，击破其兵，国昌父子率宗族亡走鞑靼。至是诏赦国昌父子罪，征其兵入援。中和二年，克用引沙陀兵至河中（今山西河东道永济县），屡破贼兵。三年（八八三年），恢复长安，黄巢焚宫室遁去，诏以克用为河东节度使。巢东走，陷蔡州（今河南汝阳道汝阳县），进围陈州（今河南开封道淮阳县）。次年（八八四年），克用会许、汴、徐、兖之师救之，巢退趣汴州，克用追击，大破之，贼党斩巢以降，黄巢之乱平。时僖宗中和四年，西历纪元八八四年也，自乱起至乱平，凡十一年（八七四至八八四），唐室元气凋残已尽，自此以往，遂日就危亡矣。

黄巢之乱表

年代	西历	事迹
僖宗乾符元年	八七四年	濮州人王仙芝作乱
同二年	八七五年	陷濮州，曹州，冤句人黄巢聚众应之
同三年	八七六年	招讨使宋威击仙芝于沂州，大破之，仙芝亡去。威奏仙芝已死，罢遣诸道兵，仙芝势复炽，连陷河南、山南、淮南、江南诸州
同五年	八七八年	招讨副使曾元裕大破仙芝于申州，复破之于黄梅，斩之。仙芝党尚让推黄巢为主，陷郓、沂、濮，掠宋、汴、南渡江，陷江南西道诸州。复东南下，入浙东，由山路攻剽福建，陷福州
同六年	八七九年	镇海节度使高骈遣将分道击巢，大破之，巢趣广南，陷广州；复北上，屠潭州；山南东道节度使刘巨容，江西招讨使曹全晸，合兵拒战于荆门，大破之，巢东走，陷鄂州，掠饶信等十五州，进陷宣州
僖宗广明元年	八八〇年	巢渡江，高骈镇扬州，闭城不出战；曹全晸以兵六千逆战，以众寡不敌，为巢所败；巢遂渡淮，陷东都。汝郑把截使齐克让以饥卒万人拒战于潼关，以众寡不敌，败绩。巢遂破潼关，进陷西京，帝走兴元。凤翔节度使郑畋起兵讨贼

僖宗中和元年	八八一年	帝幸成都，巢遣尚让寇凤翔，郑畋遣司马唐弘夫伏兵邀击，大破之，乘胜与泾原节度使程宗楚进克长安。巢东走，至灞上，闻官军不整，复引兵还袭城，宗楚、弘夫战死，长安复陷。凤翔司马李昌言作乱，逐郑畋，畋赴行在
同二年	八八二年	都统王铎以诸道兵逼长安，遣使征沙陀酋长李克用来勤王，克用引兵至河中，连破贼兵
同三年	八八三年	克用恢复长安，巢东走，陷蔡州，围陈州
同四年	八八四年	克用救陈州，巢退趣汴州，克用追击，大破之，其下斩巢以降

第十二章 唐室之衰亡

自安史乱后，中央势力衰微，河北藩镇顿呈半独立之势，是为唐室瓦解之先兆。及宪宗征服淮西，中央之势一振。武宗讨平泽潞，中央之势再振。唐室瓦解之形势，借以延缓数十年。武宗升遐，宣宗即位，白敏中、令狐绹相继为相，皆斗筲之器，非栋梁之材。懿、僖昏庸，相继在位，内无裴晋公、李卫公之大臣，外无郭汾阳、李临淮之良将，宦官窃柄，蠹害生民，激而成黄巢之乱，竭天下之力，仅乃荡平之，而唐室遂成不可收拾之局面矣。兹述其事迹如下。

第一节 朱李之交恶

初，黄巢之作乱也，砀山（县名，属宋州今属江苏徐海道）人朱温从之，为巢将，有功，巢以为同州防御使。温见巢势日蹙，请降于王铎，铎以为同华节度使，俄赐名全忠，拜宣武节度使（领汴、宋、亳、颖等州，治汴州）。李克用追黄巢至汴，全忠馆之甚恭，克用乘醉，语颇侵之，全忠怒，夜袭克用，杀其亲兵将佐三百余人。克用走还晋阳，上书请讨全忠。朝廷方务姑息，得表，大恐，优诏和解之，不许动兵，是为朱、李结怨之始。自此以后，藩镇相攻者，朝廷不复为之辨曲直，由是互相吞噬，惟力是视皆无所禀受矣。

第二节　朱玫李昌符之乱

黄巢之据长安也，河中节度使王重荣起兵讨之，屡战有功，田令孜忌之。光启元年（八八五年），上还京，令孜徙重荣为泰宁节度使（治兖州），重荣不从，令孜结邠宁节度使朱玫（音梅）、凤翔节度使李昌符等抗之。玫等攻河中，李克用救之，进逼京城，令孜劫上出奔兴元，长安复为乱兵所掠。玫等耻为令孜所用，乃与重荣合表请诛令孜，令孜自知不为天下所容，乃荐杨复恭为中尉，自除西川监军。二年（八八六年），玫还长安，奉嗣襄王煴（肃宗玄孙）权监军国事，自加侍中，大行封拜以悦藩镇。帝用宰相杜让能言，诏重荣、克用讨玫，玫将王行瑜斩之以降，诏以行瑜为静难（军名，即邠宁节度）节度使。

僖宗在位十五年，委政宦官，国内大乱，盗贼蜂起，豪杰乘势勃兴于其间，各据一方，互相吞噬，朝廷不能制。文德元年（西历纪元八八八年），帝疾大渐，观军容使杨复恭立皇弟寿王杰为皇太弟，帝崩，太弟即位，是为昭宗。

第三节　张濬之覆军

昭宗体貌明粹，有英气，喜文学。以僖宗威令不振，朝廷日卑，慨然有恢复前烈之志。尊礼大臣，梦想贤豪，践祚之始，中外忻忻焉。然内制于阉寺，外制于强藩，终不能有为，颠连以死，可哀也已。帝之初即位也，诸镇务相兼并，张濬为相，劝帝强兵以威服天下，募兵京师至十万人。会李克用攻云州（今山西大同县），防御使赫连铎诉于朝廷，请讨克用，朱全忠亦上书请讨之。濬与克用有隙，遽劝上从其请，诏以濬为招讨使，大举兵击克用，败绩，走还。克用上书自讼，诏复克用官爵，窜濬于远州，于是朝廷势日不振。

第四节 杨复恭之乱 李茂贞王行瑜韩建之乱

复恭总宿卫兵，专制朝政，诸假子皆为节度使，又养宦官子六百人，皆为监军，上舅王瓌求节度使，复恭不可，瓌怒，诟之。复恭奏以为黔南节度使，至桔柏津（在今嘉陵道昭化县东），覆诸江中，上深恨之。大顺二年（八九一年），出复恭为凤翔监军。复恭愠怼，称疾求致仕，许之，复恭走兴元，与其从子山南西道节度使守亮举兵作乱。诏以凤翔节度使李茂贞为山南西道招讨使，讨之。景福元年（八九二年），克兴元，复恭、守亮奔阆州（今四川嘉陵道阆中县），茂贞乘势遂据兴元。二年（八九三年），诏以覃王嗣周为京西招讨使，讨茂贞，茂贞与王行瑜连兵拒命，官军败绩。宰相崔昭纬为茂贞耳目，忌首相杜让能持正，谮杀之以谢茂贞，又杀观军容使西门君遂、知枢密李周僮、段诩，而以茂贞为凤翔兼山南西道节度使。茂贞寻克阆州，复恭等伏诛，自是朝廷动息，皆禀命于邠岐，南北司往往依附二镇以邀恩泽。崔昭纬专权，忌宰相韦昭度、李谿，构之于王行瑜。乾宁二年（八九五年），行瑜与茂贞及镇国（军名，治华州今属陕西关中道，即故同州府）节度使韩建举兵犯阙，杀昭度、谿及枢密使康尚弼，谋废帝立吉王保。李克用闻警，举兵勤王，诏以克用为招讨使，讨行瑜。是年十一月，克邠州，诛行瑜，将移兵凤翔以讨茂贞。贵近恐克用势太盛，于朝廷不利，乃加封克用晋王，罢其兵，克用不得已，奉诏还晋阳。三年（八九六年），茂贞复反，帝奔华州依韩建，茂贞陷长安，宫室市肆，燔烧俱尽。是时克用方与朱全忠构兵，无暇大举入援。建自专国政，虐杀诸王十一人，宰相崔胤阴附朱全忠，教全忠营洛阳宫，表迎车驾，建、茂贞惧。光化元年（八九八年），奉帝归长安。

第五节　刘季述之乱　崔胤之召外兵　朱李之冲突

是时枢密使宋道弼、景务修专权，崔胤曰与上谋去之，由是南北司益相憎疾。宰相王抟恐其致乱，从容为上言之，胤怒，谮之于朱全忠，使表论之，上不得已，杀抟与道弼、景修。于是胤专制朝政，势震内外，宦官皆侧目。三年（九〇〇年），中尉刘季述勒兵幽上于少阳院，迎太子裕立之。胤说神策指挥使孙德昭等举兵讨季述，诛之，上复位，黜裕为德王。

是时李茂贞、朱全忠各有挟天子令诸侯之意。崔胤既诛刘季述，谋尽诛宦官，但以宫人掌内诸司事，中尉韩全诲等知之，深与茂贞相结，胤始惧，益厚全忠而仇茂贞。天复元年（九〇一年），茂贞入朝，解胤盐铁使，胤知谋泄事急，遗全忠书，令以兵迎驾。是时全忠已击破李克用兵，并吞两河诸镇，取河中晋（今山西河东道。即故平阳府）、绛（今山西河东道绛县，即故绛州）等州，势张甚，得胤书，即大举兵西上。全诲等见事急，遂以兵劫帝如凤翔，依茂贞。胤等请全忠西迎车驾，全忠从之，进围凤翔，诏征李克用入援。克用奉诏，攻晋、绛等州，以分全忠兵势。全忠还军河中，大破克用兵，进围晋阳。克用婴城自守。二年（九〇二年），旋军西上，大破茂贞兵，复围凤翔，城中食尽，冻饿死者不可胜计，西川节度使王建遣兵以勤王为名，假道于兴元，取之，于是山南、剑南皆为建所有。三年（九〇三年），茂贞杀全诲等，与全忠和，奉帝还长安。崔胤以宦官典兵预政，倾危国家，不剪其根，祸终未已，请悉罢内诸司使，其事务尽归之省寺，诸道监军俱召还阙下。上从之，全忠遂以兵驱宦官数百人，尽杀之，其出使外方者，诏所在诛之，只留黄衣幼弱者三十人以备洒扫。自开元以来，宦官擅威福者垂二百年，至是始歼灭，而国随以亡矣。史家譬诸木之有蠹，曰："灼木攻蠹，蠹尽木焚。"信然哉。

第六节　朱全忠之篡

宦官之诛也，以朱全忠守太尉，充诸道兵马副元帅。崔胤为司徒，兼侍中，判六军十二卫事。全忠威震天下，遂有篡夺之意。胤惧，密募兵以备之。天佑元年（西历纪元九〇四年），全忠密令其党杀胤，迁帝于洛阳，促百官东行，驱徙士民，号泣满路，毁长安宫室百司及民间庐舍，取其材，浮渭沿河而下，长安遂墟。秦中自古为帝王州，周、秦、西汉递都于此，刘赵、苻秦、姚秦、西魏、后周相间据之，隋文帝营大兴城（在旧长安城东南二里，今长安县城是也），唐初因之，后又增筑，当玄宗世，长安之雄丽繁华，前古无比，黄巢乱后，景象衰耗，至是夷为郡县矣。

帝之发长安也，遣间使以密诏告难于四方。帝至洛阳，李茂贞、王建等移檄讨全忠，皆以兴复为辞，全忠恐变生于中，是年八月，遣其党蒋玄晖等弑帝，在位凡十六年。时德王裕已壮，全忠恶之，以辉王祚幼，立之，更名柷，是为哀帝。次年，杀裕等九人（皆昭宗子），宰相裴枢、独孤损等数十人，复弑太后何氏。全忠急于受禅，朝议先加九锡，全忠怒不受。天佑四年，废哀帝为济阴王而弑之，自称皇帝，是为梁太祖，唐亡，时哀帝三年，西历纪元九〇七年也。唐自高祖至哀帝，凡传二十世，二百九十年（八一九至九〇七）而亡。

唐帝播越表

年代	西历	事迹	原因
肃宗至德元年	七五五年	玄宗出奔蜀	避安禄山之乱
代宗广德元年	七六三年	代宗奔陕州	避吐蕃之祸
德宗建中四年	七八三年	德宗奔奉天	避泾原兵之乱
同兴元元年	七八四年	德宗走梁州	避李怀光之叛

僖宗中和元年	八八一年	僖宗奔成都	避黄巢之乱
同光启元年	八八五年	僖宗奔凤翔	避李克用、王重荣之兵
同二年	八八六年	僖宗奔梁州	避朱玫、李昌符之兵
昭宗乾宁三年	八九六年	昭宗奔华州	避李茂贞之兵
同天复元年	九〇一年	昭宗奔凤翔	避朱全忠之兵
同天佑元年	九〇四年	昭宗幸洛阳	朱全忠劫之东迁

有唐一代与女宠宦官藩镇之祸相终始。兹试列表于下，以供参考。

唐代女宠宦官藩镇表

帝名	在位年代	女子之乱政者	宦官之乱政者	藩镇之跋扈者					
				范阳（卢龙）	成德	相卫（昭义）	魏博（天雄）	淄青（平卢）	淮西
高祖	九年								
太宗	二十四年	巢刺王妃杨氏							
高宗	三十四年	皇后武氏							
中宗	二十七年	皇太后武氏							
		皇后韦氏							
		皇妹太平公主							
		皇女安乐公主							
睿宗	三年	皇妹太平公主							

玄宗	四十五年	皇姑太平公主	高力士	安禄山					
		惠妃武氏	杨思勖						
		贵妃杨氏							
肃宗	七年	皇后张氏	李辅国	史思明				侯希逸	李忠臣
代宗	十八年		程元振	李怀仙	李宝臣	薛嵩	田承嗣	李正己	李希烈
			鱼朝恩	朱希彩		薛崿	田悦		
			朱滔			（李抱真）			
			朱泚			（李承昭）			
德宗	二十一年		窦文场	朱滔	李惟岳	（李抱真）	田悦	李纳	李希烈
			霍仙鸣	（刘怦）	王武俊	（王延贵）	田绪	李师古	（陈仙奇）
									吴少诚
顺宗	八月	昭容牛氏	李忠言	（刘济）	王士真	李长荣			
宪宗	十六年		吐突承璀	（刘济）	王士真	卢从史	田季安	李师道	吴少阳
			陈弘志	（刘总）	王承宗	（李元）	田怀谏		吴元济
			梁守谦	（张弘靖）	（王承元）		（田弘正）		
			王守澄		（田弘正）		（李愬）		
							（田布）		
穆宗	四年		梁守谦	朱克融	王庭凑	刘悟	史宪诚		
			王守澄						
敬宗	三年		梁守谦	（李载义）	王庭凑	刘从谏			
			王守澄						
			刘克明						
文宗	十三年	王守澄	杨志诚	王庭凑	刘从谏	何进滔			
			仇士良	史元忠	王元逵				
			鱼弘志						

武宗	七年	马元贽	陈行泰	王元逵	刘稹	何弘敬			
		张绛							
		(张仲武)							
宣宗	十四年		王归长	(张直方)	王绍鼎	何弘敬			
			王宗实	周綝	王绍懿				
				张允伸					
懿宗	十四年		刘行深	张简会	王景崇		何全		
			韩文约	张公素			韩君雄		
			李茂勋						
僖宗	十五年		田令孜	李可举	王镕		韩简		
			杨复恭	李全忠			乐行达(彦祯)		
			李匡威						
昭宗	十五年		刘季述	李匡俦	王镕		赵文玠		
			韩全诲	刘仁恭			罗弘信		
哀帝	四年			刘守光	王镕		罗绍威		

上表只列河朔三镇及昭义、平卢、淮西等镇，此外不书，非丰要者也。其姓名上加括弧者，忠于朝廷者，或由朝廷任命者也。

第十三章　隋唐时代之文化

汉族文化之盛，武力之雄，至春秋战国时代达于极点，遂产出秦汉大帝国。自此以后，经过四五百年，汉族逐渐老大。永嘉之末，五胡乘势侵入中国，黄河流域，化为异族屠掠之场，流血之惨，为古来历史上所仅见。自此以后，又经过二三百年，汉族与匈奴、鲜卑、氐羌等族，血统逐渐混合，酿成一种新民族，汉族固有之文化与异族固有之武力结合成一大团体。推汉族为代表，造出隋唐大帝国，于是东汉末年已成老大之单纯汉族，至是依异族结婚之结果，新产出一种少年混合汉族。此混合汉族，乘血气方刚之锐气，东征西伐，创立混合帝国，开辟有史以来之最大版图，复发明有史以来最新之混合文化。中国文化之盛，武力之雄，至唐时发达达于极点，亦至唐时而发泄无余蕴。自此以后，经过宋、元、明、清，思想日渐退步。有元及清，武力虽称雄于亚东，而文化迄不能超出有唐以上，故势力虽膨胀于一时，而不能维持于永久。现在中国国势，如鼠入牛角，逐渐缩小，如悬崖转石，不达谷底不止，长此因循敷衍，非至国亡族灭不止，可危也已。当局二三君子，有能作砥柱于中流，挽狂澜于既倒者乎？吾侪小民，固日夜馨香祷祝以求之矣。

第一节　制度

一、内官制

唐之中央政府，有三师、三公，备天子师范。其下有三省，统天下政事。更其下有六部，分任行政事务。三师者太师、太傅、太保也。三公者太尉、司徒、司空也。俱拥尊位而无实权，无其人则阙之，非常设之官也。故实际当中央政府统天下大政者为三省与六部。三省者尚书、门下、中书也。中书省掌宣奉诏敕，其长曰中书令。门下省掌审查诏敕，其长曰侍中。中书宣奉门下审查之后，尚书省乃以施行于天下，其长曰尚书令，其副有左右仆射，左仆射统吏、户、礼三部，右仆射统兵刑工三部。吏部掌官吏黜陟，户部掌赋税，礼部掌礼仪，兵部掌兵备，刑部掌刑罚，工部掌土木，合之曰六部。六部之长曰尚书，三尚书隶一仆射，两仆射副尚书令，是以天下行政事务，悉统于尚书省。兹列表于下以供参考。

- 三省
  - 门下省（侍中）
  - 尚书省（尚书令）
    - （左仆射）
      - 吏部（吏部尚书）
      - 户部（户部尚书）
      - 礼部（礼部尚书）
    - （右仆射）
      - 兵部（兵部尚书）
      - 刑部（刑部尚书）
      - 工部（工部尚书）
  - 中书省（中书令）

（以上吏、户、礼、兵、刑、工合为：六部）

其三省长官，皆为宰相，其以他官参掌者无定员。但加参预朝政（始于太宗贞观元年御史大夫杜淹）、参议朝政（始于贞观四年御史大夫萧瑀）、参预政事（始于贞观九年特进萧瑀）、参知政事（始于贞观十三年黄门侍郎刘洎）、同中书门下三品（始于贞观十七年太子太保萧瑀詹事李世勣）、参知机务（始于贞观二十二年中书侍郎崔仁师）、同中书门下平章事（始于高宗永淳元年黄门侍郎郭待举等）等衔名者。皆为宰相，亦汉行丞相事之例也。太宗尝为尚书令，臣下避其位不敢居，故以仆射为正宰相。中宗以后，仆射多优游台阁，养尊处优，不与政事。于是实权尽归门下中书二省，左右仆射不兼同三品同平章事头衔者，非真宰相矣。侍中、中书令其初本为三品官，所谓同中书门下三品者，谓同侍中、中书令也。代宗大历二年，始升侍中、中书令为正二品，然此后除去元勋宿望如郭子仪、李光弼、李晟、浑瑊、裴度等用为加衔以外，亦不复授人矣。同平章事，初在同三品之下，中世以后，则独为真宰相矣。宰相本无定员，玄宗时常以二人为限，或多则三人。肃宗以后，功臣如郭、李等，皆以同平章事衔名充节度使。谓之使相，故备相位者众，然执朝政者，亦不过一二人而已，自后强藩如田承嗣、李希烈之徒，相继皆为使相。于是同平章事有真假之别矣。

唐代宰相名实变迁表

官名	实权	变迁
尚书令	唐初正宰相	太宗尝为之，臣下避其名不敢居，遂以仆射为正宰相
尚书左、右仆射	唐初正宰相	中宗以后，多优游台阁，不与政事，遂非真宰相矣
侍中	唐初宰相	中宗以后为正宰相，武后时改纳言，玄宗初年改黄门监，晚年改左相，皆不久仍复旧名。代宗以后，用以优礼元勋宿望，非复真宰相矣
中书令	唐初宰相	中宗以后为正宰相，武后时改内史，玄宗初年改紫薇令，晚年改右相，皆不久仍复旧名。代宗以后，用以优礼元勋宿望，非复真宰相矣
参预朝政	唐初副宰相	太宗贞观元年置，后罢不设
参议朝政	同	贞观四年置，后罢不设
参预政事	同	贞观九年置，后罢不设
参知政事	同	贞观十三年置，后罢不设

同中书门下三品	同	贞观十七年置，武后时改同凤阁鸾台三品，玄宗初年改同紫薇黄门三品，皆不久仍复旧名，肃宗以后罢不设
参知机务	唐初副宰相	贞观二十二年置，后罢不设
同中书门下承受进止平章事	唐初副宰相	高宗永淳元年置，后改称同中书门下平章事，武后时改同凤阁鸾台平章事，玄宗初年改同紫薇黄门平章事，皆不久复旧名。代宗以后，为事实上之正宰相，终有唐之世不改

二、外官制

外官制与隋不同者有三。一曰使，每道置之，其名甚繁，每道之中，不必尽有也，若招讨使、宣慰使、安抚使、经略使等，更为特派而不常有者矣。一曰都督，掌诸州军政，每都督府置之。开元时，有并益荆扬潞五大都督府，其边方有寇戎之地，则加以旌节，令得便宜从事，谓之节度使，节度使及各使，多有可以兼任者。开元时，王忠嗣兼河西陇右朔方河东四镇节度使，杨国忠为相，以一人领四十余使，皆兼任者也。一曰都护，本汉官，掌抚诸蕃，拒外寇，每都护府置之。

唐代官制表（照中华书局中国历史参考书转载）

三师	太师	不主事，不置府僚，但与天子坐而论道
	太傅	
	太保	
三公	太尉	参议国家大事，置府僚，无其人则阙
	司徒	
	司空	

三省	尚书	分掌国家政事，下分吏、户、礼、兵、刑、工六部
	门下	掌献纳及进御
	中书	掌出纳诏命
一台	御史	掌纠察
五监	少府	掌尚方服御
	国子	掌教育
	将作	掌营造
	都水	掌河堤水运
	军器	掌军器
九寺	太常	掌陵庙礼乐
	光禄	掌宫殿、门户及膳食
	卫尉	掌军器、仪仗、帐幕
	宗正	掌皇族
	太仆	掌乘舆仪卫
	大理	掌讼狱
	鸿胪	掌蕃客朝贡及吉凶吊祭
	司农	掌仓市、薪米、园地、果实
	太府	掌财物库藏
外官	诸使	观风、转运、按察、巡抚、租庸、两税、黜陟、户口、度支、营田、采访、处置、招讨、宣慰、安抚
	都督	并州、益州、荆州、扬州、潞州
	都护	安东、安西、安南、安北、单于、北庭
	刺史	分上中下三等
	县令	分上中下三等

三、地方制

太宗并省州县，分天下为十道，为州三百六十，为县千五百五十七。

颛顼氏以来九州之称，至此乃一大变更矣。其版图，东至海，西逾葱岭，南尽林邑，北被大漠。至玄宗时，又析为十五道，凡郡府三百二十八，县千五百七十三，此外尚有羁縻府州，统于六都护府及边州都督。举唐之封域，南北如前汉之盛，而东西过之。及安史乱后，河西陇右没于吐蕃，加以藩镇跋扈，朝廷威力之所及，遂逐渐缩小矣。

唐代诸道表（照中华书局中国历史参考书转载）

<table>
<tr><th>太宗时道</th><th>疆域</th><th>玄宗时道</th><th>疆域</th></tr>
<tr><td rowspan="2">关内</td><td rowspan="2">陕西中部、北部、甘肃东部及绥远</td><td>关内</td><td>陕西北部及绥远</td></tr>
<tr><td>京畿</td><td>陕西中部及甘肃东部</td></tr>
<tr><td>河东</td><td>山西</td><td>河东</td><td>同左</td></tr>
<tr><td rowspan="2">河南</td><td rowspan="2">黄河以南、长淮以北、山东河南二省及江苏安徽北部</td><td>河南</td><td>山东、河南南部、江苏、安徽北部</td></tr>
<tr><td>都畿</td><td>河南西部</td></tr>
<tr><td>河北</td><td>黄河以北，山东、河南北部及河北省</td><td>河北</td><td>同左</td></tr>
<tr><td rowspan="2">山南</td><td rowspan="2">四川、湖北北部、陕西、河南南部</td><td>山南东</td><td>河南南部、湖北北部</td></tr>
<tr><td>山南西</td><td>陕西南部、四川北部</td></tr>
<tr><td>淮南</td><td>淮南、江北、江苏、安徽中部、湖北东部</td><td>淮南</td><td>同左</td></tr>
<tr><td rowspan="3">江南</td><td rowspan="3">长江以南、南岭以北、江苏、安徽、浙江、福建、湖北、湖南、贵州、四川地</td><td>江南东</td><td>浙江、福建及江苏、安徽南部</td></tr>
<tr><td>江南西</td><td>江西及湖南东部、湖北东南部</td></tr>
<tr><td>黔中</td><td>贵州北部、四川南部、湖南西部</td></tr>
<tr><td>陇右</td><td>甘肃西部，青海东部至新疆</td><td>陇右</td><td>同左</td></tr>
<tr><td>剑南</td><td>四川中部、西部，云南北部</td><td>剑南</td><td>同左</td></tr>
</table>

岭南	两广及安南北部	岭南	同左

唐六都护十节度表（据本国史表解上转载）

	名称	治所	今地	管辖区域及任务
甲、六都护	一、安东	治平壤	朝鲜平壤	领朝鲜以东
	二、安南	治交州	安南河内	领交趾以南
	三、安西	治龟兹	新疆库车县	领西域诸国
	四、北庭	治庭州	新疆迪化县	领天山以北
	五、安北	治金山	科布多境	领大漠以北
	六、单于	治云中	绥远归绥县	领大漠以南
乙、十节度	一、平卢	治营州	热河朝阳县	镇抚室韦靺鞨
	二、范阳	治幽州	北平	制临奚契丹
	三、河东	治太原	山西阳曲县	犄角朔方以御北狄
	四、朔方	治灵州	甘肃灵武县	捍御北狄
	五、河西	治凉州	甘肃武威县	隔断羌胡
	六、陇右	治鄯州	甘肃碾伯县	备御羌戎
	七、安西	治龟兹	新疆库车县	抚宁西域
	八、北庭	治庭州	新疆迪化县	防制突骑施坚昆
	九、剑南	治益州	四川成都县	控制吐蕃蛮獠
	十、岭南	治广州	广东番禺县	绥靖夷獠

汉唐武功极盛，然治外方法，彼此不同。汉取羁縻政策，不干涉其内政，仅东平朝鲜置四郡，南平南越设九郡而已。他如西北二方面，虽设西域都护、戊已校尉、护羌校尉、使匈奴中郎将、护乌桓校尉以统之，究未尝以郡县制度治之也。唐室声威，跨越两汉，即其部落，列置府州，分领于边州都督及都护。其可考者：

一，突厥、回纥、党项、吐谷浑，隶关内道者，凡府二十九，州九十

二，突厥别部及奚契丹靺鞨降胡百济、高丽，隶河北道者，凡府十四，州四十六

三，突厥、回纥、党项、吐谷浑之别部，及于阗波斯等国，隶陇右道者，凡府十一，州百九十八

四，羌蛮隶剑南道者，凡州二百六十一

五，蛮隶江南道者凡州五十一

六，蛮隶岭南道者凡州九十三

此外有党项州二十四，不知其隶属，大约府州八百五十六，号为羁縻云。

四、兵制

唐于各道置折冲府，有折冲都尉领之。其等有三，统千二百人者曰上府，千人者曰中府，八百人者曰下府。凡天下十道，置府六百三十四，而关内一道，独二百六十有一，皆分隶十二卫，以制内外之势。人民二十为兵，六十而免，每年番上，宿卫京师，不但镇守地方也。

其编立军队之法，十人为火，有火长一人，五十人为队，有队长一人，三百人为团，有校尉一人。其武器平日藏之官库，有事乃给之。每岁季冬农隙，由折冲都尉征集，训以进退之法。国家有事征发，则以符契下其州及府，参验发之。至所期处，将帅按阅，有教习不精者，罪其折冲，甚者罪及刺史，常以道路远近，给其番代之时。高宗以后，其制渐弊，番役更代，多不以时，卫士稍稍亡匿。玄宗时，益耗散，宿卫不能给，宰相张说乃请一切募士宿卫，共十二万，号曰长从宿，卫岁给一番，后更号曰彍骑，分隶于诸卫。安史乱后，府兵与彍骑二者均废，天子所恃，惟禁兵而已。

唐代兵制表

一,府兵——上府——千二百人；中府——一千人；下府——八百人——总六百三十四府——关内——二百六十一；其他——三百七十三

二,彍骑兵——开元以后,张说创行

三,藩镇兵——天宝以后大盛

五、田制及赋税制

魏晋以来，乱离相继，民户耗减，田多旷废。后魏孝文帝好儒，参酌井田之制，创均田法。唐因其制，凡男女始生为黄，四岁为小，十六为中，二十为丁，六十为老。天下丁中之男，官给田百亩，笃疾减什之六，寡妻妾减七，皆以十之二为永业，传其子孙。十之八为口分田，惟限一代，老免身殁，则还于官。皆不得买卖，惟转徙及贫无以葬者，得卖永业田。自狭乡（田少之处）徙宽乡（田多之处）者，得并卖口分田。凡受田丁男，岁输粟二斛、稻三斛谓之租，随乡所出。岁输绢绫布绵，各定其额，谓之调。用人之力，岁二十日，闰加二日，谓之庸。不役则收其佣，日三尺。有事而加役者，旬有五日，免其调，三旬，租调俱免。水旱虫霜为灾，什损四以上免租。六以上免调。七以上，课役俱免。此法以人丁为本，有田则有租，有身则有庸，有户则有调，天下户口，每至三年，必重为按比，改造名籍，凡平田赋、均事役，皆赖之焉。自天宝乱后，北方凋耗，版籍难稽。至德宗时，杨炎始创为两税法，百役之费，先度其数而赋于民，于是租庸调之制遂废。

唐初均田法

一，男女始生为黄，四岁为小，十六为中，二十为丁，六十为老。

二，天下丁，中之男，官给田百亩，笃疾减十之六，寡妻妾减十之七。

三，以十之二为永业，传其子孙；十之八为口分田，惟限一代；老免身殁则还于官。

四，皆不得买卖，惟转徙及贫无以葬者，得卖永业田；自狭乡徙宽乡者，得并卖口分田。

唐初赋税制表

一 ┌ 凡受田丁男，岁输谷二斛，稻三斛，谓之租。—— 粟米之征
　 ├ 随乡所出，岁输绢绫布绵，各定其额，谓之调。— 布缕之征
　 └ 用人之力，岁二十日，闰加二日谓之庸。——— 力役之征

二 —— 不役则收其庸，日三尺。有事而加役者，旬有五日，免其调，三旬，租调俱免。

三 —— 水旱虫霜为灾，十损四以上，免租；六以上，免调；七以上，课役俱免。

附货币制度

唐承隋后，币制窳败，因改铸开元通宝钱。其文有八分、篆、隶三体，系欧阳询所书。询初进蜡样，文德皇后掏一甲迹，故钱上有掏文。制法精工，自五铢以后，此为最善。玄宗时，民间恶钱流行，宋璟为相，请行禁止，遣监察御史萧隐之使江淮，括恶钱，隐之严急烦扰，怨嗟盈路。隐之贬官，恶钱复行如故。肃宗铸乾元重宝钱，以一当十，铜质甚佳，人多毁以为器。其后禁民间储见钱不得过五千贯，禁铜器，官一切为市之，盗毁之风稍止。

唐代币制表

一、开元通宝钱	太宗时创	其文有八分、篆、隶三体
二、乾元重宝钱	肃宗时创	以一当十

六、刑制

高祖入关，除隋苛政，与民约法十二条，惟制杀人劫盗背军叛逆，余悉蠲之。其后乃有刑书四种，曰律、令、格、式。律、令者，尊卑贵贱之等数，国家之制度也。格者，百官有司所常行之事也。式者，其所常守之法也。其刑制悉与隋同，分为五等，即笞、杖、徒、流、死是也。笞、杖、徒三刑，更分五等，流刑分三等，死刑分二等。故刑之轻重，凡二十等，皆许计罪纳锾以赎焉。

唐代刑制表（照中国史表解上转载）

- 甲、五刑
  - 一，笞。一十，二十，三十，四十，五十
  - 二，杖。六十，七十，八十，九十，一百
  - 三，徒。一年，一年半，二年，二年半，三年
  - 四，流。二千里，二千五百里，三千里
  - 五，死。绞，斩
- 乙、十恶
  - （一）谋反，（二）谋大逆，（三）谋叛，（四）恶逆，（五）不道，
  - （六）大不敬，（七）不孝，（八）不睦，（九）不义，（十）内乱
- 丙、八议
  - （一）亲，（二）故，（三）贤，（四）能，
  - （五）功，（六）贵，（七）勤，（八）宾

七、学校制

唐初，京师有国子学、太学、四门学等，又有书学、算学、律学，地

方有京都学、京县学、县学等，而以京师之国子学为最贵。太宗时，于门下别置弘文殿，聚四部书，二十余万卷，置弘文馆于其侧，选天下文学之士，与讲论前言往行及商榷政事。又于东宫置崇文馆，增创学舍，增置生员。其屯营飞骑等，亦给博士，授以经业。国学之内，生徒多至八千余人，从古所未有也。玄宗时，置丽正书院，聚文学之士，或修书，或侍讲，书院之名盖始于此。其后兵戈扰攘，学制渐衰。代宗至以宦者鱼朝恩判国子监事，而学制荒矣。

唐代学校制表

- 中央
  - 国子监
    - 国子学
    - 大学
    - 四门学
    - 书学
    - 算学
    - 律学
  - 弘文馆
  - 崇文馆
- 地方
  - 京都学
  - 京县学
  - 府学
  - 州学
  - 县学

八、选举制

六朝多尚门第，隋鉴其弊，始废九品中正之制，别创选法。唐因隋旧，其法大抵有三，由京师及各地学校出身者，曰生徒；由州县推选者，曰乡贡；每岁会生徒、乡贡于尚书省而考试之，合格者授官。其科目多至数十，最著者有秀才、明经、进士、俊士、明法、明字、明算等名，皆怀牒自列于州县，试而中选者，乃送至省试之。其试法，秀才试方略策五道，以文理粗通为主，明经先帖文，然后口试经问大义十条，答时务策三道。进士试时务策五道，帖一大经，其后改重声韵，明法试律令十条，明字先口试通，乃墨试说文字林，明算先口试，后乃试以各算书，此其考试法之大略也。其天子自诏者曰制举，所以待非常之才，其后士子多趋向明经进士二科，故二科得人最盛。武后时，策问贡士于洛城殿，殿试自此始。又设武举，以骑射、马枪、材貌、言语、负重等阅人，武举亦始于此。然唐之取士，不尽由科举。有由上书而得官者，如和逢尧、员半千之类是也。有隐逸而召用者，如阳城李渤之类是也。有出于辟举者，如韩愈之出于张建封、董晋是也。有出于延誉者，如吴武陵之荐杜牧之是也。其中辟举之风，肃代以后最为盛行，收效亦多。

授官之制，多循前代。五品以上有册授，有制授，六品以下皆旨授。凡旨授官，悉由于铨选，选有文武。文选属吏部，武选属兵部，皆尚书侍郎主之。兵部课试，如举人之制，取其躯干雄伟，应对鲜明，有骁勇才艺，及可为统帅者。吏部择人以四事：一曰身，取其体貌丰伟；二曰言，取其言词辨正；三曰书，取其楷法遒美；四曰判，取其文理优长。白身求官者，则应贡举。有出身有前资者，则应文选。吏部之属，有考功司，考功郎中掌考课，考官吏之功过，定其殿最而升降之。考功员外郎掌贡举，举人及第落第一在其手。玄宗以员外郎望轻，移贡举于礼部，以侍郎主之，于是举士与举官，分为二途，策试之法，铨选之法，日新月异，不相为谋。士之欲以文章达者，举于礼部，而不举于吏部，则不得官。登录既难，请托愈盛，考官又多偏私，衡鉴不明。以韩愈之才，四试于礼部，始得出身，三试于吏部，无成，十年犹布衣，寒士之难于进如此。

高宗以来，选人猥众，内外盈溢，门荫、武功、艺术、胥吏之类，众名杂目，不可胜纪。开元中，诸色出身每岁二千余人，方于明经进士，多十余倍，是时内外官万八千余员，而合入官者，凡十二万余人，率十人争一官，有出身二十年不获录者。玄宗时，吏部尚书裴光庭奏用循资格，限年蹑级，毋得逾越，非负谴者，皆有升无降，盖本于崔亮停年之制也，自是有司但勘资例，考课遂为死法。肃、代以后，兵乱官弊，铨法无可道者。德宗时，国境既蹙，吏员减天宝三之一，而入流者加一，士人二年居官，十年待选，而考限迁除之法亦坏矣。

唐代选举制表

一，被选者
- 生徒——学校所选，（常选）
- 乡贡——州县所举，（常选）
- 制举——天子特选，所以待非常之才

二，科目——秀才，进士，明经等

三，考试——对策，帖经，墨义，口试

四，授官——五品以上册授，或制授，六品以下旨授

五，铨选——文选属吏部，武选属兵部

第二节　学术

一、经学

隋唐时代，支配社会人心者有三：曰儒学，曰道教，曰佛教。

东晋以来，儒者好尚，有南北之异。南学简而华，北学深而芜，大抵皆承袭汉代之余风，探求于文字章句之末，而于微言大义，往往从略焉。隋室勃兴，并采南北之学，《书》、《易》、《春秋》则用孔（安国）、王（弼）、杜（预）氏。《诗》、《三礼》、《论语》则皆用郑（康成）氏。龙门

（今山西河东道河津县）王通，教授于河汾之间，弟子自远方来者甚众，累征不起，大业末，卒于家。门人谥曰文中子。唐以九经课诸生，《礼记》、《左传》为大经，《诗》、《周礼》、《仪礼》为中经，《书》、《易》、《公羊》、《谷梁》为小经。通二经以上者得应举，《孝经》、《论语》皆兼通之。太宗命孔颖达、颜师古等，折衷南北学说，立一定之标准，作五经正义。其后又作四经正义，合为九经注疏，后又增加四经，号为十三经注疏。凡学校之教课，官吏登庸之试验，皆以钦定之注疏为标准，范围狭隘，故唐之经学不甚发达。惟李鼎祚作易集解，宗郑排王，啖助说春秋，不宗三传，考其得失，断以己意，然大旨阴主公谷。赵匡、陆质传其学，质遂纂啖、赵之说，作春秋集传，唐学出正义之范围者，唯有此二书而已，

自唐以前，孟轲列于诸子，儒林不甚重之，东汉唯赵岐注之，唐朝亦不立学官。至韩愈深赞其辟杨墨，明孔道，以为功不在禹下，学者自是知尊孟子矣。愈慕孟子之风，好排击老释，唱群圣传统之说，以捍卫儒道。事德宗，为监察御史，以谏宫市（参观通鉴德宗贞元十三年以宦者为宫市使条下），贬阳山（属连州今广东岭南道属县）令。宪宗朝，迁刑部侍郎。帝迎凤翔法门寺塔佛骨入禁中，留三日，历送诸寺，王公士民，瞻奉舍施，惟恐不及。愈上表极谏，乞投之水火，帝大怒，贬潮州刺史，其后复还朝，为吏部侍郎。会成德将王庭凑杀其节度使田弘正，自为节度使，穆宗诏愈宣抚，众皆危之。愈至，庭凑严兵迓之，愈以大义责之，庭凑不敢犯，礼而归之。愈通经传百家，最长文章，世推其排佛之功，至配之孟子云。

五经正义表（据本国史表解卷上转载）

- 十三经注疏
  - 唐孔颖达正义，
    - 《周易》——魏王弼、晋韩康伯注，
    - 《尚书》——题汉孔安，
    - 《毛诗》——汉毛亨传，郑玄笺，
  - 《礼》
    - 《周礼》、《仪礼》——汉郑玄注，唐贾公彦疏，
    - 《礼记》——汉郑玄注，唐孔颖达正义，
  - 《春秋》
    - 《左传》晋杜预集解，唐孔颖达正义，
    - 《公羊》汉河休解诂，唐徐彦疏，
    - 《谷梁》晋范宁集解，唐杨士勋疏，
  - 外有
    - 宋邢昺疏，
      - 《孝经》唐玄宗注，
      - 《尔雅》晋郭璞注，
      - 《论语》魏何晏集解，
    - 《孟子》汉赵岐注，题宋孙奭疏，

二、史学

唐太宗以谢灵运、于宝等所撰之《晋书》为未善，诏褚遂良、许敬宗、房玄龄等重修之。具中宣武纪陆机、王羲之传论，帝所自为，故总题为御撰，实为后世钦定御撰等书之所本也。帝又诏长孙无忌、魏征等撰《隋书》，自此以后，一朝之史，多奉敕官撰，而不出于一人之手，不能成一家之言矣。同时所撰之史，尚有《周书》、《北齐书》、《陈书》、《梁书》、《南北史》等。《梁》、《陈》二书，皆魏征与姚思廉所撰。思廉父察，为梁史官，当陈时，曾修梁、陈二史，未就，以属思廉。思廉入隋，表父遗言，有诏听续。至唐，又奉诏与魏征等修之，故二书仍为一家之言也。《北齐书》为李百药所撰，亦因其父德林之书而续成者。《周书》为

令狐德棻与岑文本、崔仁师等所撰。《南北史》皆为李延寿所撰，延寿自言承其父大师之志而作，盖亦一家之言也。此外杂史类则有吴竞之《贞观政要》，于太宗实录外，采其与群臣问答之语而成者也。又有裴延裕之《东观奏记》，专记宣宗一朝之事迹者也。史评类则有刘知几之《史通》，贯穿古今，洞悉利病，为史评诸书之祖。政治史类则有杜佑之《通典》，分食货、选举、职官、礼、乐、兵、刑、州郡、边防九门，上下古今，网罗巨细，为政治史之祖。皆杰作也。

中古史学家名著表（据本国史表解卷上增补）

朝代	史学家	名著
汉	司马迁	《史记》
	班固	《汉书》
	荀悦	《汉纪》
晋	陈寿	《三国志》
	袁宏	《后汉纪》
宋	范晔	《后汉书》
梁	沈约	《宋书》
	萧子显	《南齐书》
	姚察	《梁书》《陈书》（子思廉续成之）
北魏	魏收	《魏书》
	崔鸿	《十六国春秋》
	郦道元	《水经注》
唐	房乔	《晋书》
	李百药	《北齐书》
	令狐德棻	《北周书》
	李延寿	《南史北史》
	魏征	《隋书》
	杜佑	《通典》
	刘知几	《史通》
	李吉甫	《元和郡县志》
	吴竞	《贞观政要》
	裴延裕	《东观奏记》

三、文学

唐承六朝之后，诗赋散文，皆不脱纤弱之习。高宗时，王勃、杨炯、卢照邻、骆宾王擅文名，世称四杰，俱工于骈俪。（《文选·王简栖头寺碑文》云：“层轩延袤，上出云霓，飞阁逶迤，下临无地。”王勃《滕王阁序》亦云：“层台耸翠，上出重霄，飞阁流丹，下临无地。“庾信《华林园马射赋》云：“落花与紫盖齐飞，杨柳共春旗一色。”《滕王阁序》亦云：“落霞与孤鹜齐飞，秋水共长天一色。”）。则天时，沈佺期、宋之问以附二张进，之问尤无行。二人善诗，带沈、庾余风，益加雕镂，音律谐协，属对精炼，号为律诗，又谓之近体，学者宗之，称沈、宋。陈子昂亦媚事则天，然其诗不染时俗，高雅冲澹，超于建安，散文亦疏朴近古。

玄宗之世，张说、苏颋以文章显，皆为宰相。说封燕公、颋许公，时号燕、许大手笔，其文稍近雅正，而骈俪之习未去。元结性耿介，为文奇古不谐俗，故名亦不高，然唐人力变骈俪者，实自结始。是时国内升平，文艺炽昌，诗人名家者不可胜数，而杜甫为其冠，李白、王维、孟浩然等次之。杜甫少贫，举进士不第，困长安。玄宗见其赋，奇之，命待制集贤院。安禄山作乱，甫为贼所得，逃谒肃宗，拜左拾遗，寻弃官，寓秦州，樵采自给。流落剑南，为其帅严武参谋。武卒，客游江湖，卒于衡山之阳。甫旷放不自检，好谈大事，高而不切，数当寇乱，挺节无所污。为歌诗，伤时挠弱，情不忘君，人怜其忠。李白有逸才，豪放嗜饮，飘然有超世之心。尝至长安，学士贺知章见其文，叹曰：“子谪仙人也。”荐之玄宗，供奉翰林。白犹与饮徒日醉于市，顷之，辞去，浮游四方。肃宗时，得罪，流夜郎，会赦，得释，客死江南。李杜之诗，俊伟跌宕，不假雕琢之工，古风近体，皆极其妙。于是唐诗蔚然大兴，遂为后世之模范。

陆贽以一代大儒，为德宗贤相。其文多用骈句，不异俗体，然真意笃挚，反复曲畅，不见排偶之迹。为德宗作诏诰，至武夫悍卒皆感泣，其论谏切中时病，皆本仁义，洵经世之文，不可以四六卑视。

韩愈以宏才卓识，用力古文，综核百家，镕而化之，刊陈划伪，粹然一出于正，而滉洋自肆，无所拘束，遂一洗八代之陋习，使唐之文章，追踪于周汉。当时名亚于愈者，唯柳宗元。宗元与顺宗幸臣王叔文友善，及叔文用事，引陆质、刘禹锡等参计议，宗元亦预焉。宦官嫉之，谗毁沸腾。宪宗立，悉贬窜其党，赐叔文死，宗元由是废黜，自放于山水间，湮厄感郁，一寓诸文。韩愈尝评其文，谓雄深雅健似司马迁。李翱、皇甫湜从愈学，翱得其谨严，湜得其奇崛。孙樵又传湜法。刻意求奇，皆不逮韩柳。韩柳又善诗，俱如其文。

同时工诗者，韦应物、刘禹锡、张籍、白居易。居易长乐府，用语平易，以曲折尽情，自成一家。稍后有杜牧、李商隐。牧诗豪而艳，有气概，人称为小杜以别于杜甫。商隐学甫，寄托深远，但语伤缛丽。

唐代文学家表

一、高宗时	四杰：王勃，杨炯，卢照邻，骆宾王	骈体文学家
二、武后时	沈宋：沈佺期，宋之问	诗家
三、同	陈子昂	诗家古文学家
四、玄宗时	燕许：张说，苏颋	骈体文学家
五、同	元结	古文学家
六、同	李白，杜甫，王维，孟浩然	诗家
七，德宗时	陆贽	大儒骈体文学家
八，中叶以后	韩愈，柳宗元，李翱，皇甫湜	古文学家
九、同	韦应物，刘禹锡，张籍，白居易，杜牧，李商隐	诗家

李杜事略表（据本国史表解卷上转载）

- 李白
  - 略历
    - 一，字太白，祖籍陇西，后为蜀之昌明人
    - 二，天才英特，尝为玄宗朝翰林供奉，后浪游，以永王璘事，流夜郎。会赦还，卒于采石江边
    - 三，生于武后圣历二年，卒年六十四
  - 作品
    - 一，乐观派，富于出世思想，号曰诗仙
    - 二，以气为主，以自然为宗，以俊逸高畅为贵
    - 三，歌行之妙，使人读之，飘扬欲仙
    - 四，五七言绝神矣，七言歌行圣矣
    - 五，一气呵成，禀南人之特性，缥缈如海洋
- 杜甫
  - 略历
    - 一，字子美，祖籍襄阳，后为秦之杜陵人
    - 二，少贫，举进士不第，玄宗时，以上赋得官，禄山作乱，走谒肃宗，拜左拾遗，后为西川节度参谋
    - 三，生于睿宗先天元年，卒年五十九
  - 作品
    - 一，悲观派，富于人世思想，号曰诗圣
    - 二，以意为主，以独造为宗，以奇拔沉雄为贵
    - 三，歌行之妙，使人读之，欷歔欲绝
    - 四，五言律七言歌行神矣。七言律圣矣
    - 五，苦心经营，具北人之特性，沉郁如山岳

- 韩愈
  - 略历
    - 一，字退之，原籍昌黎，徙居南阳
    - 二，三岁而孤，嫂郑氏鞠之，自知读书，举进士，历监察御史，贬潮州刺史，仕至吏部侍郎
    - 三，生于代宗大历三年，年五十七卒
  - 作品
    - 一，闳中肆外，文如长江大河，千里不穷，后人莫可几及
    - 二，包刘越嬴，并武同殷，追迹孟子，陶镕史迁
    - 三，长于说理，原道原性杂说等篇最著名
- 柳宗元
  - 略历
    - 一，河东人，字子厚
    - 二，少精敏，举进士，拜监察御史，坐事贬永州司马，徙柳州刺史
    - 三，生于代宗大历八年，年四十九，卒于贬所
  - 作品
    - 一，文如奇峰绝壑，壁立千仞，森然如在苍烟杳霭之外，可望而不可即
    - 二，雄浑雅健，得力于司马子长
    - 三，长于记事，永州山水记最著名

四、书法

唐以书判取士，故书法特精妙。太宗夜半学兰亭，故其书特工。臣下以书名者，有欧阳询、虞世南、褚遂良等，皆宗王羲之。虞得其筋，褚得其肉，欧得其骨，皆称绝妙。其后有颜真卿、柳公权二人，亦宗羲之而得其筋骨者（颜筋、柳骨）。此外以草书名者，有张旭及僧怀素等，旭有草圣之称，怀素书亦神品也。以篆书名者为李阳冰，与秦李斯先后齐名，称二李。

唐代书法家表

一、楷书	欧阳询，虞世南，褚遂良，颜真卿，柳公权
二、草书	张旭，僧怀素
三、篆书	李阳冰

五、画法及雕刻术

唐世画家甚多。太宗时有阎立本，善写真，所图凌烟阁功臣像，为世所称。玄宗时有李思训，好画金碧山水，笔格遒劲，为画家北派之祖。思训曾为左武卫将军，时人称为大李将军，其子昭远亦以山水名，时人称为小李将军。又有吴道子者，常于大同殿写嘉陵江山水，一日而毕。思训亦受命写嘉陵江山水，数月而毕。玄宗叹曰："思训数月之功，道子一日之迹，皆极其妙。"时诗家王维亦以画家称，尝画破墨山水，云峰五色，意态逼真，为画家南派之祖，世称维诗中有画，画中有诗，盖双绝也。

唐代画家表

姓名	时代	得意之作	作品
阎立本	太宗时	善写真	凌烟阁功臣像
李思训	玄宗时	金碧山水	嘉陵山水
李昭远	同	同	
吴道子	同	山水	嘉陵山水
王维	同	同	破墨山水

雕刻术、建筑术亦颇发达，现今所存者，犹有慈恩寺塔，可窥测建筑之一斑。石碑之雕刻极精，远胜于近今者。

六、音乐

秦以后乐经散亡，音乐失传。汉高帝时，叔孙通定其制。武帝时，李延年司其律，乐以渐备。东汉明帝时，亦有修正，后经丧乱，厥道扎衰，曹操命杜夔作雅乐，始渐复古。自五胡乱华，器与律均失，古乐乃不可复矣。西汉张骞使西域，而得传胡乐。东汉时，南人修朝贡而进蛮乐，自是以后，琵琶、箜篌、胡笳等充斥中原，雅乐几至绝迹。隋初，修正乐律，乐工万宝常有所建白，不用，后新乐成，其声淫历而哀，宝常听之泫然曰："天下不久尽矣。"炀帝时，有乐工王令言者，听弹琵琶声，知炀帝之幸江都，必不能返，此皆于音乐有神悟者也。唐玄宗精于音律，选部伎子弟三百人，教之于梨园中，号曰皇帝梨园弟子，臣下慕之，皆善音律。玄宗又分乐部为坐立二部，太常阅坐部伎不可教者，隶之立部，又不可教者，令习雅乐，于是古乐更衰歇矣。域外之乐传入于唐者，有高丽乐，唐初最盛。新罗乐，太宗时有之。南诏乐、骠国乐德宗时有之。鲜卑乐，北方最盛，为胡乐之尤著者。

七、天文学

天文历算之书，未遭秦火，故历代多有发明。汉赵君卿作《周髀算经》，武帝时，洛下闳能造仪器以考历度，皆其著者。晋虞喜善天算，太阳与各恒星相躔之宿度，每岁有不及之分，其差甚微。古人未之知，喜发明之，因立岁差法，历代之所宗也。隋时以刘焯为著，所造七曜新历，颇能纠正当时之失。唐时历算大家，前有李淳风，后有僧一行，淳风造麟德历及诸算经，一行造开元大衍历及算经，皆驰誉于世。淳风又创铜浑天仪，表里三重，下据准基，状如十字，末树鳌足，以张四表，颇称精妙。玄宗时，有九执历，出于西域，与今欧西之法相同。诏太史监瞿昙悉达译之，其算皆以字书，不用筹策，即今日之笔算也。

中古天文学家及数学家表

姓名	时代	创造品	发明之学说	著作品及译述品
洛下闳	汉武帝时	始经营浑天仪		
鲜于妄人	同	继续洛下闳业		
耿寿昌	汉宣帝时	始铸浑天仪		
张衡	汉安帝时	铸地动仪		
虞喜	晋		岁差法	
刘焯	隋			七曜新历
李淳风	唐太宗时	浑天仪		麟德历及诸算经
僧一行	唐玄宗时			开元大衍历及算经
瞿昙悉达	同			译九执历

八、医学

隋唐间最著者，有孙思邈，所著《千金方》一书，发前言，启后学，有功于医道甚深，世或传以为仙，故又称曰孙真人。同时有王焘者，著《外台秘要》，所言方证符禁灼灸甚详，又有甄权，撰《脉经》、《针方》、《明堂人形图》，时多宗之。

隋唐时代医学家表

一，孙思邈	著《千金方》
二，王焘	著《外台秘要》
三，甄权	著《脉经》，《针方》及《明堂人形图》

九、术数学

隋文帝焚纬书，谶纬之学遂绝，其余占卜、相术、望气等仍盛行。有章仇翼者，知文帝之必终于仁寿宫，以占卜而知之也。有韦鼎者，于文帝未得天下时，知其必贵。又有乙弗宏礼者，知炀帝不令终，皆以相术验之也。唐时善相者有袁天纲，于武后幼时，知其必为天子。李淳风善天算，尤能前知，武氏之祸，淳风在太宗时已言之，且知其人已在宫中，故后人推验之说，多有托之于淳风者。德宗时，道士桑道茂以望气而知德宗之必幸奉天，后朱泚之乱，德宗果往焉。此皆有奇验者，亦可知当时术数学盛行也。

隋唐时代术数者表

一，章仇翼	知隋文帝终于仁寿宫
二，韦鼎	于隋文帝微时，知其必贵
三，乙弗宏礼	知隋炀帝不令终
四，袁天纲	知武后必为天子
五，李淳风	太宗时，知武后之祸已伏于宫中

六，桑道茂	知德宗必幸奉天

当时文化发达之结果，东自日本、朝鲜、渤海，西抵吐蕃，南迄海南诸国，无一不受我国文化所支配，各国多遣派学生，留学长安，输出文化于彼国。现今日本、朝鲜内地，犹有中国风焉，皆此时代之遗泽也。

隋唐时代日本遣唐使及留学生姓名年代表

使臣姓名	留学生	中历	日历	西历
小野妹子来朝		隋炀帝大业三年	推古天皇十五年	六〇七
裴世清等往报聘		隋大业四年	推古十六年	六〇八
小野妹子复来朝	玄理，清安，僧旻等八人从		同年九月	
大使吉士长丹副使吉士驹	僧徒学生凡百二十一人从	唐太宗贞观四年	舒明天皇二年	六三〇
大使高田首根麻吕副使扫守连小麻吕	道昭及学生凡百二十一人从	唐高宗永徽四年	舒明白雉四年	六五二
粟田真人		唐中宗嗣圣十八年	文武天皇太宝元年	七〇一
多治比县守	吉备真备、阿部仲麻吕	唐玄宗开元四年	元正天皇灵龟二年	七一六
菅原清公	最澄	唐德宗贞元十八年	桓武天皇延历二十一年	八〇二
藤原葛野麻吕	空海	唐贞元二十年	延历二十三年	八〇四

藤原常嗣		唐文宗开成三年	仁明天皇承和五年	八三八
菅原道真奏停派遣唐使		唐昭宗乾宁元年	宇多天皇宽平六年	八九四

阿部仲麻吕，留唐不去，改名晁衡，在中国五十年，仕至安南都护。道昭受业玄奘之门，归国后，倡行火葬。最澄、空海，来习佛教，归国后，朝野倾慕。空海学问渊博，文艺、书画、雕刻、医药之学无不精，相传日文之伊吕波歌，为其所作。

中日交通路线表

一，隋唐间路线	自肥前西航，过朝鲜南部，入黄海，至山东半岛上岸
二，唐中叶路线	自长崎西航，抵江苏东海，入扬子江，溯流而上，取道襄汉入长安
三，唐末叶路线	自长崎西南行抵浙海，至明州（今鄞县）上岸

第三节　风俗

一、崇尚门户

南北朝分立既久，社会情形，多判若二致。隋时，始沟合而调和之，然崇尚门户等习，至唐犹存。太宗降诏曰："新官之辈，丰富之家，竞慕世族，结为婚姻，多纳货贿，有如贩鬻，或贬其家门，受屈辱于姻娅，或矜其旧族，行无礼于舅姑，自今以往，宜悉禁之。"然不能止也。宰相李日知、李林甫、张说皆愿与山东著姓通婚，其南北朝时之望族，仍恃其族望，耻与卑族为婚，亦可见习俗之难移矣。

二、士子之钻营

士以投牒自进之故，多不尚气节。益以女主、权相、藩镇、宦官迭执大柄，士更以依附为荣，不羞自荐。戴破帽，策蹇驴，以干谒王公大人之门。未到门百步，辄下马奉币刺再拜以谒于典客者，投其所为之文，名之曰求知己。如是而不问则再如前所为者，名之曰温卷。如是而又不问，则有执贽于马前，自赞曰某人上谒者。士风之鄙，一至于斯，无怪乎入仕以后，吮痈舐痔，无所不至也，五季廉耻道丧，实基于此。固不独走马应不求闻达科之可笑耳（唐有士子遇友于途，问所往曰往，应不求闻达科也）。

三、平民之阶级

平民分为两级，其良者曰农工商，贱者曰杂户、番户、奴婢。奴婢有由反逆相坐而收入者，有由各地岁贡者，由反逆相坐收没者。一免为番户，再免为杂户，三免为良民，免者遇赦也，由各地岁贡者，以邕府（广西邕宁县）为多。代宗时始除之。（参看梁任公先生《中国文化史社会组织篇》第六章阶级下）

四、婚丧之礼

婚丧之礼，多务奢华，女子不以重婚为耻。唐代公主重婚者至二十三人之多，宫闱之乱所感化也。丧礼，四品以上用方相（即周礼之方相，黄金四目以驱除疫疠等恶鬼者，以刍或纸为之），七品以上用魌头（如方相而较小），为后世开路神之始，隋制也。自周以来，葬皆真钱，唐祠祭使王玙，始以纸寓钱为鬼事，为后世冥钱之始。太常博士李才百著书，历载丧煞损害法，则避煞之事，由来久矣。

五、养子

养子之风流行，李克用、朱全忠、李茂贞、王建等，各有养子数人至数十人，最多有至数百人者，宦官亦多有之，田令孜、杨复恭各有养子数百人是也。

此外风俗，如同年座主门生先辈之称，一二三四五六七八九十之作为数字，及文字中之有抬头等格式，皆肇于隋唐时。

第四节　唐代风俗及于后世之恶影响

一、科举

科举之制盛行，人民弋取富贵之念愈重，社会渐以官吏为尊。其取士之标准，皆崇尚文词，不问实学。其后经过宋、元、明、清，皆本此方针，以为束缚人心之具。近世学术之不振，实此时开其端也，此为中国文化退步之远因。

二、募兵制度

征兵制度，唐初最为完备。至开元、天宝间，遂从根本破坏，变为募兵制度。自此以后，直至有清末年，养兵之费，遂成国家支出之大宗，哗溃淫掠之事，时有所闻。与外人战，十战九败。宋室乘五代疲弊之余，明室乘有元衰乱之际，偶尔创立一帝国，非其武力之有余裕也。元、清勃兴，对于其本族，实行全国皆兵制度，而不能寓兵于农。对于汉族，则仍用募兵制度，是以国家有养兵之负担，不收养兵之效果，此为中国武力衰弱之远因。

三、缠足

缠足之风起于此时。其初教坊官妓，借以修饰舞容，士大夫悦之，良家妇女，乃以为取媚男子之道。其后经过宋、元、明、清，几成一种流行病，愈传染，愈普遍，至前清末年，普及于汉族上中下流社会，满蒙回族之与汉族杂居者，亦尤而效之，可哀也已，此为汉族体格衰弱之远因。

有此三者，而自唐以后千余年间之中国，乃日渐退步矣，古所谓日中则昃，月盈则缺，岂其然乎。

此外若鸦片一物，已由大食国输入，当时仅以药材视之，不为害也。

参考书

《日本史学杂志》第九编　第六号　（支那妇人缠足之起原）　　那珂通世先生

第五节　宗教

一、道教

唐代儒学之发展，不出经学范围之外，在思想界不占势力，其在思想界最有势力者，厥惟释、道二教。道教之起原，始于战国时代，崇拜老子为教主，魏晋南北朝时代最流行。唐高祖时，晋州（今山西河东道，即故平阳府）妖人自言于羊角山（在河东道浮山县南）见老君曰："为吾语唐天子，吾而祖也。"诏就其地立庙，盖李唐与老子同氏，故谀者附会之也。高宗幸亳州（今安徽淮泗道亳县），谒老子庙，上尊号曰太上玄元皇帝，以皇绪出玄元。诏王公以下，皆习《道德经》，令明经举人策试，以道士隶宗正寺，班在诸王之次。中宗时，诏诸州各治观一所，以方士郑普思为秘书监，叶静能为国子祭酒。睿宗即位，以西城、隆昌二公主为女冠，自是皇女始有入道者。玄宗最重道教，制令士庶家藏《道德经》一本，帝亲作注疏。两京诸州各置玄元庙，依道法斋醮，兼置崇玄学生，令习《道德经》及《庄子》、《文子》、《列子》以应贡举。两京崇玄馆置学士大学士，追号庄子、文子（《汉书·艺文志》称为老子弟子与孔子同时）、列子、庚桑子（名楚庄周以为老聃弟子）皆为真人（庄子为南华真人、文子为通玄真人、列子为冲虚真人、庚桑子为洞虚真人（旧唐书玄宗本纪）。尊其书为真经，以《道德经》列群经首。诸郡开元观以金铜铸等身天尊像，五岳及灵山仙迹，并禁樵采，立祠宇，多度道士，以修祭祀。尊玄元为大圣祖，圣祖前立文宣王（唐玄宗追谥孔子为文宣王）像，与四真人列侍左右。是时公卿吏民，争奏符瑞神异之事。宰相李林甫等皆舍宅为观，以祝圣寿。肃代德宪之际，道教之盛虽稍逊于佛，然以其为皇家正教，名位常在佛上。武宗宠道士赵归真，亲受法箓归真与其徒同毁释氏，于是斥佛之议行焉。

道教之祸人主，莫过丁长生说。长生说本由人情恶死而起。帝王身极富贵，无所欲而不获，不如意者，则寿而已，故苟有可以延寿者，虽耗财妨民不顾也。秦汉以来，帝王求仙药史不绝书，而服饵贾祸，莫甚于唐。太宗时，王玄策使印度，得一方士（名那罗迩娑婆寐），还，帝命造延年药，历年而成，帝服之，致暴疾以崩，高医束手，议者欲诛方士，恐取笑外国，不果。高宗时有乌荼国婆罗门卢迦逸多自言能合不死药，帝将服之，东台即门下省改名侍郎郝处俊谏，乃止。又使嵩山刘道合作金丹，丹成而死。帝闻之，恨曰："为我合丹而自服仙去。"宪宗广求力士，或荐山人柳泌，泌以天台多灵草，求为州长吏，帝从之，驱吏民采药，谏官争之。帝曰："烦一州之力，能为人主致长生，臣子亦何爱焉。"其后服泌药，日加燥渴，数暴怒，责左右，竟以遇弑。穆宗即位，以泌付京兆杖死。未几，听赵归真之说，亦饵其药，疾作而崩。敬宗逐归真，而宠刘从政，发使采药江南。武宗召归真等八十一人，于禁中炼丹饵之，得疾崩。宣宗立，诛归真，既而饵太医李玄伯等所治丹剂，病燥，疽发背崩。穆、敬昏愚，其被惑固无足怪，太宗、宪宗、武宗、宣宗皆英主，乃甘以身试剧药，实由贪生之心太甚故也。宣宗尝迎罗浮山道士轩辕集问长生道，集曰："王者屏欲而崇德，则自然受天遐福，何更求长生。"使宣宗从集言，则纵令不得登仙，何至速其死哉。

唐代君主惑于长生说表

一，太宗使那罗迩婆娑寐造延年药

二，高宗使刘道合造金丹

三，宪宗以柳泌为台州刺史，使采药

四，穆宗饵赵归真之药

五，敬宗宠刘从政，发使采药江南

六，武宗使赵归真等于禁中炼丹

七，宣宗饵李玄伯丹剂

二、佛教

高祖时，太史令傅奕上疏，请除佛法，以僧徒不忠不孝，逃避租赋为言。帝亦恶其不守戒律，苟免征徭，诏令有司沙汰天下僧尼道士女冠（即女道士）等，其精勤练行者，迁大寺观，庸猥粗秽者，勒还乡里，京师留三寺二观，诸州各留一所。太宗时，弛其令，然尚禁私度。后有玄奘者，陈姓，陈留人，自幼出家，贞观初，自长安西行，经天山南路，逾迦湿弥罗（印度北方之克什米尔），而至印度，历一百二十八国，受法于戒贤律师之门，精穷佛典，十余年始归，经吐蕃，逾通天河（即青海之木鲁乌苏河），而至长安，赍经六百五十余部，与弟子等从事翻译，自菩萨戒（菩普也萨济也能普济众生），至摩诃般若，总七十四部，一千三百三十八卷。太宗甚重之，为之作《三藏圣教序》，高宗又为之撰述圣记是，为法相宗之祖，其弟子窥基能传其道，佛教由是又渐盛。高宗时有义净三藏者，亦航南海赴印度求经，经二十五年，历三十余国，得经四百余部，与印度僧日照，及菩提流志等来中国，武后甚信之，作寺度僧，岁无虚日，因之耗蠹无限。玄宗时，印度僧善无畏三藏，金刚智一藏，不空三藏，相继来唐，称为开元三大士。金刚智者，真言宗之祖也。不空与金刚智偕至唐，后返印度，更受秘密真言，再至唐译经论，真言宗之盛，不空之力居多。当时玄宗及颜真卿、王维之徒皆重之，故其势益盛。每三岁作僧尼籍，由祠部官（有唐祠部专掌祭祀之事）给与度牒，是为官给度牒之始。然度僧建寺，耗费无数，祈福求利，道民以侥幸，于社会影响甚巨。韩愈愤之，作原道一篇以癖其谬，至欲人其人，火其书，庐其居。后宪宗迎佛骨，愈上表力谏，请投其骨于水火，以破迷信，宪宗怒，贬愈潮州刺史。文宗时，寺院至四万余所，僧尼至七十余万人。武宗恶之，使道士赵归真与僧玄志论难，道教不胜，归真遂劝武宗毁佛法，武宗从之，先毁山野招提（有常住之寺）兰若（释氏静室），后又敕毁天下佛寺，除京都东都各留二寺，每寺留僧三十人外，其余节镇各留一寺，分三等，留僧有差。余僧及尼，并勒归俗，计二十六万五百人，良田人官者数千万顷，奴婢十五万人，铜像钟磬等悉毁以铸钱。佛家言三武之祸及三回法难，即指魏太武、周武帝及唐武宗之毁灭佛法而言。宣宗时复解其禁，懿宗崇信甚深，佛氏势力又渐恢复。

玄奘事略表（据本国史表解卷上转载）

- 一、大师略历
  - 父陈康，隋江陵令
  - 兄陈长捷，为东都净土寺僧
  - 原陈留人，师生于缑氏县东南之陈村（今偃师地）
  - 年十三出家，二十六游西域，在外十九年
  - 寿六十三卒
- 二、所经路线
  - 1，窃发长安，经河西（今武威）、瓜州（安西）、玉门关（古关在党河西）
  - 2，抵高昌（今吐鲁番），经河耆宜（焉耆）、屈支（库车）、跋禄迦（拜城）
  - 3，迂道至千泉（西突厥庭在中亚），逾雪山，入北印度
  - 4，抵健驮罗（古大月氏都，今喀布尔河入印度河处）至迦湿弥罗（今克什米尔）
  - 5，入中印度乌苌国（一作乌阇衍那）之曲女城（在今西北州科尼普尔西北境）
  - 6，至东印度之迦摩缕波（今孟加拉北境库治贝哈城）转南印度
  - 7，入西印度，傍印度河西境，经羯盘陀在帕米尔高原由佉沙叶瞿萨旦那（和阗）返国
- 三、在途况状
  - 1，高昌以后 国王曲文泰优礼备至
  - 2，千泉以后 统叶护可汗出帐拜迎
  - 3，健驮罗以后 观大月氏迦腻色迦王古迹，荒废不堪
  - 4，迦湿弥罗以后 王欢迎供养，留居二年
  - 5，乌苌国以后 戒日王优礼备至，师遍览迦比罗城（今哥尔克波尔附近）、伽耶（即伽雅）、华子城（今巴德拿）、王舍城（今巴哈尔西南）诸圣迹，受业戒贤律师之门，留五年
  - 6，南印度后 欲往僧伽罗（即锡兰），以乱而止
  - 7，曲女城讲道 听众先后五十万人，佩仰备至
- 四、所得成绩
  - 得佛舍利一百五十粒
  - 金银檀刻佛像七座
  - 经六百五十七部
  - 著有大唐西域记传世

魏晋之间，佛学讲学未精，其道浑朴，无宗派之称。鸠摩罗什入关，三论之学初盛，其后诸宗踵起。至唐有十三宗，即涅槃、地论、摄论、成实、俱舍、律、三论、净土、禅、天台、华严、法相、真言是也，其中涅槃、地论、摄论、成实、俱舍五宗，或合并于他宗。或势力本不大，故实

按之仅得八派。八派在唐时，流传极盛，其余风波及日本，遂开日本佛教之先声。兹述其大略如下。

（一）律宗　以印度昙无德为始祖，曹魏嘉平二年，昙摩阿罗始传于中国，姚秦觉名、后魏法聪深究其义。至唐道砺、道宣等，始卓然成一家。天宝中，鉴真至日本，传砺宣疏，广敷律义，时在日本孝谦天皇时。

（二）三论宗　以印度龙树之中论、十二门论、提婆之百论为始祖，初行于姚秦。秦亡，其徒多迁江南，六传至隋吉藏，而此宗全盛。高丽僧慧灌学于吉藏，复传于日本，时唐高祖武德年间，日本推古天皇时代也。

（三）净土宗　庐山莲社开其绪，隋大业间之道绰，唐贞观间之善导，皆此宗大师。然以劝谕净业，广被缁素，诸宗高僧参而修之，另为寓宗，无师传之系也。日本亦有净土宗，其祖师亦无入唐受教者。

（四）禅宗　达摩所倡，六传至慧能，分为青源、南岳二派。唐末，南岳复分为沩仰、临济二派，青源分为曹洞、法眼、云门三派。至宋末，临济、曹洞二宗始传于日本，时日本鸟羽天皇时代也。

（五）天台宗　北齐时，慧文所倡。陈隋间，智𫖮广其义，居天台山，炀帝赐号智者大师，为建国清寺，六传至湛然，详制疏释，以授道邃。日本桓武天皇延历二十三年，留学生僧最澄，随遣唐使来求法，乃学于道邃，受奥旨以归，时唐德宗贞元二十年也。

（六）华严宗　以华严经为据。隋时，法顺始提义纲，标立宗名，二传至法藏，宗义愈明，则天赐号前首戒师。玄宗时，僧道璇赍华严章疏至日本，新罗审详法师，复往讲授，此宗遂兴于东国，时日本圣武天皇时代也。

（七）法相宗　明诸法之体相，故名，又名唯识宗，以唯识论为据。唐太宗时，玄奘之印度，受诸戒贤论师，以授窥基。高宗时，日本道昭、智通、智达，来师玄奘，还传其学，时日本齐明天皇时也。

（八）真言宗　又名密教。开元中，印度善无畏金刚智至唐传之不空，继智授之慧果，其宗始确立，然此派不盛于中国。德宗末年，日本桓武天皇遣空海来唐，学于慧果，还传彼国，故此派盛行于日本，空海即创造日本假名者也。

唐代佛教八宗表（据本国史表解卷上转载）

名称	名义	始祖	分派
宗律	宗律藏中之四方律	在印度曰昙无德 在中国魏时印僧昙柯迦罗	相部法砺 南山道宣 东塔怀素
三论	以中论百论十二门论为宗	在印度以文殊马鸣龙树为祖 在中国以东晋鸠摩罗什为祖	北地三论 南地三论
净土	以得净土为主	在印度以马鸣龙树世亲为祖 在中国以惠远善道为祖	惠远流 善道流
禅宗	以不言语，不立文字，见性成佛为教义	在印度曰摩诃迦叶 在中国梁时印僧达摩	南宗—南岳—临济—黄龙、杨岐 南岳—沩仰 南宗—青原—云门、曹洞、法眼 南宗—黄蘗
天台	以开祖智𫖮栖天台山得名	以陈隋间智𫖮为始祖	山家 山外
华严	宗华严经	以中国隋时法顺为始祖	
法相	明诸法之体相	在印度为戒贤律师 在中国唐时为玄奘	

真言	宗秘密之真言	在印度以大日如来为祖 在中国以唐时金刚智为始祖	

三、祆教

祆教者西历纪元前六世纪、波斯西部 Atropatene 人 Zoroaster 所创，其教谓创造万物者为上帝。创造以后，有阴阳二神司之，阳神清净，为众善之本，阴神秽恶，为众恶之门。世间万事万物，皆此二神所统辖，阳神得势，则群生幸福，人民安乐，天下太平；阴神得势，则群生凋残，人民死丧，天下大乱。劝世人就阳神，避阴神。以火代表阳神而崇拜之，故又名曰拜火教，以日为光明之原而崇拜之，故又名曰太阳教。其学说具载于 Zend Auesta 书中，波斯人尊之为圣经。此教初行于巴克特里亚，创行未几，即流行于巴比伦、希腊等地，后成为波斯国教。亚力山大大王东征以后，其势稍衰，波斯萨桑王朝勃兴，其势复盛。南北朝时代，稍传而东，及大食勃兴，波斯中亚皆为所有虐待祆教徒，祆教徒多移住东方，于是其教遂逾葱岭，传入中国。唐太宗贞观五年，有传法穆护（如耶教神甫）何禄，奉祆教诣阙入奏，敕令长安崇化坊立祆寺，置祆正、萨宝、府官，主祠祆神，率以胡祝充之云。

四、摩尼教

摩尼教（《摩尼教经残卷》载在罗振玉辑鸣沙石室佚书续编）者，巴比伦人摩尼（Mani）所创。相传西历纪元二一六年（汉献帝建安二十一年），摩尼降生于巴比伦之 Mardefin，二四二年三月二十日，始为宗教家。取祆教旧说为根据，参以佛教及耶稣教哲理，别成一派，自称天使。漂泊于巴比伦五十年，卒无成功，其后移居波斯，始受国人崇拜。摩尼殁后，其教由东罗马输入西方诸国，波及非洲北岸。唐初，其教已由波斯传入中国，回纥人素崇其教。唐中叶以后，常借援兵于回纥，回纥人多移居内地，乃请于朝廷，各地建摩尼寺，代宗赐额为大云光明。宪宗元和二年，回纥请于河南太原二府置摩尼寺，许之。武宗会昌中，回纥衰弱，降幽州者前后万余人，皆散隶诸道，于是摩尼教遂流布于中国各地云。

五、景教

景教者，耶稣教之一派。西历纪元五世纪之初（宋文帝元嘉年间），西里亚人 Nestorius 所创。其教义谓耶稣为立教之圣人，非即上天之子。其说与三位一体说（Trinit）不相容，为教徒所排斥。谪居亚尔美尼亚，其地人民从其教者日众，号 Nestorian 派。波斯王斐鲁日斯崇奉之，尊为国教，置教主于色流斯亚（波斯名都，故址在古巴比伦城东北约一百三十余里底格里士河西岸），敷化东方，颇行于中亚。魏宣武帝梁武帝时，其教已流入中国。西历纪元六三六年（唐太宗贞观中），波斯人阿罗本赍其经典来长安，太宗尊信之，使房玄龄宾迎，留禁中翻经，为建波斯寺，度僧二十一人，其徒自号景教，取其教旨光辉发扬之义也。高宗时，更于诸州建波斯寺，号阿罗本为镇国大法主，其教大行。玄宗天宝四年，诏波斯经教，本出大秦，其两京波斯寺，宜改名大秦寺。德宗建中二年，长安大秦寺僧景净，建大秦景教流行中国碑，其碑日久埋没，至明末复发见，借以知当时景教流行中国之状况焉。

六、回教

回教者，穆罕默德所创之教，为后世回纥人所崇奉，故中国名之曰回教。唐初，兴于阿剌比亚，乃严肃之一神教。令其教徒，遇有异教则征服之。及大食国兴，以武力传播其教于四方，渐入天山南路。唐末，天山南路佛教渐衰，回教乘之遂布其地。大食国境东南临海，其教复流传至南洋群岛，其后航海至中国，请于朝廷，建清真寺于广东，盛传其教云。

唐代外教概略表（据本国史表解卷上转载）

- 新来四教
  - 一、祆教
    - 教祖——Zoroaster——波斯人
    - 教义
      - 善神——光明——主昼——降福
      - 恶神——黑暗——主夜——降祸
    - 教徒——何禄传入长安
  - 二、摩尼教
    - 教祖——摩尼——巴比仑人
    - 教义——合景教祆教佛教教义而成
    - 传入者——回纥人
  - 三、景教
    - 教祖——Nertorius——东罗马人
    - 教规——为耶教之别派
      - 生不嫁娶
      - 病不服药
      - 死则裸葬
    - 教徒
      - 阿罗本—奉经典来长安
      - 景净——立景教流行中国碑
  - 四、回教
    - 教祖——穆罕默德——阿拉伯人
    - 经典——可兰经
    - 教义——左手持经典，右手持刀剑
    - 传入地
      - 东南沿海——大食人传入
      - 西北一带——回纥人传入

以上所列举各教，大抵自有唐中叶，流行于中土。及武宗即位，信道教，严禁诸教。大秦寺摩尼寺皆废止，京城摩尼教信女七十人皆见杀，流回纥人于诸道，死者大半，以是诸教皆衰。惟回教犹保持其势力于天山南路；景教亦稍流行于塞外；佛教则盛行于中国内地云。

第六节　实业

唐代农业最重。太宗于有司之怠于农政者有禁。高宗、玄宗皆行躬耕之礼。玄宗且亲率太子芟麦。德宗时，宰相李泌请令百官进农书，皆能重农者也。惟农学之新发明无可言者，其可言者，惟工、商二事。

一、工业　唐初，浮梁（江西浮梁县）之昌南镇（地在昌江之南故名），有陶氏者，善为瓷器。高祖时，载以入关，贡于朝，是为江西瓷器发明之始。

二、商业　京师有市令官，掌百族交易之事，与周礼司市之职相同。先于市建标，分陈品物于市，以称与斗二物平市，以上中下之三价均市。凡物必仿官所造之标准而为之，题姓名于其上，然后许贩卖，伪滥者没入官，不中选者退归其主，此内地之法也。至于域外互市，则分海陆两路。陆路互市，有互市监（官名）掌之，禁中外人民私相交易。凡马驼等，各分其色与齿，而申所隶之州府，州府申太仆，遣官领受。其时西方诸国商人，来贸易于河西诸郡者（甘肃省西部），凡四十余国，其中以犹太人为最多，中国商人之往西域印度波斯等地者亦不少。海路互市，则有提举市舶官掌之，以征其关税，南自南洋群岛，西经兰锡岛，以入于波斯湾，或沿阿剌伯半岛海岸，以至红海，皆为中国商人所经之航路。其来中国者，则以大食国人为最盛。武后时，在广州、泉州（福建晋江县）、杭州诸海港经商者，数以数万计，其贸易之品，由唐输出者，以茶为最著。其后大食国衰，唐亦内乱，东西海陆互市均次第衰微矣。

唐代米价前后贵贱比较表（据本国史表解卷上转载）

一，太宗贞观时　斗米三钱。（见《魏征传》）

二，玄宗开元十三年　东都斗米十钱，青齐米斗五钱。（见《本纪》）

三，代宗永泰时　京师斗米一千四百。（见《本纪》）

四，僖宗中和时　长安斗米三十千。（见《黄巢传》）

第三编　近古史　汉族衰微时代

第一期　辽、宋、金时代

第一章　五代之更迭

唐室既衰，宇内分裂为十余国。其据中原称皇帝者，曰后梁、后唐、后晋、后汉、后周。五十四年间，更十有三君，五易国而八易姓。后梁起于盗贼，后唐、后晋、后汉出于胡族。契丹以鲜卑别种，入陵诸夏。篡夺之祸莫烈于此时，历祚之短亦莫甚于此时。史家称之曰五代时代。五代之君主，皆藩镇之得势者也。盖自有唐中叶以后，安史降兵分据河朔三镇，不奉朝命，自选镇将。对于中央政府，常取半独立之势。其偶尔服从朝命，犹如媾和者然。朝廷威令，实不能行于其境内。其前后任交迭，虽有朝廷遣中使授旄节之文，然不过虚行故事。魏博一镇，牙军数千人，父子相继，亲党胶固，日益骄横。小不如意，辄族旧帅而易之。自史宪诚至罗弘信，皆立于其手。唐僖宗文德元年之变，牙兵囚其节度使乐彦祯，逐其子从训，聚而呼曰："孰愿为节度使者?"牙将罗弘信出应之，遂推为留后。后唐庄宗同光四年之变，军士皇甫晖劫指挥使杨仁晸为帅。仁晸不从，晖杀之。又推一小校，小校亦不从，晖又杀之，携二首诣效节指挥使赵在礼曰："不从者视此!"在礼惧而从之。以如此风习，渐及他藩镇，唐室天下，遂成瓦解之势。太阿倒持，政柄不在上而在下。凌夷至于五季，遂有拥立天子之事矣。拥立藩镇，则主帅德之畏之，旬犒月赏，如奉骄子，虽有犯法者不敢问。拥立天子，则将校皆得超迁，军士又得赏赐剽掠。以故帝王不能制藩镇，镇将不能制部下。藩镇得势，则为天子；将校得势，则为藩镇。而其原动力皆出于军士，帝王之废兴，胥仰赖军人之鼻息。冠履倒置如此，可哀也已！兹述其事迹如下。

第一节　梁、晋之冲突

一、有唐末年群雄割据之形势

有唐末年，中原大乱。豪杰割据诸州，互相攻伐。名为藩镇，实与列国无异。李克用据河东（今山西中部），称晋王。朱全忠据河南（今河南、山东二省），称梁王。李茂贞据凤翔（今陕西关中道西部，即故凤翔府），称岐王。西川节度使王建据两川及山南西道（今四川省及陕西汉中道），称蜀王。淮南节度使杨行密据淮南、江西（今江西、安徽二省及江苏省之大半），称吴王。镇海镇东节度使钱镠据两浙（今浙江省及江苏省一小半），称吴越王。卢龙节度使刘仁恭据幽州（今北平），传至其子守光，称燕王。威武节度使王潮据福建（今福建省），传至其弟审知，称闽王。武安节度使马殷据湖南（今湖南省），称楚王。清海节度使刘隐据岭南（今两广及法领越南北部），传至其弟岩，称汉帝。晋、梁地处中原，势均力敌，时起冲突。其后河北诸镇多羁縻于梁，晋势衰微。梁王全忠遂篡唐，自称皇帝，更名晃，是为后梁太祖。建都汴州，号东都开封府。以洛阳为西都，以荆南（领荆、归、峡等州，治荆州）留后高季昌为节度使。是为高氏据荆南之始。

二、前蜀之建国

诸镇畏梁之强，皆称臣奉其正朔，惟晋、岐、吴、蜀犹称唐年号。吴、蜀移檄兴复唐室，卒无应者。蜀王建乃谋称帝，遗晋王克用书云：

"请各帝一方。"克用复书云："誓于此生，靡敢失节。"建乃自称皇帝，国号蜀。是为前蜀高祖。

三、夹寨之战

初，晋王克用有养子曰存孝，骁勇善战。养子存信疾而谮之，存孝惧祸而叛。克用讨擒之，惜其才，意临刑诸将必为之请。诸将疾其能，竟无一人言者，遂杀之。又有薛阿檀者，亦勇。密与存孝通，恐事泄，自杀。自是晋兵势渐弱。唐末，数为梁人所攻。昭义属下诸州多为梁所破。天复二年，朱全忠围凤翔。克用奉诏，攻晋、绛等州以分全忠兵势。全忠还师，大破晋兵，遂围晋阳。克用欲走保云州，会梁兵以疫还而止。克用不能与梁争者累年，忧形于色。子存勖幼警敏，有勇略，进言曰："朱氏穷凶极暴，人怨神怒，殆将毙矣。吾家世袭忠贞，大人当遵养时晦，以待其衰。奈何轻为沮丧，使群下失望乎！"克用悦，临终，立为嗣。谓群臣曰："此子志气远大，必能成吾事。"克用以唐亡之明年卒（梁开平二年）。存勖袭位，年十七。

是时梁兵围晋潞州（今山西冀宁道长治县，即故潞安府）。晋昭义节度使李嗣昭固守逾年。梁筑夹寨以困之。晋王存勖与诸将谋曰："朱温所惮者先王耳。闻吾新立，以为童子，必有骄怠之心。若简精兵，倍道趋之，出其不意，破之必矣。取威定霸，在此一举，不可失也。"遂帅师发晋阳。是年五月，伏兵三垂冈（在冀宁道潞城县西南）下。旦乘大雾直抵夹寨，填堑鼓噪而入。杀梁招讨使符道昭。梁兵大溃南走。潞州围解。王归晋阳，休兵行赏。命州县举贤才，黜贪残，宽租税，抚孤穷，伸冤滥，禁奸盗。境内大治。训练士卒，令骑兵不见敌勿得乘马。部分已定，无得相逾越及留绝（谓留止而中绝不相联属也）以避险。分道并进，期会不得差晷刻，犯者无赦。由是法严令行，所向无敌。

四、晋取河北

是时成德节度使赵王镕、义武节度使王处直皆羁縻于梁。梁太祖疑镕贰于晋，遣兵袭之，取深、冀二州。镕惧，与处直联合，共推晋王存勖为盟主，结攻守同盟以拒梁。梁遣兵攻镇州。太祖乾化元年，晋王存勖自将击梁军于柏乡（县名、旧属赵州，今属大名道），大破之。遂与二镇连兵伐燕。

初，燕王刘守光父仁恭，旧为晋王克用部将。唐昭宗乾宁二年，克用取幽州，表仁恭为卢龙节度使。昭宗之幸华州也，克用征兵于仁恭以勤王。仁恭不听，克用怒，自将击之。仁恭遂叛，附于梁。屡破晋兵。牵制晋南下之势，以故晋不能与梁竞。仁恭骄侈贪暴。天佑四年，守光囚之。仁恭长子义昌镇沧州节度使守文举兵讨守光，兵败见杀。梁封守光为燕王。乾化元年八月，守光自称皇帝。攻易、定等州。王处直求救于晋。晋王存勖与赵王镕合兵救之。二年正月，击破守光兵，克涿州。守光求救于梁，梁太祖自将救燕。与晋将史建塘、李嗣肱战于修县（今河北津海道景县，即故河间府景州），大败走还。

五、友珪之弑逆 后唐之建国 后梁之衰亡

时太祖久病，至是疾益笃。还至洛阳，谓近臣曰："我经营天下三十年，不意太原余孽，更昌炽如此。吾观其志不小。天复夺我年。我死，诸儿非彼敌也。吾无葬地矣。"太祖素荒淫，常征诸子妇人侍。假子博王友文之妻王氏貌美，有宠。将立友文为太子。次子郢王友珪无宠，心不平。是年六月，与其党韩勍弑太祖而自立，杀友文。三年二月，东都指挥使均王友贞起兵诛友珪。即位于汴，更名瑱，是为末帝。

是年十一月，晋师克幽州，执刘仁恭及守光以归，斩之，燕亡。时梁末帝乾化三年，西历纪元九一三年也。

燕亡以后，河北北部皆入于晋。晋乃旋师南下，经略河北南部。是时梁天雄（即魏博）节度使杨师厚卒。末帝患魏博跋扈，贞明元年正月，分天雄军为二镇以弱其势。军校张彦作乱，劫节度使贺德伦请降于晋。是年六月，晋王存勖入魏州，进攻澶、卫等州，皆下之。与梁将刘鄩夹河而战，互有胜负。

是时契丹方强。其王耶律阿保机始建国，称帝改元，是为辽太祖。南侵晋地，取代北（即朔蔚新武儒等州，今山西雁门道及察哈尔口北道地）及平州（今河北津海道北部，即故永平府）。中国北境多没于契丹。（参观拙著《东洋史》中古史，第一期，第五章）

晋王存勖连岁出征，凡军府政事，一委监军张承业。承业劝课农桑，畜积金谷，收市兵马，征租行法，不宽贵戚。由是军城肃清，馈饷不乏。蜀主王衍、吴主杨溥屡以书劝王称帝，王不听。龙德元年正月，王得传国宝于魏州，将佐及藩镇皆称贺劝进。承业志在恢复唐室，闻王谋称帝，亟诣魏州力谏。王不能用，承业悒悒成疾而卒。龙德三年四月，王称帝于魏州，改国号曰唐。奉唐祀，是为后唐庄宗。追尊父克用为太祖武皇帝。

庄宗与梁夹河血战十二年。虽战胜攻取，迄不能制梁死命。成德叛将张文礼、昭义叛将李继韬各据镇降梁。猛将卢龙节度使周德威、昭义节度使李嗣昭等相继战殁（贞明四年，晋军败于胡柳陂，周德威战死。龙德元年，成德将张文礼弑其节度使赵王镕而自立，晋以赵故将苻习为成德留后讨之，史建塘率晋兵助战中流矢卒。二年以李嗣昭为招讨使讨之，亦中流矢卒，李存进继之，亦战死，李存审继之，始破镇州。时文礼已死，诛其子处瑾、处球。三年，李嗣昭子继韬据潞州叛降梁）。北边又为契丹所骚扰，颇有进退维谷之势。太祖养子嗣源，勇而有谋。是年闰四月，袭梁郓州（今山东东临道东平县，即故泰安府东平州）取之。于是唐兵在河南始有根据地。梁以骁将王彦章为招讨使，击唐河南岸诸营，破之。进攻杨刘（今东临道，即故泰安府东阿县杨刘镇），庄宗自将救之。彦章不克而退。是年八月，梁遣彦章攻郓州。庄宗自将救之，以嗣源为前锋，击破梁军，执彦章，杀之，进逼大梁。梁末帝不知所为，聚众而哭。犹虑众兄弟乘危谋乱，尽杀之。左右或窃传国宝以迎唐军。末帝惊扰自杀。庄宗入大梁，诛梁宰相敬翔、李振等。追废梁太祖末帝为庶人，梁亡。河南诸镇皆降于唐。时后梁末帝龙德三年，后唐庄宗同光元年，西历纪元九二三年也。梁凡传二主，十有七年而亡。

第二节 唐晋之更迭 前蜀之衰亡与后蜀之建国

一、前蜀之衰亡

唐庄宗既灭梁，迁都洛阳。梁诸藩镇入朝者皆复其任。楚王马殷、吴王杨薄、吴越王钱缪、汉主刘龑（岩改名，取飞龙在天之义，于检切音俨）并遣使入贡。荆南节度使高季兴（即季昌，避唐庙讳，改名）入朝，封南平王。岐王李茂贞以其地来降，封秦王。于是河南、关中皆入于唐。是时前蜀高祖已殂，子衍立，是为后主。后主昏骏荒纵，委政于宦官宋光嗣、幸臣韩昭等。政刑紊乱，国内盗贼群起。庄宗以皇子魏王继岌为西川行营都统，宰相郭崇韬为都招讨制置等使，将兵伐蜀。大兵入散关，蜀人争先降附。遂至成都，衍出降，前蜀亡。时后唐庄宗同光三年，前蜀后主咸康元年，西历纪元九二五年也。前蜀自高祖称帝，凡传二主，十九年而亡。

二、邺都之乱 庄宗之末路

前蜀既亡，两川皆入于唐。郭崇韬表董璋、孟知祥为东西川节度使，分镇两川。崇韬旧为庄宗幕府元僚，有智略。佐帝成大业有功，宦官疾之，谮其专权。皇后刘氏密教魏王继岌杀之于成都，于是诸将解体。庄宗幼善章律，或时传纷墨，与优人共戏。自克梁后，骄恣耽声色，诸伶出入宫掖，侮弄缙绅。群臣愤嫉，莫敢出气。亦有反相附托，以希恩泽者，蠹政害人，恣为谗慝。皇后刘氏出身微贱，专务蓄财。四方贡献，皆分为二，一上天子，一上中宫。以是宝货山积。皇太后诰、皇后教与制敕并行于藩镇，奉之如一。勋臣畏伶官之谗，皆不自安，蕃汉马步总管李嗣源求解兵柄，不许。帝疎忌宿将，不恤军士，又荒于游畋，蹂躏民稼。租庸使孔谦、孔循握财政柄，专务聚敛，剥削民财。由是上下怨咨，人心解体。魏博指挥使杨仁晸将兵戍瓦桥（关名，今河北雄县），逾年代归。敕留屯贝州（今河北大名道，即故广平府清河县）。仁晸部兵皇甫晖乘人心不平，遂作乱。同光四年二月，杀仁晸，劫效节指挥使赵在礼为帅，入据邺都（即魏州城，今河北大名道）。诏归德节度使李绍荣讨之，不克。邢州、沧州等军同时响应，河朔州县告乱者相继。诏以成德节度使李嗣源为大将，将亲军讨之，营于邺都城西南。从马直军士张破败作乱，帅众大噪焚营。时绍荣营于城南，嗣源遣牙将七人相继召使来援。不至，乱军劫嗣源入邺都。赵在礼迎降，欲奉嗣源为主。嗣源诡说在礼，欲出外收散兵，得出。欲归藩待罪，中门使安重诲曰："公为元帅，不幸为凶人所劫。李绍荣不战而退，归朝必以公借口。公若归藩，则为据地要君，适足以实谗慝之言耳。不若星行诣阙，面见天子，庶可自明。"嗣源乃趋相州（今河南河北道，即故彰德府）。李绍荣退保卫州，奏嗣源已叛与贼合。嗣源由是疑惧。女婿石敬塘曰："安有上将与叛卒入贼城，而他日得保无恙者乎？大梁天下要会，愿先往取之，始可自全。"部将康义诚曰："主上无道，军民怨望。公从众则生，守节必死。"嗣源乃以敬塘为前锋，养子从珂为殿，引兵而南，向大梁。帝闻警，如关东（即虎牢关，在今河南开封道汜水县西），欲自招抚。闻嗣源已入大梁，乃班师。中途诸军皆散。帝还洛阳。伶人郭从谦为从马直指挥使。是年四月，帅所部兵作乱，弑帝，在位仅四年，朱邪氏亡。时同光四年，西历纪元九二六年也。

庄宗殂后，洛阳大乱。嗣源闻警，率师入城。百官上牋劝进，不许。又三请嗣源监国，乃许之。杀刘后，诛孔谦及郭从谦。废止宦官监军。魏王继岌还至长安，闻警，自杀。嗣源乃即位，更名亶，是为明宗。

明宗本太祖养子，史不详其姓氏。性不猜忌，与物无竞。即位之岁，年已六旬。内无声色，外无游畋。不任宦官，废内藏库。赏廉吏，治赃蠹。帝本胡人，不知书，然所行暗合儒道。过举不至甚。兵革罕用。较于五代，粗为小康。在位八年，以长兴四年（西历纪元九三三年）崩。子宋王从厚立，是为闵帝。

三、后蜀之建国

是时孟知祥久居西川，阴有据蜀之志。明宗长兴元年（西历纪元九三〇年）八月，与董璋连兵拒命。朝廷遣石敬瑭讨之，败绩。三年四月，璋与知祥构衅，自将袭西川。知祥击败之。璋为其下所杀，知祥遂取东川。复上表称藩，求封蜀王，许之。闵帝应顺元年（九三四年）正月，遂称皇帝，是为后蜀高祖。逾年卒，太子昶立，是为后蜀后主。

四、潞王之叛

闵帝者，明宗第三子。性宽柔少断。即位以后，枢密使朱弘昭、冯赟辅政。凤翔节度使潞王从珂、河东节度使石敬塘皆以近亲宿将，有大功，各得众心，久专方面。弘昭、赟忌二人，应顺元年正月，移从珂镇河东，移敬塘镇成德。从珂将佐皆谓离镇必无全理，乃举兵拒命，移檄邻道，言将入清君侧。帅兵至陕，诸将康义诚等迎降。闵帝出奔卫州，朱弘昭赴井死，冯赟为人所杀。宰相冯道帅百官班迎，上牋劝进，从珂遂自立，是为废帝。遣人弑闵帝于卫州，明宗嫡系亡。时闵帝应顺元年，废帝清泰元年，西历纪元九三四年也。

五、石敬塘之叛

废帝者，镇州人。姓王氏，明宗养以为子，与石敬塘素不相悦。至是敬塘不得已，入朝。凤翔旧将佐皆劝留之。时敬塘久病羸瘠，帝不以为虞。太后及魏国公主（明宗女，敬塘妻）屡以为言，乃遣还镇，敬塘阴为自全计。是时契丹方强，屡寇北边。敬塘为北面总管，将兵屯忻州（今雁门道忻县），朝廷以张敬达副之，屯代州（今雁门道代县）以分其权。敬塘欲尝帝意，累表自陈羸疾，乞解兵柄，移他镇，朝廷从之。清泰三年五月，以敬塘为天平节度使，徙镇郓州。敬塘疑惧，遂反。诏以张敬达为太原四面兵马都部署，率帅讨敬塘。敬塘求救于契丹。令掌书记桑维翰草表称臣，且请以父礼事之，约事捷之日，割卢龙一道及雁门关以北诸州与之。部将刘知远谏曰："称臣可矣。以父事之，太过。厚以金帛赂之，自足致其兵，不必许以土田。恐异日大为中国之患，悔之无及。"不听。契丹太宗德光得表大喜，自将骑五万赴之。是年九月，败敬达兵于汾曲（汾水，在阳曲县城西，又西南至太原县城东，皆曰汾曲）。策命敬塘为晋帝，是为后晋高祖。敬塘割幽、蓟、瀛、莫、涿、檀、顺、新、妫、儒、武、云、寰、应、朔、蔚等十六州（今北平与津海道北境及察哈尔口北道，山西雁门道全部）以赂契丹，仍许岁输帛三十万匹。废帝闻警，以幽州节度使赵德钧为行营都统，督诸军拒契丹。德钧阴蓄异志，欲乘乱取中原。密以金帛赂契丹，要求立己为帝，太宗不许。是年十一月，招讨副使杨光远杀张敬达，叛降于契丹。契丹太宗遂奉高祖南下，大破赵德钧兵于团柏（在今山西冀宁道祁县东南）。德钧降，太宗进至潞州而还。高祖引兵向洛阳，唐将校皆飞状以迎。废帝登楼自焚死，后唐亡。时废帝清泰三年，后晋高祖天福元年，西历纪元九三六年也。后唐凡传三姓、四主，十四年而亡。（参观拙著《东洋史》中古史第一期　第五章）

第三节　后晋与契丹之冲突

晋高祖灭唐以后，迁都汴州。天雄节度使范延光、魏府部署张从宾、义成节度使符彦饶等相继作乱。高祖用桑维翰计，推诚弃怨以抚藩镇，卑辞厚礼以奉契丹，训卒缮兵以修武备，务农桑以实仓廪，通商贾以丰货财。数年之间，中国稍安。

高祖事契丹甚谨，奉表称臣，谓契丹主为父皇帝。每北使至，即于别殿拜受诏敕。岁贡之外，庆吊赠献，相继于道。乃至太后太弟诸王大臣皆有赂遗。契丹有所责让，高祖常卑辞谢之，朝野咸以为耻。成德节度使安重荣恃勇骄暴，天福六年，执契丹使者，上表请伐契丹。朝廷不应，重荣举兵反。诏遣兵讨斩之，函首以献契丹。

高祖在位七年，以天福七年（西历纪元九四二年）六月殂。兄子齐王重贵立，是为出帝。侍卫马步都指挥使景延广用事。大臣请称臣告哀于契丹，延广请致书称孙而不称臣，太宗遣使让之。延广说出帝，囚其回图使（掌贸易事）乔荣。既而遣归，大言曰："归语尔主，先帝为北朝所立，故称臣奉表。今上乃中国所立，所以降志于北朝者，正以不敢忘先帝盟约故耳。为邻称孙足矣，无称臣之理。翁怒则来战，孙有十万横磨剑足以相待。他日为孙所败，取笑天下，毋悔也。"太宗大怒，始有南侵之意。桑维翰屡请逊辞以谢契丹，每为延广所阻。刘知远镇河东，高祖遗命召入辅政，出帝寝之。知远由是怨帝，知延广必致寇而不敢言，但益募兵以备契丹，增置兴捷武节等十余军。由是河东兵强，甲于诸镇。

开运元年正月，契丹太宗自将南侵。陷贝州，攻澶州（今河北大名道濮阳县，即故大名府开州），不克，引还，所过焚掠。诏以刘知远为都招讨使，命会兵山东（谓太行山脉以东）。知远屯乐平（今山西冀宁道昔阳县），不进。二月，契丹前锋渡出河，帝自将拒之。诸将李守贞等破契丹兵，契丹太宗引还。二年正月，太宗复大举南侵，至相州，引还。出帝自将追之，诸将符彦卿等破契丹兵于定州，太宗走还幽州。

出帝得志，心益骄。三年十月，以杜重威为都招讨使，将兵伐契丹。十一月，至瀛州。与契丹战不利，引还。契丹太宗复大举南下。十二月，战于滹沱，晋师败绩，指挥使王清战殁，重威以全军二十万人降契丹。太宗遣降将张彦泽引兵入大梁，执出帝，杀桑维翰，景延广自杀，晋亡。时出帝开运三年，契丹太宗会同十年，西历纪元九四六年也。后晋凡传二主，十一年而亡。

次年正月，太宗入大梁，晋百官素服郊迎。降封出帝为负义侯，徙之黄龙府（今吉林农安县）。晋诸藩镇皆降。太宗欲尽杀晋降兵，宰相赵延寿（德钧之子）力争，乃止。是年三月，太宗行入合礼，即中国皇帝位，建国号曰辽，改元大同。以恒州为中京，广受四方贡献。纵酒作乐，纵胡骑四出剽掠，谓之打草谷。郊畿数十里间，财畜殆尽。又括借都城士民钱帛，分遣使者诣诸州括借，皆迫以严诛，人不聊生。其实无所颁给，皆欲辇归其国。由是内外怨愤，皆思逐之。所在盗起，攻击契丹守兵（滏阳贼帅梁晖袭取相州，杀契丹守兵数百人。陕晋潞州皆杀契丹使者。澶州贼帅王琼攻契丹将郎五，不克而死）。太宗不能制，乃叹曰："我不知中国人难制如此。"居汴仅三月，留萧翰为宣武节度使，置戍而还。归途殂于栾城（县名，旧属正定府，今属保定道）之杀胡林（在栾城县北），所得之地旋入于后汉。

第四节　后汉、后周之更迭 北汉之建国

一、后汉之勃兴

后汉高祖刘知远，本沙陀人，仕晋为河东节度使。契丹太宗之入汴也，知远遣使奉表称臣。或劝举兵进取，知远曰："契丹所利，只在财货，财货既足，必将北去。宜待其去，然后取之。"晋亡之翌年，幕僚郭威、杨邠等劝称尊号以号令四方。知远从之，称皇帝。自言未忍改晋国，仍称天福十二年。是年三月，契丹太宗北还。高祖以部将史弘肇为前锋，率兵发太原南下。沿路所过诸州契丹守将皆弃城遁，诸镇皆降，遂入大梁。始改国号曰汉，是为后汉。

高祖在位一年，以即位之明年（后汉高祖乾佑元年，西历纪元九四八年）正月殂。皇子周王承佑立，是为隐帝。枢密使杨邠、副使郭威、侍卫都指挥使史弘肇、三司使王章等，同受遗诏辅政。邠总机政，威主征伐，弘肇典宿卫，章掌财赋。邠颇公忠，门无私谒。虽不却四方馈遗，然有余，辄献之。弘肇督察京城，道不拾遗。章捃摭遗利，吝于出纳，供馈不乏，国家粗安。然邠素愚蔽，不喜书生，常言“国家府廪实，兵甲强，乃为急务，至于文章礼乐何足介意”。邠以宰相苏逢吉苏禹珪除官太滥，欲矫其弊。由是艰于除拜，凡门荫及有司入仕者悉罢之。弘肇巡逻京城，得罪人。不问情法何如，皆专杀不请。虽奸盗屏迹，而冤死者甚众。章聚敛刻急，旧制田税，每斛更输二升，谓之雀鼠耗，章始令更输二斗，谓之省耗。旧钱出入，皆以八十为陌，章始令入者八十，出者七十七，谓之省陌；犯盐矾酒曲之禁者，锱铢涓滴皆死，由是百姓愁怨。章尤不喜文臣。尝曰：“此辈授之握算，不知纵横，何益于用?”俸禄皆以不堪资军者，高其估而给之。隐帝年渐长，左右嬖幸浸用事，邠等屡裁抑之。尝议事于上前曰：“陛下但禁声，有臣等在。”帝积不能平，左右因谮之。乾佑三年，帝与幸臣李业、聂文进等谋诛邠等，太后不可，帝不听。是年十一月，遂杀邠、弘肇、章。遣使持密诏，赴邺都杀郭威及监军王峻。

二、后汉之衰亡

隐帝之初即位也，凤翔军校赵思绾据长安。巡检使王景崇据凤翔。护国（即河中）节度使李守贞据河中，相继作乱。诏遣郭威督诸军讨平之。论功，加威兼侍中。以枢密使原官，充天雄节度使，留守邺都，以备契丹。仍诏河北兵甲钱谷，但见威文书，立皆禀应。于是河北兵马财政权皆归于威。威既得政柄，务施威惠以收众心。至是威将佐劝威入朝自诉，威遂举兵南下。所过迎降，至刘子陂（在开封县城北），帝自将拒之。战于七里店（在大梁城北七里），诸军溃散。帝走赵村（在大梁西北郊），为乱兵所弑，在位凡三年。威白太后，迎武宁（治徐州）节度使赟（本崇子，高祖养以为子）于徐州欲立之。会辽兵入寇，太后遣威将兵御之。威至澶州，将发，将士数千人大噪。或裂黄旗以被威体，共挟抱之，呼万岁震地，拥之南还。威至京师，以太后诰，废赟为湘阴公，自为监国。次年正月，遂称皇帝，国号周，是为后周。弑湘阴公，汉亡。时后周太祖广顺元年，西历纪元九五一年也。汉传二主，不足四年。

三、北汉之建国

初，汉高祖之南下也，以弟崇为太原尹，充河东节度使，留守北都。崇与周太祖有隙，及闻太祖执政，阴为自全之计。选募勇士，缮修甲兵，罢上供财赋。诏令多不禀承。隐帝遇弑，崇起兵南向。闻迎立湘阴公，乃止。湘阴公被废，崇表请迎公归晋阳，太祖不从。公被弑，崇乃称帝，是为北汉世祖。所有者并、汾、忻、代、岚、宪、隆、蔚、沁、辽、麟、石十二州（今山西省中部）。广顺元年二月，遣使于辽，称侄乞师。四月，辽世宗兀欲册世祖为神武皇帝，更名旻，将与联兵伐周。诸部不欲，强之行。至新州（今口北道涿鹿县，即故宣化府保安州），从弟燕王述轧作乱，弑世宗。齐王述律讨杀述轧而自立，是为穆宗。与北汉联兵伐周，围晋州，不克而还。自此南北构兵无宁日。

第五节 吴之衰亡与南唐之篡立 闽楚之衰亡 湖南周氏之建国 后周与宋之更迭

一、高平之战

周太祖恭勤节俭，增修国政。在位三年，以显德元年（西历纪元九五四年）

正月殂。养子晋王荣即位，是为世宗。北汉世祖乘丧，与辽联兵来攻。世宗自将御之。三月，与战于高平（县名，今属山西冀宁道，旧属泽州府）。右军将樊爱能、何徽引骑兵先遁，右军溃，步兵千余人解甲降北汉。世宗见军势危，自引亲兵犯矢石督战。宿卫将张永德、赵匡胤各将二千人进战，身先士卒，驰犯敌锋，士卒死战，无不一当百。汉军大败，辽兵不敢救。世祖昼夜奔走，仅得入晋阳。世宗收樊爱能、何徽及所部军使以上七十余人，责之曰："汝辈非不能战，正欲以朕为奇货，卖与刘崇耳。"悉斩之，自是骄将惰卒始知所惧。永德盛称匡胤智勇，擢为殿前都虞侯。世宗遣行营部署符彦乡督诸将攻北汉，抵晋阳而还。汾州、辽州皆降。世祖忧愤成疾而殂。子钧监国，告哀于辽。穆宗册钧为汉帝，是为孝和帝。

初，周宿卫之士，承累朝姑息之后，骄蹇不用命，且羸老居多，每遇大敌，不走即降。其所以失国，亦多由此。世宗因高平之战，始知其弊。谓侍臣曰："兵务精不务多。今以农夫百，未能养甲士一。奈何朘民之膏血，养此无用之物乎？且健懦不分，亦何所劝。"是年十月，简阅诸军，募诸道壮士。命赵匡胤选其优者，为殿前诸班。其骑步诸军，各命将帅选之。由是士卒精强，所向克捷。

世宗愤中国日蹙，慨然有削平天下之志。以为契丹大敌，不可轻侮。既简阅诸军，乃先向南方，小试其端，以为实地练习。显德二年五月，遣凤翔节度使王景、宣徽使向训率师伐蜀。九月，败蜀兵，取秦（今渭川道天水县）、阶（今渭川道武都县）、成（今渭川道成县）、凤（今汉中道凤县）四州。于是汉中北境皆入于周。蜀遣使约南唐与北汉，欲与联兵伐周。于是世宗遂移兵伐南唐。

二、吴之兴亡　徐知诰之篡立

先是有唐末年，吴武忠王杨行密据淮南。朱全忠屡攻之，不克。昭宣帝天佑二年（西历纪元九〇五年），行密卒。将佐奉其子渥袭位，是为弘农威王。二年，镇南节度使锺传卒。王遣其将秦裴乘丧取洪州（今豫章道），于是江西入于吴。王骄侈，以故怨杀判官周隐，将佐皆不自安。梁太祖开平元年（九〇七年）正月，左右牙指挥使张颢、徐温作乱。二年五月，弑王。立王弟隆演，是为吴宣王。温复攻杀颢，自为左右牙都指挥使，专国政。温性沈毅，自奉简俭，虽不知书，使人读狱讼之辞而决之，皆中情理。立法度，禁强暴，政举大纲，军民安之。梁末帝贞明元年，自领镇海节度使，出镇润州。以养子知诰留广陵，辅政。贞明五年，奉宣王建国改元，温自为大丞相、都督中外诸军、录尚书事。以知诰为左仆射，参政事，兼知内外诸军事。次年（九二〇年），王殂，弟丹阳公溥即位。

后唐明宗天成二年（九二七年），温卒。知诰自为中书令，专国政，奉吴王溥称皇帝。长兴二年（九三一年），自为镇海宁国节度使，出镇升州（今南京）。广金陵城。留其子景通为司徒，居江都，辅政。废帝清泰二年，自为大元帅，封齐王。后晋高祖天福二年（九三七年），称皇帝，国号唐，徙都金陵。复姓李，更名昪（音汴）。是为南唐烈祖。奉吴主溥为让皇。

烈祖性节俭，勤于为治，轻徭薄赋，国内以安。天福八年（九四三年）殂。子璟立，是为元宗。性谦谨，数延群臣论政体。适值闽有内乱，国分为二。元宗乘衅遣兵攻灭之。于是南唐势力范围伸张至福建。

三、闽之兴亡

先是唐昭宗乾宁四年（西历纪元八九七年），威武节度使王潮卒。弟审知嗣，性俭约，宽刑薄赋，公私富实，境内以安。后梁太祖开平三年，封闽王，是为忠懿王。后唐庄宗同光三年（九二五年），王薨，子延翰立，骄淫残暴，不恤国政。明宗天成元年（九二六年），自称大闽国王。置百官，威仪文物，皆仿天子之制。是年十二月，其养兄建州刺史延禀弑之，而立其弟延钧。延钧好佛，度僧二万人。复好神仙之术，宠幸道士陈守元、巫者徐彦林、盛韬等，变乱国政。作宝皇宫，极土木之盛，以守元为宫主。长兴四年，称帝改元，更名璘，是为惠宗。信任国计使薛文杰，横征暴敛，民不堪命。屡杀宗室近臣，人人自危。后唐废帝清泰二年（九三五年），皇城使李仿弑之，而立其子福王继鹏，更名昶，是为康宗。昶诛李仿，尊陈守元为天师，信任之。更易将相，刑罚选举，皆与之议。守元受赂请托，言无不从，其门如市。昶好土木，作紫薇、白龙诸宫。百役繁兴，用度不足。有司除官，皆令纳赂，以货多寡为差，由是政刑益乱。杀叔父延武、延望、从弟继隆。叔父延羲阳狂以自晦。后晋高祖天福四年（九三九年），军使朱文进、连重遇弑之而立延羲，更名曦，是为景宗。曦骄淫苛虐，猜忌宗族，数杀贵戚大臣。其弟建州刺史延政数以书谏之。曦怒，发兵击之。延政治兵与曦相攻，互有胜负。天福八年（九四三年）二月，延政称帝于建州，国号殷。开连元年（九四四年）三月，朱文进弑曦而自立。延政闻警，改国号曰闽，发兵讨文进。是年十二月，南唐乘衅，以查文徽为江西安抚使，边镐为行营都虞侯，率师攻建州。闰月，福州南廊承旨林仁翰讨杀文进，以州降殷。延政遣从子继昌镇福州。次年三月，部将李仁达杀继昌，据福州，称藩于南唐。唐以为威武节度使，赐名弘义。是年八月，唐兵拔建州，延政出降，汀、泉、漳州皆降，闽亡。时后晋出帝开运二年，南唐元宗保大三年，闽主延政天德三年，西历纪元九四五年也。闽凡传六主，四十九年而亡。其地皆入于南唐。南唐征李弘义入朝，辞不至。枢密使陈觉矫诏伐之，弘义求救于吴越。又逾年，吴越兵救福州，破南唐兵。于是福州入与吴越。泉州守将留从效亦逐南唐守兵，据其城。于是福泉二州之羁縻权复失。

四、楚之兴亡

闽亡以后，越六年，唐兵灭楚，于是南唐势力范围扩张至湖南。先是有唐末年，忠武（领陈、许二州、镇陈州）叛将马殷略取湖南诸州，累拜武安（领湖南诸州，镇潭州）节度使，封楚王。历事后梁、后唐，拜天策上将军，守尚书令。王不征商旅，四方商旅辐凑。湖南地多铅铁，王用判官高郁计，铸铅铁为钱。商旅出境，无所用之，皆易他货而去。故能以境内有余之物，易天下百货，国以富饶。湖南民不事蚕桑，郁命民输税者，皆以帛代钱，由是民间机杼大盛。后唐明宗长兴元年（西历纪元九三〇年），殷殂，子希声立。三年（九三二年），希声殂，弟希范立。希声、希范皆骄奢暴虐，楚政渐衰。后汉高祖天福十二年（九四七年），希范殂，将佐立其弟希广。希广兄希萼时方为武平节度使，治朗州（今湖南武陵道），不服。隐帝乾佑二年，以兵攻长沙，败归。三年（九五〇年），遂诱群蛮同入寇，破长沙，弑希广，称臣于南唐。希萼既得志，多思旧怨，杀戮无度，昼夜荒淫纵酒，尽以军府事委其弟希崇。希崇复多私曲，政刑紊乱，籍民财以赏士卒。士卒犹以不均怨望。次年，朗州指挥使王逵、周行逢作乱，据朗州，迎辰州刺史刘言为留后。潭州指挥使徐威、陆孟俊等作乱，废希萼，立希崇。部将彭师暠等复奉希萼为王，居衡山。是年十月，唐将边镐由袁州趣长沙，希崇、希萼皆降，楚亡。时后周太祖广顺元年，南唐元帝保大九年，楚王希崇元年，西历纪元九五一年也。楚自马殷建国，凡传六世，五十五年而亡。湖南皆入于南唐。

五、湖南周氏之建国

南唐既得湖南，悉收其金帛珍玩仓粟，以边镐为武安节度使，守长沙。迁马氏之族于金陵，遣都官郎中杨继勋等收租赋，务为苛刻，湖南人失望。广顺二年正月，指挥使孙朗、曹进作乱，谋杀镐，据湖南归中原，不克，奔朗州，投刘言。是年十月，言以朗进为前锋，与其将王逵、周行逢、何敬真、潘叔嗣、张文表等十人袭潭州。镐败走，言遂取湖南，奉表称臣于周，留逵镇长沙。三年六月，逵叛言，举兵袭破朗州，杀言。周世宗显德元年五月，徙治朗州，以行逢知潭州事。三年二月，岳州团练使潘叔嗣杀逵，行逢讨杀叔嗣，徙据朗州，称藩于周，于是湖南入于周氏。

六、周世宗取淮南

南唐元宗性和柔，好文华，喜人顺己，由是谄谀之人多进用。幸臣陈觉、冯延巳等用事，政事日乱。既克建州，破湖南，益骄，有吞天下之志。后汉隐帝乾佑元年，河中节度使李守贞之叛，后周太祖广顺二年泰宁节度使慕容彦超之叛，皆为之出师，遥为声援。又遣使自海道通契丹及北汉，约共图后周。周世宗显德三年正月，帝自将伐南唐，大败其兵于正阳（淮津名，在安徽淮泗道寿县城西），杀其将刘彦贞。二月，命赵匡胤袭取滁州（今淮泗道滁县，即故滁州），擒其将皇甫晖、姚风。命韩令坤袭取扬州（今淮扬道故扬州府），执其副留守冯延鲁。遂取泰州（今淮扬道泰县，即故泰州），五月，帝还大梁，留都招讨使李重进围寿州（今寿县），是年六月，唐遣员外郎朱元等率师经略江北，破周师，复取扬、滁等州。四年三月，帝复自将攻寿，大破唐援兵于紫金山（在寿阳城东北），寿州监军周廷构以城降，清淮节度使刘仁瞻死之。是年十一月，复自将伐唐，攻濠（今淮泗道凤阳县，即故凤阳府）、泗（今淮泗道洪泽湖，即故泗州），降之。复遣兵取扬、泰二州，五年正月，克楚州（今江苏淮扬道，即故淮安府）。防御使张彦卿力战，死之。帝进军临江，遣水军击破唐兵，唐元宗大惧，遣使奉表尽献江北地（即庐、舒、蕲、黄等州，今安徽安庆道及湖北江汉道，即故庐州、安庆二府及黄州府地），去帝号，称唐国主，奉周正朔。江北悉平，共得州十四，县六十。于是江北、淮南皆入于周。

七、世宗之北伐

世宗既破蜀，破南唐，知中国兵已可用。六年四月，遂自将大举伐契丹，取瀛（今津海道河间县）、莫（今津海道任邱县）、易州（今保定道易县），关南（谓瓦桥关南）悉入于周。遂趋幽州，会不豫而止。以瓦桥关为雄州，益津关为霸州（今河北霸县）。置戍而还，往还仅两月。

初，世宗在藩，多务韬晦。及即位，破高平之寇，人始服其英武。其御军，号令严明，将士莫敢犯。攻城对敌，矢石落其左右，略不动容。应机决策，出人意表。又勤于为治，发奸摘伏，聪察如神。暇则召儒者讲前史，商榷大义。性不好丝竹珍玩之物，常曰："朕必不因喜赏人，因怒刑人。"文武参用，各尽其能。人畏其明而怀其惠，故能破敌广地，所向无前。在位六年，以显德六年（西历纪元九五九年）六月崩。崩之日，远迩哀慕。子梁王宗训立，年七岁。是为恭帝。

八、陈桥之变

赵匡胤从世宗征伐，屡立大功，士卒服其恩威。世宗晚年，迁殿前都点检。恭帝立，加检校太尉，领归德军节度使（治宋州，今河南开封道旧归德府）。会镇定二州奏言北汉与辽会师南侵，诏匡胤率兵御之，夕次陈桥驿（在河南开封县城东北）。时主少国疑，将士聚谋曰："主上幼弱，我辈出死力破敌，谁则知之。不如先册点检为天子，然后北征，未晚也。"都押衙李处耘具以事白匡胤弟供奉官都知匡义及归德掌书记赵普。匡义与普部分都将，环列待旦，驰使入京，报殿前都指挥使石守信、都虞候王审琦，二人皆素归心匡胤者。黎明，将士逼匡胤寝所，露刃列庭曰："诸将无主，愿册太尉为皇帝。"即被以黄袍，罗拜呼万岁，拥上马南行。匡胤揽辔曰："汝等贪富贵，能从我命则可，不然，我不能为若主矣。"皆下马曰："愿受命。"匡胤曰："太后主上，我北面事者，不得惊犯。公卿皆我比肩，不得侵凌。朝市府库，不得侵掠。用命有重赏，违不汝贳也。"皆应曰："诺。"遂肃队入汴。侍卫副都指挥使韩通闻警，谋率众拒战，军校王彦升杀之。宰相范质、王溥、魏仁浦以下皆降，匡胤遂称皇帝。以所领归德军在宋州，因改国号曰宋，是为宋太祖。废恭帝为郑王，后周亡。时后周恭帝元年，西历纪元九六〇年也。周自太祖篡立，凡传三主、二姓，十年而亡。

九、五季士风之凋敝

自唐亡以来，仅五十三年，而更十有三君，五易国而八易姓。后梁起于盗贼，后唐、后晋、后汉出于胡族，契丹以裔夷陵诸夏。群雄窃据方隅者前后十二国。四海浊乱，人不复知节义为何物。观冯道一传，则可以概见当时士风也。道少以孝谨知名，初事刘守光为参军，去仕唐庄宗为掌书记。明宗时始为宰相，周世宗显德元年卒。历事五朝八姓十一君，常不离将相公师之位。为人清俭宽弘，人莫测其喜愠，滑稽多智，浮沉取容。国存则依违以保禄位，国亡则图全苟免。虽兴亡接踵，而富贵自如。尝著《长乐老叙》，自述其累朝荣遇之状，时人皆以为宽弘长者。盖五季之乱，民命倒悬，而道颇以救济为念，公正处事，以故遐迩倾服。若夫反面事敌，则既为士夫常事，世莫复讶之者。乃至以此无耻之人，而以德量见推焉，名教之废，至是而极矣。

五代十八国兴亡表

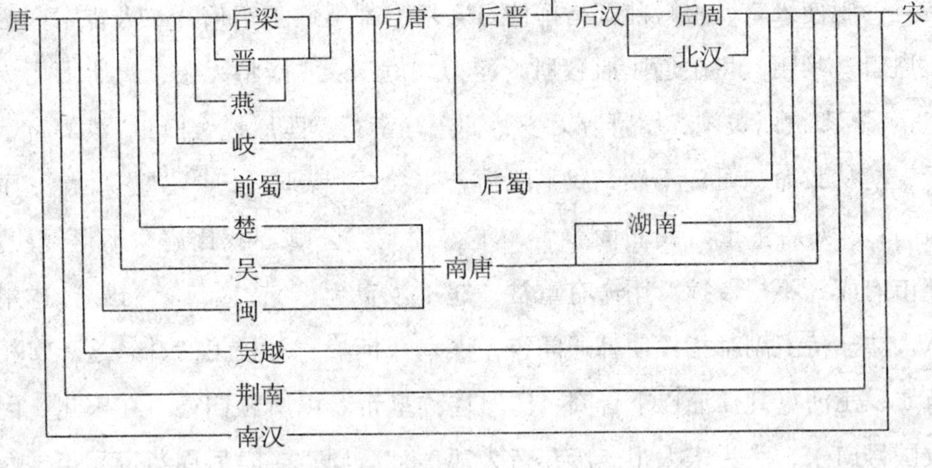

五代君主废弑表

代名	帝数	被弑者及被杀者	被废者及被灭者	善终者
后梁	三	三		
后唐	四	三		一
后晋	二		一	一
后汉	二	一		一
后周	三		一	二

第二章　宋室之勃兴

自唐末以来，诸国割据，互相争雄。至宋室勃兴，天下复归于一统，盖又乱极而治之时代也。太祖之为人，宽宏有度量。富于政治及军事经验，知人善任。其弟太宗，亦聪明有才略。两代相继，得贤相赵普辅佐之。对内取中央集权主义，罢功臣典兵制，而篡弑之机潜消。收藩镇之兵权、利权、政权，而跋扈之祸以免。对外取避强攻弱主义，并吞荆南、湖南、剑南、岭南、江南、河东诸小国。统一黄河、扬子江、西江三大流域。厚集兵力，以与契丹大敌抗。复提倡文教，奖励名节。有宋一代，儒教哲学异常发达。士大夫重名誉，尚气节，有东汉之遗风焉，皆太祖、太宗鼓吹之力也。独惜其削方镇权太过，而武力渐衰。待遇功臣及降王之俸给太优，而财力不继。继起之君主，思改弦更张之，而用人未尽当。于是契丹、西夏侵迫于外，新党、旧党交讧于内。君主、宰相日疲其心思才力，从事于调停敷衍，而终无以善其后。及女真勃兴，而宋室遂以不国矣。兹述其事迹如下。

第一节　宋初之内治

太祖以归德节度使而为天子，亦如前代诸帝，为军人所立者也。军人所以推之者，为欲得报酬也。故既为军人所推，又欲杀军人之权，其事甚难。而太祖终能杀其权，其手段果何如哉！

一、罢功臣典禁兵

史称太祖受禅，将相群司皆用周旧人。惟赵普以军府旧僚，专预密议。石守信、王审琦等皆帝故人，有功，典禁卫兵。普数以为言，帝曰："彼等必不吾叛。"普曰："数人者皆非统御才。恐不能制服其下。若军伍间有叛者，彼临时亦不能自由尔。"太祖悟。一日，因晚朝，与守信等饮酒酣。屏左右谓曰："朕非卿等不及此。然天子亦大艰难，殊不若为节度使之乐。朕终夕未尝取安枕也。"守信等请其故。太祖曰："是不难知，此位谁不欲为？"守信等顿首曰："陛下何为出此言？天命已定，谁复有异心。"太祖曰："卿等固然，其如麾下欲富贵何？一旦有以黄袍加汝身，虽不欲为，岂可得乎？"守信等泣谢曰："臣等愚不及此。惟陛下哀矜，指示可生之途。"太祖曰："人生如白驹过隙。所以好富贵者，不过欲多积金钱，厚自娱乐，使子孙无贫乏耳。卿等何不释去兵权，出守大藩。择好便田宅，为子孙立永远不可动之业。多置歌儿舞女，日夕饮酒相欢，以终天年。朕且与卿等约为婚姻。君臣之间，两无猜疑。上下相安，不亦善乎？"守信等皆谢曰："陛下念臣至此，所谓生死而肉骨也。"明日，皆称疾乞罢，诏皆以为节度使。于是历代相传功臣典兵之制废。时建隆二年七月，太祖即位后第二年也。

二、收藩镇权

五代诸侯强盛，军政民政财政司法权皆为所专，朝廷不能制。每移镇受代，先命近臣谕旨。且发兵备之，尚有不奉诏者。租税所入，率令部曲主场务，厚敛以入己，其上供者甚少。太祖与赵普谋，渐削其权。其方法列下。

甲、以文臣知州事　宋初，藩镇异姓王及带相印者不下数十人。乾德元年正月，太祖用赵普谋，或因其卒，或因迁徙致仕，或因遥领他职，皆以文臣代之，使知州事，自是节度使之权始轻；

乙、设诸州通判　是年四月，初置诸州通判，统治军民之政，事得专达，与长吏均礼。大州或置二员。又令节镇所领支郡，皆直隶京师，得自奏事，不属诸藩。于是武臣渐失民政权；

丙、置诸路转运使　自唐天宝以来，藩镇屯重兵，租税所入，皆以自赡。名曰留使留州，其上供者甚少。五代藩镇益强，率令部曲主场务，厚敛以入己，而输贡有数，太祖素知其弊。乾德三年三月，赵普乞命诸州度支经费外，凡金帛悉送汴都，无得占留。每藩镇帅缺，即令文臣权知所在场务。凡一路之财，置转运使掌之。虽节度、防御、团练、观察诸使及刺史，皆不预佥书金谷之籍。于是财赋之权尽归于上；

丁、选诸道兵入补禁卫　是年八月，命诸州长吏，择本道兵骁勇者送都下，以补禁旅之阙。又选强壮卒，定为兵样，分送诸道，召募教习。俟其精练，即送阙下。复立更戍法，分遣禁旅，戍守边城。使往来道路，以习勤苦，均劳佚。自是将不得专其兵，而士卒之骄惰亦息。

普沉毅有谋略，帝甚任之。乾德二年，宰相范质、王溥、魏仁浦等皆求避位，帝从之，以普同平章事。普尝荐某人为某官，帝不许。再三奏之，帝怒，裂其奏。普徐拾以归，补缀以进。帝悟，卒用其人。又有朝臣当迁官，帝素嫌其人，不与。普力请，帝怒曰："朕固不与，卿若之何？"普曰："刑赏天下之刑赏，安得以喜怒专之？"帝怒甚，起入宫。普随之，立宫门不去，竟得俞允。其刚直如此，然性多忌克，屡以微时所不足者为言。太祖曰："若尘埃中可识天子、宰相，则人皆物色之矣。"普及不敢复言。尝以私怨诬人论死。独相十年，为政颇专。又好货利，有不法事，为人告讦，帝始疑普，诏参知政事薛居正、吕余庆与普更知印押班奏事（故事参知政事为宰相副，不知印，不押班），以分其权。普不自安，乞罢政，从之。开宝六年，出为河阳节度使。

帝注意刑辟，命判大理寺窦仪重定刑统，颁行之。尝叹近世法纲之密，定折杖法，以减流、徒、杖、笞之刑。犯大辟者，令诸州录案闻奏，付刑部详复之，非情理深害者，多从宽恤。惟重贪墨之罪，赃吏必诛，未尝少贳。盖帝亲见五代时贪吏恣横，民不聊生，故以严法治之，欲塞浊乱之源也。

第二节　宋初之外征

太祖既收民政、军政、财政权于朝廷，一新内政，乃外列征国，以图统一天下。

一、平昭义及淮南

太祖之初即位也，周诸藩镇皆服属，独昭义节度使李筠不从，起兵会北汉兵来攻，太祖遣石守信等分道击破之。自将围筠于泽州（今山西冀宁道晋城县，即故泽州府），筠自焚死。淮南节度使李重进，周太祖之甥也，亦谋起兵拒宋。太祖自将击之。重进亦自焚死。南唐吴越皆遣使贺，即位，诸方无警。太祖乃乘衅进兵，经略荆湖。

二、取荆南及湖南

先是后梁太祖在位，以高季昌为荆南节度使，镇江陵。吴楚屡出兵攻之，不克。季昌以前进士梁震为谋主，练兵守险，据有荆、峡、归等州。后唐庄宗灭梁，季昌请降，避唐讳，更名季兴，诏封南平王，是为荆南建国之始。后唐明宗天成三年（西历纪元九二八年），季兴殂，子从诲立。性明达，亲贤礼士。委任梁震，以兄事之。省刑薄赋，境内以安。荆南介居湖南、岭南、福建之间，地狭兵弱。自季兴时，诸道入贡，过其境者，多掠夺其货币。及诸道移书诘让，或加以兵，不得已，复归之，曾不为愧。及从诲立，唐、晋、契丹、汉更据中原，南汉、闽、吴、蜀皆称帝。从诲利其赐予，所向称臣。诸国贱之，谓之高无赖。后汉隐帝乾佑元年（西历纪元九四八年），从诲殂，子保融立。保融迂缓，国事悉委于母弟保勖。宋太祖建隆元年（九六〇年），保融殂，保勖立。三年（九六二年）殂，保融子继冲立。

是年，武平节度使周行逢卒，子保权立，时年十一。部将张文表本行逢故等夷，不服，作乱，袭据潭州。将取朗州，灭周氏。保权乞援于宋。次年正月，太祖遣慕容延钊、李处耘假道荆南，讨文表。濒行，授意于处耘等以“江陵四分五裂之国，宜假道出师。因而下之”。是年二月，大兵至荆门。继冲遣其叔父保寅奉牛酒犒师，处耘以轻骑数千倍道袭江陵，继冲惧，籍境内户口请降，荆南亡，得州三、县十七。时保权已破文表，诛之。而宋师犹继进不止，保权惧，遣部将张从富拒战。延钊击破其兵于沣江（出沣州安福县，经南下流入洞庭湖），进克朗州，执保权以归，湖南亡。得州十四、监一、县六十六。时宋太祖乾德元年，西历纪元九六三年也。荆南凡传五主，五十七年（九〇七至九六三），湖南凡传二主、八年（九三六至九六三）而亡。现今两湖之地皆入于宋。

三、取蜀

荆湖既降，扬子江中流流域入于宋，南唐与蜀交通之路中绝。是时蜀后主昶在位已久，奢侈无度。委任嬖臣王昭远、韩保正等以国事，群小擅权，昭远欲立大功以固宠。乾德二年（九六四年），遣使通好北汉，谋联兵伐宋。太祖闻之，遣王全斌、刘光义、崔彦进等分道伐蜀。全斌等由凤州进，光义等由归州进，连破蜀兵，擒其招讨使韩保正、都统王昭远。次年正月，进至魏城（在今西川道绵阳县东北），昶惧，出降，后蜀亡，得州四十五、县百九十八。时宋太祖乾德三年，西历纪元九六五年也。后蜀凡传二主，三十三年（九三三至九六五年）而亡，东西两川皆入于宋。

四、灭南汉

两川既平，西方无警。宋乃进兵南下，经略南汉。南汉始祖刘隐，仕唐为清海军节度使，镇广州。后梁太祖即位，封南平王，乾化元年（西历纪元九一一年）殂。弟岩嗣为节度使，破楚王马殷兵，取容管（今广西苍梧道）及高州（今广东高雷道故高州）。于是岭南皆入于刘氏。梁末帝贞明元年，表求封南越王，梁不许。岩谓僚属曰："今中国纷纷，孰为天子，安能梯航万里，远事伪庭乎？"自是始与梁绝。三年，称帝于番禺，国号大越，次年，改国号曰汉，是为南汉高祖，更名龚。后复更名䶮（音俨）。高祖为人，辩察多权数，好自矜大。常谓中国天子为洛州刺史。岭南珍异所聚，每穷奢极丽，宫殿悉以金玉珠翠为饰。用刑惨酷，有灌鼻、割舌、支解、刳、剔、炮、炙、煮、烹之法。或聚毒蛇水中，以罪人投之，谓之水狱。末年尤猜忌，以士人多为子孙计，故专任宦者，由是其国中宦者大盛。后晋高祖天福七年（西历纪元九四二年）三月，高祖殂，子秦王弘度立，更名玢，是为殇帝。殇帝骄奢，不亲政事。高祖在殡，作乐酣饮。夜与倡妇微行，裸男女而观之。左右忤意辄死，无敢谏者。常猜忌诸弟，每宴集，令宦者守门，群臣宗室皆露索，然后入。次年（天福八年，西历纪元九四三年）三月，其弟晋王弘熙弑之而自立，更名晟，是为中宗。

中宗骄暴，杀其弟越王弘昌、循王弘杲等。尽杀其男，纳其女充后宫。作离宫千余间，饰以珠宝。设汤镬、铁床、刳剔等刑，号生地狱。以宫人卢琼仙、黄琼芝为女侍中，朝服冠带，参决政事。宗室勋旧，诛戮殆尽，惟宦官林延遇等用事。周世宗显德五年（西历纪元九五八年）八月，中宗殂，子卫王继兴立，更名铱，是为后主。

后主即位时，年甫十六。以宦官龚澄枢、李托为内太师。军国之事，皆取决焉。凡群臣有才能及进士状头或僧道可与谈者，皆先下蚕室，然后得进。亦有自宫以求进者，亦有免死而宫者，由是宦者近二万人。遗显用事之人，大抵皆宦者也。谓士人为门外人，不得预事。宋太祖乾德二年，后主遣兵侵潭州。防御使潘美击却之，进克郴州，获其内侍余延业，具言后主荒淫暴虐之状，于是太祖慨然有南伐之意。开宝三年，遣潘美、尹崇珂伐之。次年，克广州，铱出降，南汉亡。时宋太祖开宝四年，西历纪元九七一年也。南汉凡传五主，七十年（九〇一至九七一）而亡，岭南皆入于宋，得州六十、县二百四十。惟安南为丁氏所据，虽称臣纳贡，然自是遂列为外藩，不列入中国版图之内。（参观拙著《东洋史》近古史，第一期，第七章，第五节）

五、灭南唐

岭南既平，南方无警。宋乃转锋东下，经略南唐。南唐元宗自为周世宗所败，江北皆失，国势逐渐削弱。元宗惧，徙都洪州，更名曰南昌府。宋太祖建隆二年（西历纪元九六一年），元宗殂，太子煜立于金陵，是为后主。

后主聪悟好学，善属文，工书画，明音律。酷信浮屠法，出禁中金钱，募人为僧，都下僧及万人，皆仰给县官。后主每日退朝以后，服僧衣，诵佛经，日夜研究性命之说，不复以治国守边为意。南汉亡后，后主惧甚，遣使来朝，贬国号曰江南。太祖欲伐之，惮其将林仁肇威名，纵反间计，杀之。开宝七年（九七四年），遣使征后主入朝，后主辞疾不至。是年九月，诏以曹彬为都部署，潘美为都监，曹翰为先锋，将兵十万伐江南。临行，诫彬等曰："江南之事一以委卿，切勿暴掠生民。务广威信，使自归顺，不烦急击也。"又曰："城陷之日，慎勿杀戮。设若困斗，则李煜一门不可加害。"且以剑授彬曰："副将以下，不用命者斩之。"自王全斌平蜀，多杀降卒，帝每引为恨。彬性仁厚，故专任之。是年十一月，潘美渡江，连破江南兵。次年二月，遂围金陵。十月，后主遣翰林学士承旨徐铉来求缓师，言于帝曰：“煜以小事大，如子事父。未有罪过，奈何见伐?”帝曰：“尔谓父子为两家，可乎?”铉不能对而还。寻复至，见帝，论辨不已。帝怒，按剑曰：“不须多言，江南亦有何罪。但天下一家，卧榻之侧，岂容他人鼾睡乎?”铉惶恐辞归。金陵受围十月，势愈危迫，彬终欲降之。是年十一月，遣人告煜曰：“事势如此，所惜者一城生聚耳。若能归命，策之上也。某日城必破，宜早为之所。”煜不听。一日，彬忽称疾，诸将来问，彬曰：“余疾非药能愈，惟须诸君诚心自誓，破城不妄杀一人，则自愈矣。”诸将许诺，共焚香为誓。翌日，城陷，后主出降，江南平。时宋太祖开宝八年，西历纪元九七五年也。南唐凡传三主，三十九年（九三七至九七五）而亡。扬子江下流流域皆入于宋，得州十九、军三、县一百八十。

太祖孝友节俭，质任自然，不事矫饰。一日，罢朝坐便殿，不乐者久之。左右请其故，曰：“尔谓为天子容易耶。早作乘快，误决一事，故不乐耳。”宫中苇帘，缘用青布。常服之衣，浣濯至再。永康公主（帝之女）尝衣贴绣铺翠襦，帝曰：“汝服此，众必相仿。禁之。”一日，劝帝以黄金饰肩舆，帝曰：“我以四海之富，宫殿饰以金银，力亦可办。但念我为天下守财耳，岂可妄用。”削平诸国，君长降者，皆不加戮，礼而存之，其族党皆见录用。尝幸武成王庙，观从祀有白起像，指曰：“起杀已降，不武之甚。”命去之。江南平，捷书至。帝泣曰：“宇县分割，民受其祸。攻城之际，必有横罹锋刃者，实可哀也。”命出米十万斛赈恤之。帝在位十七年（九六〇至九七六），以开宝九年（西历纪元九七六年）十月崩。弟晋王光义即位。是为太宗。

六、吴越及漳泉二州来归

太宗英武，远不如太祖，然犹袭太祖余威，削平诸国，于是吴越及漳泉二州皆内属。吴越武肃王钱镠者，临安人。唐僖宗光启三年，以讨浙东观察使刘汉宏功，拜杭州刺史。讨破镇海叛将薛朗、徐约，取苏、常二州。昭宗景福二年，拜镇海节度使。乾宁三年，讨杀威胜（军名，即浙东）节度使董昌，兼领镇东（即威胜改名）节度使，于是两浙皆入于镠。天复二年，封越王。天佑元年。改封吴王。后梁太祖开平元年，进封吴越王，是为吴越建国之始。王性勤敏，无声色货利之好，知人善任。是时中原丧乱，吴越僻处东南，不为竞争之中心点，国势粗安。历事后梁、后唐，加尚父，拜天下兵马大元帅。后唐明宗长兴三年（西历纪元九三二年）薨，子元瓘嗣，是为文穆王。王性明敏，举贤任能，国内富庶。后晋高祖天福六年（九四一年）薨，子弘佐立，是为忠献王。

忠献王嗣位时，年甫十四，丞相曹仲达辅政。王性温恭，好书礼士，躬勤政务。发摘奸伏，人不能欺。后汉高祖天福十二年（九四七年）薨，弟弘倧立，性刚严。统军使胡进思恃迎立功，干预政事，弘倧恶之。是年十二月，进思作乱，废弘倧，立其弟弘俶，是为忠懿王。

王待废王弘倧以礼，畏忌进思，曲意下之。进思内忧惧，疽发背而死，由是弘倧获全。王募民能垦荒田者，不收其税，由是境内无弃田。宋太祖开宝七年，大兵伐南唐，以王为升州东南行营招抚制置使。王奉命，自将兵五万夹攻，取常州。江南平后，王入朝，赏赉甚厚。濒行，太祖赐以黄袱，封缄甚固，戒曰："途中宜密观。"启之，则皆群臣乞留王章疏也，王愈感惧。

太宗即位，王复来朝。会留从效故将清源节度使陈洪进以漳、泉二州来归。王惧，上表献其境内十三州一军。诏封王淮海国王，吴越亡。时宋太宗太平兴国三年，西历纪元九七八年也。吴越凡传五主，八十七年（八九二至九七八）而亡，两浙皆入于宋。

陈洪进者，故清源节度使留从效牙将也。后汉高祖天福十二年（九四七年），从效逐南唐守兵，据漳、泉二州。宋太祖建隆三年（九六二年）卒，子绍镃典留务。洪进作乱，执绍镃送建康，推副使张汉思为留后。寻幽汉思，自为节度使，至是以漳泉二州来归。诏授武宁节度使，同平章事，留之汴京。于是福建皆内属。

七、灭北汉

是时僭伪之国，惟余北汉。先是北汉孝和帝钧在位，屡与宋构兵，败绩，帝惧，征抱腹山人郭无为为相。宋太祖开宝元年（西历纪元九六七年）殂，养子继恩立，无为弑之，而立其弟继元，皆孝和之甥也。太祖乘丧，遣昭义节度使李继勋击之，继元乞师于辽。辽穆宗述律遣将救之，继勋引还。穆宗耽酒，克于畋猎，嗜杀不已。刑政紊乱，上下怨之。二年（辽应历十九年）三月，畋于怀州（在临潢西南，今内蒙古巴林旗界内），为近臣所弑，世宗之子贤驰赴怀州即位，是为景宗。三月，太祖自将击汉，围太原。景宗复遣将来援，太祖不能克。会暑雨，军士多疾，尽弃粮储而还。太平兴国四年正月，以潘美为北路都招讨使，统诸军围太原。郭进为太原石岭关都部署，断燕蓟援师。二月，帝自将伐汉，辽遣兵来援，郭进邀击于白岭关（在雁门道忻县西南），大破之。五月，继元出降，北汉亡。凡传四主，二十九年（九五一至九七九），得州十、军一、县四十一。

第三节　金匮之盟

太宗对外虽小有战功，对内则多惭德。盖家庭之变，人所难言也。先是太祖在位时代，母昭宪杜太后临崩，召赵普入受遗命。且问太祖曰：“汝知所以得天下乎？”太祖曰：“皆祖考及太后之余庆也。”后曰：“不然。正由周世宗使幼儿主天下尔。若周有长君，汝安得至此。汝百岁后，当传位光义，光义传光美，光美传德昭。国有长君，社稷之福也。”太祖泣曰："敢不如教。"后命普为誓书，普署纸尾曰："臣普记。"藏之金匮。太祖友爱太宗，数幸其第，恩礼甚厚。建隆二年，授开封尹。开宝六年，封晋王，班宰相上，每言"晋王龙行虎步，他日必为太平天子，福德非吾所及也。"尝幸洛阳，有布衣张齐贤献十策，内四说称旨，齐贤坚称余策皆善。太祖怒斥之，还语太宗曰："吾幸西都，得一张齐贤。吾不欲用之，异日可使辅汝为相也"。据此以观，则太祖传位之意已决。及帝即位，以弟廷美（即光美改名）为开封尹，封齐王。兄子德昭封武功郡王，德芳为兴元尹。帝有私天下之意。伐燕之役，德昭从行，军中尝夜惊，不知帝所在，有谋立德昭者，帝闻不悦。及归，以北伐不利，久不行平汉之赏。德昭言之，帝大怒曰："待汝自为之，赏未晚也。"德昭退而自刎。越二年，德芳卒。秦王廷美（即齐王更封）始不自安。或告其有阴谋，帝疑，以问赵普。是时卢多逊以次相专政。普奉朝请累年，多逊益毁之，谓普初无立上意。普郁郁不得志，至是普有机可乘，因言"愿备枢轴，以察奸变"。且自陈预闻昭宪太后顾命，帝悦，以普为司徒，兼侍中，复入阁。既而帝以传国之意访普，普曰："太祖已误，阶下岂容再误。"廷美遂得罪。太平兴国七年，罢为西京留守，出之洛阳。会普廉得多逊交通秦王事，谮之于帝。帝大怒，勒廷美就第，流多逊于崖州（今广东琼崖道崖县）。关系者多坐死。同平章事沈伦坐不能觉察，降授工部尚书。普又讽知开封府李符告廷美怨望，贬涪陵县公，安置房州（今湖北襄阳道郧县，即故郧阳府）。普又恐符言泄，坐符他事，流之春州（今广东高雷道阳春县）。廷美至房州，逾年，以忧悸卒。皇长子楚王元佐，少聪警，帝锺爱之。廷美迁房州，元佐尝力救，及廷美死，遂发狂疾。雍熙二年，废为庶人。淳化五年，以皇三子襄王元侃为开封尹，进封寿王。至道元年，立为皇太子，更名恒。

三年（九九七年），帝不豫。宣政使王继恩忌太子恒英明，与参知政事李昌龄、知制诰胡旦等，谋立故楚王元佐。是年三月，帝崩，在位二十一年，年五十九岁。皇后命继恩召宰相吕端。端知有变，即绐继恩入书阁，锁闭之。亟入宫，后问曰：

“立嗣以长，顺也。今将如何?”端曰：“先帝立太子，正为今日。岂容更有异议。”后默然。乃奉太子即位，是为真宗。讨谋立楚王之罪，贬昌龄忠武（军名，今河南开封道淮阳县）行军司马，安置继恩于均州（今湖北襄阳道均县），流旦于浔州（今广西苍梧道桂平县）。于是大统归于太宗系。

第三章 宋初对辽之关系

第一节 高梁河之役

太宗对外战争，虽稍有成功，独对辽战争，则全归失败。先是太祖在位，尝雪夜微行至赵普第，计下太原。普曰："太原当西北二边。太原既下，则边患我独当之。不如姑俟削平诸国，则黑子弹丸之地，将安逃乎?"帝然之。又尝以幽燕地图示普，问进取之策。普曰："图必出曹翰。"帝曰："然。"因问翰可取否，普曰："翰可取，孰可守?"帝曰："以翰守之。"普曰："翰死孰可代?"帝默然良久曰："卿可谓深虑矣。"于是专用力于南方，不复言伐燕。太宗既灭北汉，欲乘胜取幽蓟。太平兴国四年五月，发太原，东击辽，取易、涿等州，进围幽州。帝自将大军，与辽将耶律沙大战于高梁河（今北平西玉泉山水）。沙兵败，将遁。会景宗遣耶律休格（旧作休哥）来援，夹击帝军，帝兵败，急乘驴车走免，自是辽好遂绝。次年（太宗太平兴国五年，辽景宗乾亨二年）十月，景宗自将南侵，围瓦桥关，休格率精骑渡水而战。官军大败，帝自将御之。至大名（府名，今河北大名道）。闻辽军引去。乃还。

第二节 岐沟之役与陈家谷之役

太平兴国七年，辽景宗殂。长子梁王隆绪立，是为圣宗，年甫十二。

母承天太后萧氏奉遗诏摄政，复国号曰契丹。以韩德让为政事令，兼枢密使，耶律博郭济总领山西诸州事，耶律休格为南面行军都统。后明达治道，闻善必从，习知军政，赏罚信明，将士用命。圣宗称辽盛主，后教训之力为多。雍熙三年（太宗即位十一年，辽圣宗统和四年）正月，太宗信边将贺怀浦言（怀浦上言，契丹主少，母后专政，宠幸用事，请乘其衅），以取燕蓟。以曹彬、米信、田重进、潘美为四路都部署，分道伐契丹。彬与信出雄州，趋幽州；重进出飞狐（今河北涞源县，即紫荆关）；美出雁门，趋大同。诸将陛辞，帝谓曰："潘美但先趋云州（今山西大同县）。卿等以十万众，声言取幽州。且持重缓行，不得贪利。虏闻大兵至，必悉众救范阳，不暇援山后矣。"彬与信乘胜而前，所至克捷。每捷奏闻，帝讶其进军之速。是年三月，彬取涿州。契丹南京留守耶律休格兵少，不敢出战。夜则令轻骑掠其单弱，以胁余众。昼则以精锐张其势。又设伏林莽以绝粮道。彬居涿旬日，食尽，退师雄州，以援粮饷。帝闻之曰："岂有敌人在前，反退师以援刍粮。失策之甚也。"亟遣使止彬勿前。急引师缘白沟河（今拒马河，在新城雄县界内，名白沟河，宋辽分界处也），与米信军接。俟潘美尽略山后地，会重进东下，合势以取幽州。彬部下诸将欲与潘美争功，不从。彬不能制，复裹粮与信趋涿州。承天太后与圣宗自将大军来援。是年五月，彬、信粮尽，引兵退。休格追至岐沟关（在今河北涿县西南），大破其兵，彬、信狼狈走还。是年二月，潘美连破契丹兵，取寰（今山西朔县东）、朔（今山西朔县）、应（今山西应县）、云等州。契丹将耶律色珍（旧作斜轸）将兵十万来援，败美兵于飞狐，浑源（今雁门道浑源县），应州守将皆弃城走，色珍乘势破寰州。时副都部署杨业护寰、朔、应、云四州吏民内徙，闻色珍追急，欲避其锋。议引兵出大石路（即今大石口，在雁门道应县南，跨恒山脉入口而南，即繁峙县，再西南，即代州，为当时北方重镇），直入石碣谷（即今石佛谷，在雁门道崞县西北）。护军王优等以为畏懦，固执不从。业不得已，应战。临行，嘱美与优等由间道趋陈家谷（在雁门道朔县南），据谷口为应援。俟业转战至彼，并力拒敌。乃率部下自石跌路（即今石峡口，在崞县东北）

逆战。自晨至午，以众寡不敌，兵败，乃且战且退，引兵向陈家谷。王侁闻业败，引兵遁，潘美随之。业自午至暮，转战至谷口，望见无人，抚膺大恸。乃率残兵死守谷口，敌兵丛集，业与其子延玉及麾下壮士数百人皆战死，全军歼焉。云、朔二州守将闻业死，皆弃城走，所得之地复陷。诏以张齐贤知代州（今山西代县），代业守北边。是年十二月，后与圣宗大举南侵，败都部署刘廷让兵于瀛州。遂掠邢（今河北邢台县）、深（今河北深县）、德（今山东德县）州。别将侵代州，为张齐贤所败，乃还。端拱二年，休格复南侵，至徐河（在今河北保定道徐水县境内），为都巡检使尹继伦所败，乃还。

休格智略宏，远料敌如神。每战胜，让功诸将。镇燕十七年，劝农桑，省赋役，恤孤寡。平时戒戍兵无犯中国境。虽马牛来逸者悉还之。军民怀之，边疆大治。太宗之不得志于燕者，以休格在故也。

第三节 澶渊之役

真宗咸平二年（辽圣宗统和十七年），圣宗复自将大举南侵。都部署康保裔拒战于瀛州，以众寡不敌，败绩，战死。契丹遂自德棣（今山东惠民县）济河，掠淄齐。帝自将御之，次于大名，圣宗引还。自此以后，连年南侵，互有胜负，河北大遭蹂躏。景德元年（真宗七年、辽统和二十二年）九月，圣宗复奉承天太后大举南侵，屡破河北诸军，深入内地，朝廷震骇。召群臣问方略，参政王钦若，临江人，请幸金陵。陈尧叟，阆州人，请幸成都。帝以问宰相寇准，准曰：“谁画此策？”帝曰：“卿姑断可否，勿问其人。”准曰：“臣欲得献策之臣，斩以衅鼓，然后北伐耳。陛下神武，将臣协和。若大驾亲征，敌当自遁。不然，出奇以挠其谋，坚守以老其师。劳佚之势，我得胜算矣。奈何弃庙社，欲幸楚蜀。所在人心崩溃，敌乘胜深入，天下可复保耶？”帝意乃决。准恐钦若阻亲征之议，出钦若判天雄军（即大名府，属河北路，今河北大名道）。命朝士出知诸州者，皆于殿前受敕。准戒曰：

“百姓皆兵，府库皆财。不责汝浪战，但失一城一壁，当以军法从事。”是年十一月，契丹进攻澶州（今大名道濮阳县，即故开州）。太后亲御戎军督战，李继隆整众御之。统军顺国王萧达兰（旧作挞览）出按视地形，中伏弩死。契丹兵在河北者，多为诸州所败。契丹夺气。

帝在途中，又有以金陵之谋告者，帝意稍惑，寇准曰：“陛下惟可进尺，不可退寸。河北诸军，日夜望銮舆至，士气百倍。若回辇数步，则万众瓦解。虏乘其后，金陵亦不可得至也。”殿前都指挥使高琼力赞准议，帝乃进军。十二月，至澶州南城（在濮阳县城南），望见契丹军势甚胜，众请驻跸。准固请曰：“陛下不渡河，则人心益危，敌气未慑，非所以取威决胜也。”因陈说河北诸军形势，请帝勿疑，琼亦固请。即麾卫士进辇，遂渡河，御北城（今濮阳县城）门楼。诸军望见御盖，踊跃呼万岁，声闻数十里。契丹遣数千骑来薄城，准遣兵逆击，大破之，斩获大半。契丹骇怖，始欲议和。

先是咸平六年，契丹兵寇河北。高阳关副都部署王继忠与战于望都（今保定道望都县），败绩，被执。萧太后爱其才，授户部使。至是为契丹言和好之便，契丹以为然。遣使持继忠密表来劝和。诏遣阎门祗候曹利用执之。太后欲得周世宗所取关南地，遣使持书与利用偕来。帝曰：“所言归地，事极无名。若必要求，朕当决战。若欲金帛，朝廷之体，固亦无伤。”准不欲赂以货财，且欲邀其称臣，及献幽燕之地。因画策以进曰：“如此则可保百年无事。不然，数十年后，戎且生心矣。”帝曰：“数十年后，当有能御之者。吾不忍生灵重困，姑听其和可也。”复遣利用如契丹军议岁币。利用请岁币之数，帝曰：“必不得已，虽百万亦可。”准闻之，召利用至幄，语之曰：“虽有敕旨，汝所许过三十万，吾斩汝矣。”利用竟以银十万两绢二十万匹成约而还。契丹遣使持誓书来，以兄礼事帝，引兵还。自此以后，南朝为兄，北朝为弟，每年通好。

第四节　真宗之矫诬

初，王钦若之判天雄军也，闭门束手无策。但修斋诵经，以为寇准排己，置己死地，深恶准。准自澶州还，颇矜其功，帝待之甚厚。钦若与准不协，累表乞解政事，特置资政殿学士授之。一日会朝，准先退，帝目送之。钦若进曰："陛下敬准，为其有社稷功耶。"帝曰："然。"钦若曰："城下之盟，春秋耻之。澶渊（唐故郡名，即澶州）之举，以万乘之贵，而为城下之盟。何耻如之？"帝愀然不悦。钦若曰："陛下闻博乎。博者输钱欲尽，乃罄所有出之，谓之孤注。陛下寇准之孤注也。斯亦危矣。"由是帝顾准寝衰。景德三年二月，罢准知陕州，以王旦同平章事。旦深沉有德望，帝深倚赖之。

帝自闻王钦若言，深以澶渊之盟为辱，常怏怏不乐。钦若知帝厌兵，因谬进曰："陛下以兵取幽蓟，可涤此耻。"帝曰："河朔生灵，始免兵革。朕安忍为此，可思其次。"钦若曰："惟封禅，可以镇服四海，夸示外国。然自古封禅，得天瑞然后可行。天瑞安可必得。前代盖有以人力为之者。惟人主深信而崇奉之，以明示天下，则与真者无异也。陛下谓河图洛书果有耶？圣人以神道设教耳。"帝沉思久之曰："王旦得毋不可乎？"钦若曰："臣喻以圣意，宜无不可。"乃乘间为旦言，旦黾勉从之，帝意乃决，召旦欢饮，赐以樽酒。归发封，则皆美珠也。旦悟帝旨，自是不敢有异议。景德六年正月，帝密作帛书，置之左承天门南鸱尾上，称天书降，百官拜贺，改元大中祥符。作玉清昭应宫以奉天书，遂议封禅，以旦兼大礼使。是年六月，复得天书于泰山。群臣争言祥瑞，颂功德，上帝尊号。是年十月，封泰山，禅社首（山名，在济南道泰安县城西南），四年，祭后土于汾阴（故城在山西河东道荣河县北）。五年，帝又言赵氏祖司命天尊，受玉皇命，自天降临，作景灵宫，以奉圣祖。诸州天庆观，并增建圣祖殿。

真宗在位二十六年，在相位者，前后十余人。李沆最贤。沆当为相时，王旦甫为参政。沆日取四方水旱盗贼奏之，旦谓细事不足烦上听。沆曰："人主少年，当使知人间疾苦。不然，血气方刚，不留意声色犬马，则土木甲兵礼祠之事作矣。吾老不及见此，参政他日之忧也。"

丁谓机敏，有智谋，寇准屡荐之，沆不用曰："顾其为人可使之在人上乎？"准曰："如谓者，相公终能抑之使在人下乎？"沆笑曰："他日当思吾言。"沆卒后数年，封禅祠祀营建并兴。每有大礼，旦辄以首相奉天书以行。常悒悒不乐，欲去则帝遇之厚。天禧元年九月卒，遗令削发披缁以敛，盖悔其不谏天书之失也。

旦既罢相，以王钦若同平章事。三年六月，钦若罢，复以寇准同平章事。丁谓参知政事，谓事准甚谨。尝会食，羹污准须。谓起拂之，准笑曰："参政国之大臣，乃为长官拂须耶。"谓大惭恨。会帝得风疾，事多决于皇后。准请令太子监国，谓因谮准，罢知相州，朝士与准亲厚者皆斥之，以李迪与谓同平章事。时帝有疾昏眩，谓白中宫，贬准道州司马。迪劾谓奸佞，帝怒，罢迪知郓州。谓遂独相，弄权专恣，众莫敢抗。独参知政事王曾正色立朝，时倚为重。乾兴元年（西历纪元一〇二二年），帝崩。太子祯即位，是为仁宗。

参考书

《东洋史》（近古史 第一期 第五章 第二期 第一章）　　自著

第四章　宋初对夏之关系

第一节　李继迁之叛

先是有唐初年，党项酋长拓跋赤辞来归，授西戎州都督。僖宗时代，其苗裔思恭为宥州（今榆林道靖边县）刺史。以讨黄巢功，授定难军节度使，镇夏州（今榆林道横山县），赐姓李氏，子孙世袭其职。臣事五代，传九世至继捧，以宋太宗太平兴国七年（西历纪元九八二年）入朝，献所统银（今榆林道米脂县）、夏、绥（今榆林道绥德县）、宥四州之地，自陈愿居京师。诏授继捧彰德军节度使，遣使至夏州，护其缌麻以上亲赴京。其族弟继迁不从，叛走地斤泽（在今横山县东北）。雍熙二年二月，诱杀都巡检使曹光实，袭据银州，请降于契丹，圣宗封为夏国王，妻以宗女义成公主，继迁屡扰边。端拱元年五月，太宗用赵普言，复以继捧为定难军节度使，镇夏州，赐姓名赵保忠，使图继迁。淳化二年七月，继迁请降。诏以为银州观察使，赐姓名赵保吉。

已而二人相继作乱，朝命李继隆讨之。五年三月，继隆入夏州，执继捧送京师。宰相吕蒙正请堕夏州城，从之。真宗即位，继迁纳款。诏授继迁定难军节度使，割夏、绥、银、宥、静五州隶之，于是继迁坐大。咸平四年，继迁复叛。五年，攻陷灵州（今宁夏道灵武县），知州事裴济战殁，于是西北方失一重镇。六年（西历纪元一〇〇三年），转攻西蕃，陷西凉府（今甘肃道故凉州府)，杀知府事丁惟清。六谷（在凉州境内）酋长潘罗支伪降，袭破其兵，继迁中流矢死，子德明立。

知镇戎军曹玮上书，请乘其国危子弱，恢复河南。帝欲以恩致德明，不报，授德明定难军节度使，封西平王，契丹亦封为夏国王，德明臣事两朝。然于本国则称帝，立其子元昊为太子。元昊雄毅多大略，数谏其父勿臣宋，德明不听。

第二节　元昊之叛

仁宗明道元年（西历纪元一〇三二年），德明卒，元昊嗣位，侵略吐蕃、回鹘及兰州诸羌，皆破之。尽取现今绥远与甘肃河西地，据有夏、银、绥、宥、静、灵、盐、会（今兰山道会宁县）、胜、甘凉、瓜、沙、肃、洪（今甘凉道平番县）、定（今榆林道定边县）、威（今宁夏道平罗县）、龙（今榆林道靖边县）等十八州（今陕甘北境及内蒙古西南部），都兴庆（府名，今甘肃宁夏道）。阻河依贺兰山为固。宝元元年（一〇三八年）十月，自称皇帝，国号夏。上书朝廷，请求册命。十二月，诏削其赐姓官爵，以夏竦为泾原秦凤安抚使，范雍为鄜延环庆安抚使，分道讨之。康定元年（一〇四〇年）正月，元昊寇延州（今榆林道故延安府），副总管刘平、石元孙战殁，范雍闭门不救。诏贬雍，以夏守赟为陕西经略安抚招讨使，代之。守赟庸怯，寡方略。是年五月，罢守赟，以夏竦为陕西经略安抚招讨使，韩琦（相州安阳人）、范仲淹（苏州吴县人）副之，命仲淹兼知延州。延州当夏兵出入之冲，地辟砦疏，土兵寡弱。仲淹至州，大阅州兵，得万八千人，分六将领之，日夜训练。量贼众寡，使更出御。复建鄜城为军，以河中府同华州中下户租税就输之。春夏徙兵就食，以省转输。于是延州始有备，羌汉之民相踵归业。鄜州判官种世衡筑青涧城（在今榆林道绥德县），延州北境始有险可守。

是年九月，元昊寇三川诸寨（在今泾原道固原县东南）。韩琦使环庆副总管任福袭其白豹城。（在今泾原道庆阳县北），克之，破四十一族，焚其积聚而还。琦上书请与仲淹由泾原鄜延进兵，分道伐夏。仲淹意在招纳，不从。

次年（庆历元年）二月，元昊寇渭州（宋置治平凉，今泾原道平凉县）。任福与战于好水川（今名甜水河，在泾原道隆德县东），败没，元昊进陷丰州（在今绥远东南，当陕西府谷县之北）。诏罢夏竦，分陕西为四路，以韩琦为秦凤、王沿为泾原、范仲淹为环庆、庞籍为鄜延安抚经略招讨使，分道拒夏兵，命沿兼知渭州。知谏院张方平上言："泾原最当贼冲。王沿未惬人望，不当与琦等同列。"不报。次年（庆历二年）闰九月，元昊寇镇戎军（今固原县）。王沿使副总管葛怀敏督诸砦兵御之，败没。元昊遂大掠渭州。范仲淹自将庆州兵援之，元昊乃退。诏罢沿，以琦、仲淹籍并为陕西安抚经略招讨使，屯重兵于泾州（今泾原道泾川县）以拒夏兵。琦与仲淹在兵间久，人心归之，朝廷倚以为重。二人号令严明，爱抚士卒。诸羌来者皆推诚抚绥，咸感恩思威，不敢辄犯边。边人为之谣曰："军中有一韩，西贼闻之心胆寒；军中有一范，西贼闻之惊破胆。"元昊之不得大逞，二人之力居多。

第三节 契丹增币问题

是时契丹圣宗已卒，子宗真立，是为兴宗。乘宋有西夏之扰，欲取瓦桥关以南十县地。庆历二年三月，遣使来致书求地，且责中国修边备，聚兵于燕，声言南下。帝不欲与地，欲增岁币或结婚以和。择报聘者，宰相吕夷简（寿州人）举知制诰富弼（河南人）。是年四月，诏弼出使契丹，用夷简策，建大名府为北京，示将亲征，以伐契丹之谋。命王德用判定州，兼三路都部署，以备契丹。

弼至契丹，反复辩论，力拒割地，且辨和战之利害。兴宗心折，遣弼还朝，议和亲增币之说。是年七月，诏弼持国书复如契丹。临行，受口传之辞于政府。夷简不悦弼，有意陷之。弼行至中途，谓副使曰："吾为使而不见国书，脱书辞与口传异，吾事败矣。”启视，果不同。驰还都，入见帝。易书而行。

弼至契丹，议增岁币。兴宗曰：“南朝既增我岁币，其遗我之辞当曰献。”弼曰：“南朝为兄，岂有兄献于弟乎？”兴宗曰：“然则为纳字。”弼亦不可。兴宗曰：“南朝既以厚币遗我，是惧我矣。于一字何有。若我拥兵而南，得无悔乎？”弼曰：“本朝兼爱南北之民，故屈己增币，何名为惧？或不得已而用兵，则当以曲直为胜负，非使臣所得知也。”兴宗曰：“卿勿固执，古有之矣。”弼曰：“自古惟唐高祖借兵突厥。当时赠遗，或称献纳。然后颉利为太宗所擒，岂复有此礼哉。”声色俱厉。兴宗知不可折，乃遣使持誓书与弼偕来，且议献纳二字。帝急图了事，从枢密使晏殊议，竟以纳字许之。于是岁增银十万两（共二十万两），绢十万匹（共三十万匹）。南北通好如故。

第四节　元昊之请和

是时对西夏用兵已久，帝心厌之。元昊虽数胜，然死亡创夷相半。人困点集，财力不给。庆历三年正月，上书请和，自称男邦泥定国兀卒（清作乌珠），上书父大宋皇帝，更名曩霄而不称臣。诏遣使谕之。四年四月，元昊复遣使上表称臣，乞岁赐银绮绢茶二十五万五千。帝将许之，会契丹与夏构衅，兴宗遣使告中国请无与夏和。是年十月，契丹及夏平，朝廷乃册元昊为夏国主，赐银二万两、绢二万匹、茶三万斤，约称臣奉正朔。而元昊帝其国自若。八年闰正月，元昊卒，子谅祚立，年甫期岁，母族鄂博（旧作讹庞）辅政，以三大将分治国事。遣使来告哀，朝议欲乘谅祚幼弱，以节钺啖其三大将，使各有所部分以披其势。陕西安抚使程琳曰：“幸人之丧，非所以柔远人。”乃止。议者深惜朝廷失机会。

参考书

《东洋史》（近古史 第二期 第一章） 自著

《廿二史劄记》（卷二十六 岁币） 赵翼

第五章　仁宗之内治

第一节　庄献太后之临朝

仁宗即位，年才十三。嫡母庄献明肃太后刘氏摄政，宦官雷允恭用事，与丁谓表里擅权。先是真宗临崩，遗言寇准、李迪可托。丁谓怨准，而太后憾迪尝谏立己，遂诬以朋党，贬准雷州司户参军，迪衡州团练副使，朝士连坐者甚众。王曾争之，谓不听。会营山陵，谓为山陵使，允恭为都监，擅移皇堂。曾发其罪，诛允恭，贬谓崖州司户参军，以曾同平章事。

曾既相，正色立朝。所进退士莫有知者。范仲淹谓之曰："明扬士类，宰相任也。公之盛德，独少此尔。"曾曰："恩欲归己，怨将谁归?"仲淹服其言。时太后临朝，屡欲用天子礼，曾执不可。太后左右姻家稍通请谒，曾多裁抑之，太后滋不悦。仁宗天圣七年，玉清昭应宫灾，曾以首相罢知青州，吕夷简代为首相当国。

庄献太后称制十一年，虽政出宫闱，而号令严明，恩威加天下。左右近习少所假借，宫掖间未尝妄作，内外赐予有节。仁宗明道二年（仁宗十一年）三月，后崩，帝始亲政。言者多追诋太后时事，范仲淹言于帝曰："太后受遗先帝调护陛下者十年。今宜掩其小故以全大德。"帝从之，下诏戒饬中外，毋得辄言太后垂帘日事。

初，真宗司寝李氏实生帝。太后养以为子，亲抚育之。李氏默然，处先朝嫔御中，未尝自异。明道元年（仁宗十年）二月，疾笃，始自顺容进位宸妃。薨，太后欲以宫人礼治丧于外，吕夷简奏礼宜从厚。后悟，乃用后服殓宸妃，用水银实棺，以一品礼殡于洪福院。至是左右有为帝言："陛下乃李宸妃所生，妃死以非命者。"帝号恸累日，下诏自责，追尊为皇太后。幸洪福院祭告，易梓宫，亲启视之。妃以水银故，玉色如生，冠服如皇后。帝叹曰："人言其可信哉。"待刘氏加厚。

第二节　郭后之废与范、吕之争

帝之初即位也，立郭氏为皇后。时张美人有宠，帝欲立之。太后不可，乃止。故后虽立而颇见疏。太后崩，帝始亲政。与首相吕夷简谋，以枢密使张耆、参知政事夏竦等皆附太后，欲悉罢之，夷简以为然。帝退以语皇后，后曰："夷简独不附太后耶？但多机巧，善应变耳。"由是夷简亦罢。夷简由此深憾后。时尚美人、杨美人俱有宠，数与后忿争。一日，尚氏于帝前有侵后语，后不胜忿，批其颊。帝自起救之，误批帝颈。内侍阎文应素与夷简善，因与帝谋废后，且劝帝以爪痕示执政。时夷简复入中书，欲乘隙报宿憾，遂主废黜之议。帝犹疑之，夷简曰："光武，汉之明主也。郭氏止以怨怼坐废，况伤陛下颈乎？"帝意遂决。夷简先敕有司，毋得受台谏章奏。是年十一月，下诏称皇后愿入道，封净妃、玉京冲妙仙师，居长宁宫。御史中丞孔道辅、右司谏范仲淹等十人，诣垂拱殿，伏奏："皇后天下之母，不当轻废。愿赐对尽所言。"殿门阖，不为通。道辅扣环大呼曰："皇后被废，奈不何听台臣言。"有诏，令夷简谕以皇后当废状。道辅等至中书，切责夷简，夷简不能答，即奏言伏阁请对，非太平美事。遂黜道辅知泰州（今江苏淮扬道泰县），仲淹知睦州（今浙江金华道建德县，即故严州府），余罚金有差。明日，道辅等趋朝，欲留百官揖宰相廷争。至待漏院，闻诏，乃退。签书河阳判官富弼上言，朝廷一举而两失。纵不能复后，宜还仲淹等。不听。次年（景佑元年，仁宗十三年）八月，出后居瑶华宫，立曹氏为皇后。

后居瑶华久，帝颇念之，遣使存问，赐以乐府。后和答之，辞甚凄惋。帝内愧，尝密遣人召之。后辞曰："若再见召，须百官立班受册方可。"文应以尝谮后，惧其复立。景佑二年（仁宗十四年）十一月，属后小疾。帝遣文应挟医诊视。数日，后暴崩。中外疑文应进毒而不得其实。帝深悼之，追复后号，以礼殓葬。时范仲淹已召还知开封府，劾奏文应之罪。窜之岭南，死于道。

仲淹以吕夷简当国，进用多出其门，乃上百官图，指其次第曰："如此为序迁，如此为不次。如此则公，如此则私。况进退近臣，凡超格者，不宜全委之宰相。"夷简不悦。他日论建都之事，仲淹进曰："洛阳险固，而汴为四战之地，太平宜居汴，即有事必居洛阳。当渐广储蓄，缮宫室。"帝以问夷简。夷简谓："仲淹迂阔，务名无实。"仲淹闻之，乃为四论以献，大抵讥切时弊。夷简诉仲淹越职言事。景佑三年（仁宗十五年）五月，黜仲淹知饶州（今江西浔阳道鄱阳县）。集贤校理余靖、馆阁校勘尹洙上书争之，俱坐贬。馆阁校勘欧阳修贻书司谏高若讷，责其不谏，若讷上其书，修亦坐贬。馆阁校勘蔡襄作四贤一不肖诗，以誉仲淹、靖、洙、修而讥若讷。都人传诵，鬻书者市之，得厚利。御史韩缜希夷简旨，请以仲淹朋党榜示朝堂，戒百官越职言事，从之。四年十二月，地震。直史馆叶清臣因上书为仲淹等申理，仲淹等皆得近徙。谗者恐仲淹复用，遽诬以事。帝怒，亟命置之岭南。中外论荐仲淹者众，帝不悦。次年（宝元元年，仁宗十六年）十月，诏戒百官朋党。

已而西夏赵元昊反，侵略陕西州郡，边事日急。越二年（康定元年，仁宗十八年），知谏院富弼上书，请除越职言事之禁，诏从之。知制诰韩琦奉诏安抚陕西，请起范仲淹为大将。诏以仲淹知永兴军（今陕西关中道长安县）。旋以夏竦为陕西经略安抚招讨使。琦与仲淹副之，经略陕西。

第三节　庆历党议

越四年（庆历三年，仁宗二十一年），吕夷简以病请老。诏增置谏官，以欧阳修、王素、蔡襄知谏院，余靖为右正言。修等论事切直，小人不便。时元昊已请和，乃召夏竦为枢密使。修等交章："论竦在陕西畏懦，不肯尽力，兼之挟诈任卫，奸邪倾险。"中承王拱辰亦言："竦经略西师，无功而归。今置之二府，何以万世。"乃罢竦，而以杜衍为枢密使。

是年四月，召韩琦、范仲淹还朝，拜枢密副使。旋以范仲淹参知政事，富弼为枢密副使，群贤满朝。国子监直讲石介喜曰："此盛事也。"乃作庆历圣德诗曰："众贤之进，如茅斯拔；大奸之去，如距斯脱。"大奸盖指竦也。介师国子监直讲孙复曰："介祸始于此矣。"仲淹闻之，亦谓韩琦曰："为此鬼怪辈坏事也。"

仲淹既就职，上书陈十事。弼亦上当世之务十余条。大约以进贤，退不肖，止侥幸，去宿弊。欲渐易监司之不才者，使澄汰所部吏。于是小人始不悦。帝方锐意求治，数召辅臣条对。仲淹才兼文武，有大节。尝曰："士当先天下之忧而忧，后天下之乐而乐。"于是与弼日夜谋虑，欲革弊政。选一省名臣为诸路转运使，罢黜监司之不才者。更定磨勘法（参观《通鉴辑》览卷七十五，庆历三年十月更定磨勘法条下）及荫子法（参观同书同卷。同年十一月更立荫子法条下），诏天下州县立学，行科举新法（参观同书同卷。庆历四年三月诏天下州县立学，行科举新法条下）。于是侥幸者多不便，胜谤于朝。而朋党之论滋不可解。先是石介奏记于弼，责以行伊周之事。夏竦怨介斥己，又欲因以倾弼等，乃使女奴阴习介书，改伊周曰伊霍，且伪作介为弼撰废立诏草。飞语上闻，帝虽不信，而弼与仲淹皆恐惧不自安。适闻契丹伐夏，遂请行边。次年（庆历四年，仁宗二十二年）六月，出仲淹为陕西河东宣抚使。八月，出弼为河北宣抚使。介不自安，亦请外出，为濮州通判。是年九月，以杜衍同平章事。衍务裁侥幸，每有内降，率寝格不行。积诏旨至十数，辄纳帝前。帝尝语欧阳修曰："外人知杜衍封还内降耶。凡有求于朕，每以不可靠而止者，多于所封还也。"

仲淹、弼既出宣抚，攻之者愈众。衍独左右之，于是群小皆嫉衍。会衍婿监进奏院苏舜钦用鬻故纸钱祠神，且以妓乐娱宾。集贤校理王益柔于席上戏作傲歌。御史中丞王拱辰闻之，以二人皆仲淹所荐，欲因以倾衍及仲淹。乃讽御史鱼周询等举劾其事，请诛益柔。枢密使贾昌朝阴主其议。韩琦劝帝不宜深究，帝感悟，乃从轻典。黜益柔，除舜钦名。同席被斥者十余人，皆知名之士。同平章事章得象、参知政事陈执中复谮衍等。五年正月，罢衍知兖州，仲淹知邠州，弼知郓州。韩琦上书请留衍等，不报。琦乃请外。是年三月，罢琦知扬州。河东转运使欧阳修上书，称衍等贤，不宜罢黜。左迁修知滁州。于是仲淹所定磨勘荫子及科举新法俱罢。

是年十一月，滁州狂人孔直温谋反，伏诛。搜其家，得石介书，并所遗孙复诗。时介已卒。宣徽南院使夏竦怨介，欲乘隙报之，因言："介诈死。乃京东安抚使富弼遣介结契丹起兵，期以一路兵为内应。请发介棺验之。"诏下兖州访介存亡。杜衍以阖族保介必死，提刑吕居简亦言，无故发棺何以示后？乃免发介棺。罢弼安抚使，贬孙复监虔州酒税，羁管介子孙于他州。

第四节　王则之乱

杜衍既去，章得象、贾昌朝、陈执中相继为相。皆庸才，无远略。庆历七年（仁宗二十五年）十一月，贝州卒王则据城反。诏以参知政事文彦博（汾州介休人）为河北宣抚使，讨平之。以彦博同平章事。

是时张贵妃（即张美人）宠冠后宫。其伯父尧佐除宣徽使，殿中侍御史裹行唐介抗辞争之，因劾彦博。帝怒，贬介。罢彦博知许州。

第五节 侬智高之乱

皇祐元年（仁宗二十六年）九月，广源州（在今法领越南谅山府东北）蛮侬智高反。四年正月，陷邕州（今广西南宁道），建大南国，自称皇帝。时广南久安，州郡无备。智高所向，守臣辄弃城走。遂陷横（今南宁道横县）、贵（今苍梧道贵县）、藤（今苍梧道藤县）、梧（今苍梧道苍梧县）、康（今粤海道德庆县）、端（今粤海道高要县）、龚（今苍梧道平南县）、封（今粤海道封川县）等州，进围广州。诏以枢密副使狄青为荆湖宣抚使，督诸军讨之。青至宾州（今柳江道，故柳州府），立行伍，明约束，戒诸将无得妄与贼斗。钤辖陈曙违青节制，青斩之以徇。五年正月上元，夕次昆仑关（在南宁道东北昆仑山上），大张灯，乐饮彻晓。次夜二鼓，方宴从军官，青忽称疾，暂起如内，数使劝饮。迟明，诸将环立帐前，待令乃发。而青已微服与先锋度关，趣诸将会食关外。贼方觉，悉出逆战。青指挥蕃汉兵大破之，智高走大理（国名，姓段氏，在今云南）。广南平。诏以青为枢密使。

第六节 文彦博、富弼、韩琦之相业

是时宰相多庸才，天下多故。帝尝问相于王素，素曰："惟宦官宫妾不知姓名者，可充其选。"帝曰："如是则富弼尔。"遂召弼。至和二年（仁宗三十二年），以文彦博与弼同平章事，士大夫相庆于朝。帝语欧阳修曰："古之命相，或得诸梦卜。今朕用二相，岂不贤于梦卜哉。"嘉祐元年（仁宗三十三年），帝有疾，文彦博率宰相宿卫禁中。逾月，帝疾瘳。彦博等始还第。三年，彦博以老求罢，出判河南，以韩琦同平章事。六年，富弼以母衷去位，以曾公亮（泉州晋江人）同平章事，欧阳修参知政事，琦位首相。法令典故问公亮，文学之事问修。三人同心辅政，百官奉法循理，朝廷称治。

帝在位四十二年，恭俭爱民，终始不变。至和以后，贤者满朝，国内承平少事。进士诸科，得名臣之多，超绝古今。然吏治愉惰，兵备不振。宋之威德，卒不能及汉唐盛时。

帝无子，养太宗曾孙宗实为皇子，赐名曙。嘉祐八年（仁宗四十二年，西历纪元一〇六三年）三月，帝崩。皇后曹氏召曙入及位，是为英宗。尊皇后为皇太后。会得暴疾，请皇太后权同听政。后性慈俭，颇涉书史，多援以决事。中外章奏日数十上，皆能记其纲要。帝疾甚，举措或改常度，遇宦官尤少恩，左右多不悦。内侍任守忠等共为谗间，两宫遂成隙。韩琦、欧阳修等委曲调护，帝与太后意始释然。次年，帝疾瘳，始亲政，太后撤帘。谏官司马光、吕诲论守忠罪，窜之蕲州（今湖北江汉道蕲春县）。

第七节　濮议

帝之初即位也，群臣并进爵秩，宗室故诸王亦加封赠。是时帝本生父濮安懿王允让已卒。宰相韩琦、曾公亮等，以为不可与诸王同列，请下有司议崇奉典礼。有旨，宜俟服除，其议遂格。治本二年四月，上既释服，乃下其奏，诏礼官与待制以上详议。知谏院司马光立议曰："为人后者为之子，不得顾私亲。若恭敬之心分于彼，则不得专于此。秦汉以来，帝王有自旁支入承大统者，或推尊其父母以为帝后，皆见非当时，取讥后世。臣等不敢引以为圣朝法。窃以为濮王宜准先朝封赠期亲尊属故事，尊以高官大国。"中书奏："赠官及改封大国，当降制行册命。而制册有式，濮王当称何亲，名与不名。"翰林学士王珪等又议曰："濮王于仁宗为兄，宜称皇伯而不名。"参知政事欧阳修驳之曰："丧服大记云：为人后者，为其父母降服，而不没父母之名。以见服可降而名不可没也。若本生之亲改称皇伯，历考前世，皆无典据。进封大国，则又礼无加爵之道。请下尚书，集三省御史台详议。”礼官范镇等坚请必行皇伯之议，其奏留中。侍御史吕诲、范纯仁、监察御史吕大防等固执珪议。章七上而不报。遂劾韩琦专权导谀，又劾欧阳修首开邪议，而韩琦、曾公亮等附会不正，乞皆贬黜。不报。三年正月，太后手诏，命帝称濮王为亲，立园庙。吕诲等以所论奏不见听，遂辞台职。且言琦结交中官，惑乱皇太后。又指修为首议之人，乞行诛戮以谢祖宗。帝屡加慰留，诲等不听，且言与辅臣势难两立。帝不得已，命各以原官出补外职。诲知蕲州，纯仁通判安州（今湖北江汉道安陆县），大防知休宁县（今安徽芜湖道休宁县）。时赵鼎、赵瞻、傅尧俞使辽还，以尝与诲言濮王事，即上疏乞同贬。乃出鼎通判淄州，瞻通判汾州，帝眷注尧俞，除侍御史。尧俞不可，乃出知和州。知制诰韩维及司马光皆上疏，乞留诲等，不报。遂请与俱贬，不许。侍读吕公著亦上书，谓不宜屡黜言者，帝不听。公著乞补外，出知蔡州。帝在位四年，以治平四年（西历纪元一〇六七年）崩。太子顼立，是为神宗。

第六章　神宗之变法自强

第一节　神宗变法之动机

一、宋室人才之消极

晚唐初宋之交，其吾国强弱之所分，而人才升降之会乎。唐之治近于古，宋之治近于今。唐之国势屡挫而终强，宋之国势愈趋而愈弱。治功之张弛，实相臣之贤否为之。唐之治也，其君子皆自奋于功名。宋之治也，其君子多归洁于独善。其故何哉？太宗以超世之神略，刈群雄而一海宇，合天下之才杰，举不足以尚之。故其用人也，常虑其不及，而不防其太过。任贤举能，垂为家法。终唐室三百年，察相名卿，项背相望。作人之效，有自来矣。宋艺祖之取天下也，侥幸于寡妇孤儿之手，常虑人之效尤而起。故其用人也，不必有奇杰出众之才，但取其束身寡过而已。而又多立之制以防闲之。创业之始既如此矣，三百年间，酿成风俗。道德之儒多，而功名之士少。守经之人众，而应变之才寡。于是迂儒曲士，文人墨客，相率执宫廷细故、朝廷末节，摇唇鼓舌，拖笔弄墨，断断以争。盈廷不得志之徒，相与附和之。以为天下之事，莫大于此。区区濮议一案，遂致历时经年，全国耸动。韩忠献公、欧阳文忠公之徒，皆以一代名贤，被指为大奸巨慝。台谏至相率请斩韩琦、欧阳修以谢先帝。而当时主张称皇伯最力之司马光、范镇，攻击韩、欧阳最力之吕诲、吕大防、范纯仁，附和之傅尧俞、韩维、吕公著等，皆后来反对新法最力，当代目为大贤者也。全国士大夫精神，皆集中于此等无聊举动，而于国家根本大计划，则除去范文正公以外，朝野上下，无贵无贱，皆不注意。古所谓坐井观天、管中窥豹者，宋儒之眼光不过如此也。

二、兵之惰弱

宋室全盛时代，实在太祖、太宗、真宗、仁宗、英宗之时。顾衰亡之机已伏于当日。宋当建国之始，辽已稍濒于弱，而夏尚未抵于强，使宋之兵力稍足以自振。其于折箠以鞭笞之也，宜若非难。顾乃养痈数十年，而卒以自敝者，则太祖独有之心法，务弱其兵、弱其将、以弱其民，使之然也。募兵之恶法，虽滥觞于唐，而实确定于宋。宋制，总天下之兵集诸京师，而其籍兵也以募。盖收国中犷悍失职之民而畜之。每乘凶岁，则募饥民以增其额。史家颂之曰："此扰役强悍销弭争乱之深意也。"质而言之，实欲使天子宿卫以外，举国中无一强有力之人，所谓弱其民者此也。其边防要郡，须兵防守，皆遣自京师。诸镇之兵，亦皆戍更。将帅之臣，入奉朝请。兵无常帅，帅无长师。史家美之曰："上下相维，内外相制，等级相轧。虽有暴戾恣睢，无所厝于其间。"质而言之，则务使将与卒不相习，以防晚唐五代方镇自有其兵之患，所谓弱其将者此也。夫弱其民，弱其将，太祖之本意也。弱其兵，则非必太祖之本意也。然以斯道行之，则其兵势固不得以不弱。夫聚数十万犷悍无赖之民，廪之于太官，终日佚游，而累岁不亲金革，则其必日即于偷惰，而一无可用。事理之至易睹者也。况乎宋之为制，又沿朱梁盗贼之陋习，黔其兵使不得齿于齐民。致乡党自好之人，咸以执兵为耻。夫上既以不肖待之矣，而欲其致命遂志，以戮力于君国，庸可得耶？所谓弱其兵者此也。夫既尽举国之所谓强者，而以萃诸兵矣，而兵之至弱而不足恃也固若是，其将之弱又加甚焉。以此而驱诸疆场，虽五尺之童犹知其无幸，而烽火一警，欲齐民之执干戈以卫社稷，更无望矣。积弱一至此极，而以摄乎二憾之间。其不能不腼颜屈膝，以求人之容我为君，亦固其所。（看《廿二史劄记》卷二十五，宋军律之弛）

三、财之虚糜

国之大政，曰兵与财。宋之兵既若此矣，其财政则又何如？宋室以聚兵京师之故，举天下山泽之利，悉入天庾以供廪赐，而外州无留财。开国之初，养兵仅二十万，其他冗费亦不甚多，故府库恒有羡余。及太祖开宝之末，兵籍凡三十七万八千，太宗至道间，增至六百六十万。真宗天禧间，增至九十一万二千。仁宗庆历间，增至一百二十五万九千。英宗治平间，及神宗熙宁之初，数略称是。兵既日增，而竭民脂膏以优廪之。岁岁戍更就粮，供亿无艺。宗室吏员之受禄者，亦岁以增进。先是太祖初年，解功臣兵柄，类皆縻以高爵，优以厚禄，使之多积金钱，厚自娱乐，以消磨其跋扈骁雄之气。其结果也，不可不增官吏之俸禄，使之安其职。故有宋一代禄制之厚，为前后朝所无。又设奉祠俸禄以给致仕者，大约罢职者皆给之。又有荫子之制，文武之臣，准其职位之高卑，荫子孙亲族及异姓之亲门客等。功臣之死也，有得官至数十人者。对于降王之子弟亲族，亦以此等手段笼络之。太祖受周禅后，封周恭帝为郑王，子孙世袭，终有宋之世罔替。灭后蜀后，封后蜀后主孟昶为秦国公。灭南汉后，封南汉后主刘铱为恩赦侯。灭南唐后，封南唐后主李煜为违命侯，其子弟近臣，多赐收录。太宗踵其辙而益加厚，吴越王钱弘俶之来归也，诏封淮海国王，官其子侄宗族亲臣数百人。其糜费帑藏可知矣。又每三岁郊祀，赏赉之费常五百余万。真宗景德中，郊祀七百余万，东封八百余万，祀汾上宝册，又百二十万。飨明堂，且增至一百二十万。又纳辽之岁币，景德初，每年银绢三十万，庆历初，增至五十万。赐夏之岁弊，每年银绮绢茶，数亦不少。开宝以前，其岁出入之籍，不可详考。然至道末，岁入二千二百二十四万五千八百，犹有羡余。不二十年，至天禧间，则总岁入一千五百八十五万零一百，总岁出一亿二千六百七十七万五千二百。及治平二年，则总岁入一亿一千六百三十万零八千四百。总岁出一千万二百三十四万三千四百。而临时费（史称为非常出）一千万一百五十二万一千二百。夫宋之民非能富于其旧也，而二十年间，所输赋增益十倍，将何以聊其生。况乎嘉祐治平以来，岁出超过之额，恒二千余万，其将何以善其后也。（看《廿二史劄记》卷二十四，宋初降王子弟布满中外。卷二十五，宋待周后之厚，宋郊祀之费，宋制禄之厚，宋祠禄之制，宋恩荫之滥，宋恩赏之厚，宋冗官冗费。）

宋室衰弱原因表：

一、人才之消极

二、兵之惰弱
- 甲、募兵
- 乙、总天下兵集诸京师
- 丙、兵无常帅，帅无常师

三、财之虚糜
- 甲、养兵一百二十五万
- 乙、宗室人数迭增
- 丙、优待功臣
- 丁、优待致仕之臣
- 戊、荫子
- 己、优等降王子弟
- 庚、郊祀，东封，西祀，飨明堂之费用
- 辛、纳辽，赐夏之岁币

第二节　神宗之内政改革

当时内外形势之煎迫既已若是，而宋之君臣，所以应之者何如？真宗侈汰，斲丧国家之元气，不必论矣。仁宗号称贤主，而律以春秋责备贤者之义，则虽谓宋之敝始于仁宗可也。善夫王船山氏之言曰：

“仁宗在位四十一年，解散天下而休息之。休息之是也，解散而休息之，则极乎弛之数。而承其后者难矣。岁输五十万于契丹。而頫首自名，犹曰纳以友邦之礼。礼元昊父子，而输缯币以乞苟安，仁宗弗念也。宰执大臣侍从台谏，胥在廷在野，宾宾啧啧，以争辩一典之是非，置西北之狡焉，若天建地设而不可犯。国既以是弱矣，抑幸无耶律德光、李继迁鸷悍之力，而暂可以赂免。非然，则刘六符虚声恐喝而魄已丧，使急起而卷河朔以向汴雒，其不为石重贵者几何哉。”

平心论之，仁宗固中主而可以为善者也。使得大有为之臣以左右之宋固可以自振。当时宰执，史称多贤。夷考其实，则凡材充牣，而上驷殆绝。其能知治体有改弦更张之志者，惟范仲淹一人。然已以信任不专，被间以去。其余最著者，若韩琦、富弼、文彦博、欧阳修辈，其道德学问文章，类足以照耀千古。其立朝也，则于调燮宫廷、补拾阙漏，颇有可观。然不揣其本，而齐其末，当此内忧外患煎迫之时，其于起积衰而厝国于久安，盖未之克任。外此衮衮以及蚩蚩则酣嬉太平，不复知天地间有所谓忧患。贾生所谓“抱火厝诸积薪之下，而寝其上，火未及然，因谓之安也”。神宗少有雄心，欲大攘四夷，恢张先烈。以为养兵奋武，不可不先聚材。而环顾朝臣，皆习故守，莫有能任其事者。素闻王安石之名，以问辅臣。宰相曾公亮力荐之。安石博学，善属文，有经世大略。欧阳修尝为之延誉，擢进士上第。仁宗召为度支判官。安石议论高奇，能以辩博济其说，慨然有矫世变俗之志。尝为万言书，痛论时政。至是召为翰林学士。会欧阳修、韩琦相继去位。熙宁二年二月，以富弼同平章事，安石参知政事。

安石既入政府，帝倾心任之。安石极力改革，实行富国强兵策。廷臣多与之异议。其中悻悻自好、好立异同之士，自濮议以来，即专与政府为难者。若御史中丞吕诲、知谏院范纯仁等，攻击尤力，往往讦及安石个人私德，甚有谓其“大奸似忠，大诈似信。外示朴野，中藏巧诈。骄蹇慢上，阴贼害物”者。上不得已，乃罢黜其攻击尤力者数人以儆其余。富弼与安石议不协，上书求去。是年十月，出判亳州。以陈升之（建州建阳人）同平章事。次年（熙宁三年）四月，以韩绛参知政事。升之绛与曾公亮同柄国政，极力援助安石，安石始得行其志。寻公亮与升之相继去位。是年十二月，以绛与安石同平章事。王珪参知政事，绛旋罢，于是安石遂独相。乃变更历来旧法，制定新法如下。

甲、关于民政财政之新法

一、制置三司条例司　（熙宁二年二月）为中央政府财政机关。以宰相领之。考三司簿籍，商量经久废置之宜。凡一岁用度及郊祀大费，皆编著定式。所裁省冗费十之四；

二、农田水利法　（熙宁二年四月）安石初执政，即分遣诸路常平官，使专领农田水利。吏民能知土地种植之法，陂塘圩埠堤堰沟洫利害者，皆得自言，行之有效，随功利大小酬赏。其后在位之日，始终汲汲尽瘁于此业。史称自熙宁三年至九年，府界及诸路所兴修水利田，凡一万七百九十三处。为田三十六万一千一百七十八顷云；

三、均输法　（熙宁二年七月）均输法者，所以通天下之货，制为轻重敛散之数。使输者既便，而有无得以懋迁，亦一种惠民之政也。其法试行于浙江荆淮，凡上供之物，皆得徙贵就贱，因近易远。预知在京仓库所当办者，得以便宜蓄买，而制其有无；

四、青苗法　（熙宁二年九月）青苗法颇类于现今欧美列强官办之劝业银行。亦惠民之良法也。法以诸路常平广惠仓钱谷充本钱，民愿预借者给之，令出息二分，随夏秋税输纳，愿输钱者从其便。如遇灾伤，许展至谷熟日纳；

五、募役法　（熙宁三年十二月）募役法者，变当时最病民之差役制为募役制，而令民出代役之税以充军资，实近于一种人身税，而其办法极类今欧美文明国之所得税，亦惠民良法也。其法计民贫富，分五等输钱，名免役钱。若官户、女户、寺观、单丁、未成丁者，亦等第输钱，名助役钱。凡敷钱，先视州县应用雇直多少，随户等均取。又增取二分，以备水旱欠阙，谓之免役宽剩钱，用其钱募人代役；

六、市易法　（熙宁五年三月）市易法者，本汉平准，将以制物之低昂而均通之，实一种之专卖法也。法以内藏库钱帛，置市易务于京师。凡货之可市，及滞于民而不售者，平其价市之，愿以易官物者听。若欲市于官者，则度其田宅或金帛为抵当。而贷之钱，责期使偿。半岁输息十一，及岁倍之。过期不输息外，每月更加罚钱；

七、方田均税法　（熙宁五年八月）方田均税法者，系调查土地整顿赋税之一政策，亦理财者所当有事也。法以东西南北各一千步，当四十一顷六十六亩，一百六十步为一方。岁以九月，县委令佐，分地计量。随陂原平泽而定其地，因赤淤黑垆而辨其色。方量毕，以地及色参定肥瘠，而分五等以定其税则。至明年三月毕，揭以示民。一季无讼，即书户帖，连庄帐付之，以为地符。均税之法，县各以租额税数为限，旧尝取蹙零，如米不及十合而收为升，绢不满十分而收为寸之类。今不得用其数均摊增展，致溢旧额。凡越额增数皆禁之。若瘠卤不毛及众所食利山林陂塘路沟坟墓，皆不立税。凡方田之角，立土为峰，植其野之所宜木以封表之。有方帐，有庄帐，有甲帖，有户帖。其分烟析产典卖割移，官给契。县置籍，皆以今所方之田为正；

八、手实法　（熙宁七年七月）手实法与免役法相补助，乃安石罢政后，参知政事吕惠卿所创。其法官为定立物价；使民各以田亩屋宅资货畜产，随价自占。凡居钱五，当蕃息之钱一。非用器食粟而辄隐落者许告，有实以三分之一充赏。预具式示民，令依式为状，县受而藉之。以其价列定高下，分为五等。既赅见一县之民物产钱数，乃参会通县役钱本额，而定所当输钱。

乙、关于军政警政之新法

一、汰冗兵　（熙宁元年至元丰年间）宋以养兵敝其国，拥百余万之兵，所费居岁入三之二，而不能以一战。稍有识者未尝不尽焉忧之，然而卒莫之能革者，积重之势，非豪杰不足以返之。而当时士大夫习于偷惰，其心力未有足任此者也。安石执政，乃倡议汰冗兵。熙宁元年，诏诸路监司，察州兵不如法者按之。不任禁军者降厢军，不任厢军者免为民。寻又诏拣诸路半分年四十五以下胜甲者，升为大分，五十以上愿为民者听之。旧制兵至六十一始免，犹不即许也，至是免为民者甚众，冗兵由是大省。二年，遂诏废并诸军营。陕西马步军营三百二十七，并为二百七十。马军额以三百人，步军以四百人，其后总兵之拨并者，马步兵五百四十五营，并为三百五十五。而京师之兵，类皆拨并畿甸诸路及厢军，皆总会畸零，各定以常额。自熙宁至元丰，岁有废并甚众。而增置武卫军，严其训练之法，不数年皆为精兵云；

二、改诸路更戍法　（熙宁三年十二月）初，太祖鉴晚唐五代之弊，惧将之能私有其兵也，乃用赵普策，定兵制。天子卫兵以守京师，且更番戍边者，曰禁军。诸州镇兵，以分给役使者，曰厢军。选于户籍或应募，使之团结，以为所在防守者，曰乡军。具籍塞下，以为藩篱者，曰蕃军。创为更戍之法，分遣禁旅，戍守边城。其以弭悍将骄卒之跋扈，计良得矣。然其敝也，非徒践更旁午，蚀财病民而已。而以将不知兵、兵不知将之故，而有兵等于无兵。安石执政，始部分诸路将兵，总隶禁旅，使兵知其将，将练其士。平居知有训厉，而无番戍之劳，有事而后遣焉。此实宋兵制一大改革也。今考当时将兵之数及其配置之地，列表如下。

总天下都为九十二将，而尚有马军十三指挥，忠果十指挥，土军两指挥，都为二十五指挥，与将并行。此有宋中叶以后常备军之编制也。其一将指挥之下所属之兵数几何，史无明文，今不可考。但知其忠果十指挥额各五百人，而东南路诸将所属兵有在三千人以下者耳。大约各随屯地之险易以为多寡，其额非一定也。

三、保甲法　（熙宁三年十二月）以上所举汰兵练将二法，皆一时治标政策。若根本计划，则举国皆兵制是也。欲达此目的，则必废募兵而行征兵，于是乎保甲法兴。保甲之性质有二：其一则有地方自治团体之警察；其二则后备及国民兵是也。其法十家为保，有保长一人。其同保不及五家者，附于他保。有自外入保者，则收为同保。俟满十家，乃别置焉。五十家为大保，有大保长一人。十大保为都保，有都保正副各一人。保长，大保长，皆以主户有干力者充之。都保正副，以众所服者充之，皆以选举充保。每户有两丁以上者，选一人为保丁。附保两丁以上，有余丁，而壮勇者亦附之。每一大保，夜轮五人警盗。凡告捕所获，以赏从事者。保丁皆授弓弩。教战阵，使渐习为兵。

四、保马法　（熙宁五年五月）保马法者，官给民以马，使代养之，且奖励民自养之。俟有缓急时，则偿其直而收其用也。马为战阵一利器，治兵者不容忽之。故历代皆以马政为国家大政之一，即今世各国亦有然。宋代马极缺乏，前此特置群牧监，常以枢府大臣领之，以重其事。然官马作弊甚多，糜费浩大，而不能收蕃息之效。安石乃创立保马法，以监牧现马。给保甲户一匹，或二匹，或官与其直，令自市马。逐盗贼外，乘越三百里者有禁。岁一阅其肥瘠，死病者补偿。

五、军器监　（熙宁六年六月）器械不精，以卒予敌，军器之重，自昔然矣。宋自仁宗以来，狃于太平，军器皆朽窳不可复用。熙宁五年，安石子崇政殿说书雱，上疏陈其弊。神宗然之。次年，遂置军器监，总内外军器之政。置判一人，同判一人。先是军器领于三司，至是罢之，一总于监。凡知军器利害者，听诣监陈述。于是吏民献器械法式者甚众云。

丙、关于教育及选举之新法

一、更定科举法　（熙宁四年二月）初，上笃意经学，深悯贡举之弊。且以西北人才，多不在选，遂议更法。安石奏谓“今欲追复古制，则患于无渐。宜先除去声律偶对之文，使学者得专意经术，以俟朝廷兴建学校。然后讲求三代所以教育选举之法，施之天下，则庶几可以复古”云云。上从之。熙宁四年，诏更定科举法，罢诗赋帖经墨义，士各占治《易》、《诗书》、《周礼》、《礼记》一经，兼《论语》、《孟子》。每试四场，初本经、次兼经、大义凡十道，次论一道，次策三道。礼部试即增二道。中书撰大义式颁行。试义者须通经，有文采，乃为中格，不但如明经墨义粗解章句而已。其殿试则专以策，限千字以上。分五等，第一等、二等赐进士及第，第三等，赐进士出身，第四等赐同进士出身，第五等赐同学究出身。此当时科举制大略，沿用数百年不改者也。

二、立太学生三舍法　（熙宁四年十月）变更科举制度，乃治标之策，非安石本意也。故执政以后，首注意于学校。初，国子生以京朝七品以上，子孙应荫者为之。太学生以八品以下，若庶人之俊异者为之，试艺如进士法。及帝即位，尤垂意儒学。熙宁元年，增太学生员。四年，以锡庆院、朝集院为太学讲舍。增直讲为十二员，率二员共讲一经。釐学生员为三等。初入学为外舍。外舍升内舍，内舍升上舍，上舍员百，内舍二百，外舍七百，各执一经，从所讲官受学。月考试其业，优等以次升舍。上舍免发解及礼部试，召试赐第。其正录学谕（俱国子监官秩正九品）以上舍生为之。经各二员，学行卓异者，主判直讲复荐之于中书，除官。其后内舍生增至三百人，外舍生限二千人。岁一试，补内舍生。间岁一试，补上舍生。其年，置京东、京西、河东、河北、陕西五路学。以陆佃等为诸州学官。其后诸路州府皆立学。学官共一千三百人。其所教者以经为主，人专一经。

熙宁五年，又建武学于武成王庙，选文武官知兵者为教授，教以诸家兵法。纂次历代用兵成败前世忠义之节，足以训者解释之。生员以百人为额。

熙宁六年，又于大学置律学教授四员，凡命官学人，皆得自占入学。同年，又诏进士诸科及选人任子，并令试断案律令大义。

又于大学置医学教授，以翰林医官以下与上等学生及在外良医为之。学生常以春试，取三百人为额。有方脉科、针科、疡科。考察升补，略如诸学之法。其选用最高者，为尚药医师以次医职，余各以等补官，为本学博士正录，及外州医学教授云。

以上所举诸新法，除手实法为吕惠卿（泉州晋江人）所创，与市易法及保马法稍有流弊外，其余皆良法美意，与现今欧美各国文明法制相似。使当时朝野诸君子，体量君相之苦心，极力援助安石，或者北宋可以一时成为法制国，恢复汉唐全盛时代状况，则契丹党项当然臣服，金元之祸当然消灭，岂非中国之盛事。无如当时士大夫蹈常习故，惮于变更，群起非难安石。安石孤立无助，不得已，乃劝帝登庸新进之士，毅然行之。行之不得其人，弊端杂出。天下嚣然丧其乐生之心，怨谤纷起。元老之中，若韩琦、富弼等，大臣之中，若司马光、吕公著等，侍从之中，若苏轼、程颢等，皆反对新法甚力，多以去就争之。慈圣太皇太后常流涕语帝，谓安石乱天下，帝不听。熙宁七年，大旱，诏求直言，中外上章者多攻击新法。安石乃力求去，荐韩绛代己，吕惠卿佐之。是年四月，罢安石知江宁府，以绛同平章事，惠卿参知政事。二人守安石成规不少失，时号绛为传法沙门，惠卿为护法善神。八年二月，复以安石同平章事，绛与惠卿相继去位，以元绛参知政事。九年十月，安石以疾去位，以吴充、王珪同平章事。其后绛、充去位，蔡確、章惇、张璪等相继参知政事。终神宗之世，行新法不辍。

第三节 神宗之外部经营

宋自渊议澶和之后，对外一事姑息。西夏小丑，叛服不常。西方时常被兵，朝廷为之旰食。神宗即位，愍焉忧之，王安石执政，倡议先复河湟以制西夏，制西夏以弱契丹。此袭汉武通西域以制匈奴旧策，历代行之有效者也。兹述其事迹如下。

一、河湟之役

河湟者何？谓黄河、湟水（今西宁河，发源于青海东北境，噶尔藏屹南流折而东南，入甘肃湟源县，又东南至碾伯县，与大通河合入黄河）之间，即今甘肃兰山、西宁二道境内，沿洮河一带之地是也。秦筑长城，起于临洮。汉置武威、张掖、酒泉、敦煌、金城五郡，称为断匈奴右臂。自古与西北夷争强弱，未有不注重此地者也。唐衰，此地没于吐蕃。有唐晚年，吐蕃衰弱，种族分散。大者数千家，小者百十家。自仪（今甘肃泾原道华亭县）、谓（同平凉县）、泾（同泾川县）、原（同固原县）、环（同环县）、庆（同安化县）及镇戎（军名，同镇原县）、秦州（今渭川道天水县）至于灵夏皆有之。内属者谓之熟户，余谓之生户。熙宁元年，前建昌军司理王韶诣阙上平戎策，谓："欲取西夏，当先复河湟。欲复河湟，当先以恩信招抚沿边诸种。自武威（即西凉府，今甘肃甘凉道故凉州府）之南，至于洮河兰鄯（四州名，皆属西蕃，在今山西宁二道境内），皆故汉郡。其地可以耕而食，其民可以役而使。幸今诸羌瓜分，莫相统一，宜并有之。使夏人无所连结。"安石以为然。熙宁四年，奏置洮河安抚司，命韶主司事，经略河湟。五年，韶击吐蕃，大破之，取武胜（今兰山狄道县），城之。置熙河路（治熙州，即武胜地熙河洮岷等州），以韶为经略安抚使。韶屡破吐蕃，尽取河洮岷（今甘肃兰山道岷县）、宕（在岷县南，今为宕昌镇）、叠（故城，在今甘肃兰山道临潭县西南白水江北岸）等州，招抚大小蕃族三十余万人。于是河湟之地皆内属。

二、西南夷之役

湖南、川南、溪峒诸蛮，皆苗人遗族，汉、唐盛时，常设置郡县以羁縻之。唐衰，复分离而独立。其酋长数十人，皆刻剥其民。且自相仇杀，又屡寇边，为良民患苦。熙宁五年，以章惇（建州浦城人）为湖北（路名，今湖北大半及湖南西北境）察访使，经制南北江事。南北江，古武陵（汉郡名，今湖南西部）之地，蛮猺据之。惇招降梅山（在湖南湘江道安化接新化县界）峒蛮，置安化县。次年，平南江蛮，置沅州、诚州、徽州，又招降五溪（雄溪、明溪、酉溪、武溪、辰溪，皆在今湖南辰沅道，故辰州府境内）蛮。于是现今湖南西部武陵、辰沅二道及湘江道西部（即故常德、宝庆、辰州、沅州、靖州等地）诸蛮夷皆内属。六年，命熊本察访梓夔（二路名。梓州路，今四川中部；夔州路，今四川东境，贵州北境及湖北荆南道南部，故施南府），击泸（州名，属梓州路，今四川永宁道炉县）夷，降之。八年，复击降渝州（属夔州路，今四川东川道，故重庆府）獠。于是现今四川东南部诸蛮夷皆内属。

三、交趾之役

熙宁八年冬，安南国王李乾德入寇，陷钦、廉二州（今广东钦廉道）。九年春，陷邕州。诏以郭逵为安南招讨使，赵卨副之，发兵进讨。逵次长沙，先遣将复邕廉，而自将西征。至富良江（在今安南北部），蛮以精兵乘船逆战，官军不能济。卨分遣将吏，伐木治攻具。机石如雨，蛮船皆坏。因设伏击之，斩首数千，杀其太子洪真。乾德惧，遣使奉表，诣军门降。富良江去国都已不远，然官兵仅八万人，冒暑涉瘴地，死者过半，故不复渡。得其广源州、门州、思浪州、苏茂州、桄榔县（皆在今安南北境）而还。群臣称贺，诏以广源为顺州（在谅山府东北），赦乾德罪，还其封。自是终宋之世，安南未尝寇边，贡献不绝。

四、西夏之役

神宗之经略南方，本欲先肃清小丑，且借以增长军事上之经验。然后旋即西北，经略西夏，欲制西夏以牵制契丹。顾对南方之经略皆成功，对北方之战争多失败，则亦实力不足使之然也。帝之初即位也，青涧守将种谔袭虏夏监军嵬名山，遂复绥州。夏主谅祚诱杀知保安军（今陕西榆林道保安县）杨定等以报之，边衅复起。朝议以谔生事，欲弃绥诛谔。会郭逵移镇鄜延，用其属赵卨言，上疏以为"虏既杀王官，而又弃绥不守，示弱已甚。且名山举族来归，当何以处之"。又移书执政，请存绥以张兵势。乃命韩琦判永兴军，经略陕西。琦初言绥不当取，及定等被杀，复言绥不可弃。枢密以初议诘之，琦具论其故，卒存绥州。言者交章论谔，乃下吏，贬其官，安置随州。是年十二月，谅祚殂，子秉常立。熙宁三年，大举寇环庆。朝廷以韩绛为陕西宣抚使，绛以种谔为鄜延钤辖，知青涧城。四年，袭败夏兵，遂城啰兀（在今榆林道米脂县西北），进筑永乐川、赏逋岭、二砦（俱在米脂县境）。分遣都监赵璞、燕达等，筑抚宁故城以逼夏。次年，夏人大举入寇，陷抚宁城，新筑诸堡皆没。诏罢绛，贬谔官，安置潭州。

元丰四年，夏人幽其主秉常。诏遣宦者李宪经制熙河，会陕西河东五路之师讨之。期会于灵州。夏人坚壁清野以抗王师，诸军皆溃。李宪复兰、会（今兰山道靖远县）二州而还。诏以宪为泾原经略安抚制置使。

五年，诏给事中徐禧护兵城永乐（距故银州二十五里）以逼夏，夏人大举攻之，禧等败死。夏人乘胜分道南侵，多为诸路所败，夏主秉常亦困于兵，乃上书谢罪乞和，请仍称臣，受岁币，且请返侵地。诏许和，岁币如故，而不返侵地。至哲宗初年，司马光、吕公著秉政，始议尽举米脂、葭芦、浮图、安疆等四砦与夏人。于是元丰以来用兵所得之地复失。光又欲并弃熙河，同知枢密院事安焘力争，乃止。

五、对辽划界问题

是时契丹兴宗已卒，子洪基立，是为道宗，复改国号曰辽。乘中国方有事于西方，无暇经略河北，熙宁七年二月，遂以河东路沿边增修戍垒，起铺舍，侵入蔚（今口北道蔚县）、应（今雁门道应县）、朔（今雁门道朔县）三州内为辞。使林牙（辽官名，掌文告）萧禧来言，乞行毁撤，别立界至。禧归，帝遣太常少卿刘忱与辽枢密副使萧素会于代州，议疆事。辽人初指分水岭土垅为界，凡山皆有分水岭。议不能决。八年三月，辽复遣禧来，以忱等迁延为言，帝乃遣知制诰沈括报聘。括检枢密院故牍，知旧以长城为分界。今所争乃黄嵬山（在雁门道崞县西），相远三十余里。持以与辽相杨遵勖争。辽人不听。帝以西北西南方面三路用兵，不暇再与辽宣战。乃与王安石议，从辽之请，以分水岭为界。是年七月，遣天章阁待制韩缜如河东，定新界。凡东西七百里间，失地各三十余里。遂为异日用兵之端。

参考书

《中国六大政治家》（第五编 第九章 第十章 第十一章 第十二章 第十三章）　梁启超

第七章　新旧党之倾轧

政党之为物，产于政治进化以后。国之有政党，非其可吊者，而其可庆者也。虽然，有界说焉。一曰政党惟能生存于立宪政体之下，而与专制政体不相容；二曰为政党者，既宜具结党之实，而尤不宜讳结党之名；三曰其所争辨者，当专在政治问题，而宫廷问题，及个人私德问题，皆不容杂入其间。若宋之所谓党，举未足以语于是也。吾故不能名以政党，仍其旧名曰党而已。宋室朋党之祸，虽极于元祐、绍圣以后，而实滥觞于仁宗、英宗二朝。其开之者，则仁宗时范吕之争。其张之者，则英宗时之濮议。及神宗时王安石创行新法，旧党肆行攻击。附和安石者，复逢迎新党，反对旧党。两相排挤，而其祸成矣。中国前此之党祸，若汉之钩党、唐之牛李党，后此之党祸，若明之东林党、复社党、阉党，皆可谓之以小人陷君子。惟宋之党祸不然，其性质复杂而极不分明，无智愚贤不肖，悉自投于蜩螗沸羹之中。一言以蔽之，曰士大夫以意气相竞而已。推原宋代朋党之祸，所以特盛之原因有二：一由于右文而贱武，二由中央集权太过其度。太祖之政策，既务摧抑其臣，使不得以武功自见。怀才抱能之士，势不得不尽趋于从政之一途。而兵权财权悉集中央，牧民之司，方面之寄，以为左迁贬谪，或耆臣优养之地。非如汉之郡守国相，得行其志，以有所树立，且严其考成黜陟，使人知所濯磨也。是故秀异之士，欲立功名者，群走集于京师。而彼时之京师，又非如今世立宪国之有国会，容多士以驰骋之余地也。所得与于国政者，仅有二三宰执。其次则少数之馆职台谏，为宰执升进之阶者也。夫以一国之大，人才之众，而惟此极少极狭之位置，何以为树立功名之凭借。则其相率而争之，亦固其所。故有宋一代之历史，谓之争夺政权之历史可也。不肖者固争焉以营其私，即贤者亦争焉以行其志。争之既急，意气自出乎其间，彼此相诋，而以朋党之名加人。于是新旧党倾轧之祸，遂与北宋相终始矣。

第一节　旧党内阁之成立 新法之废止 新党之左迁 司马光、吕公著内阁 吕大防、范纯仁内阁

神宗任用王安石，创行新法。虽不敢谓为成功，亦不得谓之失败。而意外所得之恶果，则朋党之祸是也。神宗之初行新法也，元老大臣与谏垣，多群起与王安石为难。神宗不听，则投劾而去，以自成其名。甚或身为方面，而戒州县勿得奉行朝令。其人既属巨室，为士庶所具瞻。则凡不利于新法者，皆得所依附，以簧鼓天下之耳目，使人民疑所适从。神宗不得已，乃左迁翰林学士权知开封府郑獬知杭州，宣徽北院使王拱宸判应天府，知制诰钱公辅知江宁府（熙宁二年五月），御史中丞吕诲知邓州（同年六月），知谏院范纯仁知河中府（同年八月），判尚书省张方平判应天府（三年正月），知审官院孙觉知广德军（同年三月），御史中丞吕公著知颍州，参知政事赵忭知杭州（同年四月），枢密使吕公弼知太原府（同年七月），翰林学士司马光知永兴军（同年九月），知开封府韩维知襄州（四年五月），御史中丞杨绘知郑州（同年七月），出同平章事富弼判亳州（二年十月），解判相州韩琦河北安抚使（三年二月），出枢密使文彦博判河阳府（六年四月），听翰林学士范镇（三年十月）、知蔡州欧阳修（四年六月）致仕。而进用韩绛（同平章事）、吕惠卿、元绛（俱参知政事）、曾布（三司使，南丰人）、李定、邓绾俱御史中丞等以代之。

安石罢政以后，蔡確、章惇、张璪等相继参知政事。元丰五年，改官

制。以王珪、蔡確（泉州晋江人）为尚书左右仆射。章惇、张璪为门下中书侍郎。確名为次相，实专大政。確行事操切，大伤旧党感情。神宗在位十八年，以元丰八年（西历纪元一〇八五年）崩。太子煦即位，是为哲宗。

哲宗即位时，年甫十岁。尊皇太后高氏为太皇太后，临朝同听政。是年，王珪卒。以蔡確、韩缜为尚书左右仆射，章惇知枢密院事。起司马光为门下侍郎，吕公著为尚书左丞，同辅政。于是新旧党并用。右司谏王觌上疏，弹劾蔡確、章惇、韩缜、张璪等朋邪害正。右谏议大夫孙觉、侍御史刘挚、左司谏苏辙、御史王岩叟、朱光庭、上官均、吕陶等相继论之。次年（元祐元年），罢確知陈州，惇知汝州，缜知颍昌府，璪知郑州。放邓绾、李定于滁州。安置吕惠卿于建州。而以司马光、吕公著为尚书左右仆射，韩维为门下侍郎，吕大防为中书侍郎，刘挚为尚书右丞，范纯仁同知枢密院事。起太师致仕文彦博平章军国重事，班宰相上，以次尽罢新法，是为第一次旧党内阁。是年九月，光卒。二年，彦博请老。三年，公著请老。以大防、纯仁为尚书左右仆射，孙固、刘挚为门下中书侍郎，王存、胡宗愈为尚书左右丞，是为第二次旧党内阁。

是时新党阁臣皆已斥外，言者犹论之不已。范纯仁言于太后曰："录人之过，不宜太深。"太后深然之，乃诏"前朝希合附会之人，一无所问，言者勿复弹劾"。新党稍安。或谓吕公著曰："今除恶不尽，将贻后患。"公著曰："治道去甚耳。文景之世，网漏吞舟。且人才实难，宜使自新，岂宜使自弃耶。"

已而蔡確罢官，居安州（今湖北江汉道安陆县）。尝游车盖亭，赋诗十章。知汉阳军吴处厚与確有隙，上之，以为皆涉讥讪。于是台谏言確怨谤，乞正其罪。元祐四年，诏贬確光禄卿，分司南京。台谏论之不已，执政欲置確于法，范纯仁、王存力争，乃安置確于新州（今广东粤海道新兴县）。纯仁言于太后曰："圣朝宜务宽厚，不可以语言文字之间，暧昧不明之道，窜诛大臣。今举动宜为将来法，此事甚不可开端也。"不听。中丞李常、中书舍人彭汝砺、侍御史盛陶皆言不可以诗罪确，诏出常知郑州，汝砺知徐州，陶知汝州。

第二节　旧党之内讧

一、吕大防对范纯仁之轧轹

蔡确既窜，吕大防言确党盛，不可不治。范纯仁面谏朋党难辨，恐误及善人。司谏吴安诗、正言刘安世因论纯仁党确，四年六月，罢纯仁知颍昌府，王存知蔡州，而以孙固知枢密院事，赵瞻同知枢密院事。韩忠彦、许将为尚书左右丞，刘挚、傅尧俞为门下中书侍郎，与吕大防同辅政。

二、吕大防对刘挚之轧轹

五年，赵瞻、孙固相继卒，许将罢。韩忠彦改同知枢密院事，刘挚为尚书右仆射。苏颂、苏辙为尚书左右丞，王岩叟签书枢密院事。挚性峭直，有气节，与吕大防同位，国家大事，多决于大防。惟进退士大夫，实执其柄。然持心少恕，勇于去恶，竟为朋谗奇中，遂与大防有隙。先是起居舍人邢恕（郑州阳武人），以附蔡确得进，确窜新州，恕亦谪监永州酒税。恕与挚有旧，常以书往来。中丞郑雍、殿中侍御史杨畏附吕大防，因摘其书中语以劾挚。又章惇诸子故与挚子游，挚亦间与之接。雍、畏谓挚延见结纳，为牢笼之计，以希后福。且论王岩叟、梁焘、刘安世、朱先庭等三十余人皆其死友。六年十一月，罢挚知郓州，给事中朱光庭驳还诏书。王岩叟上书论救，言者皆以为党，出光庭知亳州，岩叟知郑州。

三、吕大防、苏辙对苏颂、范百禄之轧轹

七年，以苏颂为尚书右仆射，苏辙为门下侍郎，范百禄为中书侍郎。

梁焘、郑雍为尚书左右丞，韩忠彦知枢密院事，与吕大防同辅政。颂器局闳远，以礼法自持，为相务在奉行故事，使百官守法遵职，量能授任。先是侍御史贾易坐言事出，既复监司，更赦，除知苏州。颂谓易在御史名敢言，不宜下迁，于帝前争之。时殿中侍御史杨畏、来之邵附吕大防、苏辙，即劾颂稽留诏命。八年三月，罢颂为观文殿学士、集禧观使。百禄坐与颂同职事。畏等累章劾之，罢知河中府。

四、洛蜀两党之轧轹

哲宗元祐元年，召程颐为崇政殿说书。苏轼为翰林学士兼侍读。轼好诙谑，而颐以礼法自持。每进讲，色甚庄，继以讽谏。轼谓其不近人情，深嫉之，每加玩侮，二人遂成隙。颐门人右司谏贾易、左正言朱光庭等愤不能平，遂劾轼试馆职。策问谤讪，殿中侍御史吕陶言："台谏当徇至公，不可假借事权以报私隙。"右司谏王觌言："轼辞命失轻重，其事小，不足考。若悉考同异，深究嫌疑，则两岐遂分，使士大夫有朋党之名，大患也。"太后然之，遂置不问。会帝患疮疹，不出。颐诣宰相问知否，且曰："上不御殿，太后不当独坐。人主有疾，而大臣不知可乎？"由是大臣亦多不悦。御史中丞胡宗愈、左谏议大夫孔文仲、给事中顾临，遂连章力诋颐不宜在经筵。二年八月，罢颐出管勾西京国子监。易因劾陶党轼兄弟，语侵文彦博、范纯仁，太后怒，罢易出知怀州。

是时熙丰用事之臣，退休散地，皆衔怨入骨，阴伺间隙。而旧党诸贤不悟，各为党比以相訾议。遂有洛党、蜀党、朔党之目。洛党以颐为首，而光庭易为辅；蜀党以轼为首，陶等为辅；朔党以刘挚、梁焘、王岩叟、刘安世为首，而辅之者尤众。互相攻讦。自门下侍郎韩维（元祐元年七月罢）、尚书右丞胡宗愈（四年三月罢）以下，多不安于位以去。范纯仁为相，务以博大开上意，忠厚革士风。常言"朝臣本无党，但善恶邪正，各以类分"。

因极言前世朋党之祸，太后然之。而士习已成，迄不能改。

第三节　新党之复活及其报复 旧党之贬窜 孟后之废 章惇内阁

苏颂既罢，是年（元祐八年）六月，征范纯仁为尚书右仆射。殿中侍御史杨畏附苏辙，欲相之，因与来之邵上疏，论纯仁不可复相。乞进用章惇、安焘、吕惠卿，不报。及纯仁视事，吕大防欲引畏为谏议大夫，纯仁以畏不端，不可用，大防曰："岂以畏尝言相公耶?"苏辙即从旁诵其弹文。纯仁初不知也，已而竟迁畏礼部侍郎。

是年九月，太皇太后崩，帝始亲政。吕大防为山陵使，甫出国门，杨畏首叛大防，上疏言："神宗更法立制，以垂万世。乞赐请求，以成继述之道。"帝即召对，询以先朝故臣孰可召用者，畏遂列上章惇、安焘、吕惠卿、邓润甫、李清臣等行义。各加题品。且乞召惇为相，帝深纳之。枢密都承旨刘安世、翰林学士范祖禹谏以为不可用。诏出安世知成德军，祖禹知陕州。

次年（绍圣元年）二月，以李清臣为中书侍郎，邓润甫为尚书左丞。三月，来之邵探时旨，首劾大防，大防亟自引去。旋以策试进士问题，罢苏辙。是时清臣发策，历诋元祐政事。及进士对策。考官第主元祐者居上，礼部侍郎杨畏复考，乃悉下之，而以主熙丰者置前列。于是天下晓然于政府意旨之所在。寻以曾布为翰林学士承旨。布上疏请复先帝故事，且乞改元以顺天意。帝从之，改元绍圣。四月，以章惇为尚书左仆射，安焘为门下侍郎，罢范纯仁知颍昌府。惇引蔡京（兴化仙游人）为户部尚书，林希为中书舍人。京弟蔡卞为国史修撰，黄履为御史中丞，以渐尽复熙丰之政。黄履与谏官张商英、上官均、来之邵等，交章论司马光、吕公著等变更先朝之法，叛道逆理。是年六月，追夺光、公著赠谥，仆所立碑。夺王岩叟赠官。贬吕大防、刘挚、苏辙官，分司南京。惇又籍文彦博以下三十人，将悉加贬黜。清臣进曰："更先帝法度，不能无过。然皆累朝元老，若从惇言，必大骇物听。"乃止。是年十二月，蔡卞重修神宗实录成，原任史官范祖禹、赵彦若、黄庭坚等，并坐诋诬先帝，降官安置于远州，落礼部侍郎陆佃职，迁卞为翰林学士。言者又以吕大防监修实录，徙之安州。二年，追复蔡確官，赠太师，谥忠怀。

是年十一月，祀明堂，赦。章惇豫言，吕大防等数十人，当终身勿徙。范纯仁闻之忧愤，欲上书申理，所亲劝其勿触怒，万一远斥，非高年所宜。纯仁曰："事至于此，无一人敢言。若上心遂回，所系大矣。如其不然，死亦何憾。"因上言："大防等所罪，亦因持心失恕，好恶任情。违老氏好还之戒，忽孟轲反尔之言。然牛李之祸，数十年沦胥不解。岂可尚遵前轨。愿断自渊衷，原放大防等。"疏奏，惇大怒，遂落纯仁观文殿大学士，徙知随州。安焘屡与惇异议，罢知郑州。

四年二月，追贬司马光、吕公著、王岩叟官，夺赵瞻、傅尧俞赠谥，追韩维到任及孙固、范百禄、胡宗愈等遗表恩。流吕大防、刘挚、苏辙、梁焘、范纯仁等于岭南，贬韩维、王觌等三十人官，降太师致仕文彦博为太子少保。大防行至虔州信丰（今江西赣南道信丰县）而卒，梁焘、刘挚皆卒于贬所，天下惜之。寻以曾布知枢密院事，林希同知院事，许将为中书侍郎，蔡卞、黄履为尚书左右丞。章惇与卞密谋，欲举汉唐故事，诛戮党人。帝以问将，将曰："二代固有之，但祖宗以来未之有。本朝治道，所以远过汉唐者，以未尝辄戮大臣也。"帝深然之。是年三月，中书舍人蹇序辰上疏言："司马光等变乱典刑，改变法度，讪讟宗庙，睥睨两宫。其章疏案牍，散在有司。若不汇缉而藏之，岁久必致沦弃。愿选官编类，人为一帙，置之二府，以示天下后世之大戒。"章惇、蔡卞请即命序辰及直学士院徐铎编类。凡司马光等一时施行文书，捃拾附著，纤悉不遗，凡二百四十三帙。由是缙绅之士，无得脱祸者。旋以邢恕谮，追贬王珪为万安军司户参军，入党籍。

是年五月，文彦博卒，其子及甫居丧于洛。服除，忍不得京官，致书于御史中丞邢恕。恕与蔡确之弟硕谋，摭拾书中之语，诬刘挚等阴图不轨，谋危宗社。章惇、蔡卞欲借以兴大狱。次年（元符元年三月），下及甫于同文馆狱。令蔡京、安惇杂治之。京惇因奏挚等大逆不道，死有余责。帝曰："元祐人果如是乎？"京惇对曰："诚有是心，特反形未具耳。"乃下诏，禁锢刘挚、梁焘子孙于岭南，勒停王岩叟诸子官职，进京为翰林学士承旨，惇为御史中丞。寻窜范祖禹于化州（今广东高雷道化县），刘安世于梅州（今广东潮循道梅县，即故嘉应州）。祖禹寻卒。

是时刘婕妤有宠，事皇后孟氏多不循礼。会后女福庆公主疾，后姊持道家符水入治。婕妤党因谮后厌魅。绍圣三年九月，废后为华阳教主、玉清妙静仙师，出居瑶华宫。时章惇欲诬宣仁（太皇太后高氏）有废立意，以后为宣仁所聘，因与内侍郝随密谋，构成是狱。后既废，惇与蔡卞、邢恕等谋，媒蘖宣仁尝欲危帝，请追废为庶人。皇太后向氏方寝，闻之遽起，谓帝曰："吾日侍崇庆，天日在上。此语曷从出。且帝必如此，亦何有于我。"帝感悟，取惇、卞奏，就烛焚之。明日，惇、卞再具状，坚请施行。帝怒曰："卿等不欲朕入英宗庙乎？"抵其奏于地，事得寝。元符二年八月，刘妃生皇子茂，诏立妃为皇后。右正言邹浩上书谏，诏除名，编管新州。尚书右丞黄履上书救浩，并免履官。

初，司马光、吕公著之秉政也，置诉理所。许熙宁以来得罪者自陈，政府酌与昭雪。至是安惇言："光等归怨先朝，收恩私室。乞取公案，看详从初加罪之意，复依断施行。"是年闰月，置看详诉理局。命惇与蹇序辰看详，由是重得罪者八百三十家。天下怨疾，有二蔡二惇之谣。

第四节　混合内阁之成立 新党之左迁 孟后之复立

韩忠彦、曾布内阁

哲宗在位十五年，以元符三年（西历纪元一一〇〇年）崩，无子，弟端王佶位，是为徽宗。皇太后向氏权同听政，尊皇后刘氏为元符皇后。以韩忠彦为门下侍郎，黄履为尚书右丞。召龚夬为殿中侍御史，陈瓘、邹浩为左右正言。于是忠直敢言之士复稍见进用。御史中丞安惇言，邹浩复用，虑彰先帝之失。帝曰："立后，大事也。中丞不言，而浩独敢言，何为不可复用?"惇惧而退。瓘因劾惇"诳惑主听，规骋其私"。诏出惇知潭州。寻以韩忠彦为尚书右仆射，复范纯仁等官，徙苏轼等于内郡。许刘挚、梁焘归葬，录其子孙。追复文彦博、王珪、司马光、吕公著、吕大防、刘挚等三十三人官。初，哲宗尝悔废后事，叹曰："章惇坏我名节。"至是用布衣何文正言，复废后孟氏为元祐皇后，自瑶华宫还居禁中。台谏陈师锡、陈次升、陈瓘、任伯雨、张庭坚、丰稷、龚夬、江公望等先后劾蔡卞、章惇等托绍述之说，上欺天子，下胁同列，中伤善类之罪。诏出卞知江宁府，旋贬秘书少监，分司池州（今安徽芜湖道贵池县）。出惇知越州，旋贬武昌节度副使，居潭州，复贬雷州司户参军。安置邢恕于均州（今湖北襄阳道均县）。除安惇、蹇序辰名，放归田里。夺蔡京职，居之杭州。贬林希官，徙知扬州。于是新党之有势力者皆去位。

是年六月，太后归政。十月，以韩忠彦、曾布为尚书左右仆射。布主张绍述，时议以元祐绍圣，均有所失。欲以大公至正，消释朋党。遂诏改明年元为建中靖国。自是以后，新旧党杂进，政界愈益纷乱。

第五节 变态新党之出现 党人碑之设立 孟后之复废 蔡京内阁

建中靖国元年，皇太后崩。中丞赵挺之希旨，排击元祐诸臣。尚书右丞范纯礼从容为上解释，驸马都尉王诜陷以罪，罢知颍昌府。供奉官童贯性巧媚，善择人主微旨。及诣三吴，访书画奇巧，留杭累月，蔡京日夜与之游。贯还都，誉京于上。诏起京为翰林学士承旨，邓绾之子洵武为起居郎，尝因对言："陛下乃神宗子。今相忠彦乃琦之子。神宗行新法以利民，琦尝论其非。今忠彦更神宗之法，是忠彦为能继父志，陛下为不能也。必欲继志述事，非用蔡京不可。"帝以为然，进洵武中书舍人、给事中兼侍讲。复蔡卞、邢恕、吕嘉问、安惇、蹇序辰等官。罢台谏任伯雨、江公望、陈瓘、丰稷等。曾布主张绍述，请改明年元为崇宁，从之。右司谏吴材、右正言王能甫希旨，劾韩忠彦"变神考之法度，逐神考之人材"。崇宁元年，罢忠彦知大名府。材、能甫复举元祐党籍，请重行贬黜。诏复追贬司马光、文彦博、吕公著以下四十四人官。复诏元祐及元符末党人苏辙、范纯礼等凡五十余人。并令三省籍记，不得与在京差遣。又诏司马光等二十一人子弟，毋得官京师。尚书左丞陆佃持论平恕，每欲参用元祐人才。至是言于帝，谓"不宜穷治"。因下诏曰："元祐诸臣，各已削秩。自今无所复问，言者亦勿辄言。"揭之朝堂。言者因论佃名在党籍，遂罢知亳州。而以许将、温益为门下中书侍郎。蔡京、赵挺之为尚书左右丞，与曾布同辅政。布与蔡京议不协，罢知润州。旋以京为尚书右仆射，赵挺之、张商英为尚书左右丞，蔡卞知枢密院事。京倡议禁元祐法，置讲议司于都省。自为提举，讲议熙丰已行法度，及神宗欲为而未暇者，以次尽复新法。

是时元祐及元符末用事诸臣，贬窜死徙者略尽，蔡京犹未惬意。是年九月，籍宰执司马光、文彦博、吕公著、吕大防、刘挚、范纯仁、韩忠彦、王珪、梁焘等。曾任待制以上官，苏轼、范祖禹等，余官程颐、秦观等，凡百二十人，等其罪状，谓之奸党。请御书刻石于端礼门。籍元符末上书人，定为正上、正中、正下三等，悉加旌擢。邪上、邪中、邪下三等，降责有差。又诏降责人不得同州居住。

是时元符皇后阍宦者郝随，讽蔡京再废元祐皇后孟氏。会昌州判官冯澥上书，论复后为非。台谏钱遹、石豫、左肤等，交章劾韩忠彦等"乘一布衣诳言，掠流俗之虚美"。京与阁臣皆主台臣之说。上不得已，从之。

是年十月，诏罢元祐皇后孟氏称号，复出居瑶华宫。治元符末年诸臣议复后号者，降韩忠彦、曾布官。追贬原任执政李清臣、黄履，安置翰林学士曾肇及台谏丰稷、陈瓘、龚夬等十七人于远州。十二月，追谥元符皇后刘氏子茂为献愍太子。窜邹浩于昭州。

次年，进蔡京为尚书左仆射。尊刘后为皇太后。京恶元符末台谏之论己，悉陷以党事。安置任伯雨等一二人于远州。是年三月，诏党人子弟毋得至阙下。又诏元符末上书进士充三舍生者罢归。以元祐学术聚徒传授者，监司觉察，必罚无赦。元符末上书邪等人，亦毋得至京师。四月，诏毁司马光、吕公著等十人景灵宫画像。又诏毁范祖禹、唐鉴及三苏、黄庭坚、秦观文集。除故直秘阁程颐名。九月，令州县立党人碑。三年六月，图熙丰功臣于显谟阁，以王安石配享孔子。重定元祐元符党人及上书邪等者合为一籍，通三百九人，刻石于朝堂。余并出籍。

第八章　北宋衰乱之原因

北宋衰乱之原因有二：一为真宗、仁宗两朝对外政策之因循，二为神宗、哲宗两朝新旧两党之倾轧。而其直接最近原因，则为徽宗一代之弊政，引起内乱，遂以引起外患者是也。兹述其大略如下。

第一节　徽宗之弊政

蔡京既相，怀奸植党。托绍述之名，纷更法制，贬斥群贤。增修财利之政，务以侈靡惑人主，动以周官惟王不会为说。每及前朝惜财省费者，必以为陋。凡土木营造，率欲度前规而侈后观。时天下久平，京都帑庾盈溢。遂倡为丰亨豫大之说，视官爵财物如粪土。累朝所储，荡然无遗。

崇宁元年三月，命宦者童贯置局于苏杭，造作御用器具，曲尽其巧。材物所须，悉科于民，民力重困。帝垂意花石，京使苏州人朱勔搜集东南珍奇，舳舻相衔于淮汴，号花石纲。四年十一月，以勔领苏杭应奉局及花石纲事。勔指取内帑，如囊中物。搜岩剔薮，幽隐不置。民间有一花一木之妙，辄令上供。微不谨，即被以大不恭罪。政和四年（徽宗十四年），作延福宫六位（旧有延福宫，新作六所，皆袭延福旧名称，为第一、第二、第三、第四、第五、第六位）。殿阁亭台相望，凿池为海，疏泉为湖。珍禽奇兽，数以千计。嘉花名木，类聚区别。岩壑幽胜，宛如天成，不类尘境。其后又为村居野店酒肆青帘于其间。每岁冬至后即放灯，并不禁夜。徙市民行铺夹道以居，纵博群饮，至上元后乃罢。东南监司郡守希旨，岁贡奇石、奇竹、名花、佳果，植之皆生。其异味珍苞，则以健步捷走，虽甚远，数日即达，色香未变。七年（徽宗十七年），作万岁山，阅六年始成，更名曰艮岳。周十余里，山高林深，禽兽成群。园池台观，备极巧妙。

帝又崇道教。政和三年（徽宗十三年），作玉清阳和宫，奉安道象，赐方士王老志号洞微先生，王仔昔号通妙先生。是年十一月，礼天于圜丘。帝自言见天帝降临，建迎真宫，作天真示现记，置道阶道官。六年，赐方士林灵素号通真达灵先生。立道学，编道史。又作上清宝箓宫，上尊号于上帝及后土。七年，道箓院上章，册帝为教主道君皇帝。建宫观遍天下，其徒美衣玉食者几二万人。

是时内侍童贯有宠。崇宁二年（徽宗三年）四月，蔡京奏使贯监洮西军。六月，贯与安抚使王厚复湟河鄯三州（今西宁道）。诏以贯为熙河兰湟秦凤路（今渭川、兰山、西宁三道）经略安抚制置使。大观二年（徽宗八年）五月，复洮州。诏加贯检校司空。贯恃功骄恣，选置将吏，皆取中旨，不复关白朝廷。

蔡京执政二十年，其间暂罢者三。赵挺之（崇宁五年，徽宗六年）、何执中、张商英（大观二年，徽宗八年）、郑居中（政和六年，徽宗十六年）等代为宰相。挺之、商英、居中稍与京立异，然皆不能久于其位。执中谨事京，凡事禀承京旨，辅政几及十年。居中罢后，余深、王黼代为宰相。童贯领枢密院事，深谄附京，结为死党。黼美丰姿，有口辩，多智善佞，为帝弄臣，得与宫中秘戏，或侍曲宴，则著短衣窄裤，涂抹青红，杂倡优侏儒中。多道市井淫谍谑浪语，以献笑取悦。贯以西征有宠，渐擢至陕西两河宣抚使。内侍自古无赐坐者，贯既拜枢密，每春秋大燕，则坐于执政之上，日与宰相同班。进呈毕，即自屏后入内，复易窄衫，与群阉为伍。寻拜太保，晋太傅，封泾国公。时蔡京已拜太师，时人称京为公相，贯为媪相。京子攸亦有宠，得与宫中秘宴，权势与父相轧。满朝皆其父子之党，朝政日坏。

第二节　方腊之乱与宋江之乱

宣和二年（徽宗二十年），睦州（今金华道，故严州府）清溪（今淳安县）人方腊因民不忍，阴聚贫乏游手之徒，以诛勔为名，举兵作乱。托左道以惑众，自号圣公，建元永乐，置官吏将帅，以巾饰为号。自红巾而上凡六等，诱胁良民为兵。不旬日至数万人。遂陷睦歙（今芜湖道，故徽州府）、杭婺（今金华道，敌金华府）、衢（今金华道，故衢州府）、处（今瓯海道故，处州府）等州。东南大震。诏以童贯为江淮荆浙宣抚使，内侍谭稹为两浙制置使，率禁旅及秦晋蕃汉兵十五万讨之。三年正月，贯至吴。承制罢苏杭应奉局及花石纲，奏贬朱勔，吴民大悦。是年四月，合兵击腊，大破之。追至清溪，裨将韩世忠（延安人，今陕西榆林道肤施县）擒腊以归，送京师，斩之，乱平。自起至灭，共七阅月。凡破六州、五十二县，戕平民二百万人。是时淮南宋江起为盗，以三十六人横行河朔，转掠京东诸郡，官军莫敢撄其锋。同年二月，知海州张叔夜设伏擒其副贼，江乃降。

第九章　北宋之衰亡

自来书生习气，议论多而成功少。北宋之徽宗，工诗善画，兼有文学家、美术家之长，天然不适宜于政治生活。其所用之大臣，皆出于童（贯）、蔡（京）、王（黼）、梁（师成）之门，无可以系天下之望者。李纲、种师道以疏远之臣，骤握大权，为一般宵小所嫉妒。其所主张之战守论，又为懦弱委靡之钦宗所不敢为。而都中士民欢迎二人，又容易招朝廷之忌。于是白时中、李邦彦、张邦昌、唐恪、耿南仲等，遂日以割地请和之议，荧惑圣听，弃战守之事而不顾。及太原、真定相继陷落，咽喉已塞。而朝廷犹诏百官，议弃三镇得失。故金人尝语宋使曰："待汝家议论定时，我已渡河矣。"谚曰："秀才造反，三年不成。"北宋末年之人物皆此等秀才之流，其议论皆三年不成之议论也。故北宋之议和与南宋之议和内情迥异，南宋出于不得已，北宋则可已而不已者也。兹述其事迹如下。

第一节　恢复燕云议

先是有唐末年，刘仁恭、刘守光父子，相继为卢龙节度使，屡与梁、晋构兵。契丹太祖耶律阿保机乘之，略取营（今热河朝阳县）、平（今河北卢龙县）、滦（今河北滦县）三州。于是现今河北东北部与热河东南部入于契丹。晋王存勖灭守光。契丹与晋接境，屡乘梁、晋虎争之隙，进兵南窥幽州，与晋构兵，互有胜负，山后朔蔚新武儒等州多陷，而幽州迄不下。后唐废帝从珂时代，河东节度使石敬塘作乱，求救于契丹。契丹立敬塘为晋帝。敬塘割幽、蓟、瀛、莫、涿、檀、顺、新、妫、儒、武、云、寰、应、朔、蔚等十六州以赂之。于是万里长城与燕山山脉之险入于契丹，河北北境无险可守。契丹得以自由出兵，侵略河北，后晋之亡实由于此。周世宗在位，自将伐契丹，取瀛、莫、易三州，瓦桥关南复入于中国。遂趋幽州，在道不豫而止。宋太宗在位，两次出重兵，谋恢复幽州，皆为契丹所败，自是河北御寇不暇。真宗在位时代，契丹圣宗大举南寇，至澶州，宰相寇准力劝帝亲征，破其前锋，辽人气慑，乃请和。准欲邀其称臣，且献幽燕之地。帝年少气馁，为近臣所惑，乃许辽和，赂以岁币三十万，是为中国纳币于契丹之始。仁宗在位，赵元昊作乱，陕甘州郡多陷，契丹兴宗乘之，聚兵于燕，声言南下。遣使来索瓦桥关南十县地，帝不欲与地，又不敢与战，乃遣使议和，增岁币为五十万。神宗在位，用兵经略河湟，绥服西南夷，征服交趾。复与西夏构兵，诸边多故。契丹道宗乘之，遣使以划界为辞，要求割让河东边境。帝以西北西南同时用兵，无余力与辽宣战，乃依辽议，定新界。凡东西七百里间，南北失地各三十余里。徽宗时代，辽室承平已久，逐渐汉化，国势寖衰。建中靖国元年（徽宗元年），道宗殂，孙延禧立，是为天祚帝。天祚荒淫，不恤国政，与女真部渐生嫌隙。童贯既得志于西羌，遂谓契丹亦可图，乃自请使辽以觇之。政和元年，遣端明殿学士郑允中与贯使辽。至卢沟（即卢沟河），燕人马植见贯，陈取燕之策。贯载与俱归，易姓名曰李良嗣。见帝说与女真夹攻辽之利，帝嘉纳之，赐姓赵氏，以为秘书丞。图燕之议自此始。

政和三年（徽宗十三年），生女真部酋长完颜阿古达举兵叛辽，自称皇帝，国号金，是为太祖。屡破辽兵，尽取辽东京（今辽宁辽阳县）、上京（今热河昭乌达盟巴林旗东北）等路，进迫中京（今热河平泉县）。重和元年（徽宗十八年），诏遣武义大夫马政浮海使金通好，约夹攻辽。次年（宣和元年，徽宗十九年），金人遣使报聘。宣和二年（徽宗二十年），复遣赵良嗣使金，约定条件如下：

（一）金兵自平地松林（今热河围场县），趋古北口（河北热河交通要路，属密云县，跨万里长城）。宋兵自白沟夹攻；

（二）事定之日，以山前后十七州归宋（原只十六州，辽在现今河北遵化县新置景州，故为十七州）；

（三）宋与金岁币之数同于辽。

四年，金克辽中京。天祚走云中，金人追袭破之。天祚走夹山，金遂克辽西京（今山西大同县）。辽燕京留守李处温等，奉辽宗室秦晋王淳称帝。诏遣童贯、蔡攸，勒兵十五万，巡北边以应金。淳遣耶律达什（旧作大石）萧干拒战于白沟，都统制种师道兵败。是年七月，诏贯、攸再举伐辽，辽将郭药师以涿、易二州来降，大军进驻卢沟。辽都统萧干拒战，都统制刘延庆兵败。药师以轻兵袭燕，干还救死斗，药师兵亦败，大军遂溃。童贯惧得罪，乃密遣王环如金，求如约夹攻。金太祖引兵入居庸关，遂克燕京（今北平），群臣皆降。于是辽室五京，皆为金有。

先是朝廷与金约，但求石晋赂契丹故地，而不及营、平、滦三州。既而王黼欲并得之，屡遣赵良嗣求之于金。金人不许，且责朝廷出兵失期。止许与燕京及山前六州（蓟、景、檀、顺、涿、易）。至是金既克燕，复致书于朝廷曰："燕京用本朝兵力攻下，其租税当输本朝。"王黼欲邀近功，遂约岁币之外，更加燕京代税钱一百万缗。金人又求粮，良嗣许以二十万石。宣和五年四月，金人以燕京及山前六州来归。富民金帛子女，皆被金人驱京以去。朝廷所得，惟空城而已。

第二节　金人第一次南侵 种师道之入援 李纲之城守

一、张瑴之来归

初，辽天祚帝之西奔也，平州军乱，杀其节度使萧迪里。州民推副使张瑴领州事。金人入燕，瑴降于金。金以平州为南京，瑴为留守。宣和五年（徽宗二十三年）六月，瑴以州请降于知燕山府（今北平）事王安中。安中以闻，王黼劝帝纳之。赵良嗣谏曰："国家新与金盟，如此必失其欢，后不可悔。"不听。是年十一月，金将斡喇布（旧作斡离不，汉名宗望，太祖三子）袭平州，瑴兵败，奔燕山。金人以纳叛来责，朝廷不得已，杀瑴，函其首以畀金。于是降将卒皆解体。

是年，金太祖殂，弟乌奇迈（旧作吴乞买）立，是为太宗。朝廷以山后诸州请于金。太宗初立，欲许之，尼玛哈力争，乃仅以武、朔二州来归。童贯、蔡攸班师还京。朝廷以内侍谭稹为两河燕山路宣抚使，招纳北方降人，金人不悦。六年三月，金人遣使诣宣抚司，来索赵良嗣所许之粮二十万石，稹不与，金人益怒。是时，辽天祚帝在山阴（今山西雁门道山阴县）。朝廷密遣使诱之降，命童贯代稹为宣抚使以迎天祚。天祚畏中国不可恃，不肯来。金将斡喇布在平州，遣人来索叛亡户口，朝议弗遣。且闻童贯、郭药师等治兵燕山，将谋进取。斡喇布遂言于金太宗，请先举伐宋。太宗犹豫未即决。

二、斡喇布之入寇

七年（徽宗二十五年）正月，天祚奔党项。二月，至应州，为金将洛索（旧作娄室）所获，辽亡。塞北皆定。是年十月，金太宗以皇弟阿木班贝勒

（旧作谙班勃极烈，为诸贝勒首领，当中国储君之位）舍音（旧作斜也，汉名杲太祖母弟）领都元帅，居京师。皇侄尼玛哈（旧作粘没喝）为左副元帅，督固新、伊都等，自云中趋太原。皇侄斡喇布监多昂摩、刘彦宗等自平州趋燕山。是年十二月，童贯自太原逃归汴，朝廷急起老将种师道为两河制置使，召使入援。是时师道致仕，居南山豹林谷（在陕西长安县南终南山麓）。闻命即东，过姚平仲，有步骑四千，与之俱赴汴。未至，尼玛哈已破代、朔二州，进围太原。斡喇布破檀、蓟州。郭药师以燕山叛降金。斡喇布以药师为向导，长驱而进。诏悉起禁军，命内侍梁方平帅之守黎阳（县名，故城在今河北道浚县境内）。而急召熙河经略使姚古（五原人，平仲父）秦凤经略使种师中（师道弟），将兵入援。未至，金斡喇布已破相（今河北道安阳县）、浚（今河北道浚县）二州，进窥黎阳。方平军溃，走还。朝廷大震。

三、徽宗之内禅

帝以金师日迫，欲东幸金陵，给事中吴敏诣都堂力争。宰执以为言，乃罢行。而以皇太子为开封牧。太常少卿李纲（邵武军人，今福建建安道邵武县）谓敏曰："建牧之议，岂非欲委皇太子以留守之任乎？今敌势猖獗，非传太子以位号，不足以招徕天下豪杰。"敏曰："监国可乎？"纲曰："肃宗灵武之事，不建号，不足以复邦。而建号之议，不出于明皇，后世惜之。上聪明仁恕，公曷不为上言之？"敏入言于帝，帝意遂决。拜敏门下侍郎，传位于太子。太子即位，是为钦宗。尊帝为教主道君太上皇帝。以纲为兵部侍郎。太学生陈东等伏阙上书，请诛蔡京、童贯、王黼、梁师成、李彦、朱勔等以谢天下。帝从之。窜黼于永州，遣盗杀之于途。赐彦、师成死，放勔归田里，贬京、贯官，党羽皆远窜。贯寻伏诛，京亦道死。

四、李纲之城守

靖康元年正月，斡喇布兵渡河。太上皇出奔镇江。宰相白时中（寿春人）、李邦彦等，议以京城不可守，欲奉帝出幸襄（今襄阳道襄阳县）、邓（今汝阳道邓县）以避敌锋。李纲曰："天下城池，岂有如都城者。且宗庙社稷百官万民所在，舍此欲何之。今日之计，当整饬军马，固结人心。相与坚守，以待勤王之师。"帝问谁可将者，纲曰："白时中、李邦彦等虽未必知兵，然借其位号，抚将士以抗敌锋，乃其职也。"时中勃然曰："李纲莫能将兵出战否？"纲曰："陛下不以臣庸懦，倘使治兵，愿以死报。"乃以纲为尚书右丞，东京留守。纲为帝力陈不可去之意，且言："明皇闻潼关失守，即时幸蜀，宗庙朝廷毁于贼手。今四方之兵，不日云集，奈何轻举以蹈明皇之覆辙乎？"会内侍奏中宫已行，帝色变，仓卒降御榻曰："朕不能留矣。"纲泣拜，以死邀之，帝意稍定，顾纲曰："朕今为卿留。治兵御敌之事，专责之卿，勿致疏虞。"纲惶恐受命。是夜，宰臣犹请出幸不已，帝从之。质明，纲趋朝，则禁卫擐甲，乘舆已驾矣。纲急呼禁卫曰："尔等愿守宗社乎？愿从幸乎？"皆曰："愿死守。"纲人见曰："陛下已许臣留。复戒行，何也？今六军父母妻子，皆在都城，愿以死守。万一中道散归，陛下孰与为卫？敌兵已逼，知乘舆未远，以健马疾追，何以御之？"帝感悟，乃召中宫还。以纲兼亲征行营使，治守战之具粗备，而金兵已至城下矣。金兵攻宣泽门（汴河上北面水门名），纲力战拒却之。金遣使入见，李邦彦力请割地求和，议遣使诣金营。纲请自行，帝不许，而命同知枢密院事李棁往。纲曰："安危在此一举，臣恐李棁怯懦，误国事也。"不听。棁至金营，斡喇布盛兵南向坐，棁北面再拜，膝行而前。斡喇布恫吓之，因授以要求之事目一纸（金五百万两，银五千万两，牛马万头，表缎百万匹，尊金帝为伯父，归燕云之人在汉者，割中山、太原、河间三镇，以宰相亲王为质）。棁等唯唯，不敢措一言而还。李邦彦等力劝帝从金议，李纲言："金人所须金币，竭天下且不足，况都城乎？中山、太原、河间三镇之地，国之屏蔽，割之何以立国。至于遣质，则宰相当往，亲王不当往。若遣辩士姑与之议，宿留数日，大兵四集，彼孤军深入，虽不得所欲，亦将速归。此时与之盟，则不敢轻中国，而和可久也。”邦彦等言：“都城破在旦夕，尚何有于三镇。而金币之数又不足较。”帝默然。纲不能夺，因求去。帝慰谕之曰：“卿第出治兵，此事当徐图之。”纲退。则誓书已成，称伯大金皇帝，侄大宋皇帝。金币、割地、遣质、更盟一依其言。括借京城士民金帛以赂金。遣皇弟康王构及宰相张邦昌往为质。

五、种师道之入援

种师道至洛阳，闻金兵已抵京城下。或止师道言：“贼势方锐，愿少驻汜水以谋万全。”师道曰：“吾兵少，若迟回不进，形见情露，只取辱焉。今鼓行而进，彼安能测我虚实。都人知吾来，士气自振，何忧贼哉。”揭榜沿道，言“种少保领西兵百万来”。遂抵京西，趋汴水南，径逼敌营。金人惧，徙砦稍北，增垒自卫。帝闻其至，甚喜，命李纲迎劳。师道入见，帝问曰：“今日之事，卿意若何？”对曰：“女真不知兵，岂有孤军深入人境，而能善其归乎。京师周回八十里，如何可围。城高十数丈，粟支十年，不可攻也。请严兵拒守，以待勤王之师。不逾数月，虏自困矣。如其退，即与之战。三镇之地，不宜割与。”帝曰：“业已讲好矣。”对曰：“臣以军旅之事事陛下，余非所敢知也。”诏以师道同知枢密院事，充京畿、河北、河东路宣抚使，统四方勤王兵，以姚平仲为都统制。师道请“缓给金币于金，俟彼惰归扼而歼诸河”。帝命师道于政事堂共议。师道见李邦彦曰：“京城坚高，备御有余。当时相公何事便讲和？”邦彦曰：“以无兵故也。”师道曰：“不然。凡战与守自是两事。战或不足，守则有余。京师百万众，尽皆兵也。”邦彦曰：“素不习武事，不知出此。”师道曰：“相公不习兵，岂不闻往古守城者乎？”又曰：“闻城外居民，悉为贼杀掠。畜产甚多，亦为贼有。当时既闻贼来，何不悉令城外居民，撤去屋舍，移其所畜，尽入城中，乃遽闭门以遗城资，何也？”邦彦曰：“仓卒之际，不暇及此。”师道笑曰：“亦太慌忙耳。”左右皆笑。时议人人异同，惟李纲与师道合，而邦彦不从。

六、李纲之罢及其复用

时朝廷日输金币于金，而金人需求不已，日肆屠掠。四方勤王之师渐至。李纲言：“金人贪婪无厌，其势非用师不可。且敌兵号六万，而吾勤王之师集城下者，已二十余万。彼以孤军入重地，犹虎豹自投陷阱中。当以计取之，不必与角一旦之力。若扼河津，绝饷道，分兵复畿北诸邑。而以重兵临敌营，坚壁勿战。俟其食尽力疲，纵其北归，半渡而击之。此必胜之计也。”帝深然之。姚平仲请速战，种师道不以为然。帝遽从平仲议，是年二月朔，平仲引兵夜袭金营，帝命李纲为后援。平仲战败，惧诛，亡去。纲亲率诸军逆战，以神臂弓（纪文达公云，宋代有神臂弓，实巨弩也，立于地而踏其机，可三百步外贯铁甲，亦曰克敌弓。洪容斋试词科有克敌弓铭是也。宋军拒金多倚此为利器，军法不得遗失一具或败不能携，则宁碎之，防敌得其机轮仿制也。元世祖灭宋得其式，曾用以制胜。至明乃不得其传，惟永乐大典尚全载其图说，然其机轮一事一图，但有长短宽窄之度与其牝牡凸凹之形，无一全图。阅《微草堂笔记》卷十九，第四页）射却金兵。种师道曰：“劫寨已误。然兵家亦有出其不意者。今夕再遣兵分道攻之，亦一奇也。如犹不胜，然后每夕以数千人扰之。不十日，贼遁矣。”李邦彦等畏懦，竟不果用。金斡喇布遣使来诘南用兵违誓之故，李邦彦语之曰：“用兵乃李纲、姚平仲尔，非朝廷意也。”因罢纲以谢金人，废亲征行营司。太学生陈东等千余人上书请复用纲（大致谓：“李纲奋勇不顾，以身任天下之重，所谓社稷之臣也。李邦彦、白时中、张邦昌、李棁之徒，庸谬不才，忌嫉贤能，动为身谋，不恤国计，所谓社稷之贼也。陛下拔纲，中外相庆，而邦彦等疾如仇雠，恐其成功，因缘阻败。且邦彦等必欲割地，曾不知无三关四镇，是弃河北也！弃河北朝廷能复都大梁乎？又不知邦昌等能保金人不复败盟否也？窃恐虏兵南向，大梁不可都，必将迁而之金陵；则自江以北非朝廷有。邦彦等不顾国家长久之计，徒欲阻李纲成谋以快私忿。罢纲非特堕邦彦等计中，又堕虏计中也。乞复用纲而斥邦彦等，且以阃外付种师道，国家存亡在此举，不可不谨”）。书奏，军民不期而集者数万人。会邦彦入朝，众数其罪而骂，且欲殴之，邦彦疾驱得免。吴敏传宣令退，众莫肯去，挝坏登闻鼓，喧呼动地。殿帅王宗濋恐生变，奏帝勉从之。内侍朱拱之宣纲后期，众脔而磔之，并杀内侍数十人。知开封府王时雍麾之不退，帝顾户部尚书聂昌，俾出谕旨。诸生乃退。诏复纲尚书右丞，充京城四壁防御使。都人又言愿见种师道，诏趣师道入城弹压。师道乘车而至，众褰帘视之曰："果我公也。"相麾声喏而散。明日，诏诛士民杀内侍为首者，禁伏阙上书。王时雍欲尽致太学诸生于狱，人人惴恐。会朝廷将用杨时为祭酒，遣聂昌诣学宣谕，然后定。

金人疑康王非亲王，请以他王代之。诏遣皇弟肃王枢往代质，征康王及张邦昌还。遣使持手书如金营，许割三镇地。斡喇布顿兵城下，久不得志，遂不俟金币数足，引还。京师解严，种师道请乘其半济邀诸河，帝不许。御史中丞吕好问曰："金人得志，益轻中国。秋冬必倾国复来，御敌之备，当速讲求。"帝亦不听，旋罢师道。中丞许翰言："师道名将，沉毅有谋，不可使解兵柄。"帝谓其老难用，不听。翰又言："金人此去，存亡所系。当令一大创，使失利去，则中原可保，四夷可服。不然，将来再举，必有不救之患。宜遣师邀击之。"帝亦不听。

第三节　金人第二次南侵 汴京之陷落 徽、钦之北狩

一、杀熊岭之败

已而姚古、种师中等入援，凡十余万人，至汴城下。而斡喇布已退，李纲请诏古等追之，且戒俟其间，可击则击。而宰执张邦昌、李棁等乃令护送出之，勿轻动以启衅。会金尼玛哈陷威胜军（今山西冀宁道沁县，即故沁州，宋为铜鞮县）、隆德府（今山西冀宁道长治县，即故潞安府），议者谓邦昌等主和误国，乃罢李邦彦、张邦昌、李棁。是年三月，起种师道为河北河东宣谕使，驻

滑州（今河北道滑县）。命姚古援太原，种师中援中山河间。而师道实无兵自随，乃请合关（指关中）河（指两河）卒，屯沧（今津海道沧县）、卫（今河北道汲县）、孟（今河北道孟县）、滑，备金兵再至。朝廷以大敌甫退，不宜劳师示弱，格不用。古复隆德府威胜军，师中追斡喇布，至北鄗而还，而太原围卒不解。诏师中由井陉（今保定道井陉县）进兵，与古犄角援太原。师中进次平定军（今冀宁道平定县），乘胜复寿阳、榆次（二县今属冀宁道）等县。时尼玛哈避暑还云中，留兵分就畜牧。觇者以为将遁，告于朝。同知枢密院事许翰信之，数遣使趋师中出战。师中不得已，仓卒进兵。约古等为援，而古后期不至。是年五月，师中与金人战于杀熊岭（在今山西冀宁道寿阳县西南）。败绩，死之，古军溃。师中老成持重，为时名将，既死，诸军无不夺气。

二、太原诸军之溃

京师自金兵退，上下恬然，置边事于不问。李纲独以为忧，数上备边御敌之策，不见听用。至是种师道以病乞归。门下侍郎耿南仲请弃三镇，纲力持不可。乃以纲为两河宣抚使，代师道。纲言："臣书生，实不知兵。在围城中，不得已为陛下料理兵事。今使为大帅，恐误国事。"因拜辞，不许。台谏言纲不可去朝廷，帝以其为大臣游说，斥之。或谓纲曰："公知所以遣行之意乎？此非为边事，欲缘此以去公，则都人无辞尔。公不起，上怒且不测。奈何？"许翰复书杜邮（秦使白起伐赵，辞不行，秦王怒，免为士伍，赐死杜邮）二字以遗纲。纲不得已，受命。时宣抚司兵仅万二千人。纲请银绢钱各百万，仅得二十万。庶事皆未集，纲乞展行期，御批以为"迁延拒命"，不许。左司谏陈公辅上书言："李纲书生，不知军旅。遣援太原，乃为大臣所陷，后必败事。"执政恶其言，谪监合州（今四川东川道合川县）酒务。是年七月，李纲至怀州（今河北道沁阳县），练士卒，整器械，征兵于诸路，期兵集大举援太原。而朝廷降诏，罢所起兵。纲上书言："秋高马肥，敌必深入。防秋兵尽集，尚恐不足。今河北河东日告危急，未有一人一骑以副其求。奈何甫集之兵，又皆散遣。且以军法勒诸路起兵，而以寸纸罢之。臣恐后时有所号召，无复应者矣。”疏上，不报，而趣纲赴太原。是时援兵集于太原近旁，诸将皆承受御画，事皆专达，进退自如。宣抚司徒有节制之名，多不遵命。纲尝具论之，不听。是年八月，复以种师道为两河宣抚使，召纲还。诸将不期会，自由进兵，前后皆溃。金尼玛哈斡喇布复分道入寇。九月，陷太原。言者论李纲专主战议，丧师费财，罢知扬州，寻落职，安置于建昌军（今江西浔阳道永修县）。中书舍人刘珏、胡安国力谏，诏贬其官。

三、汴京之陷落　徽、钦之北狩

是时金兵日逼，南道都总管张叔夜、陕西制置使钱盖各统兵赴阙。而宰执唐恪耿、南仲等专主和议，檄止两道兵勿前，遣使赴金营请和。金人佯许，而攻略自如。诸军以和议故，皆闭壁不出。御史中丞吕好问，请集沧滑邢（今河北邢台县）相之戍，以遏奔冲。而列勤王之师于畿邑，以卫京城。疏入，不省。是年十月，金人陷真定（今河北正定县），攻中山（今河北定县），上下震骇。廷臣狐疑相顾，犹以和议为辞。好问率台属劾大臣畏懦误国，诏贬其官。

种师次于河阳，遇金使，揣敌必大举，亟上疏，请幸长安以避其锋。大臣以为怯，召还。师道至京，病不能见，寻卒。

斡喇布既破真定，长驱渡河。尼玛哈亦尽陷河东诸州郡，遂渡河，陷洛阳，沿河守将皆弃城走。朝廷方诏百官议弃三镇得失，而二酋已会于汴梁城下。初，耿南仲为东宫官十年，自谓首当柄用。而吴敏、李纲越次进位在己上，心不能平。故每事异议，力阻战守，坚请割地以成和好，故朝廷战守之备皆罢。至是下哀痛诏征兵于四方，无至者。城中只有兵七万人。乃遣使以蜡书间行出关召兵。南道都总管张叔夜将兵勤王，请帝暂诣襄阳以图幸雍，不听。龙卫卒郭京自言能用六甲法生擒金二将，朝廷以京为成忠郎，赐以金帛，使募兵击金，所募皆市井游惰。是年闰十一月，京与金人战于城下，兵溃，率余兵南遁。金人遂乘势入城。卫侍长蒋宣率其众数百，欲邀乘舆犯围而出。宰相何㮚（栗，古字）欲亲率都民巷战。会金人宣言议和退师，乃止。金人要帝至金营，旋劫上皇及后妃、太子、宗戚三千人至其军。立张邦昌为楚帝，以二帝以下北还，北宋遂亡。时宋钦宗靖康二年，西历纪元一一二七年也。计徽宗在位二十五年而内禅，钦宗在位一年余而被执。金太宗召二帝至会宁（府名，金上京，在今吉林延吉道宁安县城西），封徽宗为昏德公，钦宗为重昏侯。后迁于五国城（在今吉林依兰道依兰同江等县境内。五国头城在今依兰县治近旁，即故三姓城。辽时自此以东凡五国，故名五国城）以卒。

第十章　高宗之南渡

南渡偏安之局，创始于东晋初年，至南宋时而再见。顾南宋之局面，与东晋稍异。东晋之敌国为五胡，皆凭借中国本部为根据地，且种族多，国势弱，内部时起冲突。享国最久者，维持势力不过数十年。东晋僻处江南，恒有余裕，养精蓄锐以乘其弊。南宋之敌国为金，其根据地在满蒙，势力范围伸入中国内地，并吞北方各民族，建立大帝国。维持势百有余年，其竞争之目的物只有南宋。南宋虽富庶在金以上，而武力远不及焉。东晋参用征兵制度，养兵虽少，常有尚武精神。南宋纯用募兵制度，养兵虽多，缺乏进取思想。东晋时文武犹未分途，其宰相多由军人出身。其内政外交，常能与边方镇帅行动一致。南宋时文武划分为二，宰相多由科举出身，不审敌情，不谙将略。往往以敷衍因循，苟且偷安，为取快一时之计。武臣之忠勇者，愤怒解体。其狡猾者，反得旅进旅退，与时浮沉，窃宠荣以终其身。以故东晋对外皆主战，南宋对外多主和。非必甘心自居于小朝廷，势不得不尔也。兹述其事迹如下。

第一节　高宗之嗣统 李纲之防守策 黄潜善、汪伯彦之阻挠

初金人第二次入寇也，康王构奉使赴金营。至磁州（今大名道磁县），守

臣宗泽（婺州义乌人。今浙江金华道义乌县）劝王勿行。时金兵前锋已渡河，游兵日至磁城下，踪迹王所在。知相州汪伯彦（徽州祁门人）亟以帛书请王如相，是为伯彦受知于王之始。金兵围京城，诏以构为天下兵马大元帅，伯彦、泽副之，使尽起河北兵入援。泽领前锋，屡破金之偏师，劝王急引兵渡河。伯彦难之，劝王遣泽先行，泽进败金人于卫州。王闻京师陷，移军东平（今山东东临道东平县）。高阳关路安抚使黄潜善（邵武人）以兵来援。王承制，以潜善为副元帅，是为黄潜善受知于王之始。王次于济州（今山东济宁道济宁县）。金人谋遣兵劫王，不果。金人劫二帝后妃太子宗戚北去，宗泽闻警，自卫州提军趋滑，走黎阳，至大名，欲径渡河，据金人归路，邀还二帝。檄诸路兵来援，卒无至者，遂不果。

金兵既退，宗泽移兵近畿，将讨张邦昌。吏部侍郎吕好问以利害说邦昌，劝其奉迎康王。邦昌不得已，从之。建炎元年五月，王即位于南京（今河南开封道商丘县，即故归德府），是为高宗。以黄潜善为中书侍郎，汪伯彦同知枢密院事，张邦昌为太保，封同安郡王。贬窜主和大臣李邦彦、李棁、耿南仲等，征李纲为尚书右仆射。中丞彦岐奏曰："张邦昌为金人所喜，虽已为三公郡王，宜更加同平章事。李纲为金人所恶，虽已命相，宜及其未至罢之。"章五上，帝曰："如朕之立，恐亦非金人所喜。"岐语塞而退。黄潜善、汪伯彦自谓有攀附之劳，拟必为相。及召纲于外，二人不悦，遂与纲忤。宗泽入朝于行在，陈兴复大计，潜善等阻之，出泽知襄阳府。旋进潜善门下侍郎，伯彦知枢密院事，共秉国政。

是年六月，李纲至行在，上疏陈十事。一曰议国是。谓"中国之御四夷，能守而后可战，能战而后可和。而靖康之末皆失之。今莫若先自治，专以守为策。俟吾政事修，士气振，然后可议大举。"二曰议巡幸。谓"车驾不可不一至京师，见宗庙，以慰都人之心。度未可居，则为巡幸之计。天下形势，长安为上，襄阳次之，建康又次之。皆当诏有司预为之备"。此外凡八条，皆关于解决时局之大计。帝采择其言，安置张邦昌于潭州，贬放其党羽有差，赠死节诸臣官予谥。纲以河北河东，虽屡经金人蹂躏，而州郡多为朝廷守，两路士民兵将，皆推豪杰为首领以抗金兵。多者至数万，少者不下万人，宜急派大臣招抚，分兵以援其危急。乃奏以张所为河北招抚使，王瓔为河东经制使，传亮副之。立沿、河沿、淮沿江帅府，造舟江淮诸州。诏陕西河北京东西路募兵买马，劝民出财。以张悫同知枢密院事，兼提举户部财用，宗泽为东京留守。时东京荒残，兵民杂居，盗贼纵横。泽抚循劳徕，流亡稍集。泽治军严整，招徕豪杰，分屯近畿，为犄角之势，人心渐固。累表请帝还京，而帝用黄潜善、汪伯彦计，决意幸东南，不报。

泽以岳飞（相州汤阴人，今河南、河北道汤阴县）为统制，屡破金之偏师。飞上书言："勤王之师日集，宜乘敌怠击之。黄潜善、汪伯彦辈，不能承圣意恢复。奉车驾日益南，恐不足系中原之望。愿陛下乘敌穴未固，亲率六军北渡。则将士作气，中原可复。"坐越职言事，夺官。飞归河北，诣张所。所以王彦（上党人，今山西冀宁道长治县）为都统制，飞为中军统领，屡破金兵。而潜善、伯彦阴主和议，嗾右谏议大夫宋齐愈，上疏论李纲募兵、买马、括财三事之非，不报。齐愈旋以党附张邦昌罪，伏诛。潜善、伯彦阴劝帝幸扬州以避敌，李纲谏曰："自古中兴之主，起于西北。则足以据中原而有东南。起于东南，则不能复中原而有西北。盖天下精兵健马，皆在西北。若委中原而弃之，岂惟金人将乘间以扰内地，盗贼亦将蜂起作乱。陛下虽欲还阙而不得矣。"帝乃许幸南阳。以范致虚知邓州，修城池、缮宫室、输钱谷以实之。而潜善、伯彦仍主幸扬州之议，纲以去就争之。是年八月，罢纲提举洞霄宫，废招抚经制二司。召傅亮还行在，安置张所于岭南，凡纲所规划军民之政一切废罢。太学生陈东、布衣欧阳澈先后上书请留纲，而罢潜善、伯彦。潜善言于帝，谓若不亟诛，将复鼓众伏阙。乃并杀二人。尚书右丞许翰请留纲，不许，谓所亲曰："吾与陈东皆争李纲者。东戮于市，吾在庙堂，可乎？"乃为东、澈著哀辞而入，上章求罢。

诏以资政殿大学士，提举洞霄宫。窜李纲于鄂州，旋安置于万安军（今广东琼崖道万宁县）。

第二节　高宗之南奔 河南淮北之陷落

李纲既去，帝乃下诏："暂驻淮甸。捍御稍定，即还京阙。有敢妄议惑众阻巡幸者，许告而罪之。不告者斩。"宗泽上书力争，且陈汪、黄之罪，不听。是年十一月，帝如扬州。时两河虽多陷于金，而其民怀朝廷恩，所在结为红巾，出攻城邑，皆用建炎年号。及闻帝南幸，无不解体。

金人闻帝已南窜，遂起燕山等八路民兵，分三道南侵。左副元帅尼玛哈自云中下太行，由河阳渡河，攻河南。右副元帅鄂尔多（旧作讹里朵，汉名宗辅，太祖第九子，世宗父）与乌珠（旧作兀术，汉名宗弼，太祖第四子）自燕山南下，由沧州渡河，攻山东。洛索（旧作娄室）、萨里千（旧作撒离喝）由同州渡河，攻陕西，连破京西州郡，遂陷西京。次年（建炎二年）正月，乌珠侵东京。宗泽力战，屡破其兵。金人引去。泽上书请帝还京，不报。泽招抚河北群盗，悉降之。和州防御使马扩聚兵于真定五马山（在今保定道赞皇县东），得上皇子信王榛于民间，奉之以总制诸砦，两河遗民闻风响应。泽募兵储粮，召诸将约日渡河，诸将皆掩泣听命。泽乃上疏请帝还京（大略言："祖宗基业可惜，陛下父母兄弟蒙尘沙漠，日望救兵；西京陵寝为贼所占，今年寒食节未有祭享之地；而两河、二京、陕古、淮甸百万生灵陷于涂炭。乃欲南幸湖外。盖奸邪之臣一为贼虏方面之计，二为奸邪亲属皆已津置在南故也。今京城已增固，兵械已足备，人气已勇锐，望陛下毋阻万民敌忾之气，而循东晋既覆之辙"）。奏至，或言信王榛有渡河入汴之谋。是年五月，帝乃降诏择日还京，既而不果。

是时金兵大举深入，连破淮北、陕西州郡，诸将多败。诏御营统制韩世忠会宗泽以御金。泽以王彦为河北制置使，与诸将联合，分援河北京西，上书请帝还京为后继。自将诸军为前锋，恢复河北。疏入，黄潜善等忌泽成功，从中阻之。又以郭仲荀为东京副留守以备泽。泽忧忿成疾，疽发于背，是年七月卒。诏以杜充代之。充酷而无谋，悉反泽所为。于是豪杰离心，降盗聚城下者，复去剽掠矣。

殿中侍御史马伸还自湖南，上疏言黄潜善、汪伯彦不法十七事，乞速罢二人政柄，别选贤者。诏黜伸监濮州酒税。旋以潜善、伯彦为尚书左右仆射。时金兵横行，山东群盗蜂起。二人既无谋略，专权自恣。东京委之御史，南京委之留台，泗州委之郡守。言事者不纳其说，请兵者不以上闻。金兵日南，而潜善等以为群盗李成余党，无足虑者。

是时九月，金将鄂尔多袭破信王榛于五马山砦，尽陷两河州郡，进窥京东。陷济南、袭庆（今济宁道故兖州府）等府，前锋已至淮北。黄潜善、汪伯彦犹欲以和縻金。三年正月，河北制置使王彦入朝，见潜善、伯彦，力陈“两河忠义，延颈以望王师。愿因人心大举北伐”。言辞愤激。二人大怒，勒令致仕。是月，金尼玛哈陷徐州。御营统制韩世忠、江淮制置使刘光世（保安军人，今陕西榆林道保安县）将兵阻淮拒敌。相继不战而溃，尼玛哈遂渡淮，连陷淮东诸郡，趋扬州。帝闻警，率数骑驰至瓜洲（今江苏淮扬道江都县南大江北岸运河南口），得小舟渡江。时潜善、伯彦方率同列听浮屠克勤说法。堂吏大呼曰：“驾已行矣。”二人相顾仓皇，乃戎服策马南驰。居民争门而出，死者相枕藉。帝奔镇江，遂如杭州。命签书枢密院事吕颐浩（其先乐陵人，徙齐州）守镇江，参赞御营军事张浚（汉州绵竹人，今四川西川道绵竹县，唐宰相九龄弟九皋之后）驻平江（今江苏吴县）。中丞张澂论二人大罪二十，致陛下蒙尘，天下怨怼。乃罢潜善知江宁府，伯彦知洪州。赠陈东、欧阳澈官，召马伸还朝。时伸已卒，诏赠直龙图阁。下诏罪己，求直言。赦死罪以下，放还士大夫被窜斥者。惟李纲不赦，更不放还。盖用黄潜善计，罪纲以谢金也。

第三节　苗刘之变 黄天荡之战

是年三月，扈从统制苗傅、刘正彦作乱，劫帝传位于皇子魏国公旉。请元祐太后孟氏临朝听政。吕颐浩、张浚、韩世忠会兵讨贼，诛傅正彦，奉帝复位。诏以颐浩为尚书右仆射，兼中书侍郎。寻升杭州为临安府，将定都焉。

已而尼玛哈、鄂尔多相继北还。乌珠复请于太宗，大起燕、云、河、朔兵南侵。是年七月，杜充以粮尽，弃东京，奔行在。诏以充为尚书右仆射，同平章事，兼江淮宣抚使，与韩世忠、刘光世分屯江东以备金。是年十月，乌珠分兵两路渡江，刘光世引兵遁南康（今江西浔阳道星子县），杜充以建康叛降于金。乌珠连破江东西州郡，进寇浙西。帝奔越州（今会稽，道故绍兴府），寻奔明州（今会稽道，故宁波府）。是年十一月，韩世忠自镇江退守江阴（今江苏苏常道江阴县），乌珠遂破临安，遣兵渡浙追帝，连破越州、明州等郡。帝航海走温州（今瓯海道，故温州府）。四年二月，乌珠大掠临安而北，韩世忠以舟师八千人，邀击之于黄天荡（在今金陵道江宁县东北，大江至此浸深广，横阔三十里），大破之，乌珠走建康。江淮统制岳飞以骑兵三百、步兵三千邀击之于新城（在今金陵道句容县北），大破之。建康不得达，乃复出江中。用闽人王姓计，以火箭焚世忠舟，世忠兵败，乌珠乃还江北。是役世忠以八千人拒乌珠十万之众，凡四十八日而败。然自是金人亦不敢复渡江矣。

第四节　富平之败 吴玠、吴璘之守蜀

帝之初复位也，张浚知枢密院事。浚谓中兴当自关陕始，虑金人或先入陕蜀，则东南不可保，因慷慨请行。诏以浚为川（成都、梓州、利州、夔州四

路）、陕（永兴、鄜延、环庆、泾原、秦凤、熙河六路）、京（京西南北路）、湖（荆湖南北路）宣抚处置使，便宜黜陟。浚至兴元（今汉中道南郑县），以汉中形胜之地，乃开幕府于此。辟刘子羽参议军事，以赵开为随军转运使，专总四川财赋。曲端为都统制，治兵于兴元以图中原。乌珠之南侵也，洛索亦引兵自蒲（今山西永济县）、解（今山西解县）攻陕州。浚檄曲端以泾原兵援之。端不奉命。洛索既陷陕州，遂破潼关。曲端使泾原副总管吴玠（德顺军陇干人，与刘锜同县）拒战于彭原（今泾原道宁县，即故宁州），以众寡不敌，败绩。金人遂焚邠州。浚解端兵柄，安置于万安军。是时金兵萃于淮上。浚惧其复扰东南，谋牵制之。欲出兵分道由同州（今山西大荔县）、鄜（今山西鄜县）、延（今陕西肤施县）以捣其虚。乌珠闻之，遂自江北引兵趋陕西，与洛索合兵入关。浚闻乌珠将至，檄召熙河刘锡、秦凤孙偓、泾原刘锜（德顺军人，今甘肃泾原道平凉县境内，故陇干城）、环庆赵哲四经略及吴玠之兵，合四十万人，马七万匹，以锡为都统制，迎敌决战。前军统制王彦谏曰："陕西兵将，上下之情未通。若不利，则五路俱失。不若且屯利阆兴洋以固根本。敌人境则檄五路之兵来援。万一不捷，未大失也。"吴玠、郭浩、刘子羽皆主固守。浚不从。是年九月，战于富平（今陕西关中道富平县），败绩。金人尽破泾原、环庆、熙河诸州郡。浚退军兴州（今汉中道略阳县）。遣吴玠守凤翔府之和尚原（在宝鸡县西南）以拒金。

玠至和尚原，积粟缮兵，列栅为死守计。金人屡遣偏师攻之，皆为玠所败。金人自起海角，狃于常胜。及与玠战，辄败。愤甚，谋必取玠。绍兴元年十月，乌珠会诸将率师十余万，进攻和尚原。玠与其弟璘，选劲弩射却之，伏兵断其粮道。乌珠粮尽引还，玠伏兵险要，奋击，大败之。乌珠中流矢，仅以身免。

玠还屯河池（今甘肃渭川道徽县），留璘守和尚原。金人欲窥蜀，以璘扼其冲，不得逞。乃思以奇兵取之。绍兴三年二月，遣将驻秦州，睨仙人关（在汉中道凤县西南），以缀吴玠。而令萨里干自商于直捣上津（今襄阳道郧县），攻金州（故兴安府，今汉中道）。镇抚使王彦逆战，败绩，退保石泉（今汉中道石泉县）。萨里干遂乘胜进攻兴元。知府事刘子羽告急于吴玠，玠自河池日夜驰三百里，至饶风关（在汉中道西乡县东北）。扼险拒守。萨里干悉力攻之，玠拒战六昼夜，金兵死者甚众。萨里干乃募死士，由间道绕出玠后，乘高以瞰饶风。诸军不支，遂溃，萨里干遂破兴元。时梁洋积粟，已为子羽先期移尽。金人深入，馈饷不继。子羽、玠复腹背要击之，金兵引还。

是年十一月，金乌珠破和尚原，进攻仙人关。玠、璘内外夹击，大破之，乌珠知玠不可犯，还屯凤翔。授甲士屯田，为持久计。自是不复轻动矣。

第五节　伪齐之兴废

初，尼玛哈之南侵也，太宗谕之曰："俟宋平，当援立藩辅，如张邦昌者。"及河南已平，尼玛哈建议，立宋降臣故知济南府事刘豫为齐帝，世修子礼，奉金正朔，以河南陕西地与之。

建炎四年九月，豫僭号，都大名。绍兴二年，徙居汴。招降群盗李成等为将，使攻陷襄、邓等州。四年五月，朝廷以岳飞为荆南制置使，讨成等，大破之，恢复襄阳等六郡。九月，豫乞师于金，太宗命鄂尔多、乌珠与从弟达赉（旧作挞懒，盈格子）等援之。豫遣子麟侄猊，各将兵会金军南下。宰相赵鼎劝帝亲征，帝从之。御舟次平江，诏淮东宣抚使韩世忠进屯扬州。世忠大败金军于大仪（镇名，在今淮扬道江都县）。乌珠等不得志，又闻太宗疾笃，乃引还。麟、猊弃辎重遁。五年二月，帝还临安，遂定都焉。

是年正月，金太宗殂。太祖嫡孙亶立，是为熙宗。以太宗长子博勒郭（旧作蒲卢虎，汉名宗磐）为太师，太祖庶长子干布（旧作干本，汉名宗干）为太傅，尼玛哈为太保，并领三省事。绍兴七年六月，金尚书左丞高庆裔以赃下狱诛。尼玛哈素善庆裔，博勒郭忌尼玛哈，欲因挫之，多治其党羽，尼玛哈以忧卒。以达赉为左副元帅，乌珠为右副元帅，代主兵柄。

是时宋室境内，群盗蜂起。大者数十万，小者数万人。江（江南东西路）、淮（淮南东西路）、楚（荆湖南北路）、粤（广东东西路）率为盗薮。诸将分讨，随剿随起。绍兴元年，以岳飞为江淮招讨副使，韩世忠为福建江西荆湖宣抚副使，奉张俊（凤翔府成纪人，今甘肃渭川道天水县）、孟庾为帅、讨群盗，大破之，诸路渐平。时洞庭贼杨太最盛，诏飞移兵讨之。五年，飞招降其骁将，急攻水寨，太穷蹙赴水死，湖湘（谓洞庭湖及湘水之滨，即今湖南也）平。飞自襄阳北伐，屡破刘豫兵，上书请进兵恢复中原，不报。

初，刘豫因尼玛哈、高庆裔得立，故奉二人特厚，诸将多憾之。豫欲入寇，乞援于金。博勒郭当国，不许。而命乌珠提兵黎阳（今河北道浚县）以观衅。绍兴六年十月，豫佥乡兵三十万，使子麟侄猊部将孔彦舟等，分道寇淮西。诸将杨沂中（代州崞县人，今山西雁门道崞县）等大败猊于藕塘（镇名，在淮泗道定远县东）。麟等走还。金人诘其状，始有废豫之意。尼玛哈卒后，豫复乞师南侵。七年十一月，熙宗命达赉、乌珠伪称南侵以袭汴，执豫，废为庶人，与家属徙临潢。凡僭号八年而亡。韩世忠、岳飞上书，请乘进隙兵恢复中原，不报。

第十一章　秦桧之主和

政论之发达，政争之剧烈，为有宋一代特色。北宋中叶以后，士大夫以意气相竞，无智愚贤不肖，悉自投于党祸之中。其所竞争之目的物，则旧法新法是也。南宋建国以后，外患异常猛烈，士大夫移其对内之眼光以对外，复引起绝大政争。其所竞争之目的物，则和战是也。由来主和者多小人，主战者多君子，人皆知之。然夷考当时国情，宋与辽战则败，金与辽战则胜，此武力不如金者一；宋之根据地在浙江，气候温暖，物产丰饶，山川明媚，风景清佳，民气易流于文弱。金之根据地在满洲，气候寒冷，物产缺乏，山川凛冽，风景萧疏，民气多刚猛，富于冒险精神。又掠取黄河流域，乘高屋建瓴之势以窥东南，有居高临下之势。江若海有言："天下者，常山蛇势也。秦蜀为首，东南为尾，中原为脊。今以东南为首，安能起天下之脊哉?"此地势不如金者二；金之将相，皆由皇族出身，宗室王公人尽知兵，故政府与将帅行动常一致。宋之将相，文武分途。文臣多主和，武臣多主战。政府大臣与边方将帅，意见时常龃龉，政治上缺统一圆满之致。此政局不如金者三。准此以观，当时宰相秦桧之主和，固亦非择而取之，不得已也。然而当时书生，昧于世界大势，动以尊王攘夷之说动人。秦桧久居异国，略谙敌情。及其当国，排群议而主和。当时号称贤士大夫及后世主持清议者多唾骂之。然而设身处地，为当时谋国计，固亦未可厚非也。所可恨者，高宗庸懦，贪恋大位，畏难苟安。桧窥其隐衷，先意逢迎。故君臣相得，言听计从。议和以后，不乘此机会，卧薪尝胆，休养生息，练兵裕财，以为将来复仇计，而耽于宴乐，粉饰升平。凡有反对和议者，无论其人之人格如何，才力如何，皆窜之、逐之、诛之、戮之，而毫不爱惜。遂至杀岳飞，罢韩世忠、刘锜，逐张浚，逼杀赵鼎，自坏其万里长城而不悔。虽曰秦桧奸佞，排斥异己，抑亦高宗性情，怯懦忮忌，天然与君子相远、与小人相近阶之厉也。兹述其事迹如下。

第一节 和议之动机

宋自二帝北狩，中原沦陷，举国怨金人彻骨，思有以报之。而完彦氏国势方盛，群臣辑睦，士马精强。宋承累世积弱之余，兵气自馁。与金人遇，十战九败。高宗乏统御之才，朝议数动，国是不定。勇者浪战以挑强寇，懦者假和议以图苟安。是以封疆日蹙，敌人益张。帝之初即位也，数募人使金，名祈请使，称臣奉表，以求缓师，且请还二帝。金人不许，使者多被拘囚。建炎元年，朝奉郎王伦（莘县人）奉使问二帝起居。时尼玛哈等方大举南下，伦邀说百端，欲使其还二帝，归故地。尼玛哈不答，拘之云中。其后尼玛哈有许和意，绍兴二年，遣伦归国报命。适值朝廷方议讨刘豫，和议中格。

第二节 秦桧之进身

自黄潜善、汪伯彦去职，朱胜非、吕颐浩、范宗尹相继为宰相。虽数遣使于金，但且守且和。而专意与金人解仇息兵，则自秦桧（江宁人）始。桧在靖康年间，为御史中丞。金人破汴京，执桧从二帝北去。至燕，依金将达赉，达赉信之。及南侵，以为参谋军事，又以为随军转运使。建炎四年，达赉攻楚州，纵桧南旋。至越州，先见宰执。桧首言：“如欲天下无事，须是南自南北自北。”范宗尹及权知三省枢密院事李回素与桧善，力荐其忠，拜礼部尚书。次年，绍兴元年宗尹免。诏以吕颐浩与桧为尚书左右仆射，同平章事，兼知枢密院事。桧欲专权，二年四月，讽帝出颐浩督师镇江，多引知名士布列清要以自助。给事中兼侍读胡安国，以当代名儒，出入禁闼。素闻游酢言桧贤，力言于帝。颐浩还京，憾桧排己，欲去之。问计于席益，益曰：“目为党可也。今党魁胡安国在琐闼，宜先去之。”会颐浩荐朱胜非代己为都督。命下，安国奏“胜非正位冢司。值苗、刘肆逆，贪生苟容，辱逮君父。今强敌凭陵，叛臣不忌。用人得失，系国安危。深恐胜非上误大计”。帝为罢都督之命，改兼侍读，安国复持录黄不下。浩颐特命检正黄龟年书行，安国争之。是年八月，罢安国提举仙都观，桧三上章留之，不报。侍御史江跻、左司谏吴表臣论胜非不可用，安国不当责。于是与张焘、程瑀、胡世将、刘一止、林待聘、楼炤等二十余人，皆坐桧党落职。桧亦自求去。颐浩讽侍御史黄龟年劾桧专主和议，阻止国家恢复远图。且植党专权，渐不可长。乃罢桧相，仍榜朝堂，示不复用。先是范宗尹罢相，桧欲得其位，因扬言曰：“我有二策，可耸动天下。”或问何不言，桧曰：“今无相，不可行也。”帝闻而用之。桧欲以河北人还金，中原人还刘豫。帝曰：“桧欲南人归南，北人归北。朕北人将安归?”桧语乃塞。至是诏以此意播告中外，人始知桧之奸。

是年九月，以朱胜非为尚书右仆射，同平章事，兼知枢密院事。颐浩、胜非俱不满意于张浚，乃以王似为川陕宣抚处置副使。召浚还行在，罢其兵柄，居之福州。三年九月，颐浩免。四年三月，以赵鼎（解州闻喜人，今山西河东道闻喜县）参知政事。会刘豫与金人联兵入寇，胜非力求去。是年九月，罢胜非，以鼎为尚书右仆射，同平章事，兼知枢密院事。金兵日迫，群臣劝帝他幸，散百司以避之。鼎曰：“战而不捷，去未晚也。”帝以为然，遂议亲征。史馆校勘喻樗谓鼎曰：“六龙临江，兵气百倍。然公自度此举果出万全乎？抑姑试一掷也。”鼎曰：“中国累年退避不振，敌情益骄，义不可更屈。故赞上行耳。”樗曰：“然则当思归路耳。张德远有重望，若使宣抚江淮荆浙福建，俾以诸道兵赴阙，则其来路即朝廷归路也。”鼎然之，入言于帝。遣使召浚于福州，拜知枢密院事，使视师江上。鼎奉帝亲征，次于平江。诸大将韩世忠、岳飞等屡破金兵。金人闻浚至，乃引还。五年二月，帝还临安，以鼎、浚为尚书左右仆射，并同平章事，兼知枢密院事，都督诸路军马。浚常处外，与诸大将联络，经略中原。六年十二月，罢鼎知绍兴府，于是浚遂独相。

秦桧自被斥后，会与金议和，稍复其官。又以张浚荐，授醴泉观使，兼侍读。绍兴六年，刘豫遣兵入寇，帝自将幸平江，为诸将声援。濒行，以桧为行营留守，参决尚书省枢密院事。七年，授枢密使。于是桧复入政府。是年八月，淮西副统制郦琼杀都督府参议军事吕祉，拥众叛降刘豫。张浚自以措置乖方，引咎辞职。帝问谁可代者，且曰：“秦桧何如?”浚曰：“近与共事，方知其暗。”帝曰：“然则用赵鼎耳。”乃罢浚，而以鼎为尚书左仆射，同平章事，兼枢密使。

是年闰十月，金人废刘豫。是时王伦复奉使如金，金人遣伦还。许还徽宗帝后梓宫及帝生母韦太后，且许归河南地。帝大喜，复使伦如金，奉迎梓宫。

初，张浚常与赵鼎论人才，浚极称桧善。鼎曰：“此人得志，吾辈无所措足矣。”及鼎再相，桧在枢密，一惟鼎言是从。鼎由是深信之，言桧可在任于帝。八年三月，复以桧为尚书右仆射，同平章事，兼枢密使，与鼎并相。制下，朝士相贺，独吏部侍郎晏敦复有忧色曰：“奸人相矣。”闻者皆以其言为过。

第三节 王伦之议和

是年五月，王伦偕金使来，许还河南、陕西地。秦桧复请遣伦如金，定和议。左正言辛次膺上书力谏，不报。

参知政事刘大中，与赵鼎不主和议，秦桧忌之，荐萧振为侍御史，劾大中，罢之。帝意不乐鼎，给事中勾涛因诋鼎结台谏及诸将，鼎引疾求退。是年十月，罢鼎知绍兴府。鼎入辞，言于帝曰："臣去后，必有以孝悌之说胁制陛下者。"将行，桧率执政饯之。鼎不为礼，一揖而去。桧益憾之。桧知帝意不移，始出文字，乞决和议。引勾龙如渊为御史中丞，相与排斥异议者，稍稍逐之。

是月，金以张通古为江南诏谕使，来言归河南陕西地。至临安，要帝待以客礼。诏秦桧摄冢宰，诣馆受书。礼部侍郎兼直学士院曾开当草国书，辨视体制非是，论之，不听。遂请罢，改兼侍读。于是开与从官张焘、晏敦复等二十人，皆上书极言不可和。枢密院编修官胡铨抗疏，请诛王伦、秦桧及参政孙近。桧以铨狂妄凶悖，鼓众扶持，贬铨监广州都盐仓。枢密副使王庶（庆阳人）力言金不可和，诏罢庶知潭州。故相李纲时在福州，张浚在永州，皆上疏力争，不报。淮东京东宣抚使韩世忠、湖北京西宣抚使岳飞亦先后上疏力争，亦不报。

九年三月，金人来归河南陕西地。诏以王伦为东京留守，交割地界。遣判大宗正寺事士㒟、兵部侍郎张焘，诣河南修奉陵寝。自永昌（宋太祖陵）而下，皆遇发掘，而哲宗陵至暴露。焘还临安，上奏曰："金人之祸，上及山陵。虽殄灭之，未足以雪此耻复此仇也。必不可恃和盟而忘复仇之大事。"帝问诸陵寝如何，焘不对，惟言"万世不可忘此贼"。帝默然。秦桧患之，出焘知成都府。权吏部尚书晏敦复力诋和议之非，黜知衢州。

第四节　金人之败盟 顺昌之捷 郾城之捷

初，刘豫之废也，金左副元帅达赉还自河南，请以废齐之地与宋。太师领三省事博勒郭、左丞相额尔衮（旧作讹鲁观）皆以为然。太傅领三省事干布争之，不听。九年七月，博勒郭、额尔衮、达赉相继以谋反诛。右副元帅乌珠言于金熙宗，谓“达赉等主张割地与宋，必有阴谋。今宋使在汴，勿令逾境”。王伦在汴，闻其言，乃解留钥授新任留守孟庾，自将使指诣金议事。行至中山，金人执之。

是时秦桧议撤淮南守备，夺诸将兵权。参知政事李光极言“戎狄狼子野心。和不可恃，备不可撤”。复折桧于帝前曰：“观桧之意，是欲壅蔽陛下耳目，盗弄国权，怀奸误国。不可不察。”桧大怒。是年十二月，出光知绍兴府，旋改提举洞霄宫。

绍兴十年五月，乌珠、萨里干等分道入寇，复陷河南、陕西州郡。陕西都统制吴璘击败萨里干于扶风（今关中道扶风县），田晟破其兵于泾州，萨里干走凤翔。东京副留守刘锜率所部八字军赴任。至顺昌（今淮泗道阜阳县，即故颍州府），遇乌珠前锋，击破之。乌珠大怒，自引兵十万来攻。锜激厉士卒，以寡敌众，大败之。乌珠走还汴，湖北京西宣抚使岳飞遣部将李宝、牛皋等，连败金兵于京西。自引大兵长驱深入，收复河南州郡，败乌珠于郾城（今开封道郾城县），追至朱仙镇（在今开封道开封县城南），大破之。遣使修治诸陵。两河豪杰，往往举兵遥应飞。父老百姓，争挽车牵牛，载糗粮以馈军。自燕以南，金人号令不行。乌珠欲佥乡军以抗飞，河北无一人应者。金人多不能制其下，皆密受飞旗榜，陆续来降。飞大喜，谕其下曰：“当直抵黄龙府，与诸君痛饮尔。”方指日渡河。而秦桧欲画淮以北与金和，讽台臣请班师。飞上书力争。桧知飞志锐不可回，乃先请诸将张浚、杨沂中归，而后上言飞孤军难久留。飞一日奉十二金字牌，乃惋愤泣下曰：“十年之功，废于一旦。”乃自郾城引兵还，所得州郡复陷。次年（绍兴十一年），乌珠复大举南寇，破寿春，入庐州。杨沂中、刘锜败之于橐皋（镇名，在今安庆道巢县西北），遂复庐州。

秦桧力主和议，恐诸将难制，欲尽收其兵权。给事中范同（建康人）献计于桧，请除淮东宣抚使韩世忠、淮西宣抚使张俊、湖北京西宣抚使岳飞枢府，则兵柄自解。桧喜，奏请征三大将入朝，以世忠、俊为枢密使，飞为副使。旋罢三宣抚司，以其兵隶御前。解刘锜兵柄，命知荆南府。进桧尚书左仆射，以同参知政事。

第五节 岳飞之狱

岳飞素以恢复为己任，不肯附和议。刘豫之南寇也，飞败其兵于唐州(今汝阳道唐县)，恢复河南西部州郡。上书请进兵恢复中原，帝不许，飞乃还鄂。绍兴七年，飞上书，谓“钱塘僻在海隅，非用武地。愿建都上游，亲率六军往来督战，庶将士知圣意所向，人人用命”。不报。刘豫之废也，飞奏：“乘废豫之际，捣其不备，长驱以取中原。”不报。和议之成也。飞上言：“金人不可信，和好不可恃，相臣谋国不臧，恐贻后世讥。”秦桧衔之，及赦文至鄂，飞又上疏力陈和议之非，至有“愿定谋于全胜，期收地于两河。唾手燕云，终欲复仇而报国；誓心天地，尚令稽首以称藩”之语。桧益怒，遂成仇隙。和议成，例加爵赏。飞加开府，仪同三司，力辞，言“今日之事，可危而不可安，可忧而不可贺。可训兵饬士，谨备不虞。而不可论功行赏，取笑敌人”。三诏，不受。帝温言奖谕之，飞不得已，受命。士㒟、张焘诣河南修奉陵寝，飞请以轻骑从洒扫，实欲观衅以伐谋。桧忌飞成功，白帝不许。郾城之捷，乌珠大恐，欲弃汴北走。有书生扣马曰：“太子毋走，岳少保且退矣。自古未有权臣在内，而大将能立功于外者。岳少保身且不免，况欲成功乎！”乌珠悟，遂留不去。飞还至鄂，力请解兵柄。不许。乌珠遗桧书曰：“汝朝夕以和请，岳飞方为河北图。必杀飞，始可和。”桧亦以飞不死，终梗和议，己必及祸，遂讽中丞何铸(余杭人)、侍御史罗汝楫、谏议大夫万俟卨(开封阳武县人)交章论飞。罢为万寿观使，奉朝请。

张俊素忌飞。桧与俊谋，诬飞部将张宪谋据襄阳，还飞兵柄。逮宪至临安，矫诏下飞及其子云于大理寺狱。命何铸与大理卿周三畏鞫之。铸察其冤，白桧。桧曰："此上意也。"铸曰："铸岂区区为岳飞者。强敌未灭，无故戮一大将，失士卒心，非社稷之长计。"桧语塞，乃改命万俟卨。大理寺卿薛仁辅、寺丞李若朴、何彦猷皆言飞无辜。判宗正寺事齐安王士㒟请以百口保飞无他，且曰："中原未靖，祸及忠义，是忘二圣，不欲复中原也。"皆不听。韩世忠心不平，诣桧诘其实。桧曰："飞子云与张宪书虽不明，其事莫须有。"世忠曰："莫须有三字，何以服天下也！"

十一年十月，以魏良臣为金国禀议使，奉表请和于金。韩世忠深以和议为不然，抗疏言秦桧误国之罪。桧讽言官论之，罢为醴泉观使，家居十年而卒。

是年十一月，乌珠遣使与魏良臣偕来。议以淮水为界，京西割唐、邓二州，陕西割商秦之半，及陇西成纪余地。弃和尚、方山二原，以大散关（在今陕西关中道宝鸡县西南）为界。岁贡银绢各二十五万，仍许归梓宫太后。帝悉从其请。以何铸签书枢密院事，奉表称臣于金。

十二月，秦桧使人杀岳飞于大理狱。云与张宪皆弃市。幕属于鹏等从坐者六人。籍飞家赀，徙之岭南。薛仁辅、李若朴、何彦猷皆免官。放齐安王士㒟于建州，卒于配所。布衣刘允升上书讼飞冤，下大理狱死。凡傅成其狱者皆进秩。何铸还自金，桧恨其不傅会岳飞之狱，讽万俟卨论其过，责授秘书少监，安置徽州。

初，知商州（今陕西关中道商县）邵隆在州十年，披荆榛瓦砾以为治，招徕流散，屡破金兵。值和议成，割商与金，隆常怏怏。徙知金州。尝以兵出虏境，秦桧恨之，徙知叙州（今四川永宁道宜宾县，即故叙州府），阴使人鸩杀之。

十二年，金遣使来。以衮冕册帝为大宋皇帝。归徽宗、郑太后及皇后邢氏之丧，送帝生母韦太后还临安。自是两国信使往来不绝。诏加秦桧太师，封魏国公，旋进封秦魏两国公。桧以封两国与蔡京同，辞不拜。

和议已成，秦桧自以为功。惟恐人议己，起文字之狱，以倾陷善类。附势干进之徒，承望风旨，有一言一句稍涉忌讳者，无不争先告讦。异议之人如赵鼎、张浚等，贬窜殆尽。揽权十有八年，高宗仰成而已。尝书赵鼎、李光、胡铨三人姓名于阁，必欲杀之。鼎已窜死于海南，而憾不已。二十五年八月，下鼎子汾狱。使汾自诬与张浚、李光、胡铨、胡寅等五十三人谋大逆，将骈诛之。十月，桧病死，始得免。

参考书

《中国历代党争史》(第七章)　自著

《廿二史劄记》(卷二十六 和议 秦桧文字之祸)　赵翼

第十二章　海陵王之南侵

秦桧排群议而主和，为清议所不与。而意外所得之良结果有二：其直接之结果，则宋之士民，休养二十年，文化因而大进；其间接之结果，则金之君臣，狃于和平，渐染中国文化，以减杀其武力是也。兹述其事迹如下。

第一节　完颜亮之弑逆

金熙宗之初即位也，博勒郭、干布、尼玛哈握政柄，乌珠、达赉主兵柄，国势甚强。既而尼玛哈卒。博勒郭、达赉相继以谋反诛。干布、乌珠为将相，虽国家多故，而吏清政简，百姓乐业。既而干布、乌珠相继卒，皇后费摩氏（旧作裴满氏）干政。熙宗为后所制，内不能平。因纵酒自遣，屡酗怒杀从臣。于布子亮为平章政事，为人悍急猜忌，残忍任数。自以与熙宗同为太祖之孙，常怀觊望。明安（官名，犹清八旗之都统）萧裕附和之，遂谋篡位。绍兴十九年十月，亮谗杀皇弟胙王常胜及札拉（旧作查剌）。帝积怒于后，亦并杀之。十二月，亮作乱。弑帝而自立，是为废帝。

亮即位后，残忍暴虐。杀太宗子孙七十余人，尼玛哈子孙三十余人，诸宗室五十余人，太宗及尼玛哈后皆绝。又杀左副元帅萨里干等，夷其族。复杀舍音子孙百数十人、宋辽宗室百三十余人。宗室被杀者，纳其妇女为妃妾，诸从姊妹充满后宫。荒秽淫乱，无复人理。复欲灭宋，开一统之业。尝因遣使，密隐画工，俾写临安湖山以归。题诗其上，有“立马吴山第一峰”之句（原诗曰：万里车书盍混同，江南岂有别疆封？提兵百万西湖上，立马吴山第一峰）。绍兴二十三年三月，迁都于燕。二十九年二月。籍诸路女真契丹奚人，凡二十四万。又佥中都南都中原渤海丁壮，凡二十七万，皆令为兵。虽亲老丁多，亦不许留侍。三十一年七月，大括民马，令户自养以俟，营汴宫徙居之。

第二节　采石之战

是年九月，率师六十万，大举南侵。嫡母图克坦太后谏，亮弑之以威众。是时诸宿将已零落殆尽，朝廷以吴璘为四川宣抚使，起刘锜为江淮浙西制置使，屯扬州以拒金。是年十月，亮前锋渡淮。锜进军楚州（今淮扬道，故淮安府）以拒之。都统制王权措置制西，违锜节制，兵溃于昭关。亮遂入庐州。权退保和州。锜闻警，引还扬州。金分兵陷真州（今江苏淮扬道仪征县）。扬州不能守。锜退屯瓜洲，金人来追。锜拒战于皂角林（在今淮扬道江都县城南），大破之。

是时陈康伯为首相，奉帝亲征。以知枢密院事叶义问督视江淮军马，中书舍人虞允文参赞军事。时刘锜病甚，求解兵柄，留其侄中军统制汜塞瓜洲，诏锜还镇江。于是两淮之地皆失。十一月，叶义问至镇江，见锜病剧，以都统制李横权总锜军，与汜渡江击金兵，败绩。横、汜仅以身免，义问走建康。

是时亮已破和州，王权退屯采石（矶名，在今安徽芜湖道当涂县西北二十里牛渚山下突入江之处）。朝廷罢权，以李显忠代之，命虞允文往犒师。时权已去，显忠未来。军士三五星散，解鞍束甲，毫无斗志。亮自引大兵济江，直趋采石。允文见势危急，遂立召诸将，勉以忠义，督率军士迎敌。列大阵不动，分戈船为五以待金兵。敌船大至，官军以海鳅船冲沉之。敌半死半战，日暮未退。会有溃卒自光州至，允文授以旗鼓，从山后转出。敌疑援兵至，始遁。允文命劲弩尾击追射，大破之。亮退趋扬州。会闻从弟曹国公乌噜（旧作乌禄）已自立于辽阳，乃召诸将约以三日济江，否则尽杀之。诸将骇惧，共推浙西都统制耶律元宜为主，举兵弑亮。遣人持檄诣镇江军议和，遂引军北还。亮在位十二年而亡，金廷追废亮为海陵炀王。

第三节　符离之溃

曹国公乌噜者，金太祖之孙，许王鄂尔多之子，亮之从弟也。性仁孝沉静，众心归之。初封噶王，为济南尹。妃乌凌噶氏仪容整肃，废帝亮悦而召之，妃虑不行则王必及祸，及奉诏而行，中途自杀。后转东京留守，例降封为国公。废帝亮之南侵也，明安完颜福寿、总管默音、穆昆（官名，犹清八旗之佐领）金柱等，率众二万余人，亡归辽阳，奉乌噜即位，是为世宗。下诏暴扬亮罪恶。亮遇弑后，刘锜旋卒。朝廷以成闵（邢州人，今直隶大名道邢台县）、李显忠（绥德军青涧人，今陕西榆林道清涧县）、吴拱为淮东、淮西、京湖三路招讨使，与吴璘等分路北伐，恢复两淮州郡与唐、邓、海、泗及陕西十三州（河原、秦、陇、洮、环、巩、熙、河、兰、商、虢、陕、华）。中原豪杰，多起兵据地应宋。次年（绍兴三十二年，西历纪元一一六二年），金世宗下诏，罢南征之兵，遣使来修好，朝廷报书用敌国礼。

是时帝年已高，还京以后，亟欲内禅。是年六月，传位于太子昚（音慎），是为孝宗，尊帝为太上皇帝。孝宗旧名伯琮，本秦王德芳六世孙，秀安懿王子称之子也。初，太祖以国授太宗，约兄弟相传，仍及于其子。太宗背之，而自传其子孙。至徽宗时，独推濮王后裔以为近属。太祖之后皆零落，仅同庶民。汴京陷时，太宗子孙皆为金人所虏。徽宗之子九人，惟余高宗。高宗早丧太子旉，后竟无子。高宗选太祖后，得伯琮，养于宫中，称皇子，封建王，更名玮。遂立为皇太子，更名昚，遂即位。

孝宗性英果，即位以后，锐意恢复。起张浚于废籍，拜为江淮宣抚使。次年（隆兴元年）正月，授枢密使，都督江淮军马，开府建康。金世宗以朝廷不肯称臣，乃命仆散忠义为都元帅，赴南京节制诸军，纥石烈志宁为副元帅，驻军淮阳（今开封道淮阳县，即故陈州府）。谕以“宋若归侵疆，贡礼如故，则可罢兵”。忠义聚兵十万于河南，声言规取两淮。志宁以书抵浚，欲凡事一依熙宗以来故约。且遣将分屯灵壁（县名，旧属凤阳府，今属淮泗道）、虹县（县名，今淮泗道泗县），积粮修城，为南攻计。是年四月，浚遣李显忠、邵宏渊分道北伐。显忠破金偏师，复灵壁。遂会宏渊复虹县，进克宿州（今淮泗道宿县）。志宁引兵来攻，显忠以所部力战。宏渊嫉显忠功，按兵不动，日以浮言摇惑军心。显忠击金前锋，破之。宏渊先引所部退，诸将皆遁。显忠不得已，引还。至符离（今宿县符离集），军溃，死者甚众。浚上书自劾，朝廷贬浚官。复以秦桧党汤思退（处州人）为相。思退主和，二年七月，尽撤两淮边备。金兵复渡淮，陷楚州，进逼扬州。朝廷以杨存中（即沂中改名）都督江淮军马。罢思退，复以陈康伯为相，遣使与金议和。

先是两国遗书，用君臣之礼。金曰下诏，宋曰奉表。大宋去大字，皇帝去皇字。金使来廷，则皇帝起立，问金主起居，降坐受诏。馆伴之属，皆拜金使。朝使至金，自同陪臣。孝宗遣淮西安抚斡办官卢仲贤、金国通问所审议官胡昉、宗正少卿魏杞等，前后三次，使金议和约。始改为叔侄之国，得称皇帝。改诏表为国书，易岁贡为岁币。减银绢各五万（各二十万两匹）。地界如熙宗之时。而余礼竟不能尽改。孝宗屡请改受书仪，且还河南陵寝地。世宗不许。

第四节　金世宗、宋孝宗之治

世宗贤明仁恕，金人号为小尧舜。龙潜时，夫人乌凌噶氏守节而死，世宗追册曰昭德皇后，终身不立后。雅尚俭素，宫中之饰，不用黄金。或有兴造，即捐宫人岁费以充之。诫宗戚当务俭约，无忘祖宗艰难。尝谓从官曰："女真旧风最为纯直。汝等当习学之，不可忘也。"遂禁女真人学南人之衣饰。命学士以女真字译经史，令京府设学养士。又建女真太学。宋钦宗卒于海陵末年，世宗葬以一品礼。宋辽宗室死者，皆葬之巩洛（今河洛道巩县西南洛水上，宋诸陵在焉）、广宁（府名，属北京路，辽诸陵所在，今辽宁辽沈道北镇县，即故锦州府广宁县）旧陵。最用心民治、慎守令之选，严廉察之责、罢诸关征，去金银坑冶之税，不禁民采。群臣守职，上下相安。刑部断死罪，至岁或十七人。在位二十八年，民富国强，夷藩宾服。金史所载《嘉谟懿训》甚详，较《贞观政要》更多数倍。

孝宗英明，尝有报金之志。值北方隆盛之运，无衅可乘而止。然金人易宋之心，寖异前时，南北讲和，各治其国，生民由此暂得休息。孝宗以远族入继大统，事高宗孝养备至。淳熙十四年九月，高宗崩，哀慕忧切。欲退终丧制，乃议内禅。十六年（西历纪元一一八九年）二月，帝传位于太子。太子惇即位，是为光宗。尊孝宗为寿皇圣帝，凡在位二十七年。

第十三章　伪学之禁

政争之剧烈，党祸之频繁，为有宋一代特色。政治上有党祸，学术上亦有党祸。学术上之党祸，时常随政治上之党祸为转移。政治上占优胜地位者，其学术常为社会所尊崇。政治上居劣败地位者，其学术常为社会所鄙弃。以政治上之实力左右学术，崇拜其人者，并其学术而提倡之；鄙夷其人者，并其学术而禁锢之。此种局面，实创始于宋，前此所未闻也。北宋政治上之党祸，始于王安石之创行新法，终于蔡京之排斥正人，而北宋以亡。南宋政治上之党祸，始于汪、黄之反对李纲、宗泽，甚于秦桧之谋害赵鼎、张浚、岳飞。而南宋以弱，学术上之党祸，始于蔡京排斥元祐诸贤，禁其学说，甚于秦桧之禁绝程学。及韩侂胄当国，反对朱子，并其门人与私淑弟子一同禁锢之，号为伪学，而其祸极矣。盖权相最不满意于清议。书生好持正论，动辄招权相之忌，目为朋党。只能排斥政界诸人，学界之莘莘士子无恙，其主持清议自若也。惟称以伪学，则教育家、著述家、研究家，胥在朝在野，皆包括于其内，而一网打尽矣。兹述其事迹如下。

第一节　伪学之禁以前，王学派与程学派之倾轧

初，神宗笃意儒学，从王安石议，罢诗赋及明经诸科，专以经义论策

试士。增修太学。安石与其子雱及吕惠卿训释《诗书》、《周礼》，颁于学官，号曰三经新义。主司纯用以取士，先儒传注一切废弃。是为以国力推行王学之始。又罢《春秋》不列于学官。安石又以字学久不讲，作字说以进。多穿凿附会，糅杂佛老。

哲宗元祐中，旧党内阁成立，罢新法。立十科取士法，置春秋博士。禁科举引用字说及佛老之书。解经参用诸儒学说，毋得专取王氏。又复诗赋，与经义并行，立为两科。于是王氏学说受一打击。

绍述之论起，罢十科举士法。诏进士罢诗赋，专习经义。除字说之禁，复废春秋科。国子监请以安石所撰字说洪范传，及王雱论语孟子义，刊板传学者。学校学子之文靡然从之，于是王学复盛。

徽宗崇宁中，再倡绍述。蔡京当国，罪状元祐诸贤，谓之奸党。禁其学术。毁范祖禹、唐鉴及三苏、黄庭坚、秦观文集。言者谓故直秘阁程颐邪说诐行，惑乱众听。而尹焞、张绎为之羽翼，诏河南府悉逐学徒。其所著书，令监严危加觉察。是为以国力排斥程学之始。寻以安石配享孔子，位次孟子，追封舒王。子雱为临川伯，从祀孔庙。宣和中，再禁元祐学术。举人传习者以违制论。闽人印造司马光等文集，诏毁其版。有收藏习用苏、黄之文者，并令焚毁。犯者以大不恭论。

靖康难起，始除元祐党籍学术之禁。复置春秋博士，禁用王氏字说。国子祭酒杨时上书，谓“安石著为邪说，以涂学者耳目，败坏其心术。伏望追夺王爵，明诏中外，毁去配享之像，使邪说淫辞不为学者之惑”。诏罢安石配享，降居从祀之列。于是王氏学说又受一次打击。是时诸生习用王氏学以取科第者已数十年，忽闻杨时目为邪说，群论籍籍。御史中丞陈过庭、谏议大夫冯澥上疏诋时。诏罢时祭酒，改给事中。时力辞，遂以徽猷阁待制致仕。

高宗即位，科举兼用经义诗赋，复十科取士法。是时王学、程学并行于朝野。而程门诸子杨时、尹焞等为世所重。吏部员外郎陈公辅不喜专门之学，上疏言："安石政事坏人才，学术坏人心。三经字说，诋诬圣人。破碎大道，非一端也。《春秋》正名分，定褒贬，俾乱臣贼子惧。安石使学者不治《春秋》。史汉载成败安危存亡理乱，为世龟鉴。安石使学者不读史汉，扬雄不死王莽之篡，而著剧秦美新之文。安石乃曰合于孔子无可无不可之义。冯道事四姓八君，安石乃曰：'善避难以存身。使公卿皆师安石之言，宜其无气节忠义也。'"疏入，帝大喜，授左司谏。公辅复上书，言："今世取程颐之说，谓之伊川之学。相率从之，倡为大言。谓尧舜文武之道传之仲尼，仲尼传之孟轲，孟轲传之颐，颐死遂无传焉。狂言怪语，淫说鄙论，曰此伊川之文也。幅巾大袖，高视阔步，曰此伊川之行也。师伊川之文，行伊川之行，则为贤士大夫。舍此皆非也。乞禁止之。"遂诏："士大夫之学，宜以孔孟为师。庶几言行相称，可济时用。"时方召尹焞为崇政殿说书，胡安国提举万寿观兼侍读。安国闻公辅乞禁程氏学，乃上疏言："孔孟之道不传久矣，自颐兄弟始发明之，然后知其可学而至。今使学者师孔孟，而禁从颐学，是入室而不由户也。夫颐于易、因理以明象，而知体用之一原。于《春秋》见于行事，而知圣人之大用。诸经语孟，皆发其微旨，而知其入德之方。则狂言怪语，岂其文哉。孝弟显于家，忠诚动于乡，非其道义，一介不以取与，则高视阔步，岂其行哉。自嘉祐以来，西都有邵雍、程颢及其弟颐，关中有张载，皆以道德名世。著书立言，公卿大夫所钦慕而师尊之。及王安石、蔡京等曲加排抑，故其道不行。望下礼官，讨论故事。加以封爵，载在祀典。仍诏馆阁搜其遗书，羽翼六经。使邪说者不得作，而道术定矣。"疏入，公辅与中丞周秘、侍御史石公揆交章论安国学术颇僻，除知永州。安国辞不就，旋以尹焞提举万寿观，兼侍讲。焞辞不拜。

和议既定，诏诸州修学宫。又建太学，养士七百人。别立宗学以教诸宗子，盖秦桧以之粉饰太平也。桧恶士论不服己，力摈正人。右正言何若希桧旨，上书指程颐、张载遗书为专门曲学，请戒内外师儒之官，力加禁绝，桧从之。自是程学为世大禁者十余年。及桧死，始解。

第二节　道学之禁

自程颢、程颐学于周敦颐，自谓传孔孟千载之学。其门人杨时传之罗从彦，从彦传之李侗。朱熹师侗，其书大要格物以致其知，反躬以养其性，而以居敬为主，盖本于二程之说，而发挥光大之，故尤有盛名。流俗丑正多不便之，遂有道学之目，阴以攻诋。孝宗即位，熹应诏上书陈时政得失。宰相汤思退方主和议，不悦熹。除武学博士，旋罢归。陈俊卿、刘珙、梁克家秉政，屡荐熹，授枢密院编修官，辞不就。淳熙三年（孝宗十四年），召熹为秘书郎，复力辞不至。史浩秉政，荐熹知南康军（今江西浔阳道星子县）。再辞，不许，乃就职。值岁不登，讲求荒政，多所全活。五年，侍御史谢廓然请禁有司毋以程颐、王安石之说取士。秘书郎赵彦中复上疏排斥洛学，帝从之。七年，以熹提举江西常平茶盐。八年，浙东大饥。宰相王淮荐熹，改提举浙东常平茶盐，熹单车之任。凡政有不便于民者，悉厘革之。郡县官吏惮其风采，至自引去，所部肃然。行部至台州（今浙江会稽道临海县），知州唐仲友为其民所讼。熹按得其实，上疏劾之。而仲友与王淮同里（浙江金华人），且为姻家，已除江西提刑，未行而熹论之。淮匿其章不以闻，熹论益力，章前后六上。淮不得已，九年九月，夺仲友江西新命以与熹。熹辞不拜。淮深怨熹，欲阻其进用。十年六月，吏部尚书郑丙、监察御史陈贾希淮旨，请禁道学。帝从之。由是学道之名贻祸于世。直学士院尤袤言于帝曰："道学者，尧舜所以帝，禹汤文武所以王，周公孔孟所以设教，近立此名诋訾士君子。故临财不苟得，所谓廉介；安贫守道，所谓恬退；择言顾行，所谓践履；行已有耻，所谓名节；皆目之为道学。此名一立，贤人君子欲自见于世，一举足且入其中，俱无得免。此岂盛世所宜有，愿循名责实，听言观行，人情庶不怀于疑似。"帝不能从。

十五年，王淮罢。右丞相周必大荐熹，征入奏事。或要于路曰：“正心诚意之论，上所厌闻。慎勿复言。”熹曰：“平生所学惟此四字，岂可隐默以欺吾君乎。”及人对，除兵部郎官。兵部侍郎林栗论“熹本无学术，徒窃张载、程颐之绪余。为浮诞宗主，谓之学道。绳以治世之法，则乱人之首也”。帝不悦，出熹为江西提刑。周必大与左补阙薛叔似、太常博士叶适皆上书代熹剖辨。侍御史胡晋臣复上疏劾栗：“喜同恶异，无事而指学者为党。”乃出栗知泉州（今福建厦门道晋江县），熹亦力辞不拜。

光宗即位，殿中侍御史刘光祖上疏，乞禁讥议道学者。是年，廷试举人。婺州进士王介策亦言：“今之所谓道学者，即世之君子正人也。君子正人之名不可逐，故设为此名，一网去之。圣明在上，而天下以道学为讳，将何以立国哉?”帝嘉叹，擢为第三。由是道学之讥少阻。绍熙四年，以熹知潭州（今湖南湘江道长沙县）。

第三节　光宗之内禅 韩侂胄之进身

光宗皇后李氏者，庆远节度使道之女。高宗时，光宗封恭王，聘为妃，生嘉王扩。后性妒悍，常诉帝左右于高宗及寿皇。高宗不怿，寿皇亦屡训敕，后深以为憾。及帝即位，后恣横弥甚。常因内宴，请立嘉王扩为太子。寿皇不许。后曰：“妾，六礼所聘。嘉王妾亲生也，何为不可?”寿皇大怒，后退持嘉王泣诉于帝，谓寿皇有废立意。帝惑之，遂不朝寿皇。后又以黄贵妃有宠，因帝祭太庙，宿齐宫，阴杀贵妃，以暴卒闻。翌日，合祭天地，风雨大作，黄坛烛尽灭，不能成礼而罢。帝悲哀震惧，遂成心疾，多不视朝，政事多决于后。

绍熙五年（光宗五年、西历纪元一一九四年）正月，寿皇寝疾。群臣请帝省视，不报，而与后幸玉津园。六月，寿皇崩，帝称疾不出治丧。丞相留正请立嘉王扩为太子，代行丧礼，不许。知枢密院事赵汝愚密建内禅之意，遣知阁门事韩侂胄入奏太皇太后吴氏（高宗后，侂胄琦五世孙，太后女弟之子也），请太皇太后垂帘，引嘉王扩入即位，是为宁宗。尊光宗为太上皇帝，立侂胄从女韩氏为皇后。侂胄欲推定策功，汝愚曰："吾宗臣，汝外戚也。何可以言功？"乃加侂胄汝州防御使，侂胄大失望。然以传导诏旨，寖见亲幸，时时乘间窃弄威福。

第四节　伪学之禁 朱熹之免官 赵汝愚之冤死 吕祖俭、蔡元定、吕祖泰之远窜

先是帝在嘉王府时，翊善黄裳，直讲彭龟年数称道朱熹之贤，帝心向慕之。至是赵汝愚首荐熹，乃召为焕章阁待制，兼侍讲。是时韩侂胄寖谋预政，留正每裁抑之。侂胄怒，间之于帝，罢正知建康府（今江苏江宁县）。引其党刘德秀、刘三杰等居言路，相与排斥正人。右正言黄度将上疏论之，侂胄觉其意，出度知平江府（今江苏吴县）。朱熹忧其害政，每因进对，为帝剀切言之。侂胄怒，使优人峨冠阔袖，象大儒，戏于帝前。因乘间言熹不可用。罢熹经筵。赵汝愚廷诤，帝不省。中书舍人陈傅良封还录黄，起居郎刘光祖、起居舍人邓馹、御史吴猎、吏部侍郎孙逢吉、监登闻鼓院游中鸿交章留熹，皆不报。傅良、光祖亦坐罢，旋进侂胄枢密都承旨。侍讲彭龟年条奏其奸，请去之，诏出龟年于外。郡给事中林大中、中书舍人楼钥缴奏以为非是，不听。参知政事陈骙持不可，并罢骙而以侂胄党京镗代之。

侂胄欲去赵汝愚而难其名，谋于京镗。镗曰："彼宗姓也（汝愚太宗子楚王元佐七世孙）。诬以谋危社稷，则一网打尽矣。"侂胄然之。以秘书监李沐尝有怨于汝愚，引为右正言。使奏"汝愚以同姓居相位，将不利于社稷"。庆元元年（宁宗元年）二月，罢汝愚提举洞霄宫。直学士院郑湜坐草制词无贬词，免官。兵部侍郎章颖、国子监祭酒李祥、知临安府徐谊、国子博士

杨简皆抗章请留汝愚。李沐劾为党，皆斥之。太府寺丞吕祖俭上书诉赵汝愚之忠，并论朱熹老儒，彭龟年旧学，李祥老成，不当罢斥。语侵韩侂胄。有旨“祖俭朋比罔上”。送韶州（今广东岭南道曲江县）安置。中书舍人邓馹缴奏祖俭不当贬，不从。中书舍人楼钥因进讲读论及之。侂胄语人曰：“复有论奏祖俭者，当处以新州（今广东粤海道新兴县）。”众乃不敢复言。太学生杨宏中、周端朝、张衜（古文，道字）、林仲麟、蒋傅、徐范等六人伏阙上书，诉赵汝愚之冤，论李沐之诬罔，请窜沐以谢天下，召还李祥杨简以收士心。疏入，诏宏中等罔乱上书，煽摇国是。悉送五百里外编管。

汝愚既斥，侂胄之权益盛。士大夫素为清议所摈者，乃教以“凡相与异者，皆道学之人也”。阴疏姓名授之，俾以次斥逐。或又言：“以道学目之，则有何罪，当名曰伪学。”盖谓贪黩放肆乃人真情，廉洁好修者皆伪耳。由是有伪学之目，善类皆不自安。是年六月，右正言刘德秀希侂胄旨，上疏请考核真伪以辨邪正。诏下其章，由是国子博士孙元卿、袁燮、国子正陈武皆罢。国子司业汪逵上章辨白，德秀以逵为狂言，并免其官。中丞何澹急欲执政，亦上疏言：“专门之学流而为伪，空虚短拙，文诈沽名。愿风厉学者，专师孔子，不必自相标榜。”诏榜于朝堂。吏部郎官縻师旦希旨，复请考核真伪，迁左司员外郎。又有张贵模者，指沦太极图，亦被赏擢。于是草茅之士，热中富贵者，皆知朝廷意旨所在，争掊击正人，以干禄求进矣。

韩侂胄忌赵汝愚，必欲置之死地。中丞何澹、监察御史胡纮希旨论之。是年十一月，窜汝愚于永州（今湖南衡阳道零陵县）。当制舍人汪义端、迪功郎赵师召希旨，请杀汝愚。帝不许。二年正月，汝愚行至衡州（今湖南衡阳道衡阳县），疾作。衡守钱鍪承侂胄密谕，窘辱百端，汝愚暴卒。天下闻而冤之。

是年二月，以端明殿学士叶翥与刘德秀同知贡举。翥等奏言：“伪学之魁，以匹夫窃人主之柄，鼓动天下。故文风不能丕变。乞将语录之类尽行除毁。”故是科取士，稍涉义理者，悉皆黜落。《六经》、《语》、《孟》、《中庸》、《大学》之书为世大禁。以何澹参知政事，叶翥签书枢密院事。

中书舍人汗义端引唐李林甫故事，以伪学之党皆名士，欲尽除之。太皇太后闻而非之。帝乃诏“台谏给舍论奏，不必更及书事，务在平正，以副朕建中之意”。诏下，韩侂胄及其党皆怒。刘德秀与御史张伯垓、姚愈等上疏力争以为不可，乃改“不必更及书事”为“不必专及旧事”。自是侂胄与其党攻治之意愈急矣。殿中侍御史黄黼上言：“治道在黜首恶而任其贤，使才者不失其职，而不才者无所憾。故仁宗常曰：朕不欲留人过失于心。此皇极之道也。”疏上，忤侂胄意，免其官。太常少卿胡纮上书，请禁用伪学之党。诏宰执权住禁拟。大理司直邵裒然言：“三十年来，伪学显行，场屋之权尽归其党。乞诏大臣审察其所学。”诏伪学之党，勿除在内差遣。已而言者又论伪学之祸，乞鉴元祐调停之说，杜其根源。遂诏监司帅守荐举改官。并于奏牍前，声说非伪学之人。会乡试漕司（即诸路转运使）前期取家状，必令书以不是伪学五字。

是时台谏皆韩侂胄所引，汹汹争欲以熹为奇货，然无敢先发者。胡纮未达时，有憾于熹。及拜监察御史，锐然以击熹自任。物色无所得。经年酝酿，章疏乃成。会改太常少卿，不果。有沈继祖者，为小官时，尝采摭熹语孟之语以自售。至是以追论程颐，得为御史。纮以疏草授之继祖，谓可立致富贵。遂诬论熹十罪，且言：“熹剽窃张载、程颐之绪余，以吃菜事魔之妖术，簧鼓后进，张浮驾诞，私立品题。收召四方无行义之徒，以益其党伍，潜形匿迹，如鬼如魅。乞加少正之诛，以为欺君罔世污行盗名者之戒。其徒蔡元定佐熹为妖，乞编管别州。”庆元二年十二月，削熹官，窜元定于道州（今湖南衡阳道道县）。已而选人余嚞上书，乞斩熹以绝伪学。参知政事谢深甫抵其书于地，语同列曰：“朱元晦、蔡元定不过自相讲明耳，果何罪乎？”事乃止。

三年十二月，知绵州正沇上疏，乞置伪学之籍。仍令目今曾受伪学举荐关升，及刑法廉吏自代之人，并令省部籍记姓名，与闲散差遣。从之。于是伪学逆党得罪著籍者，宰执则有赵汝愚、留正、周必大、王蔺等四人。待制以上，则有朱熹、徐谊、彭龟年、陈傅良、薛叔似、章颖、郑湜、楼钥、林大中、黄由、黄黼、何异、孙逢吉等十三人。余官则有刘光祖、吕祖俭、叶适、游仲鸿、吴猎、李祥、杨简、汪逵、孙元卿、袁燮、陈武等三十一人。武臣则有皇甫斌等三人。士人则有杨宏中、周端朝、张衜、林仲麟、蒋傅、徐范、蔡元定、吕祖泰等八人。凡五十九人。六年三月，朱熹卒。右正言施康年言："四方伪徒聚于信上（信江，一名上饶水，发源江西豫章道玉山县北，经上饶至弋阳为弋阳江，又经贵溪至安化县，为锦江，又西经余干县城南至三江口入鄱阳湖），欲送伪师之葬。会聚之间，非妄谈时人长短，则谬议时政得失。乞下守臣约束。"从之。是年，吕祖俭卒。其弟祖泰上疏，论"韩侂胄有无君心之。请诛之以防祸乱"。有旨："吕祖泰挟私上书，语言狂妄。"拘管连州（今广东岭南道连县）。右谏议大夫程松与祖泰有旧，恐被嫌疑，乃独上疏，论祖泰罪当诛。诏杖祖泰一百，配钦州（今广东钦廉道钦县）牢城收管。监察御史林采言："伪习之成，造端自周必大，宜加绌削。"施康年亦以为言。诏贬必大为少保。

第五节　伪学之禁之取消

先是伪学之祸，虽本于韩侂胄欲去异己以快所私。然实京镗创谋，而何澹、刘德秀、胡纮成之。已而镗死，三人亦罢。侂胄厌前事之乖戾，欲稍更改以消中外之议。会张孝伯谓侂胄曰："不弛党禁，恐后不免报复之祸。"籍田令陈景思，侂胄之姻也，亦谓侂胄勿为已甚。侂胄然之。嘉泰二年（宁宗八年），诏弛伪学党禁，追复赵汝愚资政殿学士。党人见在者，咸先后复官自便。又削荐牍中不系伪学一节。时朱熹没已逾年，周必大、留正各已贬秩致仕。诏熹追复待制，致仕。必大复少傅，正复少保。

已而韩侂胄以开边生衅，伏诛。其党羽皆流窜。宁宗追悔前事，赠赵汝愚太师，追封沂国公，谥忠定。追复朱熹官阶，谥曰文。以论孟集注列于学官。追谥周敦颐曰元，程颢曰纯，程颐曰正。

理宗深崇儒学，即位以后，追赠朱熹太师，封徽国公。追封周敦颐为汝南伯。张载郿伯，程颢河南伯，程颐伊阳伯。并从祀孔庙。先是从祀中有王安石父子，考宗淳熙中，始黜王雱。至是并黜安石。度宗即位以后，复以邵雍、司马光并从祀孔子庙廷。

伪学之禁表：

一、孝宗淳熙十年，吏部尚书郑丙、监察御史陈贾希宰相王淮旨，请禁道学，从之。

二、十五年，王淮罢，右丞相周必大奏征朱熹，除兵部郎官。侍郎林栗劾熹为浮诞宗主，熹力辞不拜。

三、光宗即位，殿中侍御史刘光祖请禁讥议道学者，从之。

四、宁宗即位，征朱熹兼侍讲。韩侂胄嫉其议论时政，罢之。

五、庆元元年，韩侂胄逐故相赵汝愚。右正言刘德秀希侂胄旨，上疏请考核真伪以辨邪正，诏下其章，罢国子监司业汪逵等。

六、二年八月，从太常少卿胡纮言，禁用伪学之党。十二月，削朱熹官，窜其徒蔡元定于道州。

七、三年十二月，知绵州王沇上疏，请置伪学籍，从之。

八、四年五月，右谏议大夫姚愈请严伪学之禁，从之。

九、六年三月，朱熹卒。

十、嘉泰二年二月，弛伪学党禁，复诸贬责者官。

第十四章　韩侂胄之北伐

南宋之国是，常随权相之进退为转移。秦桧当国而主和。韩侂胄当国而主战。桧小人也，而颇明于时势。故虽诛锄忠良，窜逐正人，箝制谏官，要挟君主，生前无恶不作，犹能内借亲党之胶固，外借强国之声援，窃宠荣以终其身。侂胄亦小人也，而颇昧于时势。故复君国之仇，大义也。出师北伐，美名也。追赠岳飞，贬秦桧，天理人心之所安也。而以不审敌情不谙国势缓急失宜前后失序之故，卒为敌国所指斥，清议所攻击，身败名裂，为天下笑。岂伐金之举，固宋之臣子所讳言欤。顾何以张魏公北伐而败，人争谅之；韩侂胄亦北伐而败，人皆斥之。岂非恶其人者，遂并其事而亦恶之！非公论也。兹述其事迹如下。

第一节　北伐之动机

侂胄专政十四年。以太师、平原郡王、平章军国事，权倾人主，威制上下。服御拟于乘舆，土木侈于禁苑，其嬖妾皆封郡国夫人。执政谏垣皆其党羽，谀者至称为恩王圣相。

时金章宗在位岁久，嬖妾用事，纪纲不修，北边诸部多叛（参观《通鉴》宋宁宗嘉泰三年，韩侂胄定议伐金条下）。连岁用兵，馈饷空乏。议者谓金势已弱，韩侂胄欲立不世勋以自固，遂于沿边聚粮，置忠义保捷军。取先世开宝天禧纪元，号曰开禧。命吴璘之孙曦为兴州都统制，练兵西蜀。追封岳飞为鄂王，以讽厉诸将。追论秦桧主和误国之罪，夺其王爵，改谥缪丑。开禧二年二月，遂议大举兵分路北伐。以吴曦为四川宣抚副使，进兵陕西。

第二节 吴曦之叛

吴氏自武安公玠以来，世掌西方兵柄。玠为陕西都统制，与金人对垒且十年，屡败乌珠、萨里干兵，全蜀赖以安堵。高宗绍兴九年，玠卒。弟武顺王璘代之，屡立大功，拜四川宣抚使，封新安王。隐然为方面之重。孝宗乾道三年，璘卒。子挺嗣为兴州都统制，利州（今四川嘉陵道广元县）安抚使。守汉中。留正帅蜀，谋去之，不果。光宗绍熙三年，四川谋帅。是时留正为左丞相，当国。以吴氏世袭兵柄，号为吴家军，不复知有朝廷为虑。遂以户部侍郎邱密为四川制置使。密陛辞，奏曰："臣入蜀后，吴挺脱至死亡，兵权不可复付其子。请得以便宜抚定诸军。"许之。四年，挺卒。密使总领财赋杨辅权安抚使，统制官李世广权总其军。知枢密院事赵汝愚亦以吴氏世掌西兵为不便，奏请召挺子曦还朝。曦郁郁不得志，乃以贿赂宰辅。宁宗嘉泰元年，参知政事陈自强为言于韩侂胄，还曦兵柄。曦至镇，谮副都统制王大节，罢其官。由是兵权悉归于曦。曦遂谋叛。开禧二年四月，遣使献阶、成、和、凤四州于金，求封蜀王，逐四川宣抚使程松。金以平章政事布萨揆为河南宣抚使，会兵于汴，分道南侵。三年二月，四川转运使安丙与监兴州合江仓杨巨源、兴州中正军将李好义等起兵诛曦。仅得保蜀，诸路兵皆溃败。金章宗大发兵南下，连克荆襄两淮诸郡。江南大震。

第三节 韩侂胄之伏诛 和议之成立

侂胄悔前谋。三年三月，以方信孺为国信所参议官，诣金军求和。金军欲罪首祸之臣。侂胄闻之怒，复锐意用兵，中外忧惧。是时韩后已崩，继后杨氏与侂胄有隙（杨后为贵妃时与曹美人俱有宠，韩后崩，侂胄欲立曹氏，故杨后怨之），劝帝诛侂胄。密令礼部侍郎史弥远图之。是年十一月，侂胄入朝。弥远邀截之于途，拥至玉津园，杀之。流窜其党羽。次年（嘉定元年，宁宗十四年）三月，以侂胄首畀金，易淮陕侵地，和议复成。其条款如下。

一、两国境界如旧。

二、依靖康故事，世为伯侄之国。

三、增岁币为银三十万两，绢三十万匹。

四、别以犒军银三百万两与金。

和议既成，朝廷置安边所。凡侂胄与其他权幸没入之田及园田湖田之在官者皆隶焉。凡所输钱租，籍以给行人金缯之费。迨后与北方绝好，军需边用，每于此取给焉。

参考书

《二十二史劄记》（卷二十六 岁币）　　赵翼

第十五章　金室之衰亡

第一节　金室衰乱之原因

金自海陵炀王在位，大行诛戮。太宗舍音及尼玛哈子孙皆尽，太祖子孙所余无几。武力骤衰。世宗以后，承平日久，逐渐汉化。世宗深忧之，尝与太子诸王宰相言，殷殷以保守女真旧风为念。章宗即位，复禁女真人译汉姓，学南人装束。其拳拳以保守旧风为念如此，可谓思深虑远矣。顾天演之公理，优者胜而劣者败。凡文明程度较低之民族，与文明程度较高之民族杂居时，例被同化，绝非政府强制之力所能禁止。女真之文明程度，远在汉族以下，自不能逃此公例。兹将女真被同化之点，列举于下。以供参考。

一、文学之发达

女真旧无文字。及太祖起兵，获契丹人及汉人，始通契丹字及汉字。太祖天辅三年（宋徽宗宣和元年），命固新依仿汉字楷书，因契丹字制度，合本国语，制女真字行之，号为女真大字。后复制女真小字。世宗时创设国语学校，以女真文译《论语》、《孟子》、《五经》、《孝经》、《杨子》、《文中子》、《唐书》。政府惯例，凡学士大夫，必须通女真文字。顾女真文之流行，限于上流社会一阶级，不能普及于一般国民。汉文之势力范围日益扩张，女真文之势力范围日益缩小。官登吏庸之法，纯以汉文为标准，君主亦多从事于汉学。其中若熙宗善读《论语》、《书经》及《五代史》。废帝亮及世宗、章宗俱好诗。世宗时赏牡丹于燕京，皇族以诗唱和者凡十五人。章宗时，学士院以唐杜甫、李白、韩愈、刘禹锡、杜牧，宋欧阳修、三苏、王安石等之集二十六部，献之朝廷。帝大喜，敕有司购求遗书。当时文人学士，若党怀英、赵秉文、元好问等，皆极一时之选。现今所存金人之著作，若《全金诗》、《金文最》等，其文字之光华流丽，实足以代表有金一代汉文学发达之状况，可谓盛矣。

二、武力之衰退

初，女真部民皆无徭役。壮者悉为兵丁。平居则渔畋射猎，有警则下诸部征之。凡步骑之仗糗皆自备。其部长曰贝勒，行兵之长则称明安（旧作猛安）、穆昆（旧作谋克）。明安犹千夫长。穆昆犹百夫长也，太祖之时，以三百户为一穆昆，十穆昆为一明安。凡以众附者，率以穆昆、明安之名授之。其组织略与前清之八旗相似。其后太宗、熙宗相继在位，掠取河北、河东、陕西、河南诸路，犹虑士民怀贰。乃于熙宗天眷三年（宋绍兴十年）创屯田军，凡女真及奚契丹降人，皆自本部徙居中州。计其户口，授以官田，使自播种。春秋量给其衣。若遇出师，始给钱米。凡屯田之所，自燕南至淮陇之北皆有之。筑垒于村落间，与汉人杂处。后复集女真族于各地，筑城以居。其组织略与前清各省之驻防旗相似。其后屯田之人，逐渐汉化。习于怠惰，佣汉人为农奴以耕。游手好闲，无所事事，生活逐渐困难，乃卖却不动产，转移四方。于是明安、穆昆户口之数，逐渐减少。据世宗大定二十三年统计表，凡明安二百零二，穆昆一千八百七十八，户六十一万五千六百二十四。口六百一十五万八千六百三十六。所垦之田，共一百六十九万零三百八十顷。是为金室全盛时代之户口总数。其后蒙古南下，金势日衰。宣宗之时，以一百二十五人为一明安，三十人为一穆昆。哀宗之时，以百人为一明安，二十五人为一穆昆。其户口削减之甚可知矣。

三、财政之紊乱

金室之初兴也，行物力推排法，调查人民财产之多寡，因贫富以定赋税之等差。大致与王安石之手实法相似，又名通检。太宗入中原以后，四十年不复调查。废帝亮南侵之时，征发忽起。始知当时人民富力与赋税大相悬绝。世宗即位，遣使臣二十六人巡视各地，重行推排。其后司财政者不得其人，弊窦丛起。欲以轻减人民之负担，而负担乃愈重。章宗晚年，与南宋构兵，虽战胜攻取，而兵力财力俱困弊。

金室衰原乱因表：

一、海陵炀王亮在位，大行诛戮，太宗、斜也、粘没喝子孙俱尽，太祖子孙所余无凡，宗室骤衰。

二、世宗、章宗在位，承平日久，逐渐汉化。

甲、译汉姓。

乙、学汉人装束。

丙、学汉文，汉诗，读汉书。

三、屯田军散逸，户口减少。

四、行物力推排法，财政紊乱。

第二节　蒙古之南侵

章宗无子。疏忌宗室。以叔父卫王永济柔弱，鲜智能，爱之，欲传位焉。在位十九年，以宋宁宗嘉定元年（西历纪元一二〇八年）殂。元妃李氏、平章政事完颜匡等奉永济即位，是为卫绍王。是时蒙古太祖兴于漠北，连侵金边。四年八月，攻金西京。留守赫舍哩胡沙呼（旧作纥石烈忽斜虎）弃城遁，西北诸州皆陷。六年二月，故辽宗室耶律留格（旧作留哥）起兵取金辽东州郡，自立为辽王，附于蒙古。山东盗贼群起，金势益不能支。是年八月，胡沙呼作乱，弑永济，迎立章宗庶兄昇王珣，是为宣宗。自为太师、尚书令、都元帅，封泽王，专国政。十月，元帅右监军珠赫埒高琪（旧作术虎高琪）与蒙兵战于怀来（今口北道怀来县），败绩。惧诛，还杀胡沙呼。宣宗以高琪为左副元帅。

是时蒙古分兵南下，连破两河山东诸郡。所过无不残灭，人民屠戮，不知其几百万。金帛子女兽畜，皆席卷而去。七年（金宣宗贞佑二年）三月，蒙古太祖还自山东，屯燕京北。宣宗遣使乞和。太祖欲得其公主，宣宗以永济之女及金帛童男女各五百、马三千与之。太祖许和而归。宣宗以兵弱财匮，不能守中都。是年五月，还都汴。留平章完颜承晖奉太子守忠守中都。太祖闻之，怒曰："既和而迁，是疑我而不释憾也。"七月，复遣兵围燕，守忠走汴，寻卒。八年三月，御史中丞李英率师救汴，与蒙古兵遇于霸州，兵溃。五月，燕京陷，承晖自杀，两河多入于蒙古。蒙古别将僧格巴图（旧作三哥拔都）率万骑自河东渡河，经京兆，趋汝州，距汴京二十里而还。自是金地势日蹙，西夏叛之，山东群盗益盛。金人北保真定，东阻河，西阻潼关以自守。适值宋室岁币不输，于是金人复南向与宋宣战，连兵数年。两国皆困惫，蒙古益得乘其弊矣。

第三节　金人之南侵　李全之叛

嘉定七年七月，朝廷乘金有外患，罢其岁币。宣宗屡遣使来督促，朝廷不应。金人王世安献策宣宗，请南侵宋以广境土。右丞相珠赫埒高琪当国，从之。嘉定十年四月，遣将乌库哩庆寿（旧作乌古论庆寿）等，率师渡淮，取光州（属淮南西路，今河南汝阳道潢川县，即故光州）。分兵犯枣阳（属京西南路，今湖北襄阳道枣阳县）。京湖制置使赵方遣统制扈再兴、钤辖孟宗政击败之。十一年二月，金将完颜萨布（旧作赛不）等复拥步骑围城。宗政等力战，杀其众三万，追至邓州。金自是不敢窥襄汉枣阳。中原遗民来归者以万数，籍其勇壮，号忠顺军，出没唐、邓间。十四年三月，金兵围汉阳（属荆湖北路，今湖北江汉道汉阳县，即故汉阳府），陷黄（今湖北江汉道黄冈县）、蕲（今江汉道蕲春县）二州。赵方兵击败之，金兵渡淮北去。

嘉定十一年四月，金人陷成阶诸州（属陕西路，阶，今甘肃渭川道武都县，成，即今成县）。欲乘胜来议和，使人至淮中流。朝廷不纳。由是和好遂绝。金以仆散安贞为左副元帅，辅太子守绪大举南侵。渡淮，围滁（属淮南东路，今安徽淮泗道滁县）、濠（属淮南西路，今安徽淮泗道，即故凤阳府）、光州。遂自三道分兵而南，西自麻城（今湖北江汉道麻城县）而和州（今安徽安庆道和县），迤东至六合（今江苏金陵道六合县），诸城悉闭，淮南流民皆渡江避乱。建康大震。

金自迁汴以后，赋敛益急，无赖游民群聚为盗。李全抄掠山东，闻朝廷慰接群豪，置忠义军，遂举众来归。授京东路（山东及河南东部之故归德府）总管。至是淮东制置使贾涉使全要金归路，连战于湖陂（在淮泗道怀远县南），败之，杀金将数人。金解诸州围而去，全复败之。自是金人不敢窥淮东。时嘉定十二年也。

金以宋绝岁币，国用日困。复自颍寿（今安徽淮泗道颍上县与寿县）渡淮来侵。还值淮涨，士卒皆覆没。金之兵财由是大竭。宣宗在位十年，以嘉定十六年（西历纪元一二二三年）殂，太子守绪即位，是为哀宗。遣尚书令史李唐英至滁州通好，榜谕军民，更不南侵。

理宗宝庆元年，李全作乱。焚楚州，杀淮东制置使许国，南向围扬州，城几陷。绍定三年，朝廷以赵范、赵葵（赵方之子）节制镇江滁州军马，讨李全，大败之。全走死，淮东平。

第四节　史弥远之废立

宁宗无子，遵高宗故事，养太祖十世孙贵和为皇子，赐名竑。竑慧而轻，好鼓琴。宰相史弥远买美人善鼓琴者纳诸竑，而厚抚其家，使瞷竑动息。美人知书慧黠，竑嬖之。时杨皇后专国政，弥远用事久，宰执侍从台谏藩阃皆所引荐，莫敢谁何，权势熏灼。竑心不能平，尝书杨后及弥远之事于几上曰："弥远当决配八千里。"又尝指宫壁舆地图琼崖曰："吾他日得志，置史弥远于此。"又尝呼弥远为"新恩"。以他日非新州（今粤海道新兴县），即恩州（同恩平县）也。弥远闻而恶之，日媒孽其失。宁宗在位三十年，以嘉定十七年（西历纪元一二二四年）八月崩。弥远矫诏，迎沂靖惠王（宁宗从弟）嗣子昀立之，是为理宗。封竑为济王，出居湖州（今浙江钱塘道吴兴县）。宝庆元年正月，州人潘壬起兵，欲拥立竑，竑不听，发州兵讨平之。弥远矫诏杀竑，追贬为巴陵县公。

第五节　汴京之陷落　金哀宗之殉国

绍定四年，蒙古太宗使皇弟图类（旧作拖雷）入陕西，攻取凤翔。遣使来假道以趋河南，且请以兵会之。至沔州（今汉中道沔县），统制张宣杀之。图类怒，进兵南侵。屠洋州（今汉中道洋县），取兴元（今南郑县）。太宗自将东破河中。五年，由白坡（镇名，在河南、河北道孟县西南）渡河，次郑州（属南京路，今河南开封道郑县使）。其将苏布特（旧作速不台）围汴。图类自金州东驰，破金军于禹山（在河南汝阳道邓州西南）。又破之于三峰（山名，在开封道禹县西南），进克钧州（属南京路，今禹县）。潼蓝（二关名，蓝田关在陕西关中道蓝田县东南）之戍皆溃。哀宗遣侄曹王讹可为质以请和。苏布特退军河洛之间，太宗北还。

既而金飞虎卒申福等杀蒙古使者唐庆等三十余人于馆舍。哀宗不问，和议遂绝。蒙古遣王檝来京湖，议夹攻金。制置使史嵩之（弥远之侄）以闻，朝议皆以为可遂复仇之举，独赵范不喜曰："宣和海上之盟，厥初甚坚，迄以取祸，不可不鉴。"帝不从，诏嵩之遣使报谢。蒙古许俟成功后，以河南地归宋。

汴京粮尽援绝。是年十二月，哀宗出奔河北，苏布特复图汴。六年正月，哀宗走归德。六月，走蔡州。金汴京西面元帅崔立作乱，以城降蒙古。执后妃诸王宗室男女五百余人，送军前。苏布特杀梁王从恪（卫绍王之子）等，以后妃等北还。在道艰楚万状，尤甚于徽、钦之时。九月，哀宗遣使来乞粮，不许。蒙古兵围蔡州。十月，史嵩之使孟珙等帅师会之。

是月，史弥远以疾求解政。诏褒其勤劳，封会稽郡王，越八日而卒。弥远为相二十六年，初欲反韩侂胄所为，故收召贤才老成，布于朝廷。及济王不得其死。论者纷起。遂专任俭壬以居台谏，一时君子贬斥殆尽。理宗德其立己，惟言是从，故恩宠终其身。弥远死后，理宗始亲政，励精求治。丞相郑清之亦慨然以国家为已任，任贤使能，擢用真德秀、魏了翁等。

次年（端平元年）正月，金哀宗传位于其宗室承麟。孟珙与蒙古兵入蔡州城，哀宗自缢死。承麟为乱兵所杀，金亡。凡传九帝，一百二十年（一一一五至一二三四）。

参考书

《东洋史》（近古史　第四期　第一章　第七章）　　自著

第十六章　西夏之衰亡

第一节　西夏之汉化

是时西夏杂居中国已久，立学校，开科举，逐渐汉化，国势浸衰。崇宗晚年，屡与南宋期会，约夹攻金，不克。卒称臣于金以求免祸。宋高宗绍兴九年（西历纪元一一三九年），崇宗殂，子仁孝立，是为仁宗。受金人册命，不复通使于宋。在位五十二年，以宋光宗绍熙四年殂。子纯佑立，是为桓宗。在位二十年。其从弟安全弑之而自立，是为襄宗。宋宁宗开禧元年，成吉思汗以兵来侵，大掠而还。嘉定二年，复以兵来侵，入灵州。襄宗纳女请降，西夏自是益衰，夷为蒙古属国。嘉定四年（西历纪元一二一一年），襄宗殂。从子遵顼立，是为神宗。

第二节　夏、金之互讧

夏自崇宗晚年（金太宗，宋高宗时代），与金议和，八十余年未尝交兵。及为蒙古所攻，求救于金。金不能为出师，夏人怨之，遂侵金，取其西边地。宋宁宗嘉定七年，复贻书于朝廷，请会师伐金。自此以后，连年与金构兵，互有胜负。十七年，始遣使修好于金，称弟而不称臣。各用本国年号。金遣使报之，遂及夏平。

第三节　西夏之衰亡

夏虽与金和，然构难十年，精锐两尽。宋理宗宝庆元年，成吉思汗西征还，以夏纳逃人，又不入质子，复伐之。取甘肃州、西凉府及灵州。进次盐州（故城在今甘肃宁夏道盐池县北）川。是时夏神宗已殂，子献宗德旺即位。次年（宝庆二年，西历纪元一二二六年），以忧殂。从子睍立，是为末帝。成吉思汗留兵围夏都，而自引兵掠金地。行至六盘山（在今甘肃泾原道境），构疾，殂于萨里川哈喇图（今鄂尔多斯右翼前旗西南，有哈柳图河东南流合金河入榆林边，蒙古名金河，曰锡喇乌苏，即哈喇图与萨里川也）之行宫。称尊号凡三二年。夏主睍出降，夏亡。凡传二十世，二二八年。自元昊称帝，凡十主，合二一〇年。时宋理宗宝庆三年。夏主睍二年，蒙古太祖二十二年，西历纪元一二二七年也。

第十七章　南宋之衰亡

南宋之建国，与东晋相似。然琅琊建立，适构五胡，长安既陷，中原分割，择地建康，诚非得已。靖康之初，金劫二帝，即卷旆北还。宋之土地，弃而不有，宋之君臣，可自取之。反致奔走东南，播迁穷僻，坐失事机，始惑于汪、黄，继制于秦桧，罢李纲杀岳飞，匿怨亡亲，偷安忍耻，恶得与琅琊并齿中兴哉？孝宗以宗室承统，颇有恢复中原之志。值金世宗中兴，南北休息者三十余年，孝宗之志，终不获伸。亦时势为之，无可如何者矣。光宗失子道，赵汝愚、韩侂胄拥立宁宗。侂胄自负定策之勋，引进群小，攻讦善类。外挑强邻，流毒淮甸。其首虽枭，国亏莫补。益以杨后之窃内柄，史弥远之擅外权，而小朝廷之纲纪乃日紊矣。理宗为史弥远所立，束手受制。蔡州之役，可以雪先世之耻，顾乃贪地弃盟，事衅随起，兵连祸结，境土日蹙。昔也联金以攻辽，辽亡而宋亦蹙。今也联蒙古以灭金，金灭而宋随亡。依赖他人者，后必为人所制。宋之迭取败亡，宋人不能自立之故也。金既亡，宋臣建收复三京之议。赵葵、全子才率淮西兵越汴，将取洛阳，蒙古兵大至，皆溃而归。自是淮汉之间，无复宁日。度宗在位，贾似道当国，乞和于先，败盟于后。以至弱之国，失信强邻，适资借口以速其祸，则贾似道者，实亡宋之先驱也。然一二忠义之士，全国既覆，而争之一隅，城守不能，而争之海岛。虽于国亡无补，而人民忠义之气，不随国以俱亡，较之偷生事敌者不亦贤哉。故综宋一代之大势观之，辽、金、蒙古迭起为患，称臣纳币，受屈辱者数百年。然宋室虽衰，民望犹在。忠臣义士，踵起而殉国难。故自偏安以后，犹能以至弱抗至强，支持至百余年之久，则以国多爱国之人故也。兹述其事迹如下。

第一节 收复三京议

金室既亡，河南南部入于宋。赵范、赵葵欲乘时抚定中原，建守河据关收复三京之议。朝臣多以为未可，独郑清之力主其说。时范为两淮制置使，乃使移司黄州，刻日进兵。诸将言其不可，帝不听。是年六月，命赵葵与知庐州全子才率淮西兵趋汴。金故将李伯渊杀崔立，以城降。葵遣部将杨谊等取洛阳。蒙古闻之，复引兵南下。时粮饷未集，子才主缓师，葵不可。谊等持五日粮前进，大兵入洛之明日，粮竭。闻蒙古兵且大至，谊军溃。葵、子才遂弃汴而归。蒙古兵遂大举南下。两淮、京湖、四川等处同时被兵。朝廷以孟珙为襄阳都统制，屯黄州以备蒙古。

第二节 孟珙之守楚 余玠之守蜀

端平二年六月，蒙古皇子库腾（旧作阔端）将塔海等侵蜀，入沔州，知州事高稼战没。利州统制曹友闻扼仙人关以拒之。三年九月，蒙古兵陷兴元，友闻拒战于阳平关，败绩，死之。四川制置使赵彦呐遁，成都、利州、潼川三路俱破。同时蒙古将特穆德克（旧作忒木解）、张柔等侵汉。三年三月，襄阳将王旻等作乱，走降蒙古。蒙古遂破枣阳军、德安府、（今湖北江汉道、故德安府）、随（同随县）、郢州（今襄阳道锺祥县）及荆门军（同荆门县），进攻江陵。孟珙进兵击破之。嘉熙二年九月，朝廷以珙为京湖制置使。珙连破蒙古兵，恢复湖北州郡。屯重兵于襄阳以当其冲。于是湖北始得稍安。是时塔海引兵由蜀东犯，珙遣其兄知峡州璟拒战于归州（今荆南道秭归县），败之。四年二月，朝廷以珙为四川宣抚使，兼知夔州（今四川东川道奉节县）。珙大兴屯田，以图进取。

是时成都已三次失陷。四川军州残破，无复纪律，遗民咸不聊生。监司戎帅各专号令，擅辟守宰，荡无法度。淳佑三年二月，朝廷以余玠为四川制置使，知重庆府。玠知人善任，大更弊政。遴选守宰，城钓鱼山，移合州（今东川道合川县）治之。其他因山为垒，棋布星列，气势联络，屯兵聚粮，为必守计。民始有安土之心。

第三节　史嵩之之专政

自宁宗在位以来，韩侂胄、史弥远相继以俭人秉政，纪纲大坏。理宗绍定六年（理宗九年），弥远卒，郑清之当国，始收召老成之士。以真德秀参知政事，未几而卒。召崔与之参知政事，辞不至。以魏了翁同签书枢密院事。廷臣多忌了翁，合谋排斥之，出为督视江淮京湖军马，俄复召还。了翁固辞不拜，寻卒。端平二年，（理宗十二年）清之罢。乔行简、李宗勉、史嵩之相继秉政。一时正人，如杜范、游侣等，皆以忤嵩之被逐。时三相当国，论者谓乔失之泛，李失之狭，史失之专。然宗勉清谨守法，犹号为贤。嘉熙四年（理宗十六年），行简、宗勉相继卒，嵩之独当国。淳佑四年（理宗二十年），丁外艰，谋起复。将作监徐元杰、左司谏刘汉弼等，相继上疏论之。帝知嵩之不为士论所容，听其终制。以范锺、杜范为左右丞相，罢黜嵩之党羽签书枢密院事金渊等。范立朝未八十日而卒。徐元杰、刘汉弼相继以暴疾死。议者谓诸公皆中毒，堂食无敢下箸者。

第四节　丁大全之专横　贾似道之擅权

是时蒙氛日恶。两淮、京湖、四川等处同时被兵。朝廷以孟珙守楚，余玠守蜀，扼蒙兵南下之冲。扬子江上流、中流流域稍觉安堵。淳佑六年（理宗二十二年）九月，珙卒。宝佑元年（理宗二十九年）五月，玠遭谗，免官自杀。朝廷以贾似道为京湖制置使，余晦为四川制置使，代之。晦轻儇浮薄，素无行检。至镇后，谗杀利州西路安抚使王惟忠，由是四川事渐破坏不可收拾。似道少落魄为游博，不事操行，以荫补官。其姊为理宗贵妃，帝以妃故，累擢似道为籍田令，至是遂专方面。淳佑十年三月，授两淮制置大使。宝佑二年六月，加同知枢密院事。四年四月，加参知政事。五年五月，加知枢密院事。职任依旧。似道在镇久，专以揽权怙宠为事。台谏尝论其二部将，即毅然求去。孙子秀新除淮东总领，外人忽传似道不可，执政遂不敢遣，别以似道所善陆壑代之。其见惮如此。六年九月，授似道枢密使，充两淮宣抚使。

是时宦官董宋臣有宠，逢迎上意，大兴土木。起梅堂、芙蓉阁、香兰亭，豪夺民田。引倡优入宫，招权纳贿，无所不至。宝佑三年六月，引其党丁大全为右司谏。监察御史洪天锡论之，诏罢天锡并及左丞相谢方叔，而以董槐为右丞相，兼枢密使，代之。槐守正不阿，大全恶之，乃上章劾槐。四年六月，以台檄调省兵百余人，露刃驱迫槐出都，诏以大全签书枢密院事。六年四月，授右丞相，兼枢密使，代总国政。时蒙古侵轶日甚，大全当国，匿不以闻。开庆元年（理宗三十五年）十月，黜大全，以吴潜为左丞相，兼枢密使，当国。

是时蒙古宪宗自将南侵蜀，使其弟呼必赉（旧作忽必烈）侵江汉。宝佑六年九月，宪宗入剑门，十二月入阆州（今四川嘉陵道阆中县）。两川州郡相继陷落。次年（开庆元年），正月，朝廷授贾似道京西湖、南北、四川宣抚大使，兼督江西二广军马，拒蒙古。是年二月，宪宗围合州，守将王坚力战御之，蒙古兵不能克。七月，宪宗殂于合州城下，余众解围北还。八月，呼必赉将兵渡淮。九月，围鄂州（今湖北鄂城县）。十月，朝廷即拜贾似道为右丞相，兼枢密使，军汉阳（今湖北汉阳县）以援鄂，时诸路重兵咸集于鄂。

蒙古将乌特哩哈达（旧作兀良合台）由交趾北还，连破广西州郡，进攻湖南，围潭州（今长沙县），分兵攻江西，破临江（今庐陵道，故临江府）、瑞州（今庐陵道，故瑞州府），江西大震。朝廷以黄州当兵冲，诏似道移军黄州。似道惧蒙古兵威，遣使乞和于呼必赉，请称臣纳币。呼必赉闻宪宗已殂，少弟阿里克不克时留守和林，将自立，乃许和，引兵北还。似道遣将追杀其殿卒于新生矶（在今江汉道黄冈县）。蒙古兵既退，似道匿请和称臣纳币之事，上表以诸路大捷闻。上大喜。次年（景定元年）三月，召似道还朝，加少师，封卫国公，秉政。似道既得志，进用群小，变更法制。忌吴潜，谮贬之。复谮杀湖南制置副使向士壁。潼川安抚副使刘整惧，二年六月．据泸州（今四川永宁道泸县）叛降蒙古。蒙古使翰林学士郝经来修好，似道幽之真州（今江苏淮扬道仪征县）。三年正月，蒙古江淮大都督李璮（全子）以京东来归，诏封璮齐郡王。蒙古大将史天泽围璮于济南。朝廷遣兵援之，不克。八月，天泽破济南。执璮，杀之。蒙古世祖以朝廷无意修好，九月，以阿珠（旧作阿术）为征南都元帅，复议大举南侵。

理宗无子，以母弟嗣荣王与芮子禥为皇太子。帝在位四十年，以景定五年（西历纪元一二六四年）十月崩。太子即位，是为度宗。加贾似道太师，封魏国公。帝以似道有定策功，每朝必答拜，称之曰师臣而不名。似道以去要君，帝固留之，拜平章军国重事，赐第西湖之葛岭。五日一乘湖船入朝，不赴都堂治事，吏抱文书就第呈署。大小朝政，一切决于馆客廖莹中、堂吏翁应龙等。宰执充位而已。

第五节　襄樊之陷

初，孟珙守京湖，以襄阳樊城，南北冲要，敌所必争，特置重兵以当蒙古南下之路。蒙古攻潭攻鄂，皆以归路受其牵制，不能成功。理宗末年，吕文德守鄂，有威名。刘整既降蒙古，言于世祖，以玉带馈文德，请置榷场于襄阳城外。文德诱于利，为请于朝，许之。蒙古筑土墙于鹿门山（在襄阳县东南）。外通互市，内筑堡壁。由是敌有所守，以遏南北之援。时出兵哨掠襄樊城外，兵威益炽。度宗咸淳四年九月，阿珠、刘整围襄阳（元兵围襄阳用阿刺比亚式之大投石机，名曰回回炮）。五年三月，围樊城。知襄阳府吕文焕（文德之弟）力战拒之。七月，沿江制置副使夏贵率师救襄阳，败绩。六年正月，朝廷以李庭芝为京湖制置大使，而以贾似道婿范文虎为殿前副都指挥使，总中外诸军救襄阳。文虎恃妇翁势，不受庭芝节制。在路兵妓饮酒，逗留不进。庭芝屡促其进兵。七年六月，文虎进至鹿门而遁。襄阳被围五年，援军不至。文焕每一巡城，南望痛哭而后下，告急于朝。贾似道累上书请巡边，而阴使台谏上章留己，卒不出。咸淳九年正月，樊城陷。守将范天顺、牛富战死。二月，吕文焕以襄阳降蒙古。于是京湖无险可守。蒙兵东下，遂成破竹之势矣。

第六节　临安之陷　恭宗之北狩

度宗在位十年，以咸淳十年（西历纪元一二七四年）七月崩。贾似道奉皇次子嘉国公显即位，是为恭宗，年甫四岁，太皇太后谢氏临朝称制。京湖制置使汪立信移书似道，上三策。一谓抽内兵过江，或百里，或二百里，置一屯，皆设都统。七千里江面才三四十屯，设两大藩府以总之，缓急上下流相应。二谓久稽使者，不如遣归，啗缓师期。三谓若此二者均不可，莫若准备投拜。似道怒罢之。咸淳七年十一月，蒙古改国号曰元。十年八月，世祖使中书右丞相巴延（旧作伯颜）总诸军二十万，分道大举南侵。连陷湖北、淮西州郡。朝廷大惧。十二月，诏贾似道都督诸路军马，似道以孙虎臣总统诸军。恭宗德佑元年正月，出屯芜湖（今安徽芜湖县）。遣使请和于元，巴延不许。是年二月，军溃于池州（今安徽贵池县）。似道奔扬州。元尽破江淮州郡。诏黜似道，窜之循州，在路为监押官郑虎臣所杀。以王爚、陈宜中为左右丞相，并兼枢密使，都督诸路军马。张世杰总统诸军以拒元兵。是年七月，世杰与元阿珠战于焦山，败绩。巴延遂渡江，分兵东下。宜中与王爚不协，以去要君，朝廷不得已，罢爚，以留梦炎与宜中为左右丞相。元分兵破湖南、江西州郡。进至平江（今江苏吴县）。诸关兵皆溃。留梦炎遁，太皇太后遣使称臣于元以请和，巴延不许。陈宜中请迁都，不果行。二年正月，巴延进至临安城北，太皇太后遣使奉传国玺请降，巴延遂入临安。封府库，收图籍，以帝及皇太后全氏以下北去。留部将阿楼罕（旧作阿剌罕）、董文炳等守临安。

第七节 崖山之溃

初，贾似道之丧师也，朝廷下诏州郡，征兵入援。江西提刑文天祥起兵勤王。请分境内为四镇，建都统御于其中。地大力众，乃足以抗敌。时议以为迂阔，不报，命知平江府。巴延渡江东下，朝廷闻警，征天祥知临安府。天祥辞不拜，请以福王与芮秀王与檡判临安，系民望，身为少尹，以死卫宗庙。又请命皇兄益王昰（同正）皇弟广王昺（同丙）镇闽广，以图兴复，俱不许。巴延至临安，文天祥、张世杰请移三宫入海。而已帅众背城一战。陈宜中不许，夜遁归温州。世杰不肯降，与诸将苏刘义、刘师勇等，各引所部兵入海，太皇太后使驸马都尉杨镇奉益王、广王走婺州（今浙江金华县），益王母杨淑妃从行。以天祥为右丞相，兼枢密使，与左丞相吴坚等使元军请和。天祥见巴延，辞色不屈。巴延疑其有异志，留之。临安既下，巴延使降将范文虎将兵追二王，不及。执杨镇，还临安。二王遂走温州（今浙江永嘉县）。复拘天祥北去。至镇江，夜亡走真州，遂浮海如温州，与二王会。礼部侍郎陆秀夫与苏刘义追及二王于道。遣使诏陈宜中、张世杰皆来会。是年（端宗景炎元年）闰三月，奉益王为都元帅，开府福州。五月，奉王即位，是为端宗。以宜中为左丞相，兼枢密使，都督诸路军马，秉政。天祥为枢密使，同都督诸路军马，开府南剑州（今福建南平县），经略江西。是年九月，元阿楼罕、董文炳等将兵入闽广。陈宜中、张世杰奉帝浮海，走潮州（今广东湖安县），次年（端宗景炎二年），文天祥出兵江西，为元将李恒所败，走循州。元将刘深袭潮州，世杰奉帝走秀山（俗名虎头门，在今粤海道东莞县西南海中），复奔谢安峡（在今香山县境海中）。宜中逃之占城。次年（景炎三年帝昺祥兴元年）四月，帝崩。年甫十一岁。群臣多欲散去，签书枢密院事陆秀夫不可，乃奉皇弟卫王昺即位，时年八岁，迁于崖山（在今粤海道新会县南大海中）。六月，元以张弘范为都元帅，李恒副之，将兵来攻。闰十一月，袭执文天祥于五坡岭（在今潮循道海丰县北）。次年（祥兴二年）正月，遂袭崖山。张世杰力战，不胜，大兵溃。陆秀夫抱帝沉于海，死之。世杰复收兵至海陵山（在故肇庆府海阳县南），舟覆而死。宋亡。时宋帝昺祥兴二年，元世祖至元十六年，西历纪元一二七九年也。宋自太祖开国，凡传九帝而南渡，又传九帝而国亡。统共传十八帝，三二〇年。

蒙古侵宋表：

一、宋理宗端平二年，蒙古皇子阔端，将塔海等侵蜀，破成都、利州、潼川三路。忒木斛、张柔等侵汉，破枣阳军、德安府、随、郢二州及荆门军，进攻江陵；为孟珙所败，引还。昆布哈、察罕等攻淮西，杜杲击却之。

二、宝佑五年，蒙古宪宗自将侵蜀，围合州，不克。六年七月，殂于合州城下，余众解围北还。皇弟忽必烈侵江汉，围鄂州。大将兀良合台由交趾北还，侵广西，破静江府；侵湖南，破辰沅二州，围潭州。分兵侵江西，破临江，瑞州。贾似道遣使请和，蒙古兵乃退。

三、度宗咸淳四年九月，蒙古阿术刘整围襄阳。五年三月，围樊城。九年正月，樊城陷。二月，襄阳降。

四、十年八月，元将伯颜大举南侵，连陷湖北、淮西州郡；恭宗德佑元年，连陷两江州郡；二年正月，进至临安城北，太皇太后遣使请降。

五、是年九月，元阿剌罕、董文炳等寇闽广，连陷浙东、福建、广东、广西州郡。

六、帝昺祥兴元年六月，元张弘范、李恒将兵入闽广。二年二月，陷崖山，宋亡。

第十八章　宋、辽、金时代之文化

第一节　制度

一、内官制

甲、宋之内官制　唐自中叶以后，专以同中书门下平章事为宰相。虽三省长官（尚书、左右仆射、侍中中书令），不加平章，则非宰相。武臣以节度使兼平章，或兼侍中中书令，皆称使相。有相名而无相职。五代重武夫，带使相者益多。宋太祖收藩镇威柄，节度使皆失职任。仍存其官，以待勋贤故老。宰相久次罢政者，亦系此衔以宠之，谓之使相。与唐之使相，事体微异。唐则宠将以相之名，而宋则宠相以将之名也。三师（太师、太傅、太保）、三公（太尉、司徒、司空）不常置，为亲王宰相使相加官。唐宰相无贰，太祖虑相臣之专，置参知政事以副之，参预庶务，谓之参政，是为亚相。

唐代宗置枢密使，以内侍为之。掌表奏传宣之事，如汉中书谒者之职。其后权任渐重，与神策中尉专擅朝政。后梁革宦官之弊，改枢密院为崇政院，始用士人为使，参谋议于中。

后唐以来，复改为枢密。常以腹心大臣领之，权重于宰相。宋以枢密院专掌兵事，犹秦之太尉，与中书对持文武二柄，号为二府。其长官或称使，或称知院事。置使则副使为之贰，置知院则同知院事为之贰。

唐季五代，官职繁冗，名器紊乱。宋承其弊。百官无定员，三省寺监无专职，互以他官主判。六部不釐本务，给舍不领本职。谏议无言责，起居不记注。司谏正言，非特旨供职，亦不任谏诤。凡仕者有官，有差遣，官以寓禄秩。叙位著，差遣以定其职事。如以中书舍人判吏部事，吏部郎中知审刑院，大理寺丞知某州。舍人郎丞为官，而判知之职则差遣也。故士人以登台阁升禁从为显宦，而不以官之迟速为荣滞。以差遣要剧为贵途，而不以阶勋爵邑高卑为轻重。真仁以来，议者多以正名为请。神宗慨然欲更其制。置局中书，详定官制。凡领空名者，一切罢去。而易之以阶，因以寄禄。省台寺监之官，各还所职。议者又欲罢枢密院，归兵部。帝恶兵柄归有司，不从。元丰五年，官制成。仿唐六典，分三省之职。中书取旨，门下审复。尚书受而行之。三省分班奏事，并归中书。时王珪、蔡确并为宰相。确言于帝曰："三省长官尚书令侍中中书令位高，不须设。但令左右仆射，分兼两省侍郎，足矣。"帝然之。以珪为尚书左仆射，兼门下侍郎，以行侍中之职。确为右仆射，兼中书侍郎，以行中书令之职。于是确名为次相，实颛大政。珪虽为首相，拱手而已。别置两省侍郎，尚书左右丞，以代参知政事。与知枢密院事、同知院事皆为执政官。釐正枢密之职事。细务分隶六部，专以军机边防为职。事关体要，则与三省合奏。元祐初，司马光上言，三省分职，徒启争论，事致留滞。吕公著又请令三省长贰，集议政事堂，同进呈取旨，从之。徽宗时，蔡京当国，率意自用。政和二年，更官名。以三师（古三公之官，合为真相之任。司徒、司空，周六卿之官，太尉，秦主兵之任）并非三公，宜罢。又依周制，置三少（少师、少傅、少保）为次相。改左右仆射为太宰、少宰，仍兼两省侍郎。罢勋官，以太尉冠武阶。于是京以太师总治三省事。是时群小满朝，员冗名紊。甚者走马承受，升拥使华。黄冠道流亦滥朝品。元丰之制，至是大坏。及宣和末，三公至十八人。三少不计也。钦宗靖康初年，复改太宰、少宰为左右仆射。高宗建炎三年，两仆射并加同平章事，改两省侍郎为参知政事，废尚书左右丞。孝宗乾道八年，依汉制，改左右仆射为左右丞相，除去三省长官。仆射旧为从一品。以丞相为百僚师长，升为正一品。

平章之官，有加军国字者。吕夷简以司空，平章军国大事。吕公著以司空同平章军国事。文彦博以太师平章军国重事。皆班宰相上，所以处硕德老臣也。宁宗时，韩侂胄专政，以太师、平章军国事。说者谓："省同字则所任者专，省重字则所预者广。"度宗时，贾似道专政，亦以太师、平章军国重事。丞相既为极贵之官，而平章又踞其上，盖韩、贾揽权已久，卑宰相而不屑为，而欲加于相，以自比于文吕也。（看《廿二史劄记》卷二十六，宋宰相屡改官名）

唐玄宗设翰林院以居技能之士，既而以中书务剧，文书多壅滞，乃置翰林学士，掌制诏书命，多以他官兼之。其后选用渐重，至号为内相。入院一岁，迁知制诰。宋以知制诰掌外制，翰林学士掌内制，谓之两制。侍讲、侍读之官，亦玄宗置之，隶集贤殿。宋移隶翰林，资浅者为崇政殿说书。元丰罢知制诰，以其职还中书舍人，而翰林之职仍旧。讲读去翰林之名，与说书自为经筵之官。宋朝重文士，待遇甚优。而翰苑经筵，最为清要。

修史之职，历代多属秘书。唐太宗始移史馆于门下，令宰相监修。玄宗复移之中书，又门下有弘文馆，太宗所建。中书有集贤殿书院，玄宗所置，皆贮图籍，多大臣兼领。宋改弘文为昭文，与史馆集贤院，谓之三馆，皆寓崇文院，无所隶。上相充昭文馆大学士，监修国史，次相充集贤院大学士。或置三相，则分领三馆。三馆及秘阁，号为储才之地。置修撰、直馆、校理等职。高者备顾问，其次任纂修，典校雠，均谓之馆职，必试而后命。一经此职，遂为名流。其以他官兼者，谓之贴职。又有殿学士。观文殿、资政殿、保和殿各置大学士学士，端明殿置学士，以宠宰执之去位者。真宗建龙图阁，以藏太宗御制文集。置学士、直学士，待制掌之。自后诸帝御集，皆仿此例（仁宗建天章阁，藏真宗御集。英宗建宝文阁，藏仁宗御集。神宗以英宗御书，亦附宝文。哲宗建显谟阁，藏神宗御集。徽宗建徽猷阁，藏哲宗御集。高宗建敷文阁，藏徽宗御集。孝宗建焕章阁，藏高宗御集。宁宗建华文阁，藏孝宗御集。又建宝谟阁，藏光宗御集，理宗建宝章阁，藏宁宗御集。度宗建显文阁，藏理宗御集）。元丰年间，以崇文院为秘书省，罢三馆之职。自是诸阁学士、待制为朝臣补外加恩之官。直龙图阁直秘阁为藩阃监司之贴职，皆不试而除。政和年间，增贴职，置修撰三等（集英殿、右文殿、秘阁），直阁六等（龙图、天章、宝文、显谟、徽猷、秘阁）。于是带职者甚众，滥及俗夫童骙，其名始轻。其后设阁益多，职亦随增。而学士待制直阁之官不可胜计矣（看《廿二史劄记》卷二十四，宋诸帝御集皆建阁藏贮）。

乙、辽之内官制　辽本陋夷，官制简朴。于越极崇。无职掌，坐而论议，非有大功德者不授。太祖以遥辇（即唐书契丹王钦德，旧五代史作沁丹）氏于越受禅，终辽之世，居其位者，不过数人。其次曰宰相。太祖以皇后兄为北府宰相，以皇弟为南府宰相。其后两府各置左右宰相。皇族四帐，世预南府之选。国舅五帐，世预北府之选。夷离堇掌部族军民之政。太祖在遥辇之世，尝为此官。太宗改夷离堇为北南院大王，分管北南部族。夷离毕掌刑狱，林牙掌文翰，敌烈麻都掌礼仪。皆总于两府宰相。又有御帐官，贵戚为侍卫，北南部族为护卫，武臣为宿卫，亲军为禁卫，俱掌防卫御帐。有皇族帐官，皇族之疏远者，隶于北南二王。近属四帐，以大内惕隐及四常衮治之。而大惕隐总诸皇族之政教。太祖尊遥辇九帐，居皇族之上。又重国舅以耦皇族，皆置常衮治之。

先是契丹为唐属国，习闻河北藩镇受唐官爵，乃置太师、太保、司徒、司空，施于部族。辽兴，因之。北南院及御帐诸帐僚属，多有师保等官，其名益轻，与唐公师夐异。太宗得燕云十六州，始仿唐制。设公师省台寺监之官，谓之南面，以治汉地租赋军民之事。号契丹官为北面，依旧掌宫帐部族属国之政，南北各因俗而治。及入汴，复设枢密之职，北面有北南院枢密使。北院掌兵机武诠群牧之政，南院掌文诠部族丁赋之政。南面置汉人枢密使，掌汉人兵马之政。中叶弥文，有给谏，有郎官，有诸卫，有东宫官。翰林掌内制，中书舍人掌外制。国史有院，起居有注。京府方州兵刑财赋之官，亦皆用汉名。于是南面之官，殆遍于国内矣。

丙、金之内官制 金初，设官最简。官长皆名勃极烈（即贝勒）。太祖以都勃极烈（即达贝勒）嗣位。太宗、熙宗居储位，号谙版勃极烈（即阿木班贝勒）。谙版者，尊大之称也，当储君之位。其次为国论勃极烈（即固伦贝勒），当宰相之位。有忽鲁及左右之别，皆国相也。其下有诸勃极烈，概以宗室任之。部族之长曰勃堇，统数部者曰忽鲁。

太宗兼制中国，始置枢密院、尚书省。熙宗改定官制，废女真旧官。置尚书左右丞相平章政事，并为宰相。尚书左右丞、参知政事贰之。而以三师领三省事者为元辅。侍中中书令虽有其官，常以左右丞相兼之。至正隆初（废帝亮八年，宋高宗绍兴二十六年），遂罢两省，以尚书令代领三省事之职。尚书六部之外，有院（枢密宣徽翰林谏院）、台（御史）、寺（太常大理）、监（秘书国子太府少府都水）、府（大宗正）、司（殿前都点检司，武卫军司、卫尉司）之官。大率循辽、宋之旧，而加精整。世宗时，文武官不满二万。女真什四，汉人什六。章宗末年，乃增至四万七千余员。而冗官之弊，与宋不异也。

二、外官制及地方制

甲、宋之地方官制 五代初，中国分为十一国。北有燕晋，西有岐蜀，南有荆、楚、吴、吴越、闽、南汉。梁虽代唐祚，其地不过七十八州，四分唐而得其一。晋平燕灭梁，岐王称臣，是为后唐，地较五代为稍大。蜀为后唐所灭，后蜀踵起。南唐代吴，戡闽破楚，而不能有。周篡汉，而北汉分。列国纷争，得失不常。大约前后蜀（今四川）、南汉（今两广）最大. 吴南唐（今江苏、安徽、江西三省）次之。楚（今湖南）、吴越（今浙江及江苏太湖以东）、北汉（今山西中部）又次之。荆南（今湖北荆南道）最小，仅有三州。而唐、晋、汉、周相继，皆统百余州。

宋太祖代周，平荆、湖、蜀、南汉、南唐。太宗受之，平北汉。吴越献地。于是唐之旧域，始归于一。然唐自中叶以后，辽东（今辽宁省）悉属渤海，陇右大半（今甘肃西南部）陷于吐蕃，剑南南部（今云南省大半）没于南诏，安南亦拒唐命，至宋初自立为王国。燕云之地（今北平及河北、山西北境），自石晋献于契丹，历汉周迄宋，不能复取。及西夏叛去，陕西北境（今绥远及陕西北部、甘肃东北部）又失。故宋之建国，虽文治轶于汉唐，而版图则不及远矣。

太宗置十五路，曰京东、京西、河北、河东、陕西、淮南、江南、荆湖南北、两浙、福建、西川、峡西、广南东西。真宗分峡西为利州、夔州路（利州路，陕西汉中道，四川、西川道，故龙安府嘉陵道，故保宁府。夔州路，今四川、东川道，即故夔州、绥定、重庆三府、忠酉阳二州）。分西川为梓州成都路（梓州路，今四川嘉陵道，故潼川、顺庆二府永宁道，故叙州一府资泸二州。成都路，今四川、西川道，故成都一府，绵茂二州。建昌道，故雅州、嘉定二府，邛眉二州）。分江为东西二路（东路今江苏金陵道，故江宁府，安徽芜湖道及江西浔阳道，故饶州府，豫章道，故广信府。西路，今江西）。仁宗分京东置京畿路（今河南，开封道）。神宗分河北、京东、淮南各为东西路（河北东路，今河北津海道及大名道一部，即故天津、河间、大名三府。冀州一州，山东东临道、济南道各一部，即故东昌、武定二府。临清一州，河北西路，今河北保定道及大名道一部．河南、河北道，京东东路，今山东东部。京东西路，今山东西南境及河南开封道，故归德府。江苏徐海道淮南东路，今江苏淮扬道及安徽淮泗道，故滁泗二州。淮南西路，今安徽安庆道及淮泗道一大部。河南汝阳道，故光州、湖北。江汉道，故黄州府）。分京西为南北路（北路，今河南中部及安徽淮泗道，故颍州府。南路，今河南汝阳道及湖北北境）。分陕西为永兴、秦凤路（永兴路，今陕西大半及河南河洛道，故陕州、山西。河东道，故解州、蒲州府。甘肃泾原道，故庆阳府。秦凤路，今陕西关中道，故凤翔府及甘肃东南部）。凡二十四路，府州军监三百五十余，县千二百余。

神宗开拓疆土，北复绥银（属永兴路，今陕西榆林道。绥，今绥德县。银，今米脂县），西取熙河（属秦凤路，今甘肃兰山道。河，今导河县。熙，今狄道县），南剿苗瑶，攘交趾。绍圣崇宁频用兵西边，虽夏人寖衰，而宋民力亦弊。是时边将邀功，梓夔广西荆湖，迭辟土宇，鲜有宁岁。徽宗与金约夹攻辽，欲取复塞内旧境。而宋兵不利，燕云皆为金有。宋人请于金，得燕京六州及云中之朔、武二州（今山西雁门道，朔，今朔县。武，今宁武县）。因建燕山、云中二路。甫阅二岁，而祸衅起。京师失守，二帝为虏。京东、河南、陕西皆没。自是以后，宋所有者，淮汉以南十六路（淮南东西、江南东西、浙江东西、福建广南东西、荆湖南北、京西、利州、夔州、潼川、成都）而已。

唐时节度使为阃帅，察团练使为监司，防御使为边将，刺史为郡守。至宋皆有其官，而无职任。特以为武臣迁转之次序。置知府、知军、知州事，以掌郡政。又置通判以为之副。转运使总各路漕运、财赋、刑狱，兼按察所部官吏。马步军都总管、兵马钤辖、经略安抚使、膺阃帅边将之任。真宗置诸路提点刑狱，掌狱讼及按察之事。于是漕司之权始分。神宗重财政。差官提举各路常平仓。掌常平敛散之法，亦兼按察之职。徽宗加置茶盐提举，高宗合为一司，名提举常平茶盐公事。阃帅、转运、提刑、提举谓之帅漕宪仓，俱为监司。郡县皆受制焉。四司各自建台，专有掾佐。而号令之行于统属者极烦矣。

乙、辽之地方官制　辽起临潢。降奚霫室韦，略营平，灭渤海，援立石晋，得燕云十六州。自是国力强大，动陵南夏。举全宋之力，不能有以加焉。其盛时，府州军城一百六十余。因五京（上京，临潢府。中京，大定府。东京，辽阳府。南京，析津府。西京，大同府）之名，分为五道（上京道，今内蒙古克什克腾以东诸部之地；中京道，今热河道，辽宁辽沈道西部，即故承德府、锦州府；东京道，今辽宁辽沈道东部，吉林省大部及朝鲜北境；南京道，今北平及津海道北部，即故顺天、永平二府，易遵化二州；西京道，今口北道，山西雁门道，即故宣化府及大同朔平、宁武、三府）。五道内外，部族属国甚众。东至海，西至金山，北至胪朐河（今名克鲁伦河，在外蒙古车臣汗部），南与宋、夏、高丽相接。

丙、金之地方官制　金据渤海之旧壤，西向灭辽。数年之间，悉平五道，继取宋四京（东京开封府，西京河南府，南京应天府，北京大名府）。割地至淮汉。辽之藩属，自夏、高丽以下，前后降附。升辽南京为中都大兴府，以府尹兼中都路兵马都总管。改辽中京为北京，宋东京为南京。东京、西京仍辽之旧号。金源旧都曰上京会宁府（海陵尝削上京之号，世宗复之）。五京皆置留守，带府尹，兼本路都总管。京府之外有诸府，府尹带总管者曰总管府，不带总管者曰散府。州有节度使者曰节镇，有防御使者曰防御郡，有刺史者曰刺史郡。总管府凡十五，曰曷懒（今吉林南境）、咸平（今辽宁东北境）、婆速（今辽宁东南境）、山东东西、河北东西、大名、河东南北、京兆、鄜延、泾原、凤翔、临洮。与中都五京，为二十一路。速频（今吉林东南境）、胡里改（今吉林东境）、蒲与（今黑龙江南境）三路，不置总管，以节度使统之。散府凡十一（广宁、兴中、临潢、德兴、中山、彰德、济南、归德、河南、河中、平凉），州一百四十七（内节镇三十六、防御郡二十二、刺史郡八十九）。又置转运司十三（上京、大名及东边诸路不置，合咸平、东京为一路，曰辽东。京兆、鄜延曰陕西东路；泾原、凤翔、临洮曰陕西西路），提刑司九（五京及河北、河东、山东、陕西），分掌各路财赋刑狱之政。与总管各自为监司。

三、兵制

甲、宋之兵制　北宋兵制，分禁、厢、乡、蕃四等。禁兵为天子亲兵，守京城，备征伐。厢兵由诸州所召募，以供役使。乡兵则教民以武事，使为防守。蕃兵则纠察蕃人之内附者，恐其生变，以守御之。其初定制颇善，至仁宗时，西夏不靖，旧兵已有多而不精之弊。于是籍河北、河东诸路之民，以为乡弓手，谓之义勇。明出敕榜，但令守护乡里。必不刺（乡兵刺其手背，正兵刺面）充正军，屯戍边境。未几，尽食其言，民颇怨之。以故兵额愈多而愈不精。神宗以王安石之言，汰之。更立保甲法，以期寓兵于民。然其后废置不常，收效殊鲜。南渡之后，置御营五军，又置御前三军。而其时各镇尚宿重兵，与北宋之世不同，故能支持危局百余年。但马极缺乏，多从云南方面输入。体格矮小，不适于用。

陆游龙眠画马诗云："国家一从失西陲，年年买马西南夷，瘴乡所产非权奇。边头岁入几番皮，崔巍瘦骨带火印，离立欲不禁风吹。"（《放翁诗集》卷一，第五十一页）

乙、辽之兵制　辽之兵制，有宫帐、部族、属国、京州四军。宫帐军者，帝与后所置。生则扈从，葬则守陵者也。辽初以毡车为营，硬寨为宫。御帐之官，不得不谨。故有侍卫司、北南护卫府、宿卫司、禁卫局、宿直司、硬寨司诸官。皆所谓宫帐军也。部族军者，出自各部族，分隶南北府，而守卫四边者也。京州军者，出自民间之丁籍者也。属国军者，凡臣服于辽者，各出其军以供驱使者也。四者各自为军，而体统相承。凡民年十五以上、五十以下，皆隶兵籍。其权其事，皆北枢密院事之，不以假南面也。

丙、金之兵制　女直旧制，管军民者有穆昆，百夫长也。有明安，千夫长也。平时课其所属耕牧，有事则率之出战。及得中原后，虑汉民怀贰，移种人散处中原，给地屯种。以功臣为明安、穆昆总之。世袭其职，不隶州县。世宗患种人为民害，令其众自为保聚。土田与民犬牙相入者互易之，各有界址。章宗时，主兵者谓种人田少，请括民田之冒占者给之。于是种人倚国威，侵夺民田，民怨之彻骨。及宣宗南迁，乱民争屠种人，虽赤子或不免。皆明安、穆昆平时结怨之所致也。

四、赋税制

甲、宋之政费　宋朝待士甚优。俸禄之制，较前代为厚。文武阶官，月给料钱。春冬给绫绢及绵。在京职事官，别有职钱。如大夫为郎官者，既受大夫俸，又给郎官职钱。公、孤、宰执及诸武官，俸钱之外有禄粟，有随身衣粮及餐钱。京朝官及诸司使副等，有傔人餐钱。其官于外者，有公用钱，有职田。选人使臣无职田者，有茶汤钱。（看《廿二史劄记》卷二十五，宋制禄之厚）

禄秩之外，又时有赐与，以施恩泽，酧功劳。仁宗崩，遗赐大臣，各百余万钱。谏官司马光率同列上疏乞罢之，不许。宋制，三岁一亲郊。每次赏赉数百千万。转运使于常赋外，进羡余以助其费。无名科敛，由是而起。神宗时，光又请听百官辞南郊赏赉。亦不许。（看《廿二史劄记》卷二十五，宋郊祀之费）

又有祠禄之制，以养老优贤。初，真宗建玉清昭应宫，以宰相王旦充使。后旦以病致仕。乃命以太尉领宫使，给宰相半俸。又有景灵宫、会灵观、祥源观等，皆以宰执充使。丞郎学士以上充副使，庶僚充判官都监等。初设时员犹少，后以优礼大臣之老而罢职者，日渐增多。神宗熙宁中，王安石欲以此处异议者，遂著令，宫观毋限员数。又诏诸州宫观五岩庙，并置管勾提举等官，以此食禄。仍听从便居住。自是朝官请罢者及责降者，率皆奉祠。（看《廿二史劄记》卷二十五，宋祠禄之制）

恩荫之制，历代皆有之，而至宋滥甚。文臣中散大夫以上，得荫小功以上亲。保和殿大学士以上，荫至异姓亲。公、孤、宰相开府仪同三司，荫至门客，武臣亦准之。郊祠之岁，宰执荫本宗异姓及门客、医士各一人。大小各官，皆得荫子，约四千人。又有致仕荫补遗表荫补。由是一人显仕，则子孙亲族俱可得官。如奏荫异姓者，至得高资为市。然此犹属定例，非出于特恩也。仁宗天圣中，诏五代时三品以上告身存者，子孙听用荫，则并及于前代矣。明道中，录故宰臣及员外郎以上致仕者子孙，授官有差，则并及于故臣矣。甚至新帝即位，监司郡守遣亲属入贺，亦命以官，则更出于常荫之外矣。此外因优眷赏恤加荫者尚多，兹不具述。（看《廿二史劄记》卷二十五，宋恩荫之滥）

太祖开国时，设官分职，尚有定数。其后贡举之盛，荐辟之广，杂流之猥，恩荫之滥，日增月益，不可纪极。真宗之世，郎官四百余人，太常国子博士等数百人。率为常参，不知职守，只以恩泽而序迁。内外官通一万三千余员，而吏胥不与焉。真宗咸平中，尝减冗吏十九万人。所减者如此，未减者可知也。英宗时，诸官至三万四千员。大臣罢退者，多优以藩镇空名，待制以下，亦或带留后、观察等衔。于是节度使至八十余人，刺史以上数千人。禄赐例与现任者同，皆坐糜国帑。南渡以后，封疆既蹙，而冗员更多，内外官逾四万。如川陕一军，兵数不满七万，内有军官万余人，其俸禄比兵士之给过十倍。冗官糜费，至此而极矣。（看《廿二史劄记》卷

二十五，宋冗官冗费）

乙、宋之赋税制　宋初，赋类凡五：一曰公田，即官庄、屯田、营田等，赋民耕而收其租者是也；二曰民田，百姓各得专之者是也；三曰城郭，宅税地税之类是也；四曰杂变，牛革蚕丝食盐之类，随其所出变而输之者是也；五曰丁口，计丁率米是也。其征额或三十取一，或二十取一，无定率。征税分夏、秋两期，与唐同。其输入分四类：一谷，二布帛，三金钱，四物产。至于茶盐皆归官鬻。税契之法，始于东晋。历代无可考。至宋太祖时，始为定制。令民典卖田宅，输钱印契，限以两月。其时国用虽滥，然主皆宽厚，吏治亦淳，尚无病民之事。自神宗行青苗等法，而民始受害。然犹为富国强兵起见也。及徽宗时，蔡京当国，专以奢侈惑暗主，动引周官睢王不会为词，遂至牟取无艺。是时赋税之外，有御前钱物、朝廷钱物、户部钱物等税。搜敛各不相知，肆行催索。又有大礼进奉银绢，有赡学粜本钱。陕西河东等处，最遭根括之害。富民多弃产而迁京师，或入川蜀。甚至花石纲之扰，运一石，民间用三十万缗，而东南又大困矣。

南渡后，因军需紧急，取民益无纪极。高宗在扬州，四方贡赋不至。吕颐浩、叶梦得奏增添酒钱、卖糟（即酒糟）钱。典卖田宅增印契钱。官吏请给除头子钱，楼店务增收房钱，令各路宪臣领之，号为经制钱。绍兴五年，参政孟庾总领财用，增经制之额，析为总制钱。州县所收头子钱，贯收二十三文。以十文作经制上供，余十三文充本路用。他杂税亦一切仿此。其常平钱物，旧法贯收头子钱五文，亦增作二十三文，以十八文入总制司。孝宗乾道中，又诏诸路出纳，每贯收五十六文，以充经总制钱。又有月椿钱（计月椿办大军财物，故名月椿钱）。绍兴二年，韩世忠驻军建康。吕颐浩等议，令江东漕臣，每月椿发大军钱十万缗。漕司不量州军之力，一例均科。于是州县横征，江东西之害尤甚。两浙、福建则有板帐钱（帐者，计薄也，板者，殆一定之义），亦军兴后所创。其额太重，州县苦于趁办，于是输米则增收耗利，交钱帛则多收縻费。幸富人之犯法，而重其罚；恣胥吏之受赃，而课其入。索盗赃则不偿失主，检财产则不及卑幼。亡僧绝户，不待核实而入官；逃产废田，不为消除而勒纳。有司固知其违法，而非此则无以办板帐之额也。淳熙五年，诸州上供，比绍兴额增至七倍。此在孝宗有道之世，已极朘削之害也。理宗时，贾似道当国，以国计困于造楮（即纸币），富民困于和籴（和籴之法，始于北魏。官出钱帛，民出粟米。两和商量以为交易。唐之盛时，缘边西北。拓广地，戍重兵，营田地。租不足赡军，和籴之法亦行之。至宋遂为军饷、边储一大事。以富户承任之）。思有以变其法，而未得其说。知临安府刘良贵等，遂献买公田之策。似道韪之，乃命台谏上疏："请复祖宗限田之制（仁宗初，诏限田。公卿以下，毋过三十顷。衙前将吏应复役者，毋过十五顷）。以官品计顷，以品格计数。将官户田产逾限之数，抽三分之一，回买以充公田。但得一千万亩之田，则每岁可收六七百万石之米。可免和籴，可以饷军，可以住造楮弊，可平物价，可安富室。"帝从之，诏买公田。其初犹有抑强削富之意。继而敷派，除二百亩以下者免，余各买三分之一。其后虽百亩之家亦不免，立价以租。一石偿十八界会子（即纸币，参看下段币制）四十。而浙西之田，石租至有值千缗者，亦就此价。价钱稍多，则给银绢各半。又多则给以度牒告身准直。民失实产而得虚告，吏又恣为操切，浙中大扰，民之破家失产者甚众。后又行经界推排法于诸路。由是江南之地，尺寸皆有税。而民力竭矣。（看《廿二史劄记》卷二十五，南宋取民无艺条）

丙、辽之赋税制　自太宗时，始籍五京户口以定赋税。圣宗以后，沿边各置屯田，易田积谷，以给军粮。在官斛粟，不得擅贷。在屯者力耕公田，不输税赋。此公田之制也。余民应募，或治闲田，或治私田，则计亩出粟，以赋公上。募民耕滦河旷地，十年始租。此在官闲田制也。又诏山前后（即燕云等州，山者，太行山也）未纳税户，并于密云（京兆密云县）、燕乐（密云县东北）二县占田置业入税。此私田制也。关市山场等征税，亦有之。

丁、金之赋税制　田分官私，官地输租，私田输税。输税之法，仿分夏、秋两期。夏税亩取三合，秋税亩取五升。又纳秸一束，束十五斤。输租之法，大率分田为九等，而差次之。平均亩征五斗。较之民田，重殆倍蓰也。其余榷茶、榷盐、榷酤及商贾杂税等，多与宋同。又有推排物力者，举民之邸舍、车乘、畜牧、藏镪之数，一一而算计之。按其贫富，以定差役之数。使饶裕者不得幸免，而消乏之户不致重困。其法盖始于宋高宗，行之于江南，金世宗从而效之。自大定（世宗年号）以至泰和（章宗年号），朝议纷纭。使车旁午，闾阎劳扰不堪，至不敢有所营运。本以恤民之政，而至于厉民，宋室尚不致如此也。

附、宋之币制

甲、现币　五代时，闽、楚、蜀皆用铁钱，与铜钱兼行。宋太祖时，铸宋元通宝，重准开元，禁诸州轻小恶钱。旧俗用铁钱者听之。太宗铸太平通宝及淳化元宝。自后每改元更铸，皆称元宝。冠以年号。设池（今安徽芜湖道，故池州府）、饶（今江西浔阳道，故饶州府）、江（今江西浔阳道，故九江府）、建（今福建建安道，故建宁府）州四监，铸铜钱。邛（今四川建昌道，故邛州）、嘉（今四川建昌道，故嘉定府）、兴（今陕西汉中道，沔县）州三监，铸铁钱。仁宗庆历中，西事棘，军需乏。陕西请铸当十大钱。河东又铸铁钱。复敕江南诸州杂铸大小钱，悉辇致关中。于是盗铸者云起，钱文甚乱。其后以小铁钱三，当铜钱一。当十铜铁钱减作当二。盗铸乃熄。神宗熙宁中，铸铜铁钱，皆当二，谓之折二钱。是时诸路铜钱监十七，岁铸五百余万贯。铁钱监九，岁铸八十余万贯。官铸之盛，数十倍于汉唐。而国用日广，常苦钱少。徽宗崇宁中，铸折十铜钱及夹锡大铁钱行之。立法苛切，所在骚然。其后复废大钱，而折二钱独行。高宗南渡，数遭兵燹，州县鼓铸皆废。驯及绍兴，所铸无几。乃造楮币以佐国用。

宋代币制表

时代	钱制	钱质	钱监
太祖时	宋元通宝	铜	
太宗时	太宗通、淳化元宝以后皆冠年号	铜	池、饶、江、建四监
		铁	邛、嘉、兴三监
仁宗时	当十大钱	铜	陕西
	铁钱	铁	河东
	大小钱	铜	江南
神宗时	当二钱	铜	凡十七监
		铁	凡九监
徽宗时	折十钱	铜	
	夹锡大铁钱	锡铁	

乙、纸币　先是唐宪宗元和中，中国钱少，不敷市面流通。商贾至京师，委钱诸路进奏院及诸军，使富家以轻装趋四方，合券取之，号飞钱。宋太祖时，效其故事。许民入钱左藏库，于诸州便换，置便钱务，作券以给之。又蜀富人患铁重，私作券，以便贸易。每以三年为界而收之，谓之交子。后赀衰不能偿，争讼数起。转运使薛田请置交子务提衡之，禁民私造。至徽宗崇宁间，陕西、河东、京东、京西、淮南亦皆行交子。交子又名钱引，义与茶、盐、钞引同。暂以代钱，实为兑现纸币。故必积钱为本，乃可通行。大观中，不蓄本而增发，渐变为不兑现纸币，始壅而不通，至引一缗直十余钱。高宗绍兴初，造见钱关子，付州四将。募商人纳钱以给军。执关子诣榷货务请钱，愿得杂货钞引者听，既而出纳留难，人皆嗟怨。关子亦钱引也，后又改为会子，通行于淮、浙、京湖诸路。凡上供及民间典卖皆用之。虽三年为界，唯造新换旧而已，无偿还之期，实为一种不兑现纸币。孝宗用心铸钱，虑会子病民，屡出钱银收换，使无壅滞。光宁以后，发楮愈多，折阅日甚，称提无策，国大耗弊。

附　金之币制

金初不铸钱，用辽宋旧钱。海陵循宋交子之法，造交钞，不限行用年月。若岁久字昏，许于所在官库，纳旧换新，或听便支钱。正隆（海陵炀王年号）中，始置钱监。然鼓铸不广，敛散无方，大抵楮多钱少。章宗铸银货，每两折钱二贯。寻以奸铸难禁，罢之。宣宗南迁，用度繁殷，专仰于钞，有出无入。至老钞几贯，惟易一饼。而金祚亡矣。

宋金时代纸币表

时代	名称	办法	性质
唐宪宗元和中	飞钱	商贾至京师，委钱诸路进奏院，以轻装趋四方，合券收之	汇票
宋太祖时		许民入钱左藏库，于诸州便换，置便钱务，作券以给之	同
宋真宗时	交子	蜀富人患铁钱重，私作券以便交易，每以三年为界而收之	钱票
仁宗时	交子	转运使薛田请置交子务提衡之，禁民私造	国家银行兑现纸币
徽宗大观中	交子		不兑现纸币
高宗时	关子后改会子	募商人纳钱以给军，执关子诣榷货务请钱，或易杂货钞引	不兑现纸币
金海陵时	交钞		不兑现纸币

五、刑制

甲、宋之刑制　宋代刑法，仍循唐制，惟法典随时修辑。分目凡四，曰敕令格式。丽刑名轻重者为敕；载约束禁止者为令；言等级高下者为格；有体制模楷者为式。刑分五等，仍用笞、杖、徒、流、死。然于当流者，往往加杖与配役，是一人而受三刑也。有刺配法，既杖其背，又配其人，且黥其面，是亦一人受三刑也。有凌迟法，先断肢体，后绝其吭，是兼施身体刑与死刑也。惟宋历代君主多宽厚，太宗太平兴国六年，诏自今长吏，每五日一虑囚。限大事四十日，中事二十日，小事十日。先是诸州流人锢送阙下，多路毙者。至是用张齐贤言，悉免锢送。仁宗尤加意钦恤，诏内外官司听狱决罪，须躬自阅实。哲宗时，章惇、蔡卞用事，置同文馆狱，将悉诛元祐诸臣，赖哲宗有诏弗治。徽宗时，蔡京当国。有所陷害，则假御笔行之，不依法令。至高宗南渡后，悉行停止。孝宗究心庶狱，每岁临轩虑囚。旧以绢计赃者，诏遽减其数以宽假之。理宗起自民间，具知刑狱之弊。初即位，亲制审刑铭以警有位。宋虽不竞于武，而前后三百余年，苛虐之主不出于其间。其爱惜民命，实比汉唐为胜。享国长久，此亦其效欤。

乙、辽之刑制　初甚严酷，后渐折衷于礼。刑有四等，死刑有斩、绞、凌迟之属。流刑量罪轻重，置之边城部族之地。远则投诸境外，又远则罚使绝域。徒刑有三：一终身，二五年，三一年半，杖刑自五十至三百。大致与宋略同。

丙、金之刑制　初甚简易。轻罪笞以柳葼（子红切木细枝也）。杀人及盗劫者，击其脑杀之，没其家资，以十之四入官，其六偿主，并以家人为奴婢。其狱则掘地深广数丈为之。章宗以后，刑法渐密。宣宗尤喜用刑，朝士往往被箠楚，至用杖决以死。

六、学校制及选举制

唐末之乱，文学废坠。唯印书之术，则创始于唐，而扩充于五代。钞录省功，卷轴变为书册。冯道相后唐，奏令国子监校正九经（《诗》、《书》、《易》、《三礼》、《春秋》、《三传》），雕印卖之。由是经籍传布渐广，文学普及之端实启于斯矣。然运属否塞，干戈无已，文明之利器，亦莫能效其力也。周世宗以史馆乏书，锐意求访。凡献书者，悉加优赐。宋太祖亲临国子监，诏修饰学舍，塑绘圣哲群贤像。自为先圣、亚圣赞，命文臣分撰余赞。自是臣庶始知贵儒学。太宗好学，诏中外购募亡书。立崇文院，贮书八万卷。又命有司摹印《史记》、《两汉书》。是后书籍刊镂者益多。真宗幸曲阜，谒孔子庙，追谥曰玄圣文宣王，封七十二弟子、二十一先儒为公侯伯。然所崇在道教，天书封祀制作纷纷。奖学之政，殆属空文。仁宗广太学，置生员二百。召名儒胡瑗为讲师，且诏诸州皆立学校，于是儒教大兴，文化之盛，遂出于汉唐之上矣。

唐朝取士，专由科举。五代虽乱杂，贡举不废。有进士科，有明经诸科。周世宗又置制举三科：曰贤良方正科、经学优深科、详闲吏理科。令朝野之士，并得应举，试以策论。宋亦沿之。有制举、常贡之别。制举不常，或行或罢。真宗增科为六，曰贤良方正、博通坟典、才识兼茂、详明吏理、识洞韬略、材任边寄。未几，废之。仁宗复六科，以待京朝官。别增三科，曰高蹈丘园、沉沦草泽、茂材异等，以待布衣。置书判拔萃科，以待选人之应书者。皆先试秘阁，中格，然后帝亲策之。其常贡，则诸州每秋发解，冬集礼部，春考试。凡进士试诗赋论及帖经墨义，诸科（九经、五经、通礼、三礼、三传、三史、学究一经等）专试帖经墨义。开宝中，有进士诉知举官用情取舍，太祖乃择下第并中选者，亲御讲武殿别试。自是殿试遂为永制，虽非制科，亦得对御试。太宗以来，贡举每间一二年行之。举人集京者，率逾一万。赐第甚广，岁或至千余人。恩礼优厚，皆直授官秩。年老屡举者，虽试文不中格，亦免黜落。而进士得人最盛，英俊名贤，多由是而出。其高第者，不数年，辄赫然显贵，或至公辅。仁宗切于求士，庆历中，命范仲淹等更张贡举。先策论而后诗赋，欲使文士留心于治乱也；罢帖墨而问大义，欲使执经者不专于记诵也。然人情沿习已久，不喜变更。明年，仲淹等去朝，此制遂不行。

神宗笃意儒学，悯举人奔竞之弊，诏议矫正之。王安石言，士少壮时，正当讲求天下正理，乃闭门学作诗赋。及其入官，世事皆所未习，此科举法败坏人材也。于是罢诗赋及帖经墨义，专以经义论策试士。帝又以学者多不通法律，立明法科，令进士选人任子悉试律义。时制举人吕陶、孔文仲对策切直，忤安石。后吕惠卿参知政事，奏罢制科。

安石欲取士本于学，增修太学。生徒釐为三舍。始入为外舍生，定额七百人，后增为二千。内舍三百人，上舍百人。月考试其业，优等以次升舍。元丰颁学令，上舍试分三等。上等不须殿试，而命以官。中等免礼部试，下等免解试。罢春秋不列学官。

哲宗元祐中，罢新法，立十科举士法，曰师表、献纳、将帅、监司、讲读、顾问、著述、听讼、治财、能谳。令侍从以上，每岁保举三人。复制科，置春秋博士。又复诗赋，与经义并行。立为两科，罢明法科。时程颐看详学制，以为学校礼义相先之地，而月试使争，殊非教养之道，请改试为课，不考定高下。置尊贤堂，以延道德之士，设待宾吏帅斋，立观光法。若是者数十条，皆不果行。

绍述之论起，罢十科举士法。诏进士罢诗赋，专习经义。罢制举，设宏词科。复废秋春科，置律学博士。国子监请以安石所撰字说洪范传及王雱《论语》、《孟子》义，刊板传学者。学校举子之文，靡然从之。

徽宗崇宁中，再倡绍述。作辟雍于京城南，以处外舍生。而太学专处上舍、内舍。增上舍至二百人，内舍六百人，外舍三千人。令州县皆兴学，推行三舍法。自县选考升诸州，自州贡入辟雍，州发解及省试并罢，岁差知举试太学上舍。意若尊经重学，而其实驱学者专宗王氏。后又以八行举士，曰孝、友、睦、姻、任、恤、忠、和，不试而补三舍，其弊滋出。罪状元祐诸贤，谓之奸党，禁其学术。宣和中，罢州县三舍法，复行科举，再禁元祐学术。举人传习者以违制论。

靖康难起，始除元祐党籍学术之禁。复置春秋博士，禁用王氏字说。

高宗中兴，科举兼用经义诗赋。复贤良方正科，复十科举士法。和议既定，诏诸州修学宫。又建太学，养士七百人，重修三舍旧法。别立宗学，以教诸宗子。

孝宗喜苏轼之文，刻其集赐序。策进士，多自升黜。于是苏氏文学大重于世，科场奉为程式。淳熙中，谢廓然请毋以程、王之说取士，赵彦中又疏排洛学，孝宗纳其言。后郑丙、陈贾承宰相王淮之意，痛陈道学之弊，请摈斥其人，盖指朱熹也。由是道学之名，贻祸于世。淮罢，周必大欲用熹。林栗劾熹，以为乱人之首。光宗时，刘光祖请禁讥道学者，进士王介策亦极赞道学，由是谤讥少阻。

宁宗庆元初，韩侂胄用事，群邪辅之。疏道学姓名，以次斥逐。京镗何澹等以为道学名美，更目为伪学，诏榜于朝堂。二年，叶翥、刘德秀知贡举，文稍涉性理者，悉皆黜落，奏毁近世语录之类。胡纮论伪学之祸，请锢其党，自是学禁愈急。纮又教人诬论熹十罪，褫其职。三年，置伪学之籍，号为逆党，著籍者五十九人。嘉泰中，侂胄稍悔前事，学禁始弛。

侂胄既诛，宁宗追悔前事，复熹官阶，赐谥文公，以论孟集注列于学官。理宗深崇理学，以周、张二程与熹并从祀孔庙。先是从祀有安石父子，淳熙中，始黜王雱，至是并黜安石。度宗为太子，奏增祀张栻、吕祖谦。既即位，又增邵雍、司马光，进曾参、孔伋配享，与颜孟、为四配。

宋世朋党之论，造于仁宗景祐间，君子、小人迭为消长。哲宗元祐中，贤者满朝，亦有洛蜀自分党相攻。自绍圣以来，权奸屡当国，党禁迭出。而道学唯行于草泽，未能有大施于朝政。及理宗表章程、朱，则宋祚既倾矣。元明相承，以至于清。虽文教时有隆替，洛闽之说，常为儒学之正嫡，贡举学校皆用是取士。盖贤哲之言，诎于当时，而信于后代者，自孔孟皆然也。

宋代科举制表

<table>
<tr><th>种类</th><th>时代</th><th>名称</th><th>考试法</th><th>受试验者之资格</th><th>初试地点</th><th>再试地点</th><th>三试地点</th><th>存废</th></tr>
<tr><td rowspan="23">制举</td><td rowspan="3">宋初三科</td><td>贤良方正</td><td>策论</td><td>朝野之士皆得应举</td><td>秘阁</td><td>帝亲策之</td><td></td><td></td></tr>
<tr><td>经学优深</td><td>同</td><td>同</td><td>同</td><td>同</td><td></td><td></td></tr>
<tr><td>详闲吏理</td><td>同</td><td>同</td><td>同</td><td>同</td><td></td><td></td></tr>
<tr><td rowspan="6">真宗时改为六科</td><td>贤良方正</td><td>同</td><td>同</td><td>同</td><td>同</td><td></td><td></td></tr>
<tr><td>博通坟典</td><td>同</td><td>同</td><td>同</td><td>同</td><td></td><td></td></tr>
<tr><td>才识兼茂</td><td>同</td><td>同</td><td>同</td><td>同</td><td></td><td></td></tr>
<tr><td>详明吏理</td><td>同</td><td>同</td><td>同</td><td>同</td><td></td><td></td></tr>
<tr><td>识洞韬略</td><td>同</td><td>同</td><td>同</td><td>同</td><td></td><td></td></tr>
<tr><td>材任边寄</td><td>同</td><td>同</td><td>同</td><td>同</td><td></td><td></td></tr>
<tr><td rowspan="4">仁宗时增三科</td><td>高蹈丘园</td><td>同</td><td>布衣</td><td>同</td><td>同</td><td></td><td></td></tr>
<tr><td>沉沦草泽</td><td>同</td><td>同</td><td>同</td><td>同</td><td></td><td></td></tr>
<tr><td>茂材异等</td><td>同</td><td>同</td><td>同</td><td>同</td><td></td><td></td></tr>
<tr><td>书判拔萃</td><td rowspan="11"></td><td>选人</td><td>同</td><td>同</td><td></td><td></td></tr>
<tr><td rowspan="10">哲宗初立十科</td><td>师表</td><td rowspan="10">侍从以上每岁保举三人</td><td rowspan="10"></td><td rowspan="10"></td><td rowspan="10"></td><td rowspan="10">绍圣中罢，高宗时复</td></tr>
<tr><td>献纳</td></tr>
<tr><td>将帅</td></tr>
<tr><td>监司</td></tr>
<tr><td>讲读</td></tr>
<tr><td>顾问</td></tr>
<tr><td>著述</td></tr>
<tr><td>听讼</td></tr>
<tr><td>治财</td></tr>
<tr><td>能谳</td></tr>
</table>

种类	时代	名称	考试法	受试验者之资格	初试地点	再试地点	三试地点	存废
常贡	宋初	进士	诗，赋，论及帖经墨义	诸生	诸州	礼部	殿试	
		明经诸科九经，五经，通礼，三礼，三传，三史，学究一经	帖经墨义	同	同	同	同	
	仁宗时	进士	先策论，后诗赋	同	同	同	同	
		诸科	罢帖墨，问大义	同	同	同	同	
	神宗时	进士及诸科	罢诗赋及帖经墨义，专以经义策论取士	同	同	同	同	
		明法科	律义	进士，选人，任子				元祐中废
	哲宗元祐中	进士及诸科	复诗赋与经义并行	诸生				
	同绍圣中	进士	罢诗赋，专习经义	同				
	高宗时	同进	士兼用经义诗赋	同				

第二节　学术

一、北宋儒学

孔门之学主道德，始于修己，终于治人。而文学唯居四科（德行、言语、政事、文学）之一，学者未专以读书为儒业也。秦汉以后，距圣已远，诸儒依遗文求道，世相师承。五经既各有专门，一经又分为数家，儒道遂为章句训诂之学矣。申培、毛亨、伏胜之徒，传授旧经。贾（逵）、马（融）、郑（康成）、王（肅）训解古言。后人得因以窥先哲之遗意，其功诚伟。然此皆经师而已，以为道师则未也。自秦汉至宋初，一千二百余年，举其能论道者，仅得四人，汉有董仲舒、扬雄，隋有王通，唐有韩愈。董醇而拘，扬隐而僻，王博而迂，韩正而粗，皆不能及宋儒之精且深也。

魏晋以来，释道之教，流布已久。至唐禅学又盛行，其说高远，超出尘俗之外。学士文人往往信而好之。顾蔑儒者日用彝伦之谈，以为浅近。韩愈愤之，极力排之。然愈之言类怒骂，未尝打破彼教宗旨。且其于道造诣未深，故文章虽雄，不足以大振起儒风。宋儒有鉴于此，因先哲之微言，凿而深之。高谈性命，详析理气，以敌佛家奥妙之说。于是儒学始为穷理之学，汉儒训诂之习一变。虽有异于孔孟切实之言，其精博深远，包括天人，则多古人所未论到。

宋代儒学之盛，始于仁宗时。胡瑗、周敦颐、邵雍实为先导。瑗，泰州（今江苏淮扬道泰县）人，七岁善属文，十三通五经，即以圣贤自期许。家贫无以自给，往泰山，与孙复同学，攻苦食淡，一坐十年不归。后以经术教授吴中。范仲淹聘为苏州教授，令诸子从学。滕宗谅知湖州，亦聘为教授。训人有法，科条纤悉备具，以身率先。时方尚诗赋，湖学独立经义治事斋，以敦实学。庆历中，仁宗兴太学。诏下湖州取其法，著为令。后召为国子监直讲，学者争归之，至黉舍不能容。礼部所得士，瑗弟子十常居四五。尝以颜子所好何学试诸生，得程颐作，大奇之，即请相见，处以学职，知契独深。颐之言曰："凡从安定先生学者，其醇厚和易之气，一望可知。"

周敦颐，道州（蜀荆湖南路，今湖南衡阳道道县，即故永州府道州）濂溪（在道县城西）人。以舅任为分宁（江南西路隆兴府属县，今江西浔阳道修水县，即故南昌府义宁县）主簿，决疑狱有声。调南安（军名，属江南西路，今江西赣南道，故南安府）司理，持法不阿。历任县令州佐，所至有治绩。熙宁中，迁知南康军属（江南东路，今江西浔阳道，故南康府）而卒。敦颐博学力行，为政精密严恕，务尽道理。掾南安时，通判程珦知其深于道，使二子颢、颐师之。敦颐每令寻孔颜乐处，所乐何事。尝著《通书》及《太极图说》，以探天理之根源，究万物之终始。

邵雍，共城（县名，属河北路卫州，今河南河北道辉县）人。少时自雄其才，慷慨欲树功名。始为学，坚苦刻励，寒不炉，暑不扇，夜不就枕者数年。既而逾河汾，涉淮汉，周流于齐鲁宋郑。久之，翻然来归，曰："道在是矣。"遂不复出。后迁居河南。富弼、司马光诸贤敬之，恒相从游。仁、神两朝，诏求逸士，雍皆中选，称疾不就官。安贫乐道，未尝皱眉，自号安乐先生。德气粹然，望之可知其贤。群居燕笑，不为甚异。人无贵贱少长，一接以诚。士之道洛者，莫不慕其风而造其庐。著书曰《皇极经世》。晚喜作诗，有《击壤集》。

周、邵之学，本出于道家。初，五代时，有道士陈抟，隐于华山。聪悟博览，道业甚高。得太极及先天图，以授种放。放授之穆修。修以太极图授敦颐，以先天图授李之才。之才授之雍。敦颐由是演无极太极之说。雍由是探颐索隐，推论天地之消长。雍精象数，知虑绝人，遇事能前知。然二程、张载皆重其德，而不贵其术，故传不广。至太极说则朱熹特为之注解，极其推崇，谓得千圣不传之秘，孔子后一人而已。陆九渊不以为然，朱、陆之同异，由是而起。

张载，郿县（旧属陕西风翔府，今属关中道）横渠（镇名，在郿县东）人。少喜谈兵，欲结客取洮西。谒范仲淹，仲淹警之，因劝读《中庸》。载犹以为未足，搜究释老之说。知无所得，反而求之六经。与二程语道学之要，涣然自信曰："吾道自足，何事旁求？"尽弃异学，淳如也。第进士，为州掾县令，以敦本善俗为务。神宗熙宁中，以吕公著荐，召为崇文院校书。王安石问新政。载直规之，不合。移疾屏居南山（在陕西长安县城南）下，志道精思，未尝须臾息。著《正蒙西铭》及《易说》。每告诸生，以知礼成性，变化气资，学必如圣人而后已。吕大防复荐之，召同知太常礼院，以疾归。道卒。

程颢、程颐兄弟，河南人。初同学于周敦颐。后颐游太学，师事胡瑗。颢第进士，调鄠（县名，属陕西路永兴军，今属陕西关中道）、上元（县名，与江宁县共为江南东路江宁府治，今并入江苏金陵道江宁县）主簿，为晋城（县名，河东路泽州治，今属山西冀宁道）令。皆有异政，敦教化，为民所怀。以吕公著荐，权监察御史里行。神宗敬之，数咨治道。颢进说甚多，大要以正心、窒欲、求贤、育才为先。王安石更法令，颢指其不便，而每从容平议，安石亦愧屈。寻乞罢，改州县官。哲宗立，召为宗正丞。未赴而卒。颢资性过人，充养有道，和粹之气，溢于面背。门人交友从之岁久，未尝见忿厉之容。遇事优为，虽当仓卒，不动声色。其为学，泛滥于诸家，出入于释老者几十年，而竟归宿于孔孟。所著有《定性书》，学者咸传诵之。文彦博采众论，题其墓曰明道先生。

颐尝应进士举，值廷试报罢，遂不复试。治平元丰间，大臣屡荐，皆不起。元祐初，司马光、吕公著疏荐颐力学好古，真儒者之高蹈，召入经筵。每进讲，色甚庄，继以讽谏。既因与苏轼不相能。又更张国子条制。及请经筵坐讲，廷议多难之。遂出管勾西京国子监。绍圣中，罹党祸，窜涪州（属夔州路，今东川道涪陵县，即故重庆府涪州）。后得还洛，复宣义郎，致仕，卒于家，世称伊川先生。颐诲人不倦，学者多出其门。其学本于诚，以四书为标指，而达于六经。著《易春秋传》、《孟子解》。张载谓其兄弟得孔孟不传之学，为诸儒倡。颢尝言："异日能尊严师道者，吾弟也。若接引后学，随人才而成就之，则予不得让焉。"盖颢之和、颐之严，风旨自不同也。

此外如司马光、吕公著、王安石、范镇、韩维、吕大防，虽不专以儒著，皆深于经术。刘安世、范祖禹师事光，皆为名儒。二程之门，游学尤盛。谢良佐、杨时、游酢、吕大临（大防弟）号程门四先生。谢、杨颇夹杂禅旨，故其徒多陷于异学。尹焞在程门，为晚出，而守师说最醇。胡安国与谢、游、杨三子交，以讲程学，尤深于《春秋》。至高宗时作《春秋传》上之。

二、南宋儒学

南渡诸儒，以杨时为魁，尹焞、胡安国亚之。时，南剑（州名，属福建路，今福建建安道，故延平府）人，倡道东南。闽人宗程学，由时之传。安国二子寅、宏皆学于时。有重名。宏作《知言》，吕祖谦以为过于正蒙。宏高弟张栻，宰相魏公浚之子也，颖悟夙成。宏一见即以孔门论仁之旨告之曰："圣门有人矣。"栻益自奋励，以学行政事，名显于孝宗朝。所著有《易》、《论语》、《孟子说》等。

宋人世传家学者，吕氏为最。初，吕蒙正事太宗，为时名相。其侄夷简三相仁宗。夷简子公著相哲宗。德望勋猷，亚司马光。世家之盛，古今所稀。而公著不以门阀自高，益能守正不挠。其子希哲初学于焦千之（欧阳修门人），又学于胡瑗、孙复、邵雍、王安石，后从程颢游。以儒行著，故其家有中原文献之传。希哲孙本中，亦从刘安世、游酢、杨时、尹焞等，博学以蓄其德。其不名一师，盖家风也。然公著家学未醇，希哲、本中皆参禅悦。本中从孙祖谦师林之奇、汪应辰（皆本中门人，汪又师胡安国及杨门张九成）、胡宪（安国族子，学易于程门谯定）。讲索益精，纯以张、程为宗，心平气和，不立崖异。事孝宗为太学博士，国史编辑。所著有《读诗记》、《大事记》、《书说》、《左氏说阃范》等。祖谦与朱熹、张栻为讲友，其学亦相伯仲。然栻、祖谦皆早死，故其传不甚广。熹独老而益勉，竟为道学大宗。

朱熹，婺源（县名，属江东路徽州，今属安徽芜湖道）人。少有求道之志。受父遗命适崇安（福建路建宁府属县，今属建安道），从胡宪、刘勉之（谯定刘安世，杨时门人）、刘子翚（所师不详）禀学，第进士。主同安（福建路平海军属县，今属福建厦门道）簿，罢归。闻延平（津名，在福建建安道南平县城西）李侗受业杨时门人罗从彦，隐居乐道，徒步往从之，卒得其传。孝宗求言，熹上封事陈修攘之大计。其后屡起旋罢。大抵持正不合。其知南康军，值岁歉，讲求荒政，多所全活。丞相王淮荐提举浙东常平茶盐，所部肃然。而淮怨其切直，阴导言者，排击道学。及淮罢，入对。或要于路，曰："诚意正心之论，上所厌闻。"熹曰："吾平生所学，惟此四字，岂可隐默以欺吾君乎？"侃侃如初。宁宗立，召为侍讲。以上疏忤韩侂胄罢，寻遭诬劾，落职罢祠。熹登第五十年，仕于外者九考，立朝才四十日，卒年七十二。著述甚富。如《易本义诗集传》、《四书集注》、《小学》、《近思录》、《家礼》、《通鉴纲目》，为其最著者，其学大要格物以致其知，反躬以养其性，而以居敬为主。盖本于周、张、二程之说，而发明光大之。周出于濂溪，二程居洛，张居关中，而熹学于闽。故世称濂洛关闽云。

陆九渊，金溪（江西路抚州属县，今属豫章道）人。少时举止异凡儿，谓伊川之言，与孔孟不类。登孝宗乾道进士，历国子正，慨然陈恢复大略。除将作监丞，不果，罢祠还乡。学者辐辏，或劝著书。九渊曰："学苟知道，六经皆我注脚。"光宗初，差知荆门军（属荆湖北路，今湖北襄阳道荆门县），有异政，郡以为神。时相周必大称为躬行之效。初，九渊与兄九龄，讲贯理学，务穷本原，以顿悟为宗，稍近于禅，人号江西二陆。其学无所师承，然程门如谢良佐、王苹已发其萌芽，二陆因遂成一派矣。吕祖谦尝约二陆，会朱熹于鹅湖（山名，在江西豫章道，即故广信府铅山县），论辨多牴牾。盖熹之教人，以穷理为始事。谓此理已明，则可以诚意正心。二陆欲先发人之本心，而后使之博览，以应万物之变。后九渊访熹于南康，熹与俱至白鹿洞（在南康府，即今浔阳道星子县城西北，庐山五老峰下）。九渊为讲君子小人喻义利章，听者至为泣下。熹以为深中学者隐微深痼之病。至于无极太极之辨，则贻书往来，论难不置焉。熹弟子甚盛，蔡元定及其子沈、黄干、辅广、陈淳辈，皆能传其道。真德秀受业朱门詹体仁。魏了翁私淑朱、张之学，并著名于理宗朝。九渊门人稍逊于朱，杨简、袁燮最知名。

宋室南渡，学统与之俱迁。金据中原百年，文士不乏，而无有一名儒。垂晚有赵秉文，本学佛而袭以儒。若李纯甫，雄文名世，而溺于佛老。凡宋儒之辟佛者，大肆掊击。司马、邵、张、程、朱之徒，皆不免焉。及蒙古兴，程、朱之道始入河北。宋既灭矣，而宋学益炽。上虽贱之，下自趋之。是则洛闽之沾溉者宏也。

三、北宋史学

宋仁宗以刘昫等所撰《唐书》卑弱浅陋，命翰林学士欧阳修、端明殿学士宋祁重修，曾公亮提举其事，十七年而成，凡二百二十五卷。修撰纪志表，祁撰列传。天文律历五行志，则刘羲叟为之。方镇百官表，则梅尧臣为之。礼仪兵制，则王景彝为之。非尽出欧、宋手笔也。是曰《新唐书》。事增于前，而文省于旧。然旧书精当处亦不可废，故二书并行。宋太祖时，诏修梁、唐、晋、汉、周书。卢多逊、李昉、李穆、张澹等同修，宰相薛居正监之。逾年而成，凡一百五十卷，目录二卷。后人总括之曰《五代史》，此官修史也。其后欧阳修私撰《五代史记》七十五卷。其为文学迁史，其立例学《春秋》，寓褒贬之意。唐以后所修诸史，惟是书为私撰。故当时未上于朝。修殁之后，始诏取其书付国子监开雕。于是学者始不专习薛史，然二书犹并行。至金章宗时，诏学官止用修史，于是薛史遂微。元明以来，罕有援引其书者，传本亦渐湮没。其得复成一书而列于正史，自前清始。以上诸史，盖皆纪传体也。英宗时，敕司马光编集历史君臣事迹，可以资鉴戒者，赐名曰《资治通鉴》。许其自选官属。全书凡二百九十四卷，目录三十卷，考异三十卷。起自战国，下迄五代，至神宗时始成，前后凡十九年。采用书籍至数百种之多。文章庄严，事实精确，编年体之钜制也。

四、南宋史学

朱熹因司马光《资治通鉴》而作纲目一书。大书者为纲，分注者为目，纲如经，目如传。仿《春秋》之大义，而寓褒贬于其中，编年体也。纪事本末体创于袁枢，因司马光《资治通鉴》，区别门目，以类排纂。每事各详其起讫，自为标题，每篇各编年月，自为首尾。使人一览瞭然。盖中国之史，自汉以来，不过纪传、编年两法，乘除互用。然纪传之法，或一事而复见数篇，宾主莫辨。编年之法，或一事而隔越数卷，首尾难稽。自枢创此法，遂使纪传、编年贯通为一，实前古之所未见。后人用其体而成书者甚多，不可谓非史学一进步也。

史记以后，史多断代，鲜有能综括千古而成一家者。郑樵负其淹贯，网罗旧籍，参以新意，撰为《通志》一书。凡帝纪十八卷，皇后列传二卷，年谱四卷，略五十一卷，列传一百二十五卷。其中最精要者为略，凡分氏族、六书、七音（宫、商、角、征、羽、变、征变羽）、天文、地理、都邑、礼谥、服器、乐、职官、选举、刑法、食货、艺文、校雠、图谱、金石、灾祥、草木、昆虫二十类。采摭既多，议论亦多警辟。虽间有疏略舛漏之处，而瑕不掩瑜，非游谈无根者所可及。至今资为考镜，与《通典》及《文献通考》并称三通焉。

《文献通考》为马端临所撰，中分田赋、钱币、户口、职役、征榷、市籴、土贡、国用、选举、学校、职官、郊社、宗庙、王礼、乐、兵、刑、经籍、帝系、封建、象纬、物异、舆地、四裔等二十四门。大率以唐杜佑之《通典》为蓝本，而分析增广之。其自叙谓引古经史谓之文，参以唐宋以来诸臣之奏疏、诸儒之议论谓之献，故名曰《文献通考》，实政治史中之大观也。《玉海》者，王应麟所撰。应麟多识广闻，其为书精密渊深，区分胪列，靡所不载，凡二百四卷。总以二十一门，析之为二百四十类。虽为类书，而于史学亦极有益焉。

宋代史学大著表

书名	卷数	体裁	著作者	成书年代
新唐书	二二五卷	经传体	欧阳修，宋祁，刘羲叟，梅尧臣，王景彝	仁宗时
旧五代史	一五〇卷目录二卷	同	卢多逊，李昉，李穆，张澹	太祖时
新五代史	七五卷	同	欧阳修	神宗时
《资治通鉴》	二九四卷 目录二〇卷 考异三〇卷	编年体	司马光	同
《资治通鉴》纲目	五九卷	同	朱熹	南宋中叶
通鉴纪事本末	二三九卷	纪事本末体	袁枢	同
通志	二〇〇卷	政书体	郑樵	同
文献通考	三四八卷	同	马瑞临	南宋末年
玉海	二〇四卷	类书体	王应麟	同

五、北宋文学

宋承五季之弊，文章卑弱不振。太宗时，柳开、王禹偁始为古文。开力涤排偶，转成艰涩。禹偁之文简雅务实，去浮靡之习，而世未知崇尚。真宗时，杨亿、刘筠等名耸于翰苑。文虽属骈体，典雅赡丽，尚有燕许遗轨。至于诗，则专宗李商隐，精致华巧，而气骨不存，号为西昆体，后进竞模仿之。其后士子益尚险怪奇涩之文，各出新意，相胜为奇。仁宗患其弊，屡下诏书戒敕，而士习不改。

是时东平（府名，属京东路，今山东东临道东平县）穆修表章韩柳，尹洙从之，相共振起古文。又有苏舜钦、梅尧臣等，矫正诗风。庐陵（县名，江南西路吉州治，今江西庐陵道吉安县）欧阳修少工偶俪之文，擅名科场。及于河南见洙，乃出所尝获韩文遗稿学之。苦心探赜，至忘寝食，遂以文章名冠一代。修盖得法于洙，然洙之文简直谨严，与修之浑厚丰腴，而多曲折抑扬，结体迥异，则各得具性之所近也。修又与尧臣等锐意作诗，力排西昆体，专以气格为主，时称欧梅。苏轼曰："欧阳子论道似韩愈，论事似陆贽，记事似司马迁，赋诗似李白。"世以为确评。时进士益相习为奇僻，钩章棘句，号太学体。欧阳修知贡举，深以为患，痛裁抑之。有刘几者，夙以险怪负盛名，修尤恶之。至是得一卷，其文有曰："天地轧，万物茁，圣人发。"修曰："此必刘几也。"（宋时已有糊名之法，故修云然）戏续曰："秀才剌，试官刷。"以大朱笔横抹之，谓之红勒帛。榜既出，时所推誉皆不在选。浇薄之士，候修晨朝，群聚马前诋斥之，街司逻卒不能止。至为祭欧阳修文投其家，卒不能求其主名置于法。是科得士八百余人，大哲学家如程颢、张载，大文学家如苏轼、苏辙、曾巩，俱在其中。自是场屋之习一变，雕章绘句始熄，而宋之文章，炳然复古。

曾巩，南丰（县名，属江南西路建昌军，今江西豫章道南丰县）人。师事修，能传其学。文章温雅，近于刘向，而乏精彩。少与临川（县名，江南西路抚州治，今江西豫章道临川县）王安石游。安石声誉未振，导之于修，修以荐于朝。及安石得志，巩不与之合，屡规讽之，亦莫能回焉。安石明经，兼工诗文。其学术偏重法律，在有宋诸儒中，具一种特色。文亦奇峭可喜。

苏洵，眉山（县名，成都路眉州治，今建昌道眉山县）人。少不喜学。年二十七，始发愤读书。三应科举，皆不中。归焚所为文数百篇。勤学五六年，文气大进。至和中，携二子轼、辙至京师。修见其文而爱之，以为贾谊不过也。荐除校书郎，编礼书。书方成而卒。其文峭劲雄伟，多权数机变之言。盖自国策韩非子得之。轼、辙皆能文，得于天成。举进士，俱在高第。世谓之大小苏，号洵为老苏，并称三苏。

轼平生笃孝友，轻财好施，勇于为义。自为举子，至出入侍从，必以爱君为本。忠规谠论，挺挺大节。数为小人忌害，不得久居朝。为文如行云流水，初无定质。虽嬉笑怒骂之语，皆可书而诵。位益黜而名益高，才落笔，四方已皆传诵。辙性安详高洁，文如其为人，而秀杰之气，殆与兄相近。进退出处，无异于兄。二人所交皆一世英豪，门下客如黄庭坚、秦观、晁补之、张耒。元祐中，尝同入阁，世号四学士。又加陈师道、李廌，称苏门六子。晁、张长于文，黄、陈长于诗，而黄诗尤高奇。世以配大苏，谓之苏黄。

后世论宋词艺，于文推欧阳、三苏、曾、王。于诗推欧、梅、苏、黄。欧与大苏，则在两科均称大家。二氏之门，实为一代文学之总汇。盖自韩愈以来，未之有也。是时文运极盛，学者皆善词章。上自帝王大臣，下至武夫妇女，多精晓音律，能制腔调。刚如寇准，正如范仲淹，直如欧阳修，其词皆旖旎婉约，得风人之正。晏殊工艳词而善言情，秦观词清远婉约，皆足以继温庭筠、韦庄者。苏轼天才发越，豪放飘逸，一扫绮罗香泽而空之，尤称钜子。其后有周邦彦，体兼众美，亦足为轼之后劲。

六、南宋文学

南渡以后，文气散漫，萎弱不振。惟李纲之奏议，详密雅健，仿佛贾谊，犹有先代典型。其他若王十朋、叶适、陈亮、吕祖谦等，并有盛名。然王十朋之文，剀切而失之率直，叶适清正而失之平实，陈亮超迈而失之粗豪，吕祖谦深刻而失之俗陋，皆不能纯全也。朱熹为理学钜子，而文章法师韩、曾，一出自然，最有法度。语录体者，始于二程。以俗话说理，不用文言，南宋时言性理者多宗之。言文一致，前此所未有也。工诗者有尤袤、杨万里、范成大、陆游诸人。而游尤为杰出，自号放翁。其体格本出于杜甫，后乃自运机杼。然论者谓其才无思多，意境不远，较之唐人，终觉不及也。词学至南宋而极盛，大抵分为二脉。姜夔自号白石道人，其所为词，情韵清空，渊源于温庭筠、韦庄、秦观、周邦彦，而发挥光大之，称为正宗。史达祖、张炎等其一派也。辛弃疾之词悲壮激烈，气势豪迈。而按其意旨，又复温柔敦厚，缠绵悱恻，盖以苏轼为宗者也。学之者有刘过、蒋捷等，然不免剑拔弩张，貌袭神遗矣。是为词之变体。

宋代文学家表

时代	姓名	家数
太宗时	柳开，王禹偁	古文学家
真宗时	杨亿，刘筠	骈体文学家，西昆体诗学家
仁宗时	穆修，尹洙，欧阳修	古文学家
	苏舜钦，梅尧臣，欧阳修	诗学家
神宗时	曾巩，王安石，苏洵，苏轼，苏辙	古文学家
	苏轼，黄庭坚	诗学家
	苏轼，秦观	词学家

时代	姓名	家数
南宋时	李纲	古文学家
	王十朋，叶适，陈亮，吕祖谦	时文学家
	朱熹	今文学家
	尤袤，杨万里，范成大，陆游	诗学家
	姜夔，辛弃疾	词学家

七、宋之书法

翰林学士院，自五代时，兵难相继。待诏罕习正书，以院体相传。字势轻弱，笔体无法。凡诏令碑刻，皆不足观。宋太宗留心笔札，即位之后，置御书院，募求善书者，得蜀人王著，其草隶独步一时。太宗厚待之，令直禁中。于是书学始盛。太宗以下之君皆工书，臣下工书者，以苏、黄、米、蔡四家为称首。苏轼书丰腴悦泽，绵里藏针。其草书尤直逼颜真卿。黄庭坚书清圆妙丽，引绳贯珠，深得兰亭风韵，真书尤胜。米芾（字元章）书奇逸超迈，烟云舒卷。然动循法度，无一笔妄作。其初本学颜真卿，后乃自成一家者也。蔡襄（字君谟）书姿格高尚，学颜真卿而时有过之，称有宋书家第一（元郑枃作书法流传图，自蔡邕以下能书者，皆亲相授受。惟蔡襄毅然独起，绝无师承，真间世豪杰之士也。或曰苏、黄、米、蔡之蔡，本指蔡京，后人恶其为人，故以襄易之）。其他若王安石、李公麟、苏舜钦亦并以书名。徽宗时始置书学，然不久国亡，无有称名者。

宋代书家表

姓名	书风	派别	时代
王著	草隶独步一时		太宗时
苏轼	丰腴悦泽，绵里藏针	颜真卿	中叶以后
黄庭坚	清圆妙丽，引绳贯珠	王羲之	
米芾	奇逸超迈，烟云舒卷	颜真卿	
蔡襄	资格高尚	颜真卿	
王安石			
李公麟			中叶以后
苏舜钦			

八、宋之画法

宋李成（山东人，世称之曰李营丘）画山水，烟林平远，气象萧疏，称古今第一。其徒范宽，兼师荆浩，所作画峰峦浑厚，势状雄强．特称老劲。又有董源，善画秋风远景，用笔奇峭。水墨类王维，着色类李思训。三家鼎立，照耀古今，为百代师法。又有释巨然者，亦善山水。其后有李公麟、米芾等。公麟（字伯时，居安庆龙眠山，自号龙眠山人）以山水著，兼善佛像，甚类唐人，尤以白描法称于世。米芾之画，出于董源。山水人物多以烟云缥缈胜。其子友仁（字玄晖）略变其所为，亦成一家法。苏轼文章翰墨，皆极精妙。复能留心墨戏，作墨竹师文与可。枯木奇石，特出新意。徽宗亦善画，花鸟山石人物，均有神妙之称。故特重之，置画学以为提倡焉。

宋代画家表

姓名	作品	画风
李成	山水	烟林平远，气象萧疏
范宽	山水	峰峦浑厚，势状雄强
董源	秋风远景	用笔奇峭
巨然	山水	
李公麟	山水佛像	以白描法名于世
米芾	山水人物	以烟云缥缈胜
米友仁	山水人物	
苏轼	墨竹枯木奇石	特出新意
徽宗	花鸟山石人物	神妙

九、辽之文化

辽初无文字。太祖服诸小国，多用汉人。汉人教以隶书之半，增损之作文字数千，以代刻木之约。渤海既平，乃制契丹文字三千余言，以之刻石纪事。助成之者，耶律图鲁卜及罗卜科也。其后韩延徽进用，中国文学渐以输人，而契丹字终未能通行焉。太宗入汴，取历代之图书礼器而去，于是中国之文学益著。其知名者，以萧韩家奴（姓萧名韩家奴，辽时有二萧，韩家奴其一，为奚人．此则涅剌部人也）为首。其亡也，左企弓、虞仲金诸臣，犹以才学显焉。

十、金之文化

金初未有文字。合理博以后，渐立条教。太祖既兴，得辽旧人，往往用之。韩昉者，辽之燕京人，善属文，尤长于诏册。太祖重任之，以为礼部尚书、翰林学士。于是中国文学遂重于金。太宗继统，行选举法。又伐宋，取汴之经籍图书，宋士多归之。其著者有吴激、宇文虚中等。激为米芾之婿，工诗能文，将宋命至金，以知名留不遣，遂为其翰林待制。虚中初仕宋，为资政殿大学士。宋高宗初，为祈请使至金，亦为金所留。时金人方议礼制度，爱虚中有才艺，加以官爵。虚中即受之，与韩昉等并掌词命。此皆楚材而晋用者也。熙宗款谒先圣，北面如弟子礼。世宗、章宗之世，儒风丕变，庠序日兴。金之学术，于以称盛。其中尤以党怀英为称首，文词书法，皆称当时第一。复奉命修辽史，未成而致仕。章宗命陈大任继成之，亦一代正史也。元好问为拓跋魏之后，七岁能诗。既长，淹贯百家。为文有绳尺，备众体。其诗奇崛而绝雕刿，巧缛而谢绮丽。五言高古沉郁，七言乐府，不用古题，特出新意。歌谣慷慨，挟幽并之气。其长短句揄扬新声以写恩怨者，又数百篇，蔚然为一代大宗。有《遗山集》行于世。此皆金之文学也。金人初用契丹字，太祖命完颜希尹（本名谷神）撰本国字。希尹乃依仿汉人楷字，因契丹字，合本国语，制女真字。太祖大悦，命颁行之。其后熙宗亦制女真字，与希尹所制字并行。希尹所撰谓之女真大字，熙宗所撰谓之女真小字。世宗时，以女真字译中国经史，颁之各学。然其后用不能广。章宗时，以希尹始制女真字，诏加封赠，并依苍颉立庙盩厔例，祠于上京纳里浑庄焉。此外以艺术名者，有张洁古、刘守真、张子和、李明之四人之医道，号为中兴，宋立医学之效果也。洁古不以方为重，故其书不传。明之专主补脾。子和主攻。守真之法与子和相出入。守真之法传于宋，南方之医皆宗之。明之之法多在中州，北医皆宗之。一时有非刘李之学勿道之概焉。

第三节　风俗

一、北宋风俗

宋承五季之后，风俗凋敝。太祖重文学、尚节义以矫之，风气始一变。仁宗以后，贤士大夫兴于朝，理学名儒励于野。风俗之美，于斯为最。自王安石以变法为急，而援引新进浮躁希荣贪利之徒，士风始渐变。延至蔡京，每至罢相，必涕泣拜恳乞恩。卑鄙无耻，于斯为极。金人一出，各路奔溃，无有能抗敌者。非尽由臣之无良，亦过抑武臣，不整军备之故也。其外最有关系者凡三事。其一则宰相不得坐而论道。古者三公皆坐而论道，唐时县令入见，犹有坐对者。宋太祖即位，宰相范质、王薄、魏仁浦等皆周朝旧臣，稍存形迹。且惮太祖英睿，乃请用劄子，面取旨，退各疏其事，同列书字以志。于是坐论之礼遂废。自是士气益不振，而自视如奴隶矣。其一则妇人不得再嫁。古者妇女守节特重之，然再醮者亦不以为辱。宋范仲淹母再适朱氏。后仲淹贵，因赠其继父以太常博士，而以荫补朱氏子官，曾不以为过也。自程颐以为妇人饿死事小，失节事大，于是再醮可丑，而守节甚重矣。其一则主仆称谓之改革。司马光为相后，苏轼往访之。其仆曰："君实（司马光字）不在家。"轼曰："尔主人作相，岂可仍为此称？应称相公。"光闻之笑曰："一个好仆，被苏学士教坏了。"可知当时主仆之称固平等也。自金人得势后，乃有爷爷之称（考胡语．称父母曰爷，始见于古诗《木兰辞》，金人称宗泽曰宗爷爷，称岳飞曰岳爷爷。皆尊畏之也）。此当时社会情状之可考也。又有攻击古圣贤以逢迎名士而换酒食者。相传李觏，字泰伯，盱江人，贤而有文章，苏子瞻诸公极推重之。素不喜佛，不喜孟子，好饮酒。一日有达官送酒数斗，觏家酿亦熟。然性介僻，不与人往还。一士人知其富有酒，无计可得饮，乃作诗数首骂孟子。其一云："完廪捐阶未可知，孟轲深信亦还痴。丈人尚自为天子，女婿如何弟杀之。"又云："乞丐何曾有二妻，邻家焉得许多鸡。当时尚有周天子，何必纷纷说魏齐。"李见诗，大喜，留连数日，所与谈莫非骂孟子也。无何，酒尽，乃辞去。（《古今笔记精华》卷十八之第七页）文人轻薄之风可概见矣。

二、南宋风俗

南宋建都临安，歌舞湖山，风气柔靡已极。其时士大夫殆分三派，其一派则奴颜婢膝，以求富贵，恬不为耻。如韩侂胄当国时，许及之对之屈膝。侂胄悯之．命同知枢密院事。后值侂胄生辰，群公上寿。既毕集，及之适后至，为阍者所拒。大窘，俯身由门中闸偻而入。当时有由窦尚书屈膝执政之语，传以为笑。又有侍郎赵师羼者，谄事侂胄，无所不至。侂胄尝与众客饮南园，过山庄，顾竹篱草舍曰："此真田舍间气象，但欠犬吠鸡鸣耳。"俄闻犬嗥丛薄间。视之，乃师羼也。廉耻道丧，至斯已极。元兵未至而内外臣工纷纷遁，度皆此辈人也。其一派则放浪山水，纵情诗酒以自遣，而置国家之存亡于不顾。如文及翁之词所谓"借问孤山林处士？但掉头，笑指梅花蕊"者。斯亦亡国之现象也。其一派则感愤时事，不能有为，而但以诗词寓其讽刺。如淳熙中，监察御史陈贾奏理学欺世盗名，乞加摈斥。太学诸生为之语曰："周公大圣犹遭谤，伊洛名贤亦见讥。堪笑古今两陈贾，如何专把圣贤非。"（《两般秋雨盦》卷三，侮圣非贤条）又贾似道初入相，有人赋诗云："收拾乾坤一担担，上肩容易下肩难。劝君高著擎天手，多少旁人冷眼看。"盖久知其相业之不终矣。似道在位时，曾令人贩盐百船，至京师，卖之。有人赋诗云："昨夜江头长碧波，满船多载相公鹾。虽然要作调羹用，未必调羹用许多。"似道之买公田也，有人赋诗云："三分天下二分亡，犹把山河寸寸量。纵使一丘添一亩，也应不似旧封疆。"又行立士籍之法，有人赋诗云："戎马掀天动地来，襄阳城下哭声哀。平章束手全无策，却把科场恼秀才。"又荆襄方危之际，京湖制置使汪立信以三策投似道：一谓"抽内兵过江，或百里，或二百里，置一屯，皆设都统。七千里江面才三十四屯，设两大藩府以总之，缓急上下流相应"。二谓"久稽使者，不如遣归，啗缓师期"。三谓"若此二者均不可，莫若准备投拜"。似道得书大怒，免其官。不数月，北兵渡江。九江以下皆失守。有人赋诗云："厚我墙垣长彼贪，不然衔壁小邦男。庙堂从谏真如转，竟用先生策第三。"五诗皆轻倩浅易，然的是杭人轻薄气口。（《两般秋雨盦》卷四，贾秋壑条）如此讥讽之类，不胜枚举。理宗时，曾因陈起作诗，讥刺史弥远（诗曰：秋雨梧桐皇子府，春风杨柳相公桥。上句悲济王，下句讥弥远也），命毁其所著诗集，且科以罪，并禁士大夫作诗。文字之祸，自南宋后而益烈，其原因盖始于此。而南人轻薄之风，亦可见矣。至学校之风，则因权相迭出，箝制牢笼而不足观。故贤士大夫如朱熹等，多有倡废科举之说者。盖宋时科举，以学校为捷径，士子之来，多挟一侥幸心，而不专心以求学。故权相之术足以动之，而不能固其操守也。然宁宗时，太学生杨宏中、周端朝、张衜（古文道字）、林仲麟、蒋傅、徐范六人，伏阙上书，为赵汝愚讼冤，被罪编管。理宗时，太学生黄恺伯等百四十四人，以史嵩之母丧起复，上疏攻之。武学生翁日善等六十七人，京学生刘时举等九十四人，宗学生与寰等三十四人，亦上书力谏。帝虽不听，且削游士之籍，而嵩之终不安于位，正论颇伸。其后丁大全为相，专权凶恣。太学生陈宜中、黄镛、林则祖、曾唯、刘黻、陈宗六人，上书攻之。大全怒，削其籍，编管远州。立碑太学，戒诸生勿得妄议国政。当时论者以比杨宏中等，谓之前后六君子。其敢直言，有东汉学士之风，亦尚可取也。加以理学诸子，又以廉耻气节提倡之，故武力虽不竞，而人心尚不尽死。宋历代君主之待其臣民，又颇能有礼而无犬马土芥之事。故其亡也，死节之臣独多，辗转海滨，粮尽援绝，相率赴海而不悔。其忠节可令百世钦敬也。

第四节　宗教

自唐武宗后，诸外教皆被摧残，无能自振。宋之版图又狭，不及于远方。故外教传入者亦尠。其时最著者，仍为释、道二教。兹分述之于下。

一、道教

陈抟隐居于华山，宋初赐号曰希夷先生（老子《道德经》视之不见名曰夷，听之不闻名曰希)，是为宋代崇信道教之始。真宗时，惑于王钦若封禅之说，崇信尤至。加老子号为太上老君混元上德皇帝。作玉清昭应宫，以藏天书。七年而成，华丽无匹。又召张道陵后张正随于龙虎山，赐号曰真静先生，为立授箓院及上清观(皆在龙虎山上)，蠲其田租。自是凡嗣世者皆赐号，遂以为常。

徽宗时，蔡京与其子攸导帝崇奉道教。信用方士魏汉津等，使之定乐铸鼎。又赐方士王老志号洞微先生，王仔昔号通妙先生。二人者皆以篆符言休咎有验，恩宠隆盛。遂置道阶，先生处士等名，秩比中大夫，至将仕郎，凡二十六级。又置道官二十六等，有诸殿侍宸校籍授经，以拟待制修撰直阁之名。又有方士林灵素等，善妖幻。赐号通真达灵先生。从其言，立道学，于太学辟雍，各置内经、道德经、庄列博士二员。又集古今道教事为纪志，名《道史》。凡为道士者皆有俸，每一观给田不下数十百顷。作玉清阳和宫、上清宝箓宫等，土木大兴。帝又以为上帝元子太霄帝君所降生，令臣下册之为教主道君皇帝，其荒诞如此。宋制，自真宗后，凡废后皆谓之教主。如仁宗郭后曰金庭教主，哲宗孟后曰华阳教主是也。至是始改之以避尊号。大臣投合者，亦予以提举宫观之名。如提举洞霄宫及会灵观使之类是也。道教之盛，莫过于此矣。

二、佛教

周世宗即位，敕天下寺院非敕额者悉废之。禁私度僧尼，并禁僧俗之舍身断手足、炼指挂灯带钳，以幻惑流俗者。其时凡废寺院三万余所，又为佛教之大厄。宋太祖复重之，修废寺，造佛像，遣僧行勤等百余人赴印度。又印行《大藏经》。其后僧徒之游西域而归者甚多，佛教复盛。太宗时，作开宝寺塔，高三百六十尺，费亿万计，逾八年始成。前后度僧尼凡十七万人。又于东京立译经传法院，使西僧专译经论，故翻译之业亦盛。

真宗时，以其费多，有请罢院者，不听。当时已译之经有四百十余卷，僧尼之数至四十六万余人。其中之最有势力者，以禅宗为首。禅宗自达摩后，经惠可僧粲道信至唐弘忍，始分为南北二派。弘忍有弟子慧能及神秀二人。神秀行化于北地，称北宗，于后世无分派。慧能行化于南地，称南宗，其后分派甚多。慧能之徒有南岳慧让与青原行思，是为南岳、青原二派。后南岳门下出临济、沩仰二派。青原门下出云门、曹洞、法眼三派。故禅宗之盛，非他宗之所可及。仁宗时，设禅寺于汴京，以僧怀琏为主，祖印契嵩，名僧辈出，皆禅宗人物也。神宗以后，有净源者，为华严宗中兴之祖。有慧龙者，为禅宗黄龙派之祖，临济之分派也。其时缙绅学士，无不喜交僧徒。苏轼、黄庭坚其尤著者。程门高弟谢良佐、游酢、杨时之徒，其学说亦往往流于禅。徽宗时，崇奉道教，以佛为金狄（佛之徒谓佛体面貌皆若金色，故云）而贬抑之。悉改寺院为宫观，以佛为大觉金仙，僧为德士，尼为女德士。佛教之势一挫。未几国亡，仍复其旧。

第二期　元时代

第一章　蒙古之勃兴

蒙古民族之根据地，在今贝加尔湖以南。气候寒冷，空气干燥。地多森林，不产五谷。土人为天然现象所锻炼，性质慓悍，体魄强健，尚武好斗，轻死生，重气力。游牧为业，长于骑射。对于中国本部及亚洲南部各国，常示侵略之势。其始见经传，在有唐之时，《唐史》附载于《室韦传》中，称之曰蒙兀室韦（《旧唐书》），或曰蒙瓦部（《新唐书》）。宋人称之曰朦骨（《契丹事迹》），曰萌古（《中兴御侮录》），曰盲骨（《松漠纪闻》），皆同音异译也。室韦者，唐代黑龙江上流流域民族之总称。唐代之蒙古，居外蒙古土谢图汗部斡儿汗（Orkhan）河（即今鄂尔浑河）流域，附属于室韦。有宋时代，移居不儿罕（Borkhan）山麓。其地为土拉（Tola）河（即今图拉河）、斡难（Oeon）（即今鄂嫩河）、怯绿连（Kerulen）（即今克鲁伦河）三川发源地。水草较为丰富，宜于牧畜，部族渐强。金室勃兴以后，时常与金冲突。顾以部落散乱，仍为金所羁縻。南宋中叶以后，金室溺于汉化，武力渐衰。适值蒙古伟人成吉思汗降生，统一本族诸部。略取内外蒙古，驱逐金人于中国内地。于是通古斯民族之势力骤衰，蒙古民族之势力乃蒸蒸日上矣。兹述其事迹如下。

第一节 成吉思汗之家世

成吉思汗者，姓郤特（旧作奇握温），名特穆津（旧作铁木镇），世为蒙古部酋长。唐末，其十世祖托本默尔根，始徙居布勒哈尔台（即不儿罕山麓，在今外蒙古赛音诺颜部之哈喇和林东北百余里），生勃端察尔（旧作孛端乂儿）。后裔繁衍，各自为部。世奉贡辽、金，而总隶于鞑靼。七传至哈不勒，辖蒙古全部始有汗号。金熙宗天会十三年（宋绍兴五年），遣万户呼沙呼（旧作胡沙虎）伐之。久之，粮尽引还。蒙古追袭，大败诸海岭。皇统七年（宋绍兴十七年），哈不勒子忽都剌称可汗，势益强，与金叛臣达赉（旧作挞懒）余党相应援。入金界，败其兵，大掠而归。金都元帅乌珠讨之，连年不能克，乃与议和。割西平河（即胪朐河、今克鲁伦河）下游北二十七团寨与之，岁遗甚厚，且册为蒙辅国王，忽都剌不受。传至伊苏克依（哈不勒孙，成吉思汗父，旧作也速该），并合诸部，势愈盛大。生特穆津。后为塔塔尔部所鸩卒。特穆津生十三年而孤，育于其母谔楞（旧作月伦）之手。居斡难、怯绿连两河间地，部众多弃之而归于其族人泰楚特（旧作泰赤乌）部。屡濒危，幸免，久之附者稍众。

第二节 蒙古勃兴以前，四围诸国之形势

是时蒙古四邻皆敌国。其东居北大山（今大兴安岭）北，有塔塔尔部；其北傍菊海（今贝加尔湖）东南，有泰楚特部；其西濒薛灵哥水（今色楞格河），有默尔奇斯（旧作蔑里乞）等部；其南有克呼（旧作克烈）部。塔塔尔之东偏，负山，有翁吉喇特部。其西南北界大漠，南傅长城，有汪古部。泰楚特之西，菊海西岸，有卫拉特（旧作畏罗，即明史之瓦剌）部。皆鞑靼种人，与蒙古

同族。泰楚特迤北，菊海东岸，有土默特等部。默尔奇斯之南，克呼之西，北负按台山（今阿尔泰山），南襟沙漠，有奈曼（旧作乃蛮部），为西面之强邻。其南逾大漠，有唐兀国（即西夏，一称合申）。卫拉特之西，乌斯水（今叶尼赛河上游之乌斯河）滨，有乌斯撼合纳等部。奈曼之北，谦河（今叶尼赛河）两岸，有奇尔济苏部（即唐黠戛斯，今哈萨克俄人，犹称之为乞儿吉思）。其南有辉和尔（旧作畏吾儿，即回鹘）国，哈剌鲁（即葛罗禄）部。奇尔济苏之北，直昂可剌河与谦河合流处，有昂可剌部。更西濒雅尔达实河（今额尔齐斯河），有失必儿部（即鲜卑，今西伯利亚得名始此）。哈剌鲁之西，有西辽帝国。失必儿之西，有不里阿耳（在今俄属喀马河滨）。其西南有康里（今咸海北及里海东境）等部。西辽之西有西域国（即花剌子模）。不里阿耳之西，有俄罗斯国（今俄属大俄、小俄等部）。康里之西，有奇卜察克（今里海黑海以北，旧作钦察），及阿速（今亚速海滨）等部。西域之西偏，有木剌夷（今里海南岸波斯境）、报达（今东土耳其白格达部）等国。俄罗斯之西，有孛烈儿、（即波兰）马札儿（今匈牙利）二国。木剌夷之南，有乞里湾（即京埒木，旧作起儿漫）。报达之南，有天方（今阿剌伯麦地那）。其西有密昔尔（即麦西，今埃及）等国，概与蒙古异族。是为当时亚洲及欧洲东部、非洲东北部形势。

第三节　蒙古内部之统一

鞑靼诸部中，惟泰楚特地广兵强。乘蒙古主少国危之际，纠合诸部兵三万来攻。特穆津率部下兵，分为十三翼，击败之。因厚结其下使附己，泰楚特部人多叛归之。会塔塔尔部叛金，特穆津帅众会金师灭之。以功授察衮图噜（旧作察兀秃鲁，犹中国招讨使。）。

是时克呼部酋长王汗（旧作汪罕）暴虐，多杀戮昆弟。其弟额尔克哈喇，以奈曼兵击之，王汗走蒙古。王汗故尝与伊苏克依友善，特穆津事以父礼，深相结。先后分兵攻同族月儿斤部，与默尔奇斯部酋长托克托，奈曼北部酋长博罗汗，及泰楚特部余众，皆克之。翁吉喇等部闻之惧，共立札木喀（札只剌特部长）为古儿（普也）汗，潜帅来袭。特穆津逆击，大破之，翁吉喇降。博啰汗复纠众来侵，特穆津与王汗合兵击败之。已而王汗与特穆津交恶，乘间来袭。特穆津以寡敌众击退之，复遣使诈降，因袭破其兵，王汗走死。奈曼南部酋长迪延汗，又纠合诸部来攻，特穆津大破之，杀迪延汗，先后收灭各部族。遂以宋宁宗开禧二年（西历纪元一二〇六年）大会诸部长于斡难河源，建九斿白旗，自号为成吉思汗，时年五十二岁，是为元太祖。寻起兵征奈曼余众，杀博啰汗。迪延汗子库楚类汗（即楚察里）及托克托奔雅尔达实河。特穆津追杀托克托，库楚类汗西奔西辽。奇尔济苏、卫拉特、失必儿等部及辉和尔国、哈剌鲁部皆先后来降。托克托诸子将奔辉和尔，其酋拒战而逐之，乃西遁。于是按台山陬地咸入于蒙古，始南向经略中国矣。

第四节　蒙古外部之征伐

宋宁宗嘉定三年（金废帝永济大安二年，蒙古太祖五年），遂率师侵金。先是金于边外筑长城，自潢河源迄东海，遣汪古部一军守其冲。至是汪古部降于蒙古，导蒙古兵入险。金外险尽失，西北诸州皆陷。金主永济遣招讨使完颜纠坚（旧作九斤）、监军完颜鄂诺勒（旧作万奴）等率师四十万拒战于野狐岭（在今口北道万全县东北，势极高峻，雁飞过此遇风辄堕），败绩，名将精兵死者甚众。蒙古乘胜，遂克居庸关、紫荆关及古北口，万里长城之内险亦失。西京、辽西及太行山左右诸州郡皆陷。中都日危。

嘉定六年（西历纪元一二一三年），蒙古兵围中都。分兵侵略河北、河东州郡。辽王耶律留格以辽东降蒙古，蒙古以为元帅，使居广宁。蒙古大将穆呼哩（旧作木华黎）攻金北京，破之，尽取辽西州郡，于是辽河流域皆入于蒙古。八年五月，破中都。于是两河皆入于蒙古。成吉思汗驻军鱼儿泺

（在今察哈尔兴和县西），遣别将僧格巴图帅万骑，自间道袭汴京，距城二十里而还。会闻奈曼库楚类汗取西辽，将与默尔奇斯部余众联合，乘衅东窥。乃悉以金事付穆呼哩，拜太师国王，总统诸军，承制行事，经略太行以南。而自将诸军西上，经略中央亚细亚。

先是奈曼库楚类汗奔西辽，乘其主卓勒古出猎，袭执之而据其位。闻成吉思汗南侵金，遂诱奇尔济苏土默特等部同举兵，与默尔奇斯部余众结合，谋恢复故地。成吉思汗遣大将哲伯（旧作折别）由南道击库楚类汗，苏布特（旧作速不台）由北道击默尔奇斯部，同时并进。命长子卓齐特击奇尔济苏等部，皆下之。葱岭东西各地皆入于蒙古，遂与花剌子模接境。

宋宁宗嘉定十一年（成吉思汗十三年、西历纪元一二一八年），成吉思汗大举西征。命皇弟斡赤斤（Udjukin）留守，皇子卓齐特（Djoutcai）（旧作术赤）、察罕台（Tchagatai）（旧作察合台）、谔格德依（Ogatai）（旧作窝阔台）、图类（Torloui）（旧作拖雷）从，会师于雅尔达实河。辉和尔哈喇鲁诸王皆以兵从，号六十万。休兵于河畔者八阅月。十二年秋，进兵。自雅尔达实河上流，直南行。经别失八里（今新疆迪化道）、阿力麻里（今新疆伊犁道）等地，迤逦而西南。遂至忽章河（今西尔河）畔，围讹脱喇儿城。分兵攻撒马儿罕、布哈尔、玉龙杰赤，皆破之。花剌子模王穆罕默德走死，嗣王札兰丁奔印度。于是现今阿母、锡尔两河流域与阿富汗及波斯东境皆入于蒙古。分兵遣哲伯、苏布特循里海西岸，北征奇卜察克。命卓齐特驻屯咸海、里海间，为二将声援。哲伯、苏布特攻奇卜察克、阿速等国，皆破之，进兵至东欧。大破俄罗斯兵，归途乘胜遂灭康里。于是现今咸海、里海北岸及乌拉河、窝瓦河流域皆入于蒙古。宋理宗宝庆元年（西历纪元一二二五年），成吉思汗班师还庭。三年，灭夏。于是黄河上流流域皆入于蒙古。是年，成吉思汗殂，少子图类监国。越二年至绍定二年（西历纪元一二二九年）诸将奉谔格德依嗣位，是为太宗。端平元年（一二三四年），灭金。于是黄河下流流域皆入于蒙古。次年（一二三五年），以皇侄巴图（旧作拔都，术赤次子）为元帅，帅师五十万，西征不里阿耳、俄罗斯等国，皆下之。进攻孛烈儿，大破日耳曼境内诸部联军，进克马札儿。于是现今欧洲东部皆入于蒙古。淳佑元年（一二四一年），太宗殂。六年（一二四六年），定宗即位，八年（一二四八年）殂。十一年（一二五一年），宪宗即位。十二年，遣弟呼必赉（旧作忽必烈）将兵击大理（在今云南）、吐蕃（今西藏）、大越（今法领越南北部，即交趾）及西南诸蛮部（今云贵境内苗瑶等部），皆下之。于是现今云南、川边、西藏及法领交趾支那北部皆入于蒙古。同时以弟辖鲁（旧作旭烈兀）为元帅，西征克什米尔、木剌夷、东大食等国，皆下之。进兵徇天方，折而北，至小亚细亚，破巴尔干半岛诸国联军。于是现今北印度、波斯西部及美索波达米亚、阿尔美尼亚、叙里亚皆入于蒙古。开庆元年（一二五九年），宪宗殂，呼必赉立，是为世祖。世祖至元十六年（一二七九年）灭宋。于是扬子江、西江、闽江流域皆入于蒙古。世祖初年领土，除北亚之西伯利亚及南亚之印度一部分外，奄有亚洲全土及欧洲东北部一大平原。宗室诸王于此大帝国中各有分地，其间最大之国有四：

一、奇卜察克汗国

始封之君为卓齐特，嗣君巴图。领有现在咸海、里海以北俄领西伯利亚西南部及欧俄一大部分。其全国辖境东至今叶尼赛旷野，西至多瑙河下流，南尽高加索山，北负喀拉海，定都萨莱。

二、察罕台汗国

始封之君为察罕台。东至天山，西至锡尔河流域，都阿力麻里。

三、谔格德依汗国

始封之君为太宗，传至定宗，为太子潜邸汤沐邑。跨爱密尔河（即今新疆塔城道之额米尔河）立国。占有奈曼及奇尔济苏旧地，都叶密里城（旧作也迷里）。

四、伊儿汗国

始封之君为辖鲁。领有现今波斯、美索波达米亚、叙里亚、小亚细亚等地。其疆域东逾阿母河，北极咸海、里海、黑海间地，南尽波斯湾，西包小亚细亚。都低帘（在里海西南）。

此外尚有次大之国三：一为成吉思汗次弟哈布图哈萨尔（旧作术赤哈萨儿）领土，在现在黑龙江上流乌尔顺河、呼伦湖、海拉尔河流域。二为成吉思汗三弟哈准领土，在今察哈尔东北部乌拉圭河流域。三为成吉思汗四弟特穆尔谔齐锦（旧作铁本真斡赤斤）领土，在今辽宁西北之洮儿河及黑龙江西部之嫩江流域。此外如成吉思汗庶弟伯勒格特依（旧作伯列格台，封广宁王），第六子阔列坚及太宗以下诸帝子，皆各有分地岁赐。又蒙古制，皇子、公主，恩礼钧。宗室驸马，通称诸王。其后世祖入主中国，复大行封建。其一字王（金印兽纽）则有燕、秦、晋之属。二字王（金印螭纽、驼纽，与金镀银印驼纽、龟纽及银印、龟纽）则有安西、镇南、云南、白兰（即吐蕃所并之白兰王，名锁南藏卜。封后出家为番僧，寻还俗，复封）之属。外国降附受王封者，又有高丽、缅国、安南之属。其自开国以来，累朝佐命诸功臣，亦皆分封为万户、千户、百户，各辖有土地人民。以故幅员极广，藩属孔多，控驭匪易。

世祖既有天下，凡满洲、内外蒙古、中国本部、青海、西藏及中央亚细亚皆为所领。高丽、交趾亦为所羁縻。又于名义上统御伊儿汗等四大汗国。实握蒙古帝国之全权焉。世祖为镇抚藩属计，乃建阿母河行省，以统葱岭以西。置岭北省，以制杭爱山以北。开阿力麻里元帅府，以监天山北路。设别失八里元帅府，以治天山南路。创辽阳及征东行省，以督满洲及朝鲜。又于中央置中书省一，于内地置行中书省八，以统辖中国本部。其详见本期第六章第一节地方制中。兹不赘述。

元初开拓疆土表

征服者	被征服之地名今释
太祖铁木真	内外蒙古，满洲，中国本部西北部，天山南北路，俄领中央亚细亚，阿富汗，波斯东半部及高加索山附近
太宗窝阔台	中国本部中部，朝鲜半岛，西伯利亚西南部，欧洲东北部
宪宗蒙哥	中国本部西南部，西藏，法领越南北部，波斯西南部，美索波达米亚，叙里亚，小亚细亚，印度西北边地
世祖忽必烈	中国本部南部

参考书

《东洋史》（近古史　第四期　第五章　第七章　第九章　第十章　第十一章　第十五章）　　自著

第二章　元初之内乱

中国自古以来，相传治国之大法有二：一曰父子相继主义，所以泯宗室之纷争；一曰中央集权主义，所以杜强藩之跋扈。凡此者，皆历代英主，经过几许艰难阅历，始决定之方针。从之者吉，违之者凶，莫或易之者也。独蒙古建国规模则异是。蒙古国势伟大，非一世英雄，有统御全国之能力者，不足以为共主。乃创为库鲁泰大会议，由宗室诸王大臣与诸藩，联合选立君主，于是父子相继之制度破坏。蒙古幅员辽阔，种族庞杂。非广建群藩，厚其势力，不足以制服异族。乃建立四大汗国，统辖欧亚各民族，于是中央集权之制度亦破坏。其始也太宗、定宗相继嗣位，宗室辑睦，尚无间言。及定宗崩，锡哩玛勒与宪宗争位，而内乱一作。宪宗崩，阿里克布克与世祖争位，而内乱再作。于是海都以谔格德依汗国势力讧于北，都斡以察罕台汗国势力讧于西，诸王纳延与哈丹势格都儿等讧于东，与世祖争大汗位。奇卜察克汗国君主忙哥帖木儿，伊儿汗国君主阿八哈，复从而交讧于其间。世祖竭全国兵力，与之角逐于外蒙古，仅得荡平纳延哈丹势格都儿等兵，而海都都斡竟不服。及成宗嗣位，海都之子彻伯尔与都斡相继归命，谔格德依汗国旋为王师所灭。然西方三大汗国，自是不服中央命令，互相构兵，又时与大汗国冲突。中央自成宗逝世以后，历代君主，多为权臣所拥立。丞相专权，天子守府，忙于内乱，更无余力以经略域外。于是蒙古大帝国遂瓦解，复成列国对立之形势矣。兹述其事迹如下。

第一节 蒙古内乱之远因

初，太宗之在位也，以孙锡哩玛勒（太宗第四子库春子，旧作失烈门）为嗣。太宗在位十三年，以宋理宗淳祐元年（西历纪元一二四一年），病酒而殂。第六后鼐玛锦（旧作乃马真）氏奉遗诏，称制于和林（据松井等《东洋史概说》，一五七页，喀喇和林（carakorum）略称之曰和林，在今库伦西南鄂尔浑河东岸，蒙古大喇嘛寺，额尔听尼招所在地。此地久不明，至明治二十六年始确定）。皇子库裕克（旧作贵由）得凶问，仓猝自欧洲来奔丧。后欲立为太宗嗣，待巴图来会议，而巴图托病，屡愆行期。后临朝之四年，乃集诸王百官，开库鲁泰大会议（会议名，凡宗室诸王、大将、藩属君主及万户、千户、百户等有世爵者皆列席），立库裕克。淳佑六年（西历纪元一二四六年），库裕克即位，是为定宗。在位三年，以淳佑八年（西历纪元一二四八年）殂。后乌拉海额锡（旧作斡兀立海迷失）抱皇侄锡哩玛勒听政。凡太宗子孙，多主张遵太宗遗诏，立锡哩玛勒为大汗，诸王大臣不从。后二三年，诸王巴蜀、大将乌特哩哈达（苏布特子，旧作兀良合台）等，一再开库鲁泰大会议。巴图首建议推戴莽赉扣（旧作蒙哥），众皆韪之。淳佑十一年（西历纪元一二五一年），东西诸王将共推莽赉扣即大汗位，是为宪宗。

宪宗即位以后，锡哩玛勒及诸弟心不平。宪宗诛其党羽，杀定宗后及其用事大臣，禁锢锡哩玛勒于摩多齐（在和林西北旧作没脱赤）。分迁太宗后克勒齐库塔纳（旧作乞里吉忽帖尼）及太宗系统诸王于各边。太宗旧部军，别择亲王将之，以防其拥众为乱。遣使诣察罕台藩地及汉地，察究违命诸臣，凡附太宗后者皆逮究。复遣兵巡察奇尔济苏等处，颁便宜事于国中。罢不急之役。凡诸王大臣滥发牌印诏旨宣命尽收之。自此以后，蒙古内政始归一，然而分离之端兆于此矣。

第二节　阿里克布克之乱

宋理宗宝祐五年（宪宗七年），宪宗与世祖率师分道南侵宋，命少弟阿里克布克（旧作阿里不哥）居守和林，以京兆行中书省事阿拉克岱尔辅之。越二年，宪宗殂于军，世祖引兵北还。诸王哈丹、穆格、塔齐尔俱会于开平（在今察哈尔兴和道独石县东北），辖鲁自西域遣使劝进，惟阿里克布克不至。廉希宪等力言："先发制人，后发人制。逆顺安危，间不容发。宜早定大计。"世祖然之，遂不及待库鲁泰大会议，遽自立为蒙古大汗。阿拉克岱尔及六盘守将等，密谋推戴阿里克布克。世祖使廉希宪宣抚陕西以制之。次年，阿里克布克称帝于和林，宪宗诸子及察罕台系诸王皆附之。世祖遣伊逊克（太祖次弟子）将兵挫其前锋，寻自将征之。时阿拉克岱尔等关陇之军，已为廉希宪所破。阿里克布克驻谦谦州（今俄领托穆斯克省，西史谓阿里克布克。夏居阿尔泰，冬居青尔济，亦所辖境，即其毋叻沐，地宽广，三日程近阿尔泰河），惧兵力不敌，遣使约归款。世祖允之，遂自和林还京，留伊逊克驻防。次年，阿里克布克袭败伊逊克兵，复据和林，进兵至漠南。世祖复自将征之，战于实默图诺尔（在今独石口外），败却其众。阿里克布克北遁，寻与察罕台嗣王阿鲁忽（贝达尔子，察罕台孙，阿里克布克所立）构兵。所部群非议其同室操戈，弃之他适。阿里克布克无兵无攘无援，势日蹙。至元元年，与宪宗诸子及谋臣来归。世祖皆宥之，但诛其谋臣等。然其党海都，仍据地擅兵，屡征不至，遂酿宗藩之乱。蒙古大帝国之分裂，从此始矣。

第三节　海都之乱　锡喇勒济脱脱木儿之乱与纳延之乱

一、海都之乱

海都者和硕（旧作合失）王子，太宗诸孙也。太祖征西夏，和硕生。西夏为河西地，蒙古称河西音如和硕（转为合申）以命名，志武功也。和硕早卒，太宗痛之。自此蒙古讳言河西，惟称唐古特（西夏立国。始唐时曾赐国姓，系以唐志所。自始唐，古特音转为图伯特。今西人称西藏族为图伯特族。本此）。

宪宗二年，定太宗后王分地，迁海都于海押立（在今阿拉套岭西北，巴勒哈什湖东南，北接阿尔泰山西支）。海都自以太宗裔不获嗣大位为憾，而宪宗夺太宗后王兵柄，志不得逞。宪宗六年，断事官石天麟使北边，为所留。世祖初，附阿里克布克，攻宗王察罕台汗阿鲁忽，为所败。及阿里克布克降，仍自擅于远。朝使屡征，皆以马瘦道远为辞，不应召。世祖推恩诸王，亦赐以金帛，并以蔡州分隶之。而海都有异志，区区岁赐分地非所慕。又权略过人，善于笼络，卓齐特后王如伯勒克等咸与善。太宗分地在叶密尔河者，亦多属之。其南境与察罕台汗国接壤。至元三年（西历纪元一二六六年），阿鲁忽薨。世祖遣八拉克（察罕台曾孙）归国嗣位，欲借其力以制海都。八拉克与海都战于锡尔河，败其兵，掠人畜无算。宗王奇卜察克汗忙哥帖木儿（巴图孙）助海都兵，回攻而胜。八拉克退至河南，胁布哈尔撒马儿罕民户助军实，备再战。会有为之和解者，乃罢兵。而布哈尔等地，海都亦得分其岁入。八拉克西攻伊儿汗汗阿八哈（辖鲁长子），海都亦助以兵。七年（一二七〇年），八拉克战败归，旋殂。阅再传皆短祚。海都辅立八拉克子都斡（旧作笃哇），得其助，于是窝阔台系与察罕台系联合为一，与元室抗。海都之势始剧矣。

二、锡喇勒济脱脱木儿之乱

先是海都叛迹渐著。廷议致讨，世祖谓宜怀之以德。遣使诣海都。海都悦其辩，厚赠之。又诣忙哥帖木儿处计事，忙哥允为外应袭海都。后忙哥兵果至。海都御之，而八拉克又至，乃乞和于忙哥。忙哥罢兵，且助以军五万，合败八拉克。海都由是无西顾忧，复与八拉克之子都斡和。于是奇卜察克、察罕台、窝阔台三汗国联为一系，以与元室抗。至元十二年，海都、都斡以十二万众，围高昌（即辉和尔）王火赤哈儿的斤于火州城，久之始解（《元史》巴而术阿而忒的斤传谓，受围凡六月，固索与以女，亦都护缒，女与之始解去。西书则谓援兵至，乃解案，亦都护者，高昌国主，号也时。巴而术曾孙，火赤哈儿的斤嗣立后，亦都护屯于州南哈密力地。北兵复至，竟战死）于是敕追海都、八拉克金银符。次年，命丞相安图，辅皇子北平王诺摩罕，借边于阿力麻里（案事在至元十三年）诸王锡整理勒济（旧作昔里吉）、脱脱木儿（旧作托克帖木儿）等咸从。先遣使谕海都，令罢兵来朝。海都听命退军。而安图军已克火和（即宗王火忽）大王部曲，尽获其辎重。海都地邻火和，惧安图乘胜侵轶，乃遗使者归，以安图之事上闻，明非己罪。十四年，脱脱木儿等合谋，夜劫诺摩罕，并执安图，遣使通好于海都。海都弗纳。诸王叛者相属（西书谓太宗后人及察罕台别子后裔皆叛）。世祖命巴延北征，遇其众，遏于鄂尔坤河，夹水而阵。相持既久，俟其懈，麾军为两翼击破之。锡整理勒济奔雅尔达实河，脱脱木儿奔奇尔济苏，巴延袭夺其辎重。锡喇勒济不能援，脱脱木儿以为怨，遂附于宗王撒里蛮（宪宗子裕隆哈实子），胁籆木忽儿（阿里克布克子）来从，不听，与之战。脱脱木儿败遁，被执，见杀。撒里蛮失助，锡喇勒济夺其兵，拘而致诸奇卜察克汗中。中途遇其旧部，夺取返攻。锡喇勒济众叛，被执。并执籆木忽儿，将献诸朝。东经纳延地，纳延受籆木忽儿赂，邀劫之。仅以锡喇勒济来献。世祖赐撒里蛮以地及军，而流锡喇勒济于海岛。籆木忽儿旋诣海都，后亦来朝。

三、纳延之乱

二十一年，奇卜察克都指挥使图图尔哈（旧作土土哈，奇卜察克王子拜都察克子）等，谍知海都虚实，破其精兵。海都败走。得所俘掠军民。会石天麟语海都以宗亲恩义及臣子逆顺祸福之理，海都悔悟，乃遣天麟与诸摩罕安圆等皆归。二十四年，纳延（旧作乃颜，广宁王伯勒格特依之孙）反于辽东，旧由海都唆之诸王哈丹（哈准四世孙）、执格都儿（哈布圆哈萨尔四世孙）等应之。纳海都相犄角，海都亦允助兵。世祖恐其联合，先遣使抚安诸王纳恰等，解其谋。令巴延于和林阻遏海都，而亲征纳延。自江南行海运至辽河，以转攘。军疾行，二十五日即至其境。分蒙古及汉军为二，汉军以李庭、董士选统之。及辽河，纳延党拥众十万进逼。世祖亲麾诸军围之。纳延以军环卫为营，坚壁不出。李庭引壮士十余人，抱火炮夜入其阵。炮发，敌溃。遂命蒙古汉军并进。敌军飞矢及乘舆前，士选等出步卒横击之，纳延败走，追获诛之。帝还京，诏皇孙特穆尔（太子精吉木第三子，即成宗）抚诸军，留讨哈丹等。

四、海都之猖獗及其薨逝

二十五年，海都、都斡迭犯边。特穆尔镇金山，屡遣将击却之。次年，海都兵至和林，宣慰使奇卜等叛应之，北鄙大震。世祖亲征，皇孙晋王噶玛拉（太子精吉木长子）与海都战于杭海。失利，被围。图图尔哈引劲卒陷阵翼王出。二十九年，诸王穆尔特穆尔叛从海都，巴延败诸海斯图岭。会有谮巴延与海都通者，诏授皇孙特穆尔以皇太子宾，抚军。征巴延还。未发，而海都兵复至。巴延欲诱使深入成擒，且战且行。七日，诸将固请速战，还军击败之。海都遂脱去。

是年秋，图图尔哈略地至金山（今阿尔泰山），获海都之户三千余，进攻奇尔济苏，擒其将。

成宗元贞初年，海都犯西番界。大德元年，图图尔哈之子绰和尔（旧作床兀儿）北征，逾金山，屡大挫海都军。是时宁远王库存克楚（旧作阔阔出，世祖第八子）总兵北边，怠于备御。三年，成宗使兄子海桑（成宗兄达尔玛巴之长子，即武宗）即军中代之。军至金山，奈曼特部落降。五年，海都都斡大入，兵越金山而南，止于铁坚古山（今外蒙古札萨克圆汗部右翼，后末旗之匝梦山地），因高以自保。八月，海桑与战于迭怯里古（今底们赤鲁），海都军溃。越二日，海都悉众来，大战于合刺合塔（今哈喇阿吉尔戛山）。王师失利。海桑亲出阵力战，悉援诸军而出。绰和尔与都斡相持于兀儿秃（今阿勒台岭），以精锐驰其阵奋击，大破其兵。都斡中流矢，走远。海都不能独留，亦引军归，旋殂。

五、谔格德依汗国之沦没

海都虽屡抗王师，然战争累年，兵财两竭。又与邻境诸宗王冲突，到处树敌。于是谔格德依汗国渐濒于衰亡之域。先是至元二十七年，海都遣兵助伊儿汗国叛将景赤尼佛鲁慈，扰呼罗珊，后乃败退。于是伊儿汗国与为敌。奇卜察克汗国白帐汗鄂尔多曾孙那延，与族人贵烈克战。海都、都斡助贵烈克，于是那延亦与为敌。成宗即位，那延遣使入朝，乞王师与伊儿汗国三面合攻海都等。成宗将允之，拟大举亲征，为太后所阻，乃谢以徐议。至是海都殂，或欲立其子乌鲁斯。都斡以已得国由于彻伯尔（亦海都子），故援立之。大德七年，均遣使请息兵。诏报使，命置驿以俟其众。已而都斡与彻伯尔以子弟构衅，遽失欢。十年，战于忽毡撒马儿罕中路，彻伯尔败。再战，都斡败。乃议和。将成，彻伯尔部众多散处，都斡乘其不备，遂躏所辖地。时海桑亦逾金山，追乌鲁斯，获其妻孥辎重，抵雅尔达实河。受穆尔特穆尔诸王降，尽俘彻伯尔家属营帐（《元史》日赤察儿传云：掩取其部人，凡两部十余万口），余众悉溃。彻伯尔仅以三百人奔都斡。窝阔台汗国亡。自海都倡乱，东西诸王（按蒙古先定东土，故太祖诸弟多封于东，至太宗以下子孙则多封于西，故阿力麻里为定宗子分地，海都、都斡得分据金山南北，《元史》谓之东诸侯，西诸侯）多效尤不靖，垂五十年，至是北边始悉平。乃处诸降人于金山之阳，而王师屯田于山北。自此以后，奇卜察克、察罕台、伊儿汗三汗国各帝制自为，呈独立之势。蒙古大帝国事实上已瓦解。有元全盛时代，仅保有其东方一小部分而已。

元初内乱表

张本人	根据地	势力范围地	举兵之年	失败之年	延长	原因
阿里不哥	俄领托穆斯克省	外蒙古与陕甘二省各一部分	世祖中统元年	世祖至元元年	五年	以宁宗幼弟资格与世祖争国
海都	俄领七河省	锡尔河北岸外蒙古西部	同至元三年	成宗大德十年	四十一年	以太宗诸系资格与世祖争国
昔里吉、托克帖木儿	无	外蒙古北部	同十四年	当年	一年	执北平王诺摩罕丞相安图以应海都
乃颜	辽东	东三省及蒙古东部	同二十四年	当年	一年	应海都

参考书

《东洋史》近古史　第五期　第一章　　自著

第三章　元初之外征

中国有史以来，对外发展之时期，以汉、唐、元、清四朝为最。幅员之辽阔，种族之庞杂，武力之发扬，亦以四朝为最。顾汉、唐之对外战争与元、清之对外战争情形迥异。汉、唐多系被动的、自卫的，元、清多系主动的、侵略的。汉、唐之对象物多系西北民族。元、清之对象物多系东南民族也。元初之对外战争与清初之对外战争情形亦稍异。清初犹有时系被动的、自卫的。元初则纯为主动的、侵略的。清初之对象物犹有西北民族。元初之对象物则纯属东南民族也。是故元初之外征在中国史上自具一种特色。中国历代之外征，大半出于不得已。元初则可已而不已者也。兹述其事迹如下。

第一节　后高丽之臣服

先是蒙古兵起，金人疑契丹遗民有他志，下令契丹户一，以女真户二夹居，严防之。故辽宗室耶律留格不自安，遁至隆安（即黄龙府改名），起兵抗金，聚众至十余万。遣使附于蒙古，屡败金兵，自立为辽王，尽取辽东州郡，都咸平（在今辽宁铁岭县）。宋宁宗嘉定八年，入朝于蒙古。其将耶厮不据辽东叛，自称辽帝。寻为其下所杀。推其丞相乞奴监国，与行元帅鸦儿代统其众。留格以蒙古兵来讨，乞奴兵败，东渡鸭绿江，由北界（今平安道）

进侵忠州（今忠清北道）、溟州（今江原道江陵郡），转掠咸镜道。王京震骇。蒙古元帅哈真与后高丽合兵讨乱党，悉平之。后高丽遣使奉牛酒犒师，称臣奉贡于蒙古。蒙古岁征重币以充贡赋，后高丽疲于供应。宋理宗宝庆三年（蒙古太祖二十二年），蒙古使臣珠古（旧作著古）还自高丽，中途为人所杀。蒙古疑为高丽所为，谋伐之。因时方有事于中国及西域，不果。绍定四年（蒙古太宗三年），蒙古太宗命将军萨里台（旧作撒礼塔）与嗣辽王薛阇（留格长子）伐高丽。由北界进至王京，分兵侵略忠州、清州，所过之处无不残灭。王遣使请和，厚赠土物，上表称臣。蒙古置达噜噶齐（镇守者之意），监治其地。逾年，高丽宰相崔瑀奉王幸江华岛，以避兵，尽杀蒙古所置之达噜噶齐七十二人。蒙古兵复来侵，后高丽兵屡败。后高丽高宗以族子永宁公綧为王子，质于蒙古以乞和。蒙古遣使命高宗还都旧京。时崔瑀已卒，其子沆、竩相继执政。不许。蒙古大将也窟车罗大等来侵，前后数次，杀戮人民无算。宋理宗宝祐六年，高丽将赵晖等，以和州（咸镜南道永兴郡）以北之地，叛降于蒙古。蒙古置双城总管府于和州，以晖为总管，屯重兵以戍之，压迫高丽日甚。王不得已，使太子倎入朝于蒙古，毁江华城。

宋理宗开庆元年，高宗薨，元宗即位，还都旧京。上书于蒙古，请免侵扰，还俘逃。皆许之。都统领崔坦等据西京（今平壤）五十余城附蒙古，世祖受之。改西京为东宁府，划慈悲岭为界，以皇女下嫁王世子愖。宋度宗咸淳十年（西历纪元一二七四年），元宗殂，愖立，更名昛，复更名昛。是为忠烈王。自是以后，高丽降为蒙古属国，代代受册封。事元纯用藩臣礼。元常干预其内政焉。

第二节　日本之征伐

日本自有唐末年（宇多天皇时代），罢遣唐使，与中国断绝交通。自此以后，经过五代两宋，凡三百余年。除去估客僧徒私渡外，始终无正式国际关系。蒙古勃兴以后，兵力所及，望风降附，欧亚两洲民族，除最北最西一部分外，几乎皆入其势力范围。独日本一岛国，岿然独立于东海中，不肯低头纳款。蒙古人憾焉。世祖至元二年（宋度宗咸淳元年，日本龟山天皇文永二年，后高丽元宗禃六年，西历纪元一六六八年），使黑的、殷弘，介高丽致书于日本。语多威吓。至耽罗，遇暴风，不至而还。四年，元宗遣潘阜赍国书及元之国书使日本，至太宰府，留五月，候镰仓幕府消息。不得要领而还。五年，世祖复遣黑的、殷弘，持书抵对马岛。日本拒而不纳。仅执其二岛民（一曰塔次郎，一曰弥次郎）而还。世祖召见，待之以礼。谕以欲其国来聘，并非逼迫，但欲耀名之意。六年，命高丽奉中书省牒，送还所执者。亦不报。七年以赵良弼为国信使，通好日本。舟至筑前今津岛（在今福冈县西北境博多湾西），日本太宰府（九州地方长官，掌对外交涉者）陈兵守之。不得至京都而还。

十一年，元以忽敦、洪茶丘为总管，与高丽将金方庆等，以蒙古、汉、高丽兵一万五千，战舰九百，伐日本，拔对马，转攻壹岐，陷之。遂及肥前（今九州长崎县）沿海郡邑。会大风雨，多触礁。遂还。十八年（日本后宇多天皇弘安四年），复以阿楼罕为行省右丞相，范文虎、洪茶丘为右丞，李庭张、巴图参知政事，帅师十五万伐日本。一偕高丽兵发合浦（今釜山西之马山浦），一发江南，两军会于壹岐、平户（即元史之平壶，在今长崎县西北境）。阿楼罕卒于军。诸将至鹰岛（在今九州佐贺县西北伊万湾内，即元史之五龙山），复见飓征。文虎气馁，择坚舰先走。寻风大作，舰多覆没。诸将皆弃军归。其在鹰岛下者尚十万余人，推张百户为主。方伐木造舟欲还，日本人来袭。多死。余二三万人，被虏至八角岛。日人尽杀蒙古、高丽、汉人，而留新附军（即南人），谓为唐人，不杀而奴之。是役，元全军十五万人，归者不及五之一。文虎所帅江南军十万，归者三人耳。二十年，加高丽王睶征东行省左丞相，欲复发兵征讨。诏各路拘水手，造船舰，民不胜苦。廷臣多谏止。不听。

二十一年，遣王积翁与补陀（即浙江会稽道定海县东之普陀山）僧如智，航海使日本。舟人有不愿远行者，共谋杀积翁。使命终不达。会赵良弼言，日本俗狠勇嗜杀，地多山水，得其人不可役，得其地不加富，不如勿击便。世祖纳之。又值西南用兵，无暇兼顾，乃下诏罢征日本．专事安南。自是以后，元兵不复东窥。日本九州之边民，遂乘隙侵略中国内地。倭寇之祸，遂与元代相终始矣。

元与日本交涉表：

一、世祖至元二年，使黑的、殷弘介高丽致书于日本，不至而还。

二、高丽使臣潘阜赍国书及元之国书至日本太宰府，候幕府消息，不得要领而还。

三、五年，黑的、殷弘至对马岛，岛民不纳；仅执二岛民而还。

四、六年，命高丽奉中书省牒，送还二岛民，日本不报。

五、七年，命赵良弼通好日本，至今津岛，太宰府陈兵守之，不得至京都而还。

六、十一年，以忽都、洪茶丘为总管，伐日本，拔对马、壹岐；至肥前，遇大风雨，舟多触礁，无功而还。

七、十八年，遣阿楼罕、范文虎等大举兵伐日本。阿楼罕卒于军，范文虎等至鹰岛，遇飓风，弃军而还。

八、二十年，加高丽王晧征东行省左丞相，复议伐日本。

九、二十一年，遣王积翁使日本，舟人共杀积翁而还。

参考书

《东洋史》近古史　第四期　第十八章　　自著

第三节　缅之征伐

缅，即古西南夷之朱波，汉之掸国，唐之骠国，宋之缅（崇宁四年云缅入贡，盖举其国）与蒲甘（明年云蒲甘入贡，盖举其都城），今乏英领缅甸（明与、车里、老挝等丸宣慰司，合称西南十慰）是也。蒙古自灭大理，西南境直与缅接。时缅王都忙乃甸（即今蛮德勒城，明一统志所言．太公南之马来城，圣武记名为蛮德），并阿罗汉（今缅甸西南阿剌干部）及白古（今缅甸南方丕古部，即明之古剌，又名摆古），略暹国（今暹罗），振威于后印度。世祖至元八年，大理等处帅府遣人使缅，招谕其王内附。十年，诏遣使往谕。不应。十四年，缅人怨金齿千额总管阿禾内附，攻其地，欲立砦于腾越永昌（今云南腾越，道故腾越厅永昌府）间。时大理路（今腾越，道故大理府）蒙古万户忽都等，奉命伐永昌西未降部族，阿禾告急，忽都等疾行赴援，击败缅军。寻云南省复遣尼雅斯拉鼎，率蒙古爨（云南东部民族名）、僰（川南民族名）等军征缅。至江头（疑即今八莫城），招降土户凡三万五千二百。以天热还师，具言可击状。十九年，遂遣诸王桑阿克达尔督诸军往击之。次年，分道攻破江头城。二十二年，缅王遣使乞降。不果。二十三年，益兵进征，拔太公城。次年，至忙乃甸。会缅王庶子作乱，幽王，杀王世子及大臣等，元使亦遇害。大兵进破蒲甘。缅王南窜白古，复泛海至锡兰。大兵死者七千余，以粮尽班师。缅王始还其国都请降，乃定岁贡方物。于甘缅城置邦牙宣慰司，以兵戍之。于是自今西藏东南偏，至散处阿撒母（今缅甸西北阿萨密部）境金齿诸夷及暹国，皆相继入贡。

第四节　占城、安南之征伐

占城，今法领印度支那中部交趾地。唐以前为林邑国，即秦象郡之林邑县（今为广和城，亦曰衙庄）。汉改林邑为象林县，属日南郡。汉末，邑人区连，乘中原丧乱，杀县令，称林邑王。是为林邑建国之始。晋初，区氏嗣绝。外孙范熊继立，林邑遂世为范氏。刘宋文帝元嘉中，交州刺史檀和之等击破之。隋文帝仁寿末年，欢州道总管刘方攻克其地，分为荡、农、冲三州。寻改为比景、海阴、林邑三郡。隋乱，故王范梵志复王其地。唐太宗贞观中，范氏嗣绝。肃宗至德中，国人立范氏戚诸葛地，更号环王。宪宗元和初，入寇欢、爱等州，安南都护张丹击破之。遂弃林邑，南徙于占，号占城国（今之平顺城，即后阮福映所封之农奈是也）。周世宗显德中及两宋，常遣使入贡中国，受封册所统州大小三十八，通不盈三万家。宋孝宗淳熙中，袭破真腊（今柬埔寨及法领下交趾）。宁宗庆元中，真腊大举复仇，俘杀几尽。更立真腊人为王，遂为真腊属国。元初，臣于安南。世祖至元十五年，行中书省事索多以江南已平，遣人至占城招抚，还言其王有内附意。诏遣使册封为占城郡王，谕使入朝。十七年，其王表贡请降。十九年，命索多即其地立省以抚治之。王子补时负固弗率，凡使臣经其国，皆见执。世祖怒，命索多讨之，破其城。王子遁入山谷，遣其臣宝脱秃花阳纳款以缓师，而潜杀元使皇甫杰等百余人。索多等久乃觉其诈，遣兵攻之。转战至木城下，阻隘不敢近。敌兵旁截归路，军殊死战。得出，遂引还。世祖怒占城叛服不常，诏封皇子托欢为镇南王，与左丞李恒，往会索多兵进击。复以安南与通谋，令军行，假道于其国，且征助兵粮。

二十一年，琼州上言，交趾通谋占城，遣兵船为应援。安南王日烜上书剖辨。不省。大兵压境，日烜遣兵分道拒守。托欢屡移书假道，不纳。益修兵船，为迎敌计。托欢乘间缚栰为桥，渡富良江，与日烜大战，破之。索多军亦自占城来会。日烜父子奔清化，其弟益稷率所属来降。适盛夏淋潦，军中疫作，死伤者众。占城竟不可达。乃谋引兵还。交趾上相陈光启等率诸路兵追袭，大军溃。李恒、索多战死。托欢走还。

二十四年，复诏托欢与右丞程鹏飞、参知政事樊楫等督诸军击安南。

分兵三道，水陆并进。凡十七战，皆捷，遂深入其境。日烜复弃城入海。托欢追之。会天气暑湿，将士多疾疫．不能进。诸蛮降附者复叛，所得险隘皆失守。遂谋引还。日烜复集散兵守东关（在安南北境），遏托欢归路。诸军且战且行，日数十合。贼择险窃发毒矢。樊楫与右丞相阿巴齐战死，托欢走还。日烜寻遣使来朝，进金人自代以赎罪。占城王已先于二十一年，遣其孙奉表归款，至是乃俱罢兵。

第四章　元室衰乱之原因

元初诸帝，皆英武有度量，能容众议。其版图阔大，其政治简易。顾其所以享祚不永者，有二原因：一由于分国之背叛，二由于本国之衰乱。分国背叛事迹，已见于本期第二章。读者欲知其详，可参观拙著《东洋近世史》第五期第一、第三、第四、第五各章。兹从略。本国衰乱之原因有二：一、丞相专横与天子幼稚，二、财政困难。财政困难直接之原因复有二：甲、天然原因，即水旱饥馑之类仍是也；乙、人为原因，即租税繁重、纸币乱发，与喇嘛之暴横是也。兹述其概略如下。

第一节　历代天子之更迭与大臣之专横

蒙古汗统，不必父子传世。故每逢绝续之交，恒启纷争之隙。至元三十一年（西历纪元一二九四年），世祖崩。皇太孙特穆尔（旧作帖木儿）南还，及宗室诸王会于上都。定策之际，诸王有违言者，太傅约苏特穆尔以责皇长孙晋王噶玛拉（旧作甘麻剌）。于是晋王愿仍守北边，而谓母弟特穆尔宜嗣大统。知枢密院事巴延（旧作伯颜）亦握剑宣顾命立皇孙之意，辞色俱厉，诸王皆股栗，趋殿下拜。特穆尔遂即位，是为成宗。

成宗在位十三年，以大德十一年（西历纪元一三〇七年）崩。皇后巴约特氏（旧作伯牙吾氏）先期召安西王阿南达（旧作阿难答，世祖次子莽噶拉之子）入京，欲立之。左丞相阿呼岱（旧作阿忽台）以下，皆欲奉皇后垂帘听政，辅立阿南达。右丞相哈喇哈斯（旧作哈喇哈孙）不从，欲立皇侄怀宁王海桑（旧作海山）。时桑方镇漠北，遣使计事京师。哈喇哈斯令急还报，又以海桑距离悬远，乃遣使先即近南迎其母弟阿裕尔巴里巴特喇（旧作爱育黎拔力八达）于怀州（今河南河北道，故怀庆府）。阿裕尔巴里巴特喇至大都，执阿南达归于上都，诛阿呼岱等，自监国。海桑至自和林，弑皇后，并杀阿南达等。遂即位，是为武宗。立阿裕尔巴里巴特喇为皇太子。

武宗时，西僧极骄纵，又宠任幸臣托克托（旧作脱虎脱）等，颇变乱旧章。在位四年，以至大四年（一三一一年）崩。皇太子首诛托克托等，黜其党，召还先朝旧臣。乃即位，是为仁宗。初，武宗立仁宗为皇太子，故有兄弟叔侄世相承袭之约。及是丞相特们德尔（旧作铁木迭儿）等欲邀宠，请立仁宗嫡子硕迪巴拉（旧作硕德八剌即英宗），而谮武宗长子和锡拉（旧作和世棣），遂封为周王，遣出镇云南。延佑三年，行次延安，武宗旧臣等合谋发关中兵，自潼关河中府奉之北上。事不果行，和锡拉乃西走，至金山西南，投察罕台国汗也先不花。也先不花时方与伊儿汗国开边衅，又叛朝命与王师战，屡败。王尔其斯坦地多为王师所躏，怨仁宗甚。适和锡拉来投，大喜。偕金山西北诸王帅众迎附。和锡拉至其部，与定约束。冬夏徙帐，春则命从者耕于野，如是者十余年。

和锡拉既西奔，仁宗遂立硕迪巴拉为皇太子。特们德尔有宠于太后（武宗、仁宗母），至是再入相。怙势贪虐，凶秽滋甚，中外切齿。廷臣共劾其罪状。仁宗大怒，欲案治之。特们德尔惧罪，逃匿太后宫。仁宗不忍伤太后意，乃不深究，但罢其相位。

仁宗在位九年，以延佑七年（一三二〇年）崩。太子即位，是为英宗。特们德尔三入相，尽杀前劾己者。凡睚眦之怨无不报复。英宗觉而疏之，用拜住（安图孙）为相，委以心腹。特们德尔不得志，怏怏发病死。拜住独柄政。一新庶务，起用老臣。追夺特们德尔官爵，籍其家。其党知枢密院事额森特穆尔（旧作也先铁木儿）、御史大夫特克锡（旧作铁失）等不自安，乃谋作乱。至治三年（一三二三年），特克锡作乱，弑帝并杀拜住，遣使迎晋王伊逊特穆尔（旧作也孙铁木儿，噶玛拉长子，袭封晋王，仍镇北边，领四大鄂尔多地）于镇所，即位于龙居河，即胪朐河（今克鲁伦河），是为泰定帝。逆党旋伏诛。泰定帝在位四年，以致和元年（一三二七年）七月，崩于上都。太子阿苏奇布（旧作阿速吉八）嗣立，是为天顺帝（二帝皆无谥，世止称其年号），时年九岁。

初英宗即位，迁武宗次子图卜特穆尔（旧作图贴睦尔）于琼州。泰定帝初年，召还。旋复徙诸江陵。泰定帝崩，左丞相道拉锡（旧作倒剌沙）专权自用。逾月不立君，朝野汹惧。居守大都签书枢密院事雅克特穆尔（旧作燕帖木儿，绰和尔第三子）以身受武宗宠拔恩，欲迎立其二子，遂纠党作乱，执中书省御史台诸臣下狱，遣使迎怀王图卜特穆尔于江陵。是年八月，图卜特穆尔入京僭位。天顺帝分遣诸王将兵讨之，不克。十月，乱兵陷上都，帝不知所终。图卜特穆尔遣使迎其兄和锡拉于漠北。次年（明宗天历二年，一九二九年）正月，和锡拉南还，即位于和宁（即和林）之北，是为明宗。立图卜特穆尔为太子。是年八月，行次翁郭察图。图卜特穆尔入见。帝暴崩。图卜特穆尔复袭位于上都，是为文宗。

文宗既立，以雅克特穆尔有拥戴大功，极宠异之，权倾中外。在位三年，以天顺三年（一三三二年）崩。皇子雅克特古斯（旧作燕帖古思）尚幼，乃立明宗次子鄜王额琳沁巴勒（旧作懿璘质班），是为宁宗。年甫七岁，逾月而薨。文宗后使迎明宗长子托欢特穆尔（旧作妥欢帖睦尔）于广西。至则雅克特穆尔意不欲立之，迁延数月。雅克特穆尔死，乃得立，是为惠宗。明太祖谥之曰顺帝。纳雅克特穆尔女巴约特氏（旧作伯牙吾氏）为皇后，封其子腾吉斯（旧作唐其势）等为王爵。寻以右丞相巴延（旧作伯颜）独秉政。腾吉斯忿怨谋反，兄弟及党羽皆伏诛，皇后亦废死。巴延浸专恣，乱成宪，擅诛贬，有异谋。至元六年，其侄托克托（旧作脱脱，巴延养为子）与帝腹心臣合谋黜之，道死，托克托遂代当国。

成宗以后，帝位绝续，恒启纷争。权臣因之，借拥戴功擅威福柄者垂三十年。元之中书、枢密及诸路行省，吏治阘茸，武备废弛。统治实力，日即疏懈。而虐待中国人，则较开国尤甚。因之中国人攘外之心复炽，反者四起，元室遂瓦解矣。

元室君主更迭时内乱表：

一、宋理宗淳祐元年，蒙古太宗殂，以孙失烈门为嗣，第六后乃马真氏称制。六年，立其子贵由，是为定宗。

二、淳祐八年，定宗殂，后斡兀立海迷失抱皇侄失烈门听政。诸王大臣不从，十一年，立拖雷长子蒙哥为帝，是为宪宗。失烈门及诸弟心不平，宪宗禁锢失烈门于没脱赤，弑定宗后斡兀立海迷失，杀其用事大臣，分迁太宗后乞里吉忽帖尼及太宗系诸王于各边，夺太宗旧部兵，别择亲王将之。

三、开庆元年，宪宗殂，弟忽必烈自立，是为世祖。少弟阿里不哥与之争国，称帝于和林。世祖击败其兵，乃降。

四、元世祖至元三十一年，帝崩，皇太孙帖木儿还自漠北，诸王有违言；太傅约苏帖木儿、知枢密院事伯颜力主张立皇太孙，帖木儿乃即位，是为成宗。

五、大德十一年，成宗崩，皇后伯牙吾氏欲立安西王阿难答，右丞相哈喇哈孙不从，立皇侄怀宁王海山，是为武宗。弑皇后，杀阿难答及左丞相阿忽台等。

六、至大四年，武宗崩，皇弟爱育黎拔力八达立，是为仁宗。立皇子硕德八剌为皇太子，封武宗长子和世㻋为周王，出之云南；和世㻋逃居金山之北。

七、延佑七年，仁宗崩，硕德八剌即位，是为英宗。至治三年，御史大夫铁失作乱，弑帝；迎立晋王也孙帖木儿，是为泰定帝。

八、致和元年，泰定帝崩，太子阿速吉八即位，是为天顺帝。居守大都签书枢密院事燕帖木儿作乱，迎和世㻋弟图帖睦尔于江陵而立之。遣兵陷上都，帝不知所终。遣使迎和世㻋南还。次年正月，和世㻋自立于和林之北，是为明宗，立图帖睦尔为皇太子。八月，行次翁郭察图，图帖睦尔弑之而自立，是为文宗。皇后翁吉喇特氏弑明宗后八不沙。

九、天顺三年，文宗崩，皇后翁吉喇特氏立明宗次子懿璘质班，是为宁宗。逾月而薨。立明宗长子妥欢帖睦尔，是为惠宗。至元六年，惠宗追理旧怨，废文宗庙主，迁太后翁吉喇特氏于东安州，放文宗子燕帖古思于高丽，杀诸途。

第二节 财政之困难

一、计臣之聚敛

世祖既耀武东南，复筹防西北。连年用兵，国用不继。中统元年（世祖元年），以王文统（益都人）为平章政事。行交钞（即纸币）法，自十文至二贯凡九等，不限年月，诸路通行。赋税并听收受。仍伸严私盐酒醋曲货等禁。三年，文统以罪诛。复以回鹘人阿哈玛特（旧作阿合马）为相，言无不从。奏括天下户口税。以中统钞易江南交会（故南宋纸币），括药材，发北盐，禁民间私售。立都转运司，增旧额，鼓铸公私铁器。官为局卖，禁民私造铜器。大都挟宰相权，以网天下大利，势倾中外。至元十九年三月，益都千户王著因人心愤怨，刺杀阿哈玛特。诏诛著。而以阿哈玛特党僧格（旧作桑哥）为总制院使。卢世荣为中书右丞，专掌财政。世荣自谓生财有法，用之当赋倍增而民不扰。廷臣驳其说之谬。世祖不听，任之。使行理财新法如下：

一、括铜铸至元钱。制绫券与钞参行。

二、立市舶都转运司于泉（今福建晋江县）、杭二州。造船给本，令民商贩诸番。官有利七，商有利三。禁私泛海者。

三、尽禁权豪所擅铁冶，官铸器鬻之。所以得利，合常平盐课。储粟平粜。以均物价而获厚利。

四、行古榷酤法。仍禁民私酤。米一石，取钞十贯。立四品提举司，领天下课。岁可得钞千四百四十锭。

五、立平准周急库。轻其月息，以贷诸民。冀贷者众而本不失。又于各都立市易司，领诸牙侩。计商货四分取一，以十为率，四给牙侩，六为官吏俸。

六、于上都隆兴（今江西南昌县）诸路，以官钱买币帛，易羊马。选蒙古人牧之，收用皮毛筋角酥酪之用。以十二三与牧者，马以备军兴，羊以充赐予。

七、立规措所。所司官吏，以善贾者为之。

八、立诸路宣慰司兼都转运司，领课程事。

至元二十二年十一月，世荣以罪诛。僧格独柄用。二十四年闰二月，置尚书省。以僧格为平章政事。用其议，行至元钞。自一贯至五十文，凡十一等。每一贯视中统钞五贯，与之参行。置征理司，遣使钩考诸路钱谷。括天下马，先令百官市马助边。犹不足，乃令品官所乘限数，余悉入官。至元二十八年七月，僧格及其党亦以罪诛。然而元室衰乱之原实始于此，盖聚敛过甚，民生雕弊，国脉不免斫伤，人心因之摇动也。

二、纸币之乱发

初，世祖时代，曾铸至元钱。以为数无多，不能流行于全国。世祖以后，纸币盛行。政府无准备金，纯为一种不竞换纸币。故新纸币一出，旧纸币价必大跌落。元中统至元钞，行之五十余年。至武宗朝，钞法大坏。

乃改制至大银钞，凡十三等。每一两准至元钞五贯，白银一两，赤金一钱。始铸钱，未几，仁宗即位，复罢行至大银钞及铜钱，于是遂专用中统至元二钞，终元之世。顺帝至正十年，以钞法不行转拨，民间流通者少，故伪钞滋多，乃更钞法。以中统交钞一贯，省权铜钱一千文，准至元钞二贯。仍铸至正通宝钱，与历代铜钱并用以实钞法。至元钞通行如故。置宝泉提举司，铸至正钱。印造交钞，令民间通用。行之未久，物价腾踊至逾十倍。又值海内大乱，供给繁重，印造不可计数。交料之散满人间者，无处无之。昏软者不复行用。京师料钞十锭，至易斗粟而不可得。所在郡县，皆以物货相贸易。公私所积钞俱不行，人视之若敝楮。国用由是大乏。

三、租税之繁重

纸币价格跌落之结果，物价因而腾贵。岁出之经常费遂不能不增加。宗室亲藩之岁费与喇嘛僧之供养费年年继长增高。于是岁出之临时费亦不能不增加。顾政府之岁入有定额，收支不足以相抵。遂不得不加征恶税，以为弥缝一时之计。先是世祖在位，政府岁入金一万九千两，银十万两，纸币三百六十万锭。岁出金一万九千两，银十万两，纸币三百八十万锭。收支之差，已有二十万锭。弥补颇为困难。故当时专用聚敛之臣为理财官。成宗以降，帝室日流于奢侈，岁出渐增。至顺帝在位时，已加至二十倍。虽有巧妇，不能为无米之炊。乃逐渐加征恶税，以谋岁入之增涨。世祖至元十六年，盐引每年九贯。末年增至五十贯。成宗元贞年间，增至六十二贯。仁宗延佑年间，增至一百五十贯。夏税秋粮，亦逐渐加征。又加额外税三十二种，如煤鱼、羊皮、芝麻、牛乳等皆有税。于是物价日益腾贵，民心日益不平，驯至铤而走险，流为盗贼。

第三节　喇嘛之暴横

元起朔方，已崇释教。及得吐蕃，世祖以其地广而险远，民犷而好斗，思有以因其俗而柔其人。乃郡县吐蕃地，设官分职，而领之于帝师。皆僧俗并用，而军民通摄。帝师命与诏敕并行于西土。百年间朝廷所以隆重而供亿之者，无所不至。虽帝后妃主，皆因受戒而为之膜拜。帝师之兄，至尚主封王（即白兰王索诺木藏布）。弟子拜三公封大国者，前后相望。其徒怙势恣睢，气焰熏灼，延于四方，为害不可胜言。世祖初，有嘉木扬喇勒智（旧作杨琏真加）者，为江南释教总统。发掘故宋君臣陵墓凡百有一所，戕杀平民，受人献美女宝物及攘盗财宝田亩各无算。庇平民不输公赋者二万三千户。西僧多强市民物，武宗至大元年，上都开元寺西僧强市民薪。民诉之留守李璧，璧方询问其由，僧率众殴留守，仍幽之空室。久乃得脱，奔诉于朝。朝廷不问。次年，僧龚柯等十八人，与诸王哈喇巴尔妃争路，拉妃堕车，殴之，且有犯上语。朝廷仍不问。宣政院复上书，请“自今凡民殴西僧者截其手，詈之者断其舌。”仁宗在东宫，闻之，亟奏寝其令。元制，非军事不得驰驿。西僧每年佩金符驰驿，至传舍不能容。假官民舍，逐男子，污妇女。每岁内廷佛事，所供费以千万计。且岁必因好事，奏释轻重囚徒，凶慾多夤缘幸免，至或取空名宣敕以为布施，而任其人。外此又有所谓白云宗、白莲宗者，亦颇通奸利。顺帝在位，宠昵西僧。至取良家女奉之，谓之供养。帝日习其所授延彻尔（旧作演揲儿华言大快乐，即房中运气之术）法，及善秘密法（亦名双修法）。广取妇女，惟淫乐为务。近臣至相狎于帝前，号所居室曰济齐斋乌格依（旧作皆即兀该华言事事无碍），群僧出入禁中无忌，丑秽外闻。上下因循，溺于晏安。政乱俗偷，民困财尽。益以顺帝至正十一年，贾鲁治河之役，多发兵夫，益耗民食。糜帑几二百万，而歉地不蒙实惠。诸弊辐辏，遂以酿乱。（初，河南童谣有云：石人一双眼，挑动黄河天下反。及贾鲁治河，果得石人一眼。而汝颍之妖寇乘时而起。议者遂以召乱之咎归之。今平心而论，元之致乱，固非一端，且非一日，固不得专委诸开河。而鲁之经理不善亦未始不有，以致之殆不得不分任其咎也）

第四节　种族上之轧轹

以上所举，皆为物质上之原因。至其精神上之原因，尚别有在。

一、宋末元初之种族思想

儒教以平天下为最后之目的。故中国对外，向来不讲种族界限。然蛮夷戎狄名字，本以区别于中华，谓其绝无种族界限则非也。有宋末年，忠臣义士史不绝书。其中若文天祥、谢枋得之流，虽国破家亡，犹殷殷以恢复为念。此外无名之英雄，死难者尤指不胜屈。是虽忠君之念有以致之，然亦排外之思想使之然也。郑思肖《铁函心史》“中兴集”有“元鞑攻日本败北歌”一篇，其中有句云：

纵遇圣明过尧舜，毕竟不是真父母。千语万语只一语．还我大宋旧疆土。

云云。实足以代表当时一部分中上流社会汉族心理。此种心理埋藏于汉族脑筋中数十年，终必有勃发之一日。及其勃发则不可遏矣。此为精神上第一种原因。

二、蒙古汉人待遇之不平等

以上原因为天然所造成，非人力能挽回者。然而有元入中国以后，另有一种人造之种族界限，则阶级制度是也。有元之初入中国也，分民族为四阶级：一蒙古，二色目（西域及欧洲备藩属人），三汉人（契丹女真及中国黄河流域人），四南人（宋人）。其各行政衙门长官，皆以蒙古人为之。而汉人、南人贰焉。故一代之制，未有汉人、南人为正官者。中书省为政本之地，太祖、太宗时，以契丹人耶律楚材为中书令，宏州人杨惟中继之，此在未定制以前间或有之。至世祖时，惟史天泽以元勋宿望为中书右丞相，转平章军国重事。仁宗时，欲以回人哈散为相。哈散以故事，丞相必用蒙古勋旧，故力辞。帝乃以伯答沙为右丞相，哈散为左丞相。盖元制尚右也。太平本姓贺，名惟一。顺帝欲以为御史大夫，故事台端非国姓不授，惟一固辞，帝乃改其姓名曰太平，后仕至中书省左丞相。终元之世，非蒙古人而为丞相者，止此三人。哈尚系回人，其汉人止史天泽、贺惟一耳。丞相之下有平章政事，有左右丞，有参知政事，则汉人亦得为之。然中叶后，汉人为之者亦少。顺帝时，始诏南人有才学者，依世祖旧制，中书省枢密院御史台皆用之。是时江淮兵起，故以是收拾人心，然亦可见当时已久不用南人，至是始特下诏也。郑制宜为枢密院判官，车驾幸上都，旧制枢府官从行，岁留一人司本院事，汉人不得与，全是以属制宜，制宜力辞，帝曰："汝岂南人比耶。"意留之。可见枢密属僚掌权之处，汉人亦不得与也。御史大夫非国姓不授，既见太平传。而世祖初年，命程钜夫为御史中丞，台臣言钜夫南人，不宜用。帝曰："汝未用南人，何以知南人不可用。自今省部台院，必参用南人。"可见未下诏以前，御史中丞之职，汉人亦不得居也。中书省分设于外者曰行省，初本不设丞相。后以和林等处多勋戚，行省官轻，不足以镇之，乃设丞相。而他处行省，遂皆设焉。《董文用传》："行省长官素贵，同列莫敢仰视，跪起禀白如小吏。文用至，则坐堂上，侃侃与论。"可见行省中蒙古人之为长官者，虽同列不敢与讲钧礼也。《成宗本纪》：各道廉访司，必择蒙古人为之。或缺则以色目世臣子孙为之，其次始参以色目及汉人。《文宗本纪》：诏御史台凡各道廉访司官，用蒙古二人，畏兀河西回回、汉人南人各一人。是汉人、南人，厕于廉访司者，仅七分之一也。其各路达噜噶齐，亦以蒙古人为之。至元二年，诏以蒙古人充各路达噜噶齐，汉人充总管，回回人为同知，永为定制。其诸王驸马分地，并令自用达噜噶齐。仁宗始命以流官为之，而诸王驸马所用者为副。未几，仍复旧制。文宗诏诸王封邑所用达噜噶齐，择本部识治体者为之。或有冒滥，罪及王相。然亦未闻有以汉人为之者。此有元一代，中外百官偏重国姓之制也。（看赵翼《廿二史劄记》卷三十，元制百官皆蒙古人为之长条）

三、对于汉人之压制

政治上之不平等已足惹起汉族恶感矣。而对于汉族之压制，亦日甚一日焉。世祖至元三年，没收汉人、南人、高丽人之军器及马。六年，禁民间藏军器。顺帝即位，定服色、器皿、舆马之制，禁民间服用。禁汉人、南人不得执军器，不许习蒙古字。凡有马者拘入官。后至元（因世祖已有至元年号，故称顺帝之至元为后）六年十二月，丞相巴延请杀张、王、刘、李、赵五姓汉人。诏不许。然而汉民族人人自危矣。

第五节 天灾之流行

以上所举，皆人为之原因。顾有元末年，天然之祸害，亦相逼而至。顺帝初，大霖雨、水旱、蝗、疫、民饥及地震山崩等灾害并至，史不绝书。于是民不堪命。广东、河南、四川三省民首起倡变。未几，西番（杀镇西王蔓延至二百处）、江西（漳州、袁州人皆起兵）、湖广（瑶人二百余寨举兵攻破州县）、山东、燕山（寇盗至三百余处）、辽阳（开元及海兰硕达勒达等路皆叛）、云南（夷酋割据一方侵夺路甸）、靖州（瑶吴天保势尤炽，官军不能制）、广西（峒瑶亦乘隙入寇）等处兵相继起。至正七年，沿江盗起，剽掠无忌。有司不能禁。甚至集庆花山（在今金陵道高淳县东南），劫贼才三十六人，官军万数不能进讨，反为所败。后竟假手盐徒，乃克平定。于是元室国威坠地。天下得以窥其虚实，从而轻量之。先倡变者犹未悉平，而继起中国人之不屑受制于异族者，复所在蜂起。于是蒙古太祖、太宗以来辛苦艰难缔造之大帝国遂土崩瓦解。汉族英雄朱元璋崛起于濠泗间，复创立汉族一统之大帝国矣。